◎ 高等院校经济与管理核心课经典系列教材 ◎

市场营销专业

国际市场营销学

GUOJI SHICHANG YINGXIAOXUE

（第五版）

寇小萱　王永萍 ◎ 编著

首都经济贸易大学出版社
Capital University of Economics and Business Press
·北 京·

图书在版编目(CIP)数据

国际市场营销学/寇小萱,王永萍编著. —5 版. —北京:首都经济贸易大学出版社,2017. 1

ISBN 978 -7 -5638 -1633 -0

Ⅰ.①国… Ⅱ.①寇… ②王… Ⅲ.①国际营销 Ⅳ.①F740.2

中国版本图书馆 CIP 数据核字(2013)第 066137 号

国际市场营销学(第五版)

寇小萱　王永萍　编著

责任编辑　浩　南

封面设计　砚祥志远·激光照排 TEL: 010-65976003

出版发行　首都经济贸易大学出版社

地　　址　北京市朝阳区红庙 (邮编 100026)

电　　话　(010)65976483　65065761　65071505(传真)

网　　址　http://www. sjmcb. com

E - mail　publish@ cueb. edu. cn

经　　销　全国新华书店

照　　排　北京砚祥志远激光照排技术有限公司

印　　刷　北京九州迅驰传媒文化有限公司

开　　本　710 毫米 ×1000 毫米　1/16

字　　数　352 千字

印　　张　20.00

版　　次　2002 年 8 月第 1 版　2005 年 10 月第 2 版　2009 年 7 月第 3 版
2013 年 9 月第 4 版　**2017 年 1 月第 5 版**　2021 年 1 月总第 13 次印刷

书　　号　ISBN 978 -7 -5638 -1633 -0/F·942

定　　价　39.00 元

第五版前言

本书自2002年8月发行第一版以来，承蒙众多院校师生的认同和选用，已经进行了四次修订，总印数超过七万册。对此，我们首先要向广大读者表示由衷的谢意，同时，我们也会以此为动力，深入研究，不断地对本书进行修订和完善，以回馈广大读者的期望和厚爱。

众所周知，进入21世纪以后，中国企业国际化经营的外部环境发生了巨大而深刻的变化。首先是2008年，美国因次贷危机爆发金融危机，2010年，欧债危机接踵而至，导致全球经济陷入危机。目前看，尽管各国救市财政手段用尽，而许多国家所期盼的经济反弹难以持续，整个国际市场依然低迷，市场需求呈现下降趋势。其次，国内经济进入新常态后，经济增速趋缓，内需在质量与结构上也出现了巨大的变化。在此内忧外患之下，中国企业一方面积极不断地开拓国际市场，并在新的"一带一路"战略引领下，广泛开展与中亚、南亚沿线国家的经济技术合作；同时也在积极调整经济结构，进行产业升级转型，以便从根本上提升自身的国际竞争力。有鉴于此，本书又及时进行了第五版的修订。

在第五版的修订过程中，为了强化本教材国际化营销理论与中国企业国际化营销实践紧密结合的特色，我们首先保留了第四版各章后中国本土企业国际化经营的成功案例，期望读者朋友们可以从这些案例中，深入全面地了解中国企业国际化面临的严峻挑战，学习和借鉴中国企业应对复杂多样的国际市场需求取得巨大成功的宝贵经验。其次，随着中国企业规模与实力的大幅提升，中国企业的国际化经营正在向更高阶段推进，因此，在第五版的修订中，我们全面更新了中国企业跨国并购方面的实例资料，以求客观反映中国企业国际化经营中呈现出的新变化。最后，基于国际市场营销理论与实践的最新发展，对本书有关的理论、规则、数据等进行了补充和更新，与时俱进，以适应新时期高校国际市场教学的需求。

在本书的多次修订中，我们学习和引用了国内外许多专家学者的研究成果，借鉴和参考了国内知名期刊的文献资料与数据报告等，在此，我们由衷地对有关作者表示诚挚的感谢。此外，还要特别感谢首都经济贸易大学出版社的周义军社长、薛捷编辑、赵侠编辑、杜浩南编辑等，一直以来，他们对本书的出版、修订给予了大力的支持与帮助。

世界经济形势瞬息万变，中国企业国际化经营日趋稳健。尽管我们一直在不懈地努力，然而由于水平所限，书中的不当之处实难避免，但对于本书我们仍将不断充实和完善，也期望广大读者一如既往地给予关心、支持和批评指正。

寇小萱　王永萍
2017 年 1 月

目　录

第一章

绪论

★ 本章要点及学习要求 ★

国际市场营销学是在市场营销学的基础上产生的，是将普通市场营销学的理论应用于国际市场营销后形成和发展起来的。它从诞生到今天不过50多年的时间，引进到我国的时间就更短了。因此，在我国，国际市场营销无论在理论上还是实践中都是一个崭新的领域。在信息技术迅速发展，经济全球化的步伐不断加快，世界经济急剧动荡，金融危机在全球持续蔓延的新形势下，国际市场营销在我国企业的经营中将占有越来越重要的地位，国际市场营销学的理论也会越来越受到人们的重视。

本章主要介绍国际市场营销学的研究对象、国际市场营销的发展阶段、当今国际市场的发展趋势、我国企业开拓国际市场的现实意义等几个方面的内容。通过本章的学习，要求：

1. 把握国际市场营销学的含义，了解国际市场营销与市场营销、国际贸易的区别；
2. 明确国际市场营销的发展阶段及每一个阶段形成的背景、特点；
3. 了解当今国际市场的发展和变化趋势；
4. 在全球经济形势日益恶化的背景下，分析我国企业的应对战略。

第一节　国际市场营销学的研究对象

一、国际市场营销学的形成和发展

国际市场营销学是在20世纪60年代开始形成，70年代后逐步趋于完善，并于

80年代初奠定了其国际性地位的。20世纪70年代后期,美国的全美商学院大会要求各商学院增加以国际经济为导向的课程,从而开始了对国际市场营销学的系统研究。随着研究的不断深入,国际市场营销学的理论体系逐渐形成。

国际市场营销学形成的标志主要表现在以下两个方面:1959年,克莱默首次提出了"国际市场营销"的术语。60年代以后,国际市场营销学的基本内容和理论体系得以逐步完善,其标志一是1965年费耶威泽所著的《国际市场营销学》,该书系统地阐述了国际市场营销观念、国际市场营销调研和营销组合;标志二是1966年美国科罗拉多大学教授菲利浦·卡特奥拉(Philip R. Catereora)和约翰·麦斯(John M. Mess)合著的《国际市场学》,该书建立了国际市场营销的系统架构,被誉为本学科的代表之作。

1982年以后,国际市场营销学开始在世界范围内受到重视,1982年6月,当时北美及欧洲的著名国际市场营销学者聚集在荷兰商学院,对国际市场营销学所面临的一些理论和实际问题进行了深入而广泛的探讨,从而奠定了国际市场营销学的全球性地位。

美国在国际市场营销学的研究和实践中居于领先的地位。随着研究的不断深入,国际市场营销学的理论体系逐渐形成,被成功地应用到了美国企业的营销实践中,使美国企业迅速占领了国际市场中的许多领域。反过来,美国企业在国际市场上的营销活动的成功经验的总结、概括和提高,又推动了国际市场营销学理论研究的进一步深化。

接着,日本和西欧一些国家的企业纷纷效法、引进、消化、吸收美国创立的国际市场营销的思想、理论和技术,并迅速应用于本国企业的国际市场营销实践中,在国际市场上很快形成了对美国企业的极大威胁,成为美国企业在国际市场上强有力的竞争对手。

随后,包括我国在内的发展中国家,在发展民族经济以及对外开放中也相继引入了国际市场营销的思想,并结合本国特点加以完善和发展,取得了良好的效果。

二、国际市场营销学的研究对象

既然国际市场营销学是在一般市场营销理论的基础上发展起来的,在研究国际市场营销学之前,就有必要对市场营销学的基本概念加以归纳和整理。

市场营销学的概念随着研究和实践的深入而处于动态的发展过程中,在美国市场营销学协会定义委员会对市场营销学的最新定义中,将构思、货物和劳务列为营销的内容,将营销的内容扩展到了产品和服务以外,使市场营销的领域有了很大的拓展,内涵也更丰富了。从企业角度而言,市场营销活动涉及企业活动的方方面面,美国著名的管理学家彼得·德鲁克曾指出:"市场营销是如此基本,以致不能把它看成是一个单独的功能。从它的最终结果来看,也就是从顾客的观点来看,市场营销是整个企业的活动。"市场营销活动涉及的范围极广,几乎涵盖了企业活动的所有领域。

从20世纪60年代开始，随着世界经济的高速发展，发达国家工商企业的市场营销活动不断跨越国界，日益向国际化方向发展，特别是跨国公司在世界市场上的营销活动更是发展迅速，规模和范围日益扩大，这一前所未有的新形势向人们提出了一系列关于市场营销的新问题，要求人们面对新的形势，运用新的概念、新的理论、新的原则和方法来解决新问题。在这一大背景下，在原有的市场营销学原理的基础上，结合现代国际贸易学、国际经济学和国际金融学等学科，出现了国际市场营销学，并成为市场营销学的一个分支学科。新世纪伊始，随着我国加入WTO尘埃落定，国际经济全球化步伐将进一步加快。尤其是近年来，人民币持续升值，美国爆发金融海啸并迅速波及世界各国，使中国企业面临着更激烈的国际市场竞争，因而也更迫切地需要了解国际市场，了解国际市场发展变化的规律和国际市场的变化趋势，企业比以往任何时候都更迫切地需要系统学习国际市场营销学理论。

国际市场营销是指跨越国界进行的所有市场营销活动。美国著名的国际市场营销学者菲利普·科特勒指出："国际市场营销是引导公司的商品和劳务供给一个以上国家的消费者或用户的企业活动。与国内营销最显著的区别是范围扩展至一个以上的国家。"与一般的生产和销售行为不同，企业的这种营销行为是在国际市场上进行的，国际市场营销的范围较一般的市场营销范围更广阔。我们可以将国际市场营销的活动特征归纳为以下几点：首先，它是超越国界进行的商业活动，这和一般的市场营销着重考察基于本国的营销战略有着显著的区别；其次，由于国际市场的环境复杂，因而，企业不可控制的因素很多；再次，国际市场营销满足的对象是国际市场的消费者，国际消费者需求广泛、特点多种多样，需要企业制定出有针对性的国际市场营销的对策，才能适应国际市场消费者的要求；最后，在国际市场营销的内容方面，国际市场营销所涉及的范围也很广泛，一般而言，产品的出口属于国际市场营销的最普遍的形式，服务企业的服务贸易，也在国际市场营销中占有十分重要的地位。

因此，从一门学科的角度讲，国际市场营销学是以企业的国际市场营销行为作为研究对象的一门应用学科，是研究跨越国界的营销活动的一门新兴的学科领域。它研究的核心是企业如何策划与实施跨国界的经营活动，通过对国际营销活动实际经验的总结和概括，找到国际市场营销的一般规律和方法，以指导从事国际营销活动企业的跨国经营，达到其利润最大化的目的。

三、国际市场营销与市场营销、国际贸易的区别

国际市场营销活动跨越了国界，它是国内一般市场营销活动的延伸，同时，正是由于跨越国界的性质，使其与国际贸易有着密切的联系和区别。

（一）国际市场营销与市场营销的区别

国际市场营销是在一般市场营销的基础上发展起来的，与国内市场营销的理论、方式和方法有着密切的联系，但它们毕竟属于两个学科范畴，它们之间的区别主要表现在以下几个方面。

1. 面临的环境和背景不同。国际市场营销的环境和背景与国内市场营销不同，主要体现在社会文化背景的差异上，不同国家的社会文化背景不同，风俗习惯、教育水平、语言文字、宗教信仰、价值观念差异也很大，各种社会力量的影响程度也有差别，不同国家的法律、政策也有很大的区别。由于环境的影响而形成了不同国家的消费者的消费方式和需求的侧重点不同，因此，对同一产品或信息的理解也就不同，这就直接影响到产品的设计、产品被接受的程度、信息传递的方法、分销和推广的措施等。

国内市场营销是在一个国家的疆界范围内进行的，虽然一个国家内部的不同地区也存在环境上的差异，但是与国际市场营销比较，这种环境差异要小得多。特别是法律、政策环境在一个国家内部应该是基本相同的。而国际市场营销则必须跨越国家的界限，不同国家政府机构的工作方法和政策会有很大差别，这种差别必然会对企业的营销活动产生重大的影响。

实例 1－1：针对国际市场特点展开国际市场营销活动

荷兰的飞利浦公司在日本销售小型家用电器时，针对日本人的特点进行产品改进，以适应日本市场的需求，获得了丰厚的利润。飞利浦公司发现日本人的厨房比较狭窄，便缩小了咖啡壶的尺寸，因此受到日本家庭主妇的欢迎；剃须刀是飞利浦公司的重要产品，当飞利浦公司发现日本人的手比较小时，便缩小了剃须刀的尺寸，因而受到日本人的喜爱。

宝洁公司的佳洁士牙膏在墨西哥做广告时，仍然采用在美国做广告时的主题，遭到了失败的厄运，因为墨西哥人根本不考虑如何预防牙齿方面的疾病。与宣传科学道理有关的广告，对于墨西哥人而言一般是毫无吸引力的。

从以上飞利浦产品在日本和宝洁产品在墨西哥的例子可以看出，企业在国际市场营销中，必须考虑目标市场国消费者的特点、偏好和风俗习惯等因素，如此才能取得在国际市场上营销活动的成功。否则，如果把在本国市场的成功模式，照搬到国际市场上，往往由于当地消费者消费行为的特殊性而很难取得成功。

环境与背景上的差异要求国际市场营销比国内市场营销更注重市场环境的调研和分析，在产品的功能设计、外观设计、质量、品种、规格或包装等方面，都应该以目标市场国的消费者的需要、价值观、效用观为标准，而不是想当然地以本国人的标准代替他国人的标准。

国际市场营销与国内市场营销在环境和背景方面之所以存在巨大差异，主要是因为各国的政治经济制度、生产力发展水平以及文化背景等存在着差别，有时甚至大相径庭。这种环境差异给企业至少带来了双重困难：一方面，由于母国与目标市场国的环境迥然不同，在国内市场营销中的一些可控因素，在国际市场营销中往往成为不可控因素。对于不熟悉目标市场国环境的企业来说，进入国际市场，就好比进入了神秘的未知世界，了解这个未知世界，需要增加成本和时间。另一方面，开展国际市场营销，有时往往要以多个国家为市场，由于不同国家的环境存在很大差别，适应某个国家环境的市场营销手段，不一定能适应其他国家的环境，这时就需要根据不同国家的具体情况，分别设计国际市场营销的方式和方法。

因此，当一个企业进入两个以上国家市场的时候，其国际市场营销的战略、方式、方法也要因环境变化而变化，显然，这会增加调整的难度和成本。国际市场营销中的环境背景差别很大，企业只有对各种国际环境加以综合考虑和细致的分析，才能找到切实可行的方法，有针对性地开展国际市场营销活动。所以，分析国际市场营销中出现的问题并找到解决方法，必然需要比解决国内市场营销问题有更广泛、更全面的技能、阅历和洞察力。

2. 利用资源，获得比较优势的程度不同。企业从事国内市场营销通常是利用本国资源，在本国生产，并在国内市场上销售。国际市场营销一般是在国内市场营销的基础上发展起来的，国内市场营销往往是国际市场营销的先导。在国际市场营销中，由于资本、资源、技术服务的广泛流动，生产一种产品可以是第一国的资源，第二国的资本，第三国的技术，第四国的劳动力，等等。国际市场营销使资源在两个或两个以上的国家进行配置，强调发挥不同国家的特长，组合成一个有竞争力的综合产品。这种国际上各种要素的组合可以提高效益，降低成本，获得比在国内市场营销中更大的比较优势。

3. 市场营销的策略和手段不同。国际市场营销环境较之国内营销环境更复杂多变，对企业市场营销策略的制定和实施的影响也更强烈。因此，企业必须根据不同国家、不同民族、不同目标市场的营销环境，采用不同的营销策略。例如，产品策略的标准化、个性化和民族化问题；定价策略受国际市场价格和汇率变化的影响问题；销售渠道的长短、宽窄和国外中间商的介入问题；促销活动因各国经济发展的水平不同和文化差异而有所不同等等。

4. 市场营销管理的难度不同。市场营销管理是指对企业的市场营销活动进行系统的规划和控制的过程。市场营销是一个由各种因素组成的系统，与国内市场营销系统相比，国际市场营销系统显然更加复杂。从市场营销系统的参加者来看，国际市场营销的参加者不仅包括国内市场营销渠道的企业、国内的竞争者和公众，而且包括国外的市场营销渠道的企业、国外的竞争者和公众。从系统涉及的市场来看，与国际市场营销相关的市场，不仅包括国内的市场体系，而且包括国外的市场体系，是两种市场的交织。从流程看，国际市场营销包含的资源流程、货物流程和劳务流程，都可以是跨越国界的，是一种国际流程。从影响系统的力量来看，国际上的各种势力都会对国际市场营销产生巨大影响，国内外力量共同构成国际市场营销的约束条件。

总之，国际市场营销管理不仅包括决策、计划、组织、控制等相关的管理过程，包括出口、进口、国际运营管理等一系列内容，还包括产品跨越国界所涉及的所有活动过程。国际市场营销系统的复杂性决定了国际市场管理要比国内市场营销管理的难度大。国际市场营销环境复杂，不可控因素多，预测难度大，直接或间接影响了营销的决策、计划和调控;由于跨国家、跨地区经营,文化、社会、政治方面的各种不稳定因素很多,使企业各种营销策略的协调困难加大,尤其是全球营销中母公司与子公司或分支机构为实现公司全球范围战略目标的组织协调工作难度会更大。

5. 市场营销过程的风险性程度不同。环境的差异性和系统的复杂性,必然给国际市场营销过程带来许多不确定因素,使之比国内营销更具风险性。国际市场营销的不确定性几乎在每一个步骤中都明显地表现出来:环境的差异使各国消费者的需求有很大的不同;系统的复杂性也可能改变企业市场营销活动对目标市场国的影响力。国际市场营销过程的风险性还可以从产品的设计上体现出来,在不同文化背景和经济发展水平的条件下,人们对产品效用的主观判断和选择标准也存在很大的差异,会导致产品设计的弹性空间加大。此外,国际市场营销还涉及国际产品交易时汇率变化对产品价格的影响,由于国际市场上汇率的变化,使影响产品价格的因素增多,不确定性加大。因此,国际市场营销的风险程度远远超过国内市场营销的风险程度。

国际市场营销中各种变数的存在,使市场变化莫测,使国际市场营销充满着风险。对国际市场营销风险性的认识,有助于我们加强风险管理。

总之,国际市场营销是国内市场营销超越国界的延伸,这种超越国界的延伸使环境更加复杂多变,获得的利益水平存在差别,市场营销的方式、方法不同,并且在管理的难度和不稳定性方面的差异也十分明显。为适应经济国际化的大趋势,正确指导企业参与国际市场营销活动并取得成效,就必须专门研究国际市场营销方面的问题,结合理论和实践来阐述国际市场营销的原理、策略和方法,探索国际市场营销活动的规律性,把握机遇,消除威胁,提高企业经营的效益。

(二)国际市场营销与国际贸易的区别

国际贸易与国际市场营销都是以获得利润收入为目的而进行的超越国界的经济活动,但它们之间又存在着明显的差异,这些差异主要表现在以下几个方面。

1. 业务范围不同。国际贸易由世界各国的对外贸易构成,而每一个国家的对外贸易又都有进口贸易和出口贸易,因此,国际贸易包括购进和售出两个主要方面。而国际市场营销则主要是销售方面,即通过了解国际市场需求,向国际市场销售适销对路的产品或劳务,从而获得收益。

2. 交易的主体不同。国际贸易是国家之间的产品和劳务的交换,是站在国家的立场上进行的活动。国际贸易中,国家要依据国际收支状况、外汇需求和国际经济合作等方面的情况作出符合国家整体利益的决策。而国际市场营销则是企业的产品和劳务等内容与国际市场需求不断适应的过程,卖主是企业(或其海外子公司),买主则可能是国家,也可能是这个国家的企业或个人,还可能是本企业的海外子公司或附属机构,国际市场营销一般是站在企业的立场上,由企业组织实施的。

3. 超越国界的方式不同。国际贸易中,产品和劳务的交换必须是超越国界的,即参加交换的产品和劳务必须真正从一个国家转到另一个国家。而国际市场营销中,作为超越国界的市场营销活动,是指这些活动超越国界,而不是指产品和劳务超越国界。企业在进行国际市场营销时,其产品和劳务可以超越国界,也可以不超越国界。例如,某企业在若干个国家分别设有生产厂,生产出来的产品用于满足东道国的市场需要,这样,尽管企业产品并未发生超越国界的交换,仅仅是当地生产、当地销售,但企业所进行的市场营销活动却是超越国界的。这是因为,企业要对国外生产厂进行整体规划与协调,制定各自的发展战略和经营战略。

4. 实施的过程不同。国际市场营销要涉及整个市场营销过程与企业发展战略等问题。从市场分析与市场机会的寻求、市场营销目标的确定到市场营销计划的制订、执行和控制等,都有一套行之有效的战略、战术、措施和方法。此外,所有相关的市场营销手段,都要根据市场营销观念和市场营销目标加以调整配合,进行最佳运用。而国际贸易与之不同,尽管国际贸易也要涉及某些市场营销活动,如产品购销、实体分配、产品定价等,但在进行这些活动时往往缺乏整体计划、组织和控制,一般也没有产品的研制开发,无须构建国外分销网络,基本上也不需要开展国际促销活动。

四、国际市场营销学的基本内容

国际市场营销是一种跨国界的企业经营实践活动,企业通过创造产品和价值并在国际市场上进行交换来满足多国消费者的需要而取得利润,即企业在推销商品、占领市场、取得利润这些方面与一般的市场营销基本一致。换句话说,现代市场营销学的一般原理,同样适用于国际市场营销。但是,由于企业的国际市场营销是跨国界的经营活动,因此,二者又有所区别。主要是因为,从事国际市场营销的人员面对的是全新的环境因素、制约条件和许多来自法律、文化和社会方面的冲突,而且,国际市场营销所面临的经营风险和环境的不确定性比国内市场要大得多,因此,需要在现代市场营销学研究内容的基础上,进一步研究国际市场营销环境,国际经济发展状况,企业进入国际市场的各种方式,国际市场营销战略、策略、组织与管理等方面的内容。由此可见,现代市场营销学在国际市场范围内的灵活运用与进一步深化,构成了国际市场营销学的主要理论框架。但是,由于国际市场营销是一般市场营销在空间上超越国界的扩展,因此,国际市场营销较之国内市场营销更为复杂,也有其独立的理论范畴。

国际市场营销学是以企业的国际市场营销行为作为研究对象的一门应用学科。它是研究企业如何策划与实施跨国界的经营活动以实现其目标的一门学科。也有人称之为国际营销学、国际市场经营学或国际销售学。

国际市场营销学以经济学、国际经济学、市场营销学、消费者行为学、商品学、地理学、政治学、文化人类学、心理学、语言学、国际贸易、国际法学、国际保险、国际财务、国际运输、国际结算等理论和原则为其基础,通过对国际市场营销活动的实际经验的总结和概括,指出国际市场营销的一般规律和方法,以指导从事国际市场营销活动的企业的跨国经营。本书力求较为完整地归纳和总结国际市场营销的基本框架,主要内容包括以下几个方面。

(1)绪论。主要解释国际市场营销学产生、发展的历史,研究对象,与市场营销、国际贸易的区别,当前国际市场的发展情况,以及我国企业的国际市场营销实践及其发展等众多基本的理论和实践问题。

(2)企业进入国际市场的方式。主要探讨企业的生产与销售布局及其组合。企业进入国际市场的方式包括出口、合同经营和对外直接投资三种。企业在选择进入国际市场的方式时,应对不同的方式的特点、适用对象进行有针对性的分析,从而找到合适的方式。

(3)国际市场营销环境。主要分析包括经济环境、政治环境、法律环境、文化环境、地理环境、技术环境在内的与企业的国际营销活动有关的各个因素。对这些因素的分析、研究、评估和比较是制定国际市场营销战略和策略的基础。国内市场营销学和国际市场营销学的最大区别也在于此。

每一个企业具体的目标市场的营销环境怎样,直接影响企业的产品策略、定价策略、销售渠道选择策略、促销策略等,直接影响企业如何运用公共关系、政治力量、市场定位、人才、工业产权等营销策略和营销技巧。企业的营销组合计划只有适应具体的营销环境,才能取得国际营销活动的成功,取得较大的经济效益,否则,只会导致国际市场营销的失败。

(4)国际市场调研。调研是市场营销的出发点。企业进入国际市场之前,必须深入全面地了解目标市场环境,市场需求及其变化趋势,市场容量大小,技术、工艺发展水平,消费者行为,产品配销渠道以及竞争者情况等,以做到知己知彼。国际市场调研包括国际市场信息的种类、来源、调研方法、类型、国际市场预测等。

(5)国际市场战略规划。企业的国际市场营销战略是企业开展国际市场营销活动的整体规划,它规划企业的发展方向及其发展的框架,由一系列的分支战略和战术组成,具有全局性、长期性、系统性的特点。在国际市场营销中,国际市场营销战略除了一般战略的特征外,还要在国际市场的选择、进入国际市场的途径等方面进行周密规划。

(6)国际市场产品策略。国际市场的产品策略是国际市场营销的基础。企业在开拓国际市场时,不仅提供一种本公司生产出来的产品,而且应该提供能够满足顾客需求的产品。顾客需求在不断变化,产品性能、结构、大小、款式、包装、价格等也应该相应地随之改变。任何产品都有自己的生命周期,即使现阶段产品在国际市场畅销,也要继续开发新型产品,否则,随着需求的变化,畅销产品进入衰退期后,企业的销售和利润就会大幅度下滑,甚至会出现亏损,危及企业的生存。

(7)国际市场定价策略。为了使顾客能接受本公司的产品,又能使公司获取最合适的利润,就需要制定明确的价格策略。价格不是一个独立的因素,而是受许多因素的影响。它与产品的市场定位、促销方式、销售渠道都是密切相关的。对于高档产品必须制定较高的价格,对于低档产品则应该有一个较低廉的价格。

(8)国际市场销售渠道策略。过去在外贸垄断体制下,我国企业都是由相关进出口公司办理产品的外销。除了少数几家大企业有自己的外销网络外,大部分企业都面临着怎样开始第一步的问题。显然,企业进入国际市场的中间环节越少、越直接、成本越低,利润就越大,获得市场信息反馈的可能性也越大,而且可以积累更多的国际市场经营的经验。进入国际市场的方式不同,要求也不一样。进入方式越直接,投入资本就越多,而且需要更多高水平的国际市场营销人员。

(9)国际市场促销策略。由于涉及不同的文化及习惯上的差异,在一国成功的促销手段未必适用于另一国。企业制定的促销策略也必须适应不同国家文化的要求。正是这种跨越国界的特点,目标市场国的消费者对企业所提供的产品或服务不了解,企业更需要借助于促销的推广作用。

国外著名的大公司在开拓国际市场时,往往仰仗自身的实力,不惜投入大笔促销费用,以期能够迅速打开市场。

(10)国际市场营销组织与管理。国际营销管理是指企业为了满足国外消费者和用户的需要,并取得满意的利润,而对企业与国际市场有关的各种活动进行计划、组织、指挥、协调和控制的过程。从事国际化经营的企业,也面临国际市场营销组织的合理布局和有效管理的问题,要想在竞争激烈的国际市场上立于不败之地,就必须尽可能地适应公司所在地不同的社会、政治、经济和文化环境,同时又必须建立强有力的公司总部,对全公司的经营活动进行统一的协调和控制,以最大限度地利用企业的资源。

第二节 国际市场营销的发展演变过程

国际市场营销实践活动的重心变化和演变是在众多相关环境变化的基础上促成的。第二次世界大战以后,国际贸易体系的改善、国际货币体系的确立、世界局势的主流转向和平与发展等,都使国际市场营销越来越成为企业经营的一个必不可少的方面。如今,许多企业立足于全球的高度来规划企业的市场营销活动,使企业的国际市场营销发展到了它的全球营销阶段。将企业国际市场营销活动进行归纳和总结,我们就不难发现,国际市场营销的发展过程经历了出口营销、跨国营销和全球营销三个不同阶段。

一、出口营销阶段

第二次世界大战后,企业经营活动的导向开始逐步转为以消费者为中心的市场导向阶段。但是,这时的市场导向只能被认为是国内市场导向。从 20 世纪 60 年代开始,西方国家的经济迅速发展,国内市场竞争越来越激烈,企业的赢利水平不断下降,单纯的国内导向遇到了挑战。相反,随着国家间的经济交往日益增多,仅仅有国内的市场营销活动已远远不能满足日益增长的国际经济往来的要求,同时,国外市场往往又有着很大的赢利潜力,于是许多企业纷纷到国外投资。在这些企业中，以美国的企业居多，这主要是因为美国国内实施了反托拉斯法，使一些大型企业无法在美国国内获得进一步的发展空间而不得不走向海外。这时，以美国一些企业为代表的大企业，开始重视企业开拓海外市场时的市场营销问题，出口营销因此应运而生。

美国学者帕莱塔教授于1956年最早提出了"出口营销"的概念，他指出出口营销就是"出口企业针对美国大陆以外各国的不同条件，运用美国商品化政策及营销方式，进行有秩序、有组织的技术性交易过程"。

（一）出口营销的类型

出口营销阶段是国际市场营销的最初阶段，它的类型主要包括以下三种：第一种类型是剩余出口，即厂商仅仅出口国内市场的剩余产品，不愿意也没有能力为了出口而改进产品或其他市场营销活动；第二种类型是出口营销，即厂商积极地在海外销售其现在生产的产品，并愿意为满足海外顾客的需求而有限度地改造其产品和市场营销程序；第三种类型是海外市场开发，即厂商对出口产品及市场营销活动都进行重大的改革以更好地满足他国顾客的需求。

（二）出口营销给企业带来的利益

出口营销为企业保持生产与销售的平稳提供了可能性。例如，许多产品的销售情况都是随季节变化的，通过在与本国季节相反的国家销售季节性产品，可以更好地保持销售的稳定性，并实现全年产量的均衡。例如，对于经营滑雪器材和服装的公司而言，每年9月到次年3月是北半球的销售旺季，而在南半球，如在一些南美洲国家，5月到9月才有市场。这样，通过国际市场上季节的差异，稳定销售，可以减轻销售淡季的库存压力。另一方面，一些季节性生产的产品，可以通过出口营销的方式，调节不同国家在该产品上的余缺。例如，每年的8月到10月正是北半球国家水果收获的季节，水果的储存和保鲜需要企业支出储存和保鲜等费用，将北半球国家生产的水果运送到南半球的国家销售，既减轻了来自库存方面的技术和资金压力，同时又满足了市场需求。同样，南半球的国家在其水果生产旺季也可以将其水果出口到北半球国家。

出口营销还能够使厂商减少经济波动带来的问题，为企业提供一种规避风险的机会，开拓企业市场营销的广泛领域。如果国内市场正处于萧条之中，厂商仍可以通过出口营销，为产品找到销售的市场，这是因为，世界市场很少会同时衰退。例如，在20世纪80年代上半期，美国西北部地区太平洋沿岸的木材制造业由于国内建筑市场的不景气而陷于衰退，一些公司通过向日本出售枕木和圆木而取得了较好的业绩。一个在许多不同的市场上销售产品的企业，比仅仅依靠某个单一市场的企业能更好地保持生产和经营的平稳。

（三）出口营销的局限性

在出口营销阶段，企业仅仅将海外市场作为国内市场的一种补充，是将原来面向国内市场的产品推向国外市场，还没有专门针对国外市场的系统的营销总体战略和规划，因而，出口营销具有很大的局限性。出口营销的局限性主要体现在以下两个方面:第一,不进行直接的国际交易。出口产品的企业一般不直接到国外与国外买主开展交易,而主要是通过国内批发商或经销商,由他们向国外市场销售产品;第二,这种国际市场营销具有偶然性,企业仅仅是在国内市场产品出现剩余时才对外推销,企业往往还没有制定长期、稳定的开发国际市场的规划和战略,因而影响了企业开拓国际市场。

二、跨国营销阶段

从20世纪60年代末期开始,世界经济形势发生了令人瞩目的变化。1968年日本的国民生产总值第一次超过联邦德国跃居资本主义国家的第二位,其出口额大幅度增加,产品销往世界各地。与此同时,西欧国家的经济也取得了长足的进步,20世纪50年代欧洲经济共同体成立以后,逐步向着实现区域统一市场的方向发展,其目的是通过共同体的形式,提高欧洲国家的经济实力,以求减轻美国和日本对欧洲的出口压力。

在国际市场竞争激烈的条件下,各国都开始普遍加大对国际市场开发的力度,开始认识到企业的国际市场营销只有从初始阶段的出口营销,逐步转变为通过组建大型的跨国公司而开展有计划的专门针对国际市场的经营活动,才能在国际上占有一席之地,这标志着国际市场营销进入了跨国营销阶段。跨国营销阶段的突出特征是固定性,即企业由原来的只是在国内销售有剩余的情况下开展一些偶然性的出口业务,转向建立企业的连续向国外市场供货的长期能力上。企业针对国际和国内市场的不同需求水平和特点进行产品的专门化设计,分别生产不同的产品,达到满足国内和国际两个市场的不同需求的目的。

出口营销向跨国营销的转变,体现了企业由原来的将国内和国际市场看成是分离的两个部分向将国内和国际市场看成是一个统一的大市场的观念转变。它要求企业的决策必须以世界市场为出发点,将眼界扩展至国际大市场。

跨国营销和单纯的出口营销相比,无论从形式上还是活动的内容上都有了新的变化。首先,从市场营销活动的形式看,在出口营销的情况下,企业在国际市场上的活动有着明显的国内、国外市场的区别。这主要体现在产品从生产到消费大致的过程是在生产企业的母国进行,进出口活动则主要由生产企业之外的贸易中间商进行,在外国目标市场的销售活动则由外国的企业进行。在跨国营销的情况下,企业的活动突破了出口营销的模式,并不去截然地划分国内与国外的界限以及生产和流通的界限。其次,从市场营销活动的内容看,出口营销着重于扩大包括商标在内的广义产品的出口,因而出口营销的重点是对中间商的选择、国外目标市场的确定以及海外派出机构的设立。跨国营销则着重于世界市场机会的发现,对直接投资、当地生产、当地销售、返销本国市场、开发第三国市场、第三国贸易等非常重视。因此,跨国营销无论是在产品计划和竞争战略上,还是在国际市场营销组合上都有新的内容。可以这样说,20世纪70年代以后,跨国营销构成了国际市场营销的主要内容。

三、全球营销阶段

1983 年哈佛大学商学院莱维特教授首次提出了全球营销的概念,20 世纪 80 年代以后,在新技术革命的冲击下,在传统的规模经济效益竞争和比较成本优势竞争逐渐演变成科学技术和经营管理能力的全球竞争的条件下,全球营销概念开始形成。全球营销阶段是国际市场营销发展的成熟阶段,这个阶段的企业站在全球的角度,把国内和国外市场作为一个统一的市场来看待,国内市场只不过是国际市场的一部分,企业活动的主要内容由原来的出口转向在国外的经营活动。

国际市场导向要求企业的各种决策以世界市场为出发点,在国际市场上作出合理的研究开发、生产地点等方面的决策。企业把生产和营销放在一个统一的国际大环境中加以考虑,它的着眼点不再是立足于国内市场的基础上开发国际市场,而是从世界范围来考虑企业的市场营销问题,突破国与国之间的限制,开展全球营销的企业所卖的产品并非是国内市场的剩余产品,而是在全球化的大背景下,专门为国际市场研制和开发的产品。相应地,由于全球营销突破了国界的限制,要求企业对产品从生产到消费的全过程进行总体考虑,通过对产品各个部分的国际比较,通过购买或合作,组合成一件完整的产品以满足国际市场的需要,再不像过去那样整个产品都由自己去完成。因此,全球营销就是企业从全球市场的共同需要出发,用统一的或一体化的营销组合,即用统一的产品、服务、公司形象、渠道方式、价格档次、广告等,来满足全球市场的需要,从而最广泛地占领全球市场和在全球范围内实现资源配置的最优化。

快餐业的全球营销具有较强的代表性。洋快餐"肯德基"和"麦当劳"的市场营销战略就是典型的全球营销,这些企业往往着眼于世界的广阔范围,从全球的角度来考虑问题。肯德基公司针对全球化的要求而制定的统一的产品制作程序和服务规范,说明了这种统一的或一体化的市场营销组合设计的重要性。

实例 1 - 2:肯德基公司的全球营销

快餐业中的肯德基公司已经是全球营销企业了,它的全球营销包括以下几个方面的活动:肯德基公司的出发点是满足全球的现代人对快餐的迫切需要。肯德基公司的产品是统一化、标准化的。例如,不管在世界哪里出售的炸鸡,它的中心温度必须达到 65℃。肯德基公司的服务是统一化、标准化的。例如,在任何一家肯德基快餐店顾客付款后,必须在两分钟内上餐,服务员替顾客取餐时,弄破炸鸡的皮必须予以替换。再如,炸鸡在 15 分钟内没有售出,就不允许再出售等。肯德基公司在全世界 105 个国家和地区开设了 15 000 多家快餐店,所有快餐店的内外装修都按统一的 7 套图纸进行,因此,肯德基快餐店无论开在哪里,都有统一的形象。此外,肯德基快餐无论在世界什么地方,其价位都与当地大众化的购买力相适应;肯德基公司在世界各地通过特许专卖合同的方式拓展快餐店;肯德基公司对分布在世界各地的快餐店员工都按统一的规范进行服务培训。

肯德基公司正是靠这种全球营销在全球范围培养了一个“肯德基共同市场”。

企业开展全球营销，要取得较以往更大的竞争优势，关键是要使产品的效益最大化，即达到产品的规模经济效益与产品的适应性的最佳结合。为了获得规模经济效益，开发的国际产品必须能够被尽可能多的国家的消费者接受，只有产品具有广泛的适应性，才能够使企业的生产批量加大，达到规模经济效益的目的。

全球营销以世界市场为着眼点，增大了经营的效益，它的优点表现在以下几个方面：第一，通过全球营销提供的产品，能满足众多市场的需求，有助于使企业在世界范围内树立起良好的形象，赢得消费者的广泛信赖；第二，全球营销在商标、广告信息、售后服务、销售培训及促销等方面的营销组合，能降低产品的价格，并使管理变得简单；第三，在降低生产、仓储成本的同时为企业制定统一价格提供了可能；第四，由于产品失败的风险被分散到更广阔的地区，从而使投资回收的概率大大提高；第五，在全球范围内开展营销活动，针对世界市场消费者的需求制定产品的研制和开发计划，可以实现基于标准化的规模经济效益。

一些跨国公司在全球营销思想的影响下，出现了世界主义的现象，世界主义就是指跨国公司不拘泥于公司总部是否设在母国，而是从全球市场出发，将生产区位和市场分成若干区域并设地区总部，下设多个子公司，但是地区总部仍隶属于公司总部。

在新的竞争条件下，国际和国内市场已经联系在一起，企业只有对国际与国内市场进行通盘考虑，才能获得明显的优势；反之，仅仅考虑某一个方面，难免会出现管理漏洞，影响企业经营的效益。

第三节　当今国际市场的发展变化趋势

国际市场营销是在国际贸易形成和发展的基础上展开的，在改革开放的大背景下，开展国际贸易，重视国际市场营销，是经济发展客观规律的要求，是加入国际经济大循环的要求，也是世界经济发展的必然趋势。当今的世界是开放的世界，随着生产力的提高、经济的发展，生产和交换日益从一国封闭、相对狭小的范围，向世界的广阔领域扩展。

当今世界经济发展的突出特征，首先是科学技术的发展和广泛利用，并因其而形成了一个以知识经济为特点的经济发展模式。信息技术及其相关技术的发展，使世界各个国家的市场更紧密地联系在一起。其次是全球金融危机爆发并迅速蔓延。这对全球经济产生重大冲击，造成中国外需市场明显减弱，使大量出口导向型的国内企业身陷困境。一个企业的经营成败乃至一个国家经济的发展与否，在很大程度上取决于能否适应世界经济形势的变化，对一个企业来说，就是能否准确分析和把握国际市场的发展变化趋势，有效地开展和管理国际市场营销活动。

一、国际市场竞争更加激烈的趋势

在数字革命、新经济浪潮的推动下，当前的国际市场竞争十分激烈。这主要是由于随着科学技术的进步，许多国家的生产能力超过了国内市场的需求，同时，由于分工和比较优势的存在，各个国家都想扩大自己的市场，把国内相对过剩的产品和具有相对优势的产品打入其他国家的市场。

随着经济的发展，新技术和新产品的开发明显加快，市场需求的更新和发展速度也明显加快，所有这些都影响到企业开发国际市场的活动。与国内市场相比，当前国际市场的波动更大，变化十分迅速。变化和波动一方面来自经济发展的周期性特征，当经济处于复苏和高涨阶段时，固定资本的更新和扩大以及消费者开支的增长引起了巨大的需求，不仅使国内市场扩大，而且使国际贸易迅速增长；而当经济处于萧条和危机阶段时，需求锐减，国内外市场均会发生相对或绝对的缩小。除此以外，能源危机、通货膨胀、世界性的政治事件和军事政变、大国的经济波动等都会对世界市场商品的供给和需求产生影响，从而造成世界市场发展的不稳定，使国际市场的变化更加难以预测，增加了变数，竞争也更激烈。

进入21世纪后，世界经济整体上表现为从快速发展转向走下坡路。尤其是2001年以来，世界经济开始进入下滑的轨道，“9·11”事件对于本来已经暗淡的世界经济来说又可谓雪上加霜，致使欧美大批企业经营惨淡，倒闭案大幅增加，幸存的企业也阴云笼罩，大幅裁员，使失业大军急剧膨胀。而2007年8月美国次贷危机引发全球金融海啸以后，美国、日本的经济甚至陷入衰退，欧盟的经济形势也相当严峻。除此之外，新兴经济体中，巴西、印度等国的经济发展也遇到严峻挑战。我国纺织、服装、玩具等出口导向型中小企业也已全面告急，部分企业已经停产。

在世界经济整体下滑的态势下，国际市场上企业的竞争也更激烈，传统的工业体系面对新经济的巨大挑战和自身利润率不断下降的威胁，为了节约成本、寻求规模优势，企业间加快了购并的步伐，其规模和范围也达到了空前的水平。新经济的代表公司的购并活动也相当频繁，围绕着“信息”的新经济条件下的竞争，对全球不同国家和不同类型的企业的利益重新进行分配。

二、企业之间的并购活动频繁的趋势

企业与企业之间的频繁并购活动在近些年已经成为国际市场营销中相关企业获得新的发展的一个不可缺少的手段。迄今为止，全球企业共发生了5次大的企业间并购浪潮。第一次并购浪潮发生在19世纪末至20世纪初，以石油、铁路部门的横向兼并和国内单一领域的兼并为主，当时正是产业革命时期，经济逐步进入电气时代，表现为大吃小的格局。第二次并购浪潮发生在20世纪20年代，由于标准化生产方式的出现，产业结构由轻工业向重工业转变，以工业企业之间的兼并、纵向的国内兼并为主，也主要体现为大吃小的特征。第三次并购浪潮发生于20世纪五六十年代，由于产业结构从重工业化向高度加工化转变，使得兼并以工业领域为主，表现为混合的国内兼并为主和大吃大的特征。第四次并购浪潮发生于20世纪70年代至90年代，在这次并购浪潮中，以运用精巧复杂的金融工具作为融资手段，发掘价值被低估的企业，以收购再出售为特征的财务性并购成为主流，因此形势也趋向于多元化，出现了大范围的融资兼并以及大吃大、大吃小、小吃大并存的局面。20世纪90年代以后，在数字革命、新经济的推动下，出现了第五次并购浪潮，并购方式向优势互补、共占市场的战略兼并与策略联盟转化，实现企业的长远战略目标成为这一时期绝大部分并购的主要动因，出现了大吃大、大吃小、小吃大、快吃慢等多种局面共存的现象。

在每一次并购浪潮中，其并购的动因、并购的对象和并购的规模都具有重大的差异。正如美国并购专家布鲁斯·瓦瑟斯坦所言："每一次交易都有自己的特殊之处，但是它们同时又具有一个共同的模式。现在的经济战略和结构会逐渐趋于僵化，系统的惯性或许能使它们苟延残喘，但是外部的因素最终会让它们迅速灭亡。当这种过时的情况越来越明显时，兼并和收购活动就作为一种缺少温情的活化机制来促使公司面对新的经济事实。"

大企业之间的并购风潮席卷全球，成为20世纪末的一个新的特点，其中以波音公司与麦道公司的合并、花旗银行与旅行者集团的合并、奔驰与克莱斯勒的合并等最为突出。在争夺国外市场的过程中，一些企业不但采用价格竞争方式，即利用低价倾销打击和排挤竞争对手，而且日益注重非价格竞争方式，即通过改善产品性能和包装装潢，增加花色品种，加强广告宣传，保证及时交货，加强售后服务等办法来扩大商品销路。同时，它们还日益广泛地采用复杂多样的贸易方式，例如，商品交易所、国际拍卖、博览会、展览会、招标、补偿贸易、加工贸易、租赁贸易、寄售、包销等，以争夺国际市场。所有这些都使世界市场上的竞争日趋复杂激烈。

跨国的并购具有明显的行业特征，利于形成产业整合，从而提高企业的整体竞争优势。产业整合有两个层次的含义：一是横向一体化，通过形成规模获得更大的市场份额；另一个含义是纵向一体化，即在运用核心竞争力的基础上，将产业链的上下游企业并入同一个企业，从而获得某种程度的市场控制力。

实例1－3:2015年全球并购潮的新特点

这是一个群雄竞购的时代。据CNBC称，2015年是全球企业并购活动异常活跃的一年，Dealogic的数据显示，2015年的并购交易总额达到4.9万亿美元，创历史新高，超过了2007年4.6万亿美元的前纪录，成为并购势头最为强劲的一年。从同一时期的各地区数据来看，美国和亚太地区的交易金额刷新了历史纪录，欧洲也达到了2008年以来最高水平。

世界经济低增长的局面将持续下去，全球各大央行仍将利率水平维持于历史低点附近。在难以期待自主增长的情况下，作为简单易行的增长战略，许多拥有大量现金却遭遇增长放缓的大公司纷纷求助于并购交易，以提升收入和扩大市场份额，价值超过50亿美元的并购交易数量上升了42%。

投行人士们认为，今年的并购高峰与2007年的疯狂并购热颇为相似，但在很多方面呈现出不同于2007年的新特点。

首先，从地域上看，全球各地区的并购活动几乎是齐头并进的，从美国、欧洲、亚洲拓展到世界的各个角落，没有哪一个地区独占鳌头，并购交易均十分活跃。

其次，并购规模也越来越大，市场上动辄出现数百亿美元规模的大型并购。根据路透公布的数据，今年三季度全球大型公司并购规模超过1万亿美元，尽管没有超过二季度，但已是15年来首次连续两个季度破万亿美元。

第三，并购广泛分布于各个行业，并未在某一行业出现过热迹象，诸如IC行业、化工行业、酒店行业、医疗行业以及运输行业等都出现了频繁的并购，而不像2000年以IT企业为中心、2007年以金融业为中心出现的并购扩大化。

第四，全球经济处于后金融危机时代，市场竞争将越来越激烈，新兴市场国家将在危机之后占据市场空间更大的比重。今年第三季度中国已成为美国市场第四大买家，与2014年的第六大买家相比排位有所提升。

除此之外，在经济缓慢复苏的过程中，也往往会催生重大科技创新，近来的SpaceX成功回收火箭就是很好的例子。并购也随之成为企业技术整合的有效途径。

（资料来源：1. 搜狐财经，1 + 1 > 2？不盘点下2015年全球并购潮你就out了，2015年12月24日；2. 信永中和研究院，2015中国十大并购事件与十大并购人物揭晓，2016年2月29日。有删改。）

三、经济全球化的趋势明显加快

20世纪80年代末90年代初以来的一段时期，国际经济关系进入新的发展阶段。在国际经济关系协调机制上，经济全球化的发展与国际政治格局的变化密切相关，由于经济发展的要求，国际经济广泛合作的趋势越来越明显，同时，一些国际经济协调机构的建立，加强了贸易自由化的趋势，自从20世纪80年代后期以来，各国经济的相互依存度越来越大，经济全球化的趋势已经形成。经济全球化要求消除商品在国家间流通的贸易和非贸易壁垒，在不同国家间形成一致的贸易准则。经济全球化的主要标志是全球性经济贸易组织的建立，目前最有代表性的国际贸易组织就是世界贸易组织（WTO）。它是在关贸总协定（GATT）的基础上，经过7年多的“乌拉圭回合”多边贸易谈判而达成的关于建立世界贸易组织的协定框架下诞生的。WTO于1995年1月1日起取代关贸总协定，与国际货币基金组织、世界银行一起成为协调国际贸易、金融、货币关系的三大支柱，并奠定了全球货币—金融—贸易一体化的雏形，有力地推动了经济全球化的进程。

WTO在经济全球化的进程中承担了重要的角色，它是一个以贸易自由化为中心、囊括当今世界贸易诸多领域的多边贸易体制。世界贸易组织的规则对所有的成员都有严格的法律约束力，各个成员都必须进行相应的法律和政策调整，以便适应世界贸易组织的贸易要求。

我国在加入世界贸易组织的过程中，经历了漫长的16年时间。在此过程中，我国针对世界贸易组织的要求，进行了一系列的改革：1995年4月1日开始进行外汇体制的深刻变革，到1995年12月1日，我国已实现人民币经常项目可兑换，所谓的"外汇管制"已不存在；1996年1月1日起，我国取消了176项产品的进口配额和许可证管理限制；1992年1月到1995年底，我国4次降低进口商品关税，使关税税率水平由47.2%降到35.95%；1996年4月1日起，再一次大幅度地降低了4 963个关税税目的税率，这使我国进口商品的名义关税平均税率总水平由原来的平均35.95%进一步降至23%；1997年10月1日，我国再一次主动降低4 874个税号的出口关税水平，使关税平均税率降至17%；2002年我国的关税水平降到了12%，而世界贸易组织中的发展中国家平均关税水平为14%～15%，我国与之的差距已不存在。

2001年11月20日，世界贸易组织总干事迈克尔·穆尔致函世界贸易组织成员，宣布我国政府已于2001年11月11日接受《中国加入世贸组织议定书》，这个议定书将于12月11日生效，我国也将于同日正式成为世贸组织的成员。2001年12月11日，我国正式加入世界贸易组织，成为其第143个成员。

正式成为WTO成员后，我国要全面参与WTO的各项工作，并向WTO总部所在地——瑞士日内瓦派出中华人民共和国常驻WTO代表团，并派驻大使。我国将全面享受WTO赋予其成员的各项权利，并遵守WTO规则，认真履行义务。"多哈发展议程"已经启动，作为WTO成员，我国也要认真积极地参加WTO新一轮的多边贸易谈判，并在其中与其他成员一道发挥积极和建设性的作用。

根据海关总署2015年第69号公告，经国务院批准，《2016年关税实施方案》自2016年1月1日起实施。《2016年关税实施方案》主要包括税则税目调整、进口关税调整和出口关税调整三个方面。2016年，我国税则税目总数由8 285个增至8 294个，关税总水平仍为9.8%，其中，农产品平均税率为15.1%，工业品平均税率为8.9%。2016年，实施进口暂定税率的商品共计787项，平均税率为3.19%。

四、区域经济一体化的趋势也明显加快

随着国际市场竞争的日趋激烈，竞争方式也日趋多元化。自20世纪80年代国际市场的全方位开放以来，相邻和相近国家组织的各种经济集团在控制市场和区域经济一体化方面得到了迅速发展。据WTO的官方统计，截至2015年1月，签订并生效的区域贸易协定达到398个，其中，自贸协定点比超过90%。目前，世界上规模和影响较大的区域性经济组织主要有欧盟（EU）、北美自由贸易区（NAFTA）和亚太经济合作组织（APEC）等。

（一）欧盟

欧洲联盟是目前区域经济一体化中合作水平最高的一个组织，它是在欧洲经济共同体（EEC）的基础上发展起来的。其经济一体化合作从关税同盟开始，1993年1月1日欧洲统一大市场开始运行，1994年1月1日欧洲经济区协定正式生效，由比利时、丹麦、芬兰、法国、德国、希腊、爱尔兰、意大利、卢森堡、荷兰、葡萄牙、西

班牙、英国、瑞典和奥地利等15个国家组成的欧洲联盟正式成立。在此过程中,欧盟按统一的经济规则,实行了共同的商品规格和市场开放,废除了限制劳务、就业、资本流动的诸多障碍,实现了欧共体市场的统一。为了取消不同成员国货币汇率波动对生产要素自由流动的影响,欧盟决定将一体化合作推进到更高阶段,建立经济与货币联盟。从1998年开始,建立欧盟统一的中央银行,以欧元为共同结算货币,并在2002年用欧元货币代替成员国的货币。经过6次扩大,欧盟成员国已达到28个,总人口5亿,国民生产总值高达16万亿美元,成为世界上最成功、影响最大的区域经贸组织。2016年6月24日,英国公布了"脱欧"公投的最终结果:英国脱离欧盟。

(二)北美自由贸易区

北美自由贸易区于1994年正式成立,是一个拥有4.5亿人口,17.3万亿美元国民生产总值的区域性贸易联盟,由位于北美洲的美国、加拿大和墨西哥三个国家组成,目前,年贸易总额1.37万亿美元,其经济实力和市场规模都超过欧盟,成为世界上最大的区域经济一体化组织。目前,北美自由贸易区还有与加勒比共同体等5个区域性的组织逐步实现合并与统一的规划。

(三)亚太经济合作组织

亚太经济合作组织由亚洲及环太平洋的21个国家和地区组成,包括美国、日本、中国、加拿大、墨西哥、智利、澳大利亚、新西兰、韩国、中国台湾、中国香港、菲律宾、印尼、马来西亚、泰国、新加坡、秘鲁、俄罗斯、越南、文莱和巴布亚新几内亚等国家和地区。亚太经济合作组织是一个政府间的协商合作组织,是本地区重要的经济合作组织之一。其活动建立在"互利、协商、一致"的基础上,不搞立法式的或指令式的规定。但自1993年西雅图会议开始召开各成员国非正式首脑会议以来,该经济联合体取得了实质性进展。其主要标志是:1994年雅加达会议提出了2020年前实现区域内贸易、资本自由化的目标;1995年大阪会议和1996年马尼拉会议又进一步提出了实现贸易、资本自由化目标的方案和行动计划。

区域经济一体化对世界经济及国际市场营销具有举足轻重的影响,首先它造就了统一的大市场,给企业开展国际市场营销创造了机会,这会刺激区域内企业扩大生产规模,以满足市场需要。然而,从营销角度看,我们不仅应该分析区域市场带来的相似性和一致性,还应该分析区域化市场内部的差异性。不同国家的政治法律形态、市场活动的法规、经济运行制度、收入分配以及社会文化方面的差异都使区域性市场的内部呈现很多的特点,全面地分析各种因素才能真正准确地把握国际市场的变化规律,从而找到有针对性的对策。

五、服务贸易迅速增长

近年来,随着国际贸易的迅猛发展,各国经济的互相渗透、互相依存程度也不断加强。在国际贸易中,服务贸易的发展尤为迅速。世界贸易组织发布的数据显示,2015年,世界服务贸易总额92 450亿美元,占世界贸易比重提高至22.9%。

在新的国际经济形势下，国际市场的商品结构发生了巨大变化。这主要表现在：一是工业制成品在国际贸易中所占比例超过初级产品所占的比例，其中以高技术产品增长尤为突出。初级产品在国际贸易中的比重呈下降趋势，其原因是多方面的。例如，由于科技进步，制造业原材料的投入量减少，单位产品原料使用量下降，以及合成原料、新材料、新能源的替代作用加强，多数国家都愿意出口附加值较高的材料和产品等。二是燃料等能源在贸易中所占比重急剧上升。三是在制成品市场中，机械产品在各大类商品中增长最快，主要原因是世界工业结构中，石化工业和金属制成品工业的重要性加强，导致了中间性机械产品在国际贸易中的增加和新机械产品的出现，另外，居民对耐用消费品需求的急剧增加也是主要原因之一。

在以上传统的商品结构变化的基础上，经济全球化步伐的加快，国际商品贸易的发展，对外直接投资的扩大，以及世界经济结构的调整，极大地推动了世界服务贸易的发展。目前，世界服务贸易已从原来的国际运输、旅游、金融、保险等扩大到包括科技信息、数据、计划编制、工程咨询、管理技术和培训在内的生产性服务，以及包括市场调查、广告宣传、商业信息、可行性研究、编制指标文件、提供销售和分销服务等商业服务领域。

在服务贸易中，运输、旅游和其他商业服务（主要包括通信服务、建筑服务、保险、金融、计算机和信息服务、专利权使用和特许、咨询、会计、法律、广告及文体娱乐服务等）是最重要的三大类别。

国际市场的发展趋势表明，企业经营与国际市场的联系越来越紧密，离开国际市场，仅仅局限于开辟和拥有国内市场难以形成真正的竞争优势。来自国际企业的冲击和竞争将时刻影响企业的发展，企业必须不断审视国际市场的变化，才能在激烈的市场竞争中占有一席之地。

本章小结

1. 国际市场营销学是一门新兴的学科，是主要研究企业如何策划与实施跨国界的经营活动，以实现赢利目标的一门学科。

2. 国际市场营销与市场营销的区别表现为：面临的环境和背景不同，利用资源获得比较优势的程度不同，市场营销的策略和手段不同，市场营销管理的难度不同，市场营销过程的风险性程度不同。国际市场营销与国际贸易的区别主要表现为：业务范围不同，交易主体不同，超越国界的方式不同，实施的过程不同。

3. 国际市场营销学经历了出口营销、跨国营销和全球营销三个发展阶段。出口营销是出口企业针对本国以外的其他各国的条件，运用本国原有的市场营销政策和方式，有秩序、有组织的技术性交易过程。跨国营销将国内和国际市场看成一个统一大市场，并不去截然地划分国内与国外的界限以及生产和流通的界限，而是着重于世界市场机会的发现。全球营销是国际市场营销的成熟阶段。这个阶段的企业站在全球的角度，把国内和国外市场作为一个统一的市场来看待，国内市场只不过是国际市场的一部分，从而最广泛地占领全球市场和在全球范围内实现营销配置的最优化。

4. 当今国际市场发展的趋势是市场竞争激烈、变化快。国际经济全球化的趋势、区域经济一体化的趋势越来越明显；国际市场商品结构发生重大变化，服务贸易迅速增长。

5. 国际市场营销学的基本内容框架是：国际市场营销环境、国际市场调研、国际市场战略规划、国际市场产品策略、国际市场定价策略、国际市场销售渠道策略、国际市场促销策略、国际市场营销管理等。

复习思考题

1. 国际市场营销的发展经历了哪些阶段？
2. 试比较国际市场营销与国际贸易和国内市场营销的区别。
3. 当今国际市场的发展变化趋势是什么？

中国出品，全球制造

不经意间被贴上了“世界工厂”标签的中国，从某种程度上说，正将这一称号变得愈发名副其实——中国生产的产品不但已渗透到世界各个角落，这些产品本身也越来越多地出自于遍布全球的中国工厂中。其实，相比海外收购，直接在海外设厂因其可绕开美欧等国设置的贸易壁垒又可促进本地经济而易得到当地支持，其实是意图“走出去”的企业们更常见的选择。比如，已在欧洲市场站稳脚跟的中国领先设备制造商华为，今年夏天就将在匈牙利拓建装配厂和物流中心，加上它在该国已拥有的两个生产工厂，这将能保证整个欧洲的需求。但海外建厂同时也要求中国企业在技术、海外营销、售后体系建设上有相应的配套支持，更重要的是了解当地文化、经济，并融入其中以求长足发展——其实是对中国制造提出的更高层面要求。

美国。20 年前，中国学习美国制造的方式可能是选择购买它们淘汰的生产线，以至于卡梅隆当年想在《终结者 2》里营造那种困苦的工业环境时，不得不向中国买家求助。现在中国企业则选择直接去美国建厂。谋求全球扩张的海尔,早在1999年就于南卡罗来纳州建立了美国海尔工业园,年产能为50万台。2007年联想位于美国北卡罗来纳州的装配中心也投入运营。而继2008年南汽(后被北汽收购)旗下MG品牌意欲在美建厂未果后,比亚迪今年也表示出了同样意向。其实,这里仍有许多中国无力涉足的领域,比如最近鞍钢集团与美国钢发展公司计划分期建立4个螺纹钢厂和1个电工钢厂的项目,就遭到了美国钢铁行业的阻碍。

非洲。非洲因资源种类丰富,需求潜力无限,历来是中国海外建厂的重要阵地。早在2004年,长城汽车控股公司、东风汽车集团、奇瑞汽车公司和广州华南摩托车工业有限公司,就共同在非洲加纳与当地大型企业Sneda汽车有限公司合资建立汽车生产基地,创下国内汽车企业首次以集团形式在国外设厂的纪录。2006年11月,中国有色投资2.2亿美元,在赞比亚建设一座粗铜冶炼厂,年产能为15万吨。而今年5月,冀东发展集团和中非发展基金宣布将投资2.2亿美元在南非建设一家水泥厂。此前,中非发展基金已帮助多家中国企业在这里投资建厂。

印度。继上海汽车和通用汽车在印度合资建厂之后,有消息称,中国卡车制造商北汽福田也欲在印度建立工厂,且福田印度工厂在2011年的产能将达10万辆。印度汽车及零配件业的繁荣无疑是催生这一热潮的主要诱因,而由于印度政府最近对安全问题的担忧导致该国对中国通信设备的进口放缓。为了不放弃这一广阔市场,华为及中兴也正考虑在印度建厂。

墨西哥。基于优良商业环境、高素质的劳动力资源,以及能满足美洲区客户需求的优越地理位置,墨西哥也是中国企业海外建厂的理想之地。去年2月,联想集团宣布,其在墨西哥蒙特雷的电脑工厂正式启用。该厂总投资4 000万美元,可年产500万台台式电脑、笔记本电脑、工作站和服务器,并将缩短联想为北美洲和拉丁美洲客户交付产品的时间,精简流程,并发挥规模效应。

澳大利亚。矿产资源富足且法律健全的澳大利亚,是中国资源类企业海外建厂的青睐之地。早在20世纪80年代末期,中钢集团就在澳大利亚成立了全资子公司,并与力拓旗下的一家公司合资经营恰那铁矿,目前其年产量达1 250万吨,并一直是中钢的重要利润来源。不过眼下,由于合约面临到期,加上铁矿石市场供不应求的环境,力拓单方面提出了更高的续约合资条件。而中钢这个中国最早成功的海外资源项目的命运,或许会给那些在市场已趋于饱和的情况下仍扎堆投资澳大利亚矿业却不得不受跌宕起伏的铁矿石价格捉弄的中国企业们一个提醒。

东南亚。廉价的劳动力吸引了很多身处劳动密集型行业的企业在这里建厂。比如纺织业,无锡华源和宁波申洲针织集团分别在越南和柬埔寨建立了加工工厂。汽车业里,长安、力帆摩托等也已在越南投资建厂;东风、吉利、奇瑞则在马来西亚有自己的生产基地,而奇瑞在泰国的工厂早已能生产QQ。至于身处农业的新希望集团也已在越南和菲律宾建了3家工厂。除了劳动力优势,这里不断增长且独特的需求也是吸引中国企业来此的原因,比如,海尔在泰国建立的空调生产线,就是专为其热带季风气候量身打造的。

西欧。先进的生产技术、消费者对品牌相对成熟的理解都是在此建厂的好处。厦华在欧洲就设有两个 OEM 加工厂,分别位于德国和法国。海信在法国和位于南欧的意大利也拥有工厂。上汽更是将在此建厂作为其曲线进军欧洲的重要战略步骤。2005 年其在英国开设了海外研发中心,而上汽与南汽整合而来的 MG 品牌,也将继续发挥其英国纯正血统的优势。

东欧。临近西欧,又拥有相对廉价的劳动力,使东欧成为中国企业挺进欧洲的一个有力跳板。2004 年,海信匈牙利工厂落成。按计划,它将主要生产高端数字电视,年产能达到 100 万台,辐射法国、意大利等欧洲十几个国家和地区。但由于缺乏足够的供应链管理能力,加之当地业务代工不足,5 年后,其被迫关闭。但这阻挡不了中国企业实现欧洲产能本地化的决心。长虹、创维、海尔、TCL 等也在俄罗斯、匈牙利、捷克、波兰等国建立了众多的海外彩电生产基地和合资公司。其中,TCL 俄罗斯公司已俨然是个本地化公司,俄籍员工已成为主要力量。

(资料来源:环球企业家网站,2010 年 8 月 12 日。有删改。)

思考题

1. 试从国内与国际两大方面,分析中国制造走向全球的主要影响因素有哪些。
2. 试分析中国企业国际化经营的发展演变过程。

第二章

企业进入国际市场的方式

★ 本章要点及学习要求 ★

企业开展国际市场营销面临的两个最基本的问题是:在哪里生产和在哪里销售? 对这两个问题的不同回答形成了企业进入国际市场的各种不同方式。归纳起来,主要有三大类:一是出口,即国内生产,国外销售,这是一种传统、简单、风险最低的进入方式;二是合同进入,又称非股权进入,它有多种具体形式,而且富有较大的灵活性和实用性,正在不断创新并日益引起重视;三是对外直接投资,又称股权进入,即企业直接在目标市场国投资,就地生产,就近销售。随着企业跨国营销的不断深化,对外直接投资的作用和地位日益重要。

各种进入方式各有其利弊,也各有其不同的风险,所要求的资本投入和管理能力等也各不相同。各种进入方式的长短优劣,只有在给定的具体条件下才能比较。因此,企业开拓国际市场时,到底选择何种进入方式,必须结合本企业的全球发展战略以及企业拥有的资源条件,针对不同的目标市场国环境综合考虑,科学决策。

本章详细介绍了企业进入国际市场的各种方式的具体含义、特点,并适当地进行对比分析,提出了不同进入方式下应注意的问题。通过本章的学习,要求:

1. 总体上了解出口、合同经营和对外直接投资的含义和特点;
2. 分析间接出口和直接出口的优势和不足及二者的区别;
3. 掌握许可证合同的概念、适用对象、特点及其有关付费方式、控制等问题;
4. 掌握国际特许经营的概念、本质、特点,分析其应注意的有关问题;
5. 掌握国际战略联盟的概念、特点和类型,分析其迅速发展的原因和战略联盟对象的选择标准;
6. 了解管理合约、合同生产、交钥匙合同及国外装配的基本含义和相对优势;
7. 掌握独资企业的概念,比较其优势和局限性,了解建立独资企业的方式;
8. 掌握合资企业的概念,比较其优势和局限性,分析建立合资企业应注意的问题。

第一节　出　　口

相对而言，出口是一种最普遍、最简单，也是最传统的进入国际市场的方式，也就是企业将所拥有的生产要素留在国内，在本国制造产品，再通过一定的渠道将产品销往目标市场国的方式。出口有被动出口和主动出口之分，前者是企业消极地进入国际市场，偶尔出口企业剩余的货物，此时企业把出口看作其全部业务的极小部分；而主动出口则是企业根据国际市场的需要，积极扩大对某一国外市场的出口。出口时，企业可能修改也可能不修改其产品。此外，出口还包括间接出口和直接出口两种不同形式。间接出口是众多企业对国际市场进行探索、试验并逐步获得国际市场营销经验的重要步骤，也是企业国际化经营的初步准备阶段；而直接出口才是企业真正走向国际市场的标志。

一、间接出口

（一）间接出口的含义

间接出口是指企业将国内生产的商品卖给本国的出口中间商，或请本国的出口中间商做企业产品的外销代理，由他们负责向国外市场销售。间接出口的特点是经营国际化与企业国际化的分离，即企业的产品走出了国界，而企业的营销活动却几乎完全是在国内进行的，从这一意义上说，企业本身并没有直接参与该产品的国际营销活动。

间接出口是所有进入国际市场的方式中风险最低的一种。它既不要求新增投资，也不牵涉国际市场营销的其他活动，以及汇率和政治风险等。从很多方面来看，间接出口与向国内其他用户销售产品没有什么不同，这种出口只是国内经营在量上的简单扩大，不要求特殊的管理知识，企业的管理也没有因此而发生质的改变。利用得当，间接出口可以使企业以很低的投入有效地增加企业的产出。但是，企业通过间接出口方式来学习了解国际市场的潜力也很低，企业控制海外营销活动的能力也极为有限。间接出口的关键是寻找理想的国内出口中间商。

（二）间接出口的优缺点评价

1. 间接出口的优点。站在企业的立场上，间接出口的优点主要有：①企业可以方便、迅速地依靠国内出口商在国际市场人才、经验、信息、渠道等方面的优势开展产品的外销业务；②企业不必为产品外销作额外投资，不必再办理出口业务，因此，可以节省大量开支，减少企业承担的经营风险。

2. 间接出口的局限性。间接出口的局限性也是十分明显的，主要表现在：①企业与国际市场的联系被切断，企业对国际市场的了解不够深入，信息不足，导致企业缺乏随国际市场变化而迅速调整营销对策的灵活性；②企业的产品外销缺乏长久性和稳定性，对国际市场的控制能力较差；③企业无法在国际市场上锻炼培养自己的营销队伍，积累国际市场营销经验，无法扩大企业的声誉和知名度，因而，不利于企业的长远发展和国际竞争实力的提高。

总之，间接出口可以作为企业走向国际市场的跳板，作为一种摸索学习、逐步发展的方式。它适用于刚刚起步走向国际市场的企业。有经验的企业也可以利用间接出口投资少、管理容易的特点，作为覆盖大面积次要市场的手段，或者作为推销企业次要产品的一种辅助手段。

二、直接出口

（一）直接出口的含义

直接出口是指企业绕过国内中间商，直接将国内生产的产品销售给国外的中间商或客户。直接出口与间接出口的区别在于：直接出口时，企业与国外企业直接接触，不同程度地直接参与其产品的国际市场营销活动，如国际市场调查研究、发展和建立海外客户、产品分销和定价、出口文件处理等。在这种方式下，企业对出口产品的经营管理不仅发生了根本性的改变，而且对产品出口还拥有了较高的控制权；直接出口时，企业要独立地开发国际市场，完成产品的出口管理任务，承担各种经营风险，因此，直接出口是企业开始真正进入国际市场的标志。

（二）直接出口的优缺点评价

站在企业的立场上，相对于间接出口，直接出口的优点是：①企业可根据国际市场的情况和变化自由选择国外市场；②可以缩短商品流通过程，减少流通环节，降低流通费用，提高获利水平；③企业与国外客户直接接触，可以及时掌握国外市场的动向，增强应变能力，提高企业的国际市场竞争力；④有利于企业迅速培养起自己的国际市场营销队伍，建立自己的国际市场营销网络；⑤可提高企业对国际市场营销活动的控制能力，有利于企业在国际市场上的长期发展。

但是，直接出口也有一定的局限性，表现为：①直接出口对于企业的要求很高，即企业必须具备开拓国际市场的资源和能力。国际市场竞争的四大战略资源是资金、人才、信息、技术，这不是一般企业所能轻易具备的。②企业要承担国内出口商的功能和作用，以及由此而产生的经营风险。③企业要增加较多的费用开支，占用大量的资金，因此，可能会影响企业资金的周转。

（三）直接出口的方式

概括起来，企业直接出口的方式主要有以下几种。

1. 国内出口部。该部门负责实际的对外销售工作，通常由一名出口销售经理和几名职员组成。随着企业出口业务的扩大，它有可能演变成独立的出口部门，负责企业所有的出口业务，甚至还可能成为企业的销售子公司，独立核算。

2. 海外销售分公司。主要从事销售分配，还可能经营仓储和促销业务。有时，它也可作为产品展览中心或顾客服务中心。建立海外销售分公司能够使企业进一步扩大在国外的市场占有率，有利于增强对直接出口渠道的控制程度，更好地实现企业的出口战略目标。

3. 巡回出口销售代表。即企业派其国内销售代表到国外市场寻找客户，进行销售。

4. 国外经销商和代理商。国外经销商直接购买企业产品，拥有产品所有权；而国外代理商是代表企业在国际市场推销企业产品，不拥有产品所有权，但要抽取佣金。在企业不了解国外市场又想尽快地进入国际市场时，可以把产品卖给国外经销商，或委托国外代理商代销。

直接出口的关键是寻找和发展自己的海外经销商，即建立自己的国外销售网络。由于我国对外开放的时间较晚，国际市场早已被先进入者瓜分。中国企业在这种情况下进入，需要付出更多的努力，如产品要更新更优，价格要物有所值，甚至物超所值，沟通以及促销等的力度要更大，企业的国际市场信誉要更佳等等。总之，需要中国企业凭借自己的国际竞争实力，与其他竞争对手展开一场争夺国际代理商或经销商的激烈竞争。

实例 2-1：中国成为世界第一出口国

法国《回声报》7 月 25 日报道称，官方消息表明，中国已经成为 2015 年世界第一出口国。世界贸易组织公布的数据显示，中国 2015 年出口额占全球 14%，随后是占 9% 的美国和占 8% 的德国。亚洲出口占全球 36.17%，欧盟为 36.15%。

中国经济放缓、欧洲增长率低以及巴西和俄罗斯等新兴大国的衰退是全球经济乏力的基础。按美元计算的世界贸易额严重下滑。货物出口额下降 13%，跌至 16 万亿美元，服务出口额下降 6%，跌至 4.75 万亿美元。其中在服务出口领域，货物运输额下降 10%，至 8 760 亿美元。贸易量和贸易额之间的差异受两个因素影响：原材料价格暴跌（2014 年 6 月至 2015 年 12 月间，石油跌 64%，金属跌 35%）以及同期汇率的波动。

报道称，中国贸易崛起引发关注。欧盟出口额下降 12%（欧盟内部贸易未计算在内），至 1.9 万亿美元。中国以 2.27 万亿美元位居榜首，美国以 1.5 万亿美元位列第三。

欧盟在很多领域仍然是冠军。比如农产品出口额高达 5 850 亿美元，远远超过美国的 1 630 亿美元和巴西的 800 亿美元。欧盟的石油和矿产品出口额以 4 400亿美元排在第一，超过了俄罗斯（1 950 亿美元）、沙特（1 530 亿美元）和美国（1 450 亿美元）。欧盟在化学品和汽车领域同样遥遥领先。

报道称，中国成为办公和手机设备领域的出口冠军，出口额达 5 910 亿美元。中国纺织品出口达 1 090 亿美元，排在第二的欧盟仅为 640 亿美元。服装领域同样是中国居首，为 1 750 亿美元，之后是欧盟（1 120 亿美元）、孟加拉国（260 亿美元）和越南（220 亿美元）。

（资料来源：赵可心编译，参考消息网，2016 年 7 月 27 日。有删改。）

第二节 合同经营

合同经营,又称契约经营或非股权经营,是企业通过与东道国企业签订有关技术、管理、销售、工程承包等方面的合约,取得对东道国企业的某种控制权。它不同于出口,因为合同经营中有合伙关系,并在国外有生产设施;它也不同于直接投资,尽管二者都是在国外生产,但合同经营是同外国企业联合经营,企业在东道国企业中不参与股份。合同经营主要适用于以下两种情况:一是企业想深入了解国外市场,提高企业在国际市场的竞争力;二是避免受国外贸易保护主义干扰,绕过关税和非关税壁垒。合同经营的主要方式有:许可证合同、国际特许经营、国际战略联盟、管理合约、合同制造和交钥匙合同等。合同经营不仅具有较大的灵活性和实用性,而且正在不断创新,并日益受到重视。

一、许可证合同

(一)许可证合同的含义

许可证合同是指企业作为许可方与东道国企业(被许可方)签订合同,允许东道国企业使用其所独有的专利、商标和技术诀窍等。许可证合同的适用对象是专利、商标、版权、技术秘密、特殊营销技能和管理方式等,也可统称为知识财产。

在许可证合同中,企业出售的并不是其所拥有的专利权或商标权,而只是在一定条件下允许买方使用其专利或商标等;东道国企业所购买的也不是专利权或商标权本身,而只是取得这种知识财产的使用权。无形资产的转移是许可证合同的核心,也是许可证合同区别于其他各种合同经营方式的根本所在。

许可证合同是通过代理进行的国际市场营销活动。在许可证合同中,许可方给予被许可方在该国市场生产和销售其产品的权利,收取销售额提成作为报酬;而被许可方是在其本国进行市场营销,产品也未跨越国界,基本上未涉及国际市场营销。

(二)许可证合同的优缺点评价

1. 许可证合同是被许可方获取新技术的有效方式。在许可证合同中,许可方要给予被许可方某种有价值的东西,如要向买方提供说明书、图纸、照片、样品、模型、安装及施工图和其他技术文件,或派人传播技术、经验,协助准备生产等,有时还包括买方派人去卖方的工厂学习等。所以,它可以使被许可方获得现成的产品生产权利,而且,这些产品还受到专利权或商标权的保护。此外,被许可方不需冒很大风险,花费巨资,重新进行新技术的开发和研究,就可获得并掌握新技术。

2. 许可证合同是许可方迅速大面积地占领国外市场的有效方式。作为对许可方的补偿,被许可方同意在自己的国家生产和销售产品,支付产权、技术等的使用费，并承担保守秘密及有关义务。通过这种方式，许可方可以避免在外国进行生产时，必须面对和解决的有关投资、法律以及雇工等一系列重大问题。被许可方不仅负责在本国的生产，也负责产品在本国市场的销售，因此许可方承担的国际业务量小，管理也相应简单。另外，此种方式还可使许可方避免高额运费或外国市场赋税，不必提供大量的资金和人力，就可以迅速大面积地占领外国市场，保护技术专利不受侵犯，并形成先入为主的技术标准优势，为开发下一代或相关产品打下基础。然而，许多企业对这种方式持保留态度。这是因为作为许可方，他们认为他们放弃的是本企业最宝贵的财产，即技术诀窍，却只收到占销售额很小比例的收益。另一个更主要的原因是害怕培养了一个新的竞争者。许可证协议的有效期一般是10年，甚至只有5年。被许可方在合同失效后，已成为该产品生产的内行，并会继续生产和销售这种产品，而不再支付报酬，这也是每个许可方最担心的事情，除非产品受到商标牌号或长期专利权的保护。

实例2-2：美国企业在许可证合同中的经验教训

许多美国经理人员都对他们订立许可证合同的经历怨声载道，特别是与日本企业。最常听到的话是："我们把最好的研究与开发的技术诀窍给了日本，却只得到销售额5%的报酬。不到10年，他们返回来，在我们自己的市场上打败了我们。"

历史上，美国西屋电气公司曾与德国的西门子公司签订许可证合同，并向后者提供专利、商标及技术诀窍。合同期满后，西门子公司却成为前者在国际市场上的主要竞争对手。

（三）许可证合同中的报酬支付问题

按照许可证合同的规定，卖方在一定条件下允许买方使用其发明技术、商标、技术诀窍或专门知识。买方从卖方处取得使用、制造、销售某种产品的权利，得到相应的技术知识，同时支付一定的报酬，并履行有关义务。许可证买方支付报酬的方法主要有两种：一是按一定价格获得许可证，一次总付或分批付清价款；二是在一定时期内，按照产品产量和产品销售价格向卖方支付提成费。其间卖方有义务向买方提供改进和改善技术的情报，买方则要向卖方提供技术反馈。

分期付款的时间间隔是事先规定的，或是基于技术转让的过程，或由许可证有效期内发生的特定事项来确定。具体地说，许可方可能同意分期付款方式并按期接受使用费，或者分享被许可方销售收入所得的利润。许可方还可能从合资经营企业中以红利形式获得使用费，或者从销售中按补偿贸易或交叉贸易协议，以货物销售收入的形式获取使用费。总之，使用费几乎是许可方所得补偿的通用衡量标准，它必须与被许可方所得的技术受益值相一致，还必须与参与的各方所承担的风险相一致。

按照惯例，许可方将要求被许可方以一次性支付方式支付使用费的一部分，其余部分按被许可方利用该技术的状况分期支付。这样一是为了弥补许可方在转让技术的初期,以保证被许可方成功地消化和应用该技术而作出的贡献;二是促使被许可方保证认真致力于使技术商品化。预付大部分使用费可强烈地刺激被许可方迅速投产以回收预付的投资。通常,许可方只要求分期付款的情况较少。此外,许可方还可能要求规定每年支付的使用费最低数额。这对被许可方有积极的推动作用,尤其是对一个独占的被许可方来说,可以极大地调动被许可方应用该技术去获得独占市场最大化潜在利润的积极性。因为,如果被许可方无法支付年最低使用费,则可能失去独占许可的权利,即许可方可能会将独占许可改为非独占许可。

(四)许可证合同中的控制问题

许可证合同中对授权人(许可方)来说,最关键的问题是对许可证的控制。这种控制包括两个方面的内容。

1. 对所授权的工业产权的保护问题。即防止买方(被授权方)在未经授权人许可的情况下,私自将所购入的工业产权转让给第三者,或擅自扩大工业产权的使用范围,如用于自己的关联企业,从而造成授权人在产权转让收益上的损失。

2. 对授权生产的产品质量水平的控制问题。买方购入有关专业技术并用于生产后,其产品能否达到卖方所要求的质量标准,直接关系到卖方的产品或产权的信誉。因为多数情况下,买方在购入卖方的工业产权后,其产品往往可以以卖方的商标出售。如果买方所生产的产品的实际质量水平达不到原产地产品的质量水平,就会大大影响卖方商标的质量信誉。由于许可证的卖方通常不能直接经营管理买方企业,因而容易造成产品质量的失控。事实上,这已是许多跨国公司所面临的实际问题。人们在购买跨国公司的产品时,不仅关心产品牌号的真伪,而且关心产品的产地,就是这一问题的实际反映。

二、国际特许经营

(一)国际特许经营的含义

国际特许经营是指企业作为特许人(或称特许母公司)将自己的整个经营体系,包括企业商号、商标、企业标志、经营观念以及经营管理方法和经验等,特许给国外目标市场上的某个独立的企业或个人(或称被特许经营人、特许子公司)使用。被特许经营人有权在特许人的名义下,按照特许经营协议规定的程序、规则从事经营活动,被特许经营人向特许人支付经营提成费和其他补偿,而特许人则对被特许经营人的经营活动给予实际的、连续性的帮助和支持。

国际特许经营的本质在于控制(control)、思想沟通(communication)、自主性(autonomy or independence)和连续关系(continuing relationship)。特许母公司对特许子公司,既有控制力,又尊重对方的自主性,相互关系融洽,通力协作,各获好处。国际特许经营与许可证合同的不同之处是:前者是整个经营体系的转让,而后者只是单个的经营资源,如某种无形资产的转让。

国际特许经营的历史是从汽车和汽油的销售开始的。第二次世界大战后,特许经营的概念得到明确,尤其是在食品服务领域,取得了划时代的进展。其后,适应消费者要求,能提供优质服务、设备齐全的旅行社、停车场、游泳池等特许经营体系也得以发展,甚至出租汽车也利用了特许经营体系。目前,特许经营的主要领域涉及杂货商、食品店、化妆品店、理发、美容、会计事务所、税务、电子计算机、画廊、美术品及汽车服务等。目前,美国、欧洲、日本等国家和地区的一些企业,既运用这种方式在国内市场开拓业务,发展分支机构,也采用这种方式开拓国外市场。

实例 2-3:麦当劳的国际特许经营

成立于 1955 年的麦当劳是美国一家大型连锁快餐集团,在全球 119 个国家或地区开设超过 3.3 万家连锁店。其食品质量标准、设备技术、营销和培训项目、运作系统、地点选择以及供应系统等,一直被看作全球的行业标准。这家市值近 1 000亿美元、年营业额超过 270 亿美元、净利润超过 55 亿美元的超级跨国公司,拥有着世界排名第 7 的驰名商标(证券时报网,2012-03-15)。麦当劳的成功主要是其善于运用特许经营方式,积极开拓国内外市场。在美国国内的餐厅总数中,由麦当劳公司直接投资自营的仅占 15%,而授予被特许经营人经营的占 85%;在美国以外的所有麦当劳餐厅中,由麦当劳公司以特许经营方式经营管理的占 70%。无论是麦当劳公司自营(又称直接连锁)的餐厅,还是由被特许经营人经营(又称特许连锁)的餐厅,均使用麦当劳的商标和服务标志,统一餐厅建筑外观、内部设计和布置构思,统一食品配方和标准,并实行统一的经营思想和市场营销策略。

麦当劳建立了一套严格的以"QSCV"为核心的统一运营系统。Q 即 Quality,汉堡包质佳味美,营养全面;S 即 Service,服务快捷,热情周到;C 即 Clean,店堂清洁卫生,环境宜人;V 即 Value,价格经济合理,优质方便。据说,麦当劳产品中有 2.5 万种技术,其总部有专职的餐厅经理、建筑学家、市场研究专家、管理专家、会计等,不断完善其形象与经营技术。

(二)国际特许经营的优缺点评价

一般来说,特许经营是一种根据合同进行的营销活动,是一种互利的合作关系。它为一般人提供了一个拥有自己事业的机会,尽管他缺少必要的经验和足够的资本。从这个意义上来说,特许经营为人们提供了拥有、管理和指导自己事业的自由。同时,特许经营还是企业实现商业资本海外扩张的一种比较好的形式。因为,企业可以在节省大量资本投入的前提下,达到不用自建海外经销机构就能够顺利扩大外国销售组织,占领或渗透国外市场的目的。

从世界范围看,一般认为国际特许经营的风险较低。如美国普通企业最初 1 年的破产率达 35%;5 年后的破产率达 92%;而加入特许经营体系中的企业,第 1 年的破产率仅为 4% ~6%,5 年后只有 12%,比普通企业低 80 个百分点。总之,对特许人而言,国际特许经营的优点主要是:①能以低资本投入向国外市场迅速扩展;②海外政治、经济风险小;③市场营销方式标准化,特色明显;④能较大地激发被特许人的经营积极性。

但这种方式也有它的局限性:①国际特许经营方式一般只适用于零售业、快餐业、饮料业、服务业等相对容易生产和经营的行业,而那些资本密集型、技术密集型行业则不适宜采用这种进入方式;②国际特许人的利润受限制,控制能力也较小,所以,有些企业往往把它作为一种过渡方式,待积累经验后,再向直接投资方式转移。

(三)国际特许经营的纽带

特许经营主要是依靠商标、特殊技术手段、技术或商业的帮助等三个基本方面为纽带进行的,是取得巨大成功的著名生产或经营企业以向其他中小企业有偿提供经营垄断权和经营技术为前提的。

1. 商标。产品商标、商业或服务业的字号,是一种可以用文字和图案表示,以区别自然人或法人的产品或服务的标志。无论是何种类型的特许经营,商标及其标志和商业名称都构成特许经营的基本因素,是特许经营体系的基石。特许经营合同签字后,仍然是商标所有者的特许人将商标提供给受许人使用,受许人在日常的经营过程中,负有严格维护该商标形象的义务。商标的形象,事实上是一些特许经营的黏合剂,能够使消费者形成一个联想的标记。

2. 特殊技术。特殊技术手段是现代特许经营不可分割的一部分,人们常常把它定义为有关产品服务及其生产、商业化、管理和财务方法等实践知识的总和。这种技术手段是特许人通过经验获得的,不易被其他企业短期内所掌握,它不受专利证书保护,可以被转让,能够给掌握者带来竞争方面的利益。

3. 技术或商业帮助。特许人向受许人转让特殊技术时,应同时给予技术上或商业上的帮助。这样做的目的在于帮助受许人了解、吸收和复制特殊技术,在受许人的企业开工之前和之后都应提供这种帮助。开工前的帮助指的是工作人员的培训、选择厂址的帮助、寻找投资的帮助及对现场的研究等。开工后的帮助指的是技术或商业上的帮助,以及内部沟通、组织领导、原材料供应等。

实例 2-4:麦当劳的共赢原则和本地化原则

将麦当劳带入成功的人——克洛克(Raymond Albert Kroc)认为,一名特许人的成功取决于受许人的成功。他的想法是给受许人以足够的支持,每个受许人富裕了,整个特许经营体系也就变得强大了。如何才能使受许人有利可图呢?唯一的方式就是训练这些人并使其掌握商业秘密(诀)。如果受许人的水平不一,这个制度就不能算是完全成功的,最后人们将体会不到麦当劳的经营方式和风格到底是什么样子的。因此,对特许经营者的严格要求和全面培训,就成为保证这些标准得以正确实施的关键。麦当劳积极寻求符合下列条件的特许经营者:首先,具有企业家精神和强烈的成功欲望;其次,有成功的商业经验,善于管理和销售;第三,愿意倾注全部精力和时间,亲临餐厅进行经营管理;第四,愿意参加一个为期 12 个月或更长时间的培训,学习从炸薯条到餐厅管理等各个方面的内容。此外,特许经营者在餐厅的投资不能少于30万美元。

麦当劳虽然起源于美国,但它在向全球发展的过程中特别强调共赢原则和本地化原则:获得麦当劳特许经营权的人都是餐厅所在地的当地人,他们经麦当劳培训之后,全面负责餐厅的经营管理;麦当劳奉行与特许经营者共赢、让特许经营者先营利的理念;麦当劳餐厅所需的食品原料大都在当地采购;在麦当劳餐厅工作的人员全部都是当地人,而且麦当劳的供应商、承建商、审计公司及其他与麦当劳业务有关的机构都是由当地人负责。

企业成功的关键在人,特许经营更是如此。麦当劳制定的品质、服务、环境等所有标准,必须由各个特许经营者来执行。

(四)国际特许经营的种类

在实践中,特许经营有很多不同的形式,但归纳起来主要有以下几种。

1. 商品商标型特许经营,这是一种传统的经营形态,因其历史悠久,被称作"第一代特许经营",如通用汽车公司、福特公司、克莱斯勒公司等在世界各地的经销商,爱克森公司、壳牌公司汽油站,埃尔夫石油公司的汽油专卖商,可口可乐公司、百事可乐公司的饮料经销商等。

2. 经营模式型特许经营,又称"全套赢利公式型连锁",流行于欧美。它特许的除商标以外,还有一整套进行营销的经营"系统",而且"系统"是关键,即受许人会得到许多方面的指导和帮助,如店址选择、人员培训、商务活动的开展、广告宣传、商品供应等。受许人在这一系统指导下进行业务经营,严格遵守特许人的操作守则,了解、吸收和复制特殊技术。只有这样,加盟店才能与总部保持统一的质量标准。经营模式型特许经营是典型的较新的特许经营方式,它广泛应用于快餐业、零售业、客房租赁业、汽车租赁业以及房地产业等。

3. 转换型特许经营,是将现有的独立业务转换成特许经营单位,因此,所需各种费用较少,但特许人要仔细评估受许人的能力和参加特许组织的愿望。

4. 分支特许经营。公司扩展的传统方式是增加公司的分支店数量,而这需要花费大量的资金用于地点选择、装修、存货和经营管理费用,虽然这样可以带来潜在的收益,但同时也增加了经营的风险。

(五)国际特许经营中应注意的问题

尽管许多国际特许经营在世界范围内取得了相当的成功,但是,并不能保证所有的国际特许经营都能取得成功。其中,业务因素、体系因素及运作和管理因素是应重点关注的三个大问题。

1. 业务因素。业务因素是指进行特许经营的业务是否有基本的商业生存力。从本质上来说,特许经营就是要复制一个经过实践检验的经营理念及一整套经营模式。如果经营理念和模式没有经过检验,那么特许经营体系就很可能失败。因为,从长期来看,一种不好的产品、形象或理念不可能通过特许经营得到拯救。所以,经营理念必须要有吸引力,而且经过验证确实能获得消费者的支持,因为消费者才是特许者和被特许者利益的最终主宰者。此外，特许经营体系必须具有一定程度的专有性，如商标的独特形象，它可以在法律上防止模仿者。独特形象可能来自名称、外观、产品和服务以及其他因素，但这种因素对于消费者必须是有价值的。当然，这种形象还必须通过所有特许店一致地表现出来。

2. 体系因素。体系因素体现了特许者与被特许者关系的机理，包括运作手册和特许经营协议中所订立的详细商务关系。它牵涉到整个特许经营关系的各个方面。从其本质上看，经营模式型特许经营就是要克隆一个复杂的管理系统，也就是在一个与众不同的业务上强加一整套经营模式。成功的特许经营体系是从成功的经营运作样板发展而来的。这种运作样板经过进一步加工和记录成文就产生了必要的运作模式和管理体系。如果不考虑所经营业务对消费者的吸引力，如果特许经营者与被特许者之间的内部关系出现不平衡，整个特许经营体系就不可能生存下去。

3. 管理和运作因素。经过实践检验的经营理念和有生命力的经营模式可能带来初步成功，但资本不足、扩张过快、被特许者挑选不当和贪婪等将使特许经营系统承受巨大的压力，从而使失败不可避免。在特许经营失败的例子中，大多数是出现螺旋式的下降。在实践中，被特许者主要的抱怨是，特许者提供的运作支持不够。对运作上的支持并没有统一的标准，因为每个体系都有不同的要求。但是，特许者如果不能根据被特许者的需求提供适当的后继支持，便为被特许者埋下了失败的种子，最终特许者自身也会自食其果。这种由于自大、粗心、无知，而非恶意或欺诈引致的管理不善，只要特许者愿意采取必要的措施，一般并不会给特许体系造成致命的伤害。

总之，特许经营最重要的屏障是品牌，其根本载体是经营模式。特许经营的发展前提是战略规划与业务发展计划。发展的根本是双赢，发展的关键是加盟者，可持续发展的保证是体系维护。由于中国特许经营企业的规模相对较小，特许经营的空间分布较窄，特许经营的规范程度也较低；更重要的是中国企业目前缺乏可供转让的著名品牌和经营技术，因此，中国企业作为特许人身份，运用特许经营方式进入国际市场的时机还不成熟。多数情况下是中国企业以被特许人的身份加入特许经营体系，参与特许经营活动。

三、国际战略联盟

（一）国际战略联盟的含义

国际战略联盟是指两个或两个以上的跨国公司，出于对整个世界市场的预期和本公司总体经营战略目标的考虑而建立的互相协作、互为补充的合作关系，又称跨国公司战略联盟。这种战略联盟是通过外部合伙关系而非通过内部增值来提高企业的经营价值。这种联盟试图跨国利用与整合各成员的可供资源和经济实力，加强他们的竞争优势，以便对新出现的技术变革和市场机遇作出反应。在这种联合过程中，合作是自愿的、非强制的。联合各方仍然保持着本公司经营管理的独立性和完全自主的经营权。但是，合作各方自身的经营战略目标必须是全球化的，而对其国籍并无具体要求，它们可以是同一国家的跨国公司，也可以是不同国家的跨国公司。国际战略联盟概念最先是由美国 DEC 公司总裁简·霍普兰德和管理学家罗杰·奈格尔提出的。

（二）国际战略联盟的主要特点

战略联盟与传统的国际合资经营、非股权式参与方式等存在很大的区别，其主要特征如下。

1. 战略联盟合作形式具有较大的灵活性和随意性。战略联盟各方签订的是一种非约束性的“谅解备忘录”，绝大多数是非股权式的松散“联姻”，仅仅表明合作各方的共同战略目标以及生产的权利与义务。联盟成员之间的这种松散的合作关系，可以随时因外部技术和市场的变化进行调整。

2. 战略联盟改变了传统的竞争与合作对立的观念，实现了“柔性竞争”。传统的企业竞争是以竞争对手消失为目标的、对抗性极强的竞争，而战略联盟是将不同国家、不同企业、不同所有者组合在一起，形成为竞争而合作、靠合作来竞争的新型关系，改变了传统的竞争与合作对立的观念，实现了“柔性竞争”，即联盟各方都有自己的目的，以对方之长补己之短，防御性地分配市场和竞争性地开辟市场。如索尼、松下和日立三家公司曾首先共同制定统一的与高清晰度电视机相兼容的盒式录像机制式标准，然后各方在国际市场上展开竞争。

3. 战略联盟实行全方位合作和组织结构创新。战略联盟不只局限于合资企业的相互参股、资本流动，而是拓展到技术、市场、资金、人才、信息等的全方位合作，它把分散在各国的研究开发、生产加工、市场营销及售后服务等价值增值链各环节上具有特定优势的不同企业联合起来，实行分工合作、优势互补、资源互用、利益共享。这样，加盟者既可从对方获得各自所需，又使生产要素的流动进一步扩展到国际生产一体化的范围。

4. 战略联盟是一种深层次的合作形式。战略联盟的方式与结果，不是对瞬间变化所作出的应急反应，而是着眼于优化企业未来竞争环境的长远谋划，因此，联合行为注重从战略的高度改善联盟共有的经营环境和经营条件。此外，战略联盟是以技术、信息、知识共享为核心的利益共同体，它更适应现代技术的研制开发产业化和国际化的需要，其行为是战略性的。

（三）国际战略联盟的类别

跨国公司战略联盟的类别很多，在此只介绍互补型国际战略联盟和接受型国际战略联盟。

1. 互补型国际战略联盟。这类联盟大多是在西欧、北美和日本等市场经济发达国家的跨国公司之间结成的，它们为了应付全球性的竞争，在技术设计、加工过程和营销服务等方面，进行技术、资金和人员等的互补和配合。如德国奔驰汽车公司（Daimler-Benz AG）与日本的松下公司（Panasonic）结成跨国联盟，共同开发、制造和经营自动汽车，其主要动机是分摊产品开发与生产投资的成本，迅速并有效地进入各自在世界市场的营销网络。

2. 接受型国际战略联盟。这类联盟按经济体制和经济发展水平的不同，可以细分为东西方联盟和南北方联盟。东西方联盟方式，如苏联的斯塔契公司与美国的霍尼韦尔公司结成联盟，利用美方的电脑控制系统改进苏联 100 家化工厂的生产工艺，美方则从石化产品升级换代的收益中提取报酬。而南北方联盟方式，如印尼的一家飞机制造公司与西班牙的加沙公司结成战略联盟，共同设计和生产适合印尼条件和运输特点的民用 CN－135 型飞机，合作双方各负担所需费用和设备的一半。这种类型的战略联盟，接受方多采用以市场换技术的策略。

（四）国际战略联盟迅速发展的原因

跨国公司间缔结国际战略联盟最早是在 1979 年汽车行业中出现的。当时，美国福特汽车公司与日本马自达汽车公司结成第一家国际战略联盟。此后，尤其是进入 20 世纪 90 年代以后，国际竞争极为激烈的半导体、信息技术、电子、生物工程、汽车制造、食品饮料、航运和银行等资本技术密集的行业，成为跨国公司缔结国际战略联盟集中的领域。而且，其战略合作覆盖了从科研、开发到生产、销售和服务的全过程。据统计，在世界 150 多家大型跨国公司中，以不同形式结成战略联盟的高达 90%。但值得注意的一点是，跨国公司很少在其具有核心优势的部门进行联合。可见，跨国公司结成国际战略联盟已成为其扩展海外业务的重要手段，也是当今世界不可逆转的普遍趋势。导致战略联盟形成并迅速发展的原因，从根本上说是科技进步与生产国际化程度的提高。

1. 技术互补是加速组建战略联盟的首要原因。统计表明，20 世纪 80 年代 95% 的联盟是技术联盟，其中 50% 的联盟侧重于跨国研究与开发，1980～1996 年间总共订立了 8 260 个跨国公司技术联盟。由于现代科技发展突飞猛进，使生产知识集约度日益提高，产品生命周期迅速缩短。西方经济学家指出，战前一个新产品的“研究—投产—上市—衰退”，大约经历 20 年，20 世纪 80 年代初大大缩短，如数据处理行业中一半以上的产品生命周期不足 5 年，半导体工业每 3 年更新换代一次，计算机产品每隔半年就有新产品上市。跨国公司若要保持技术竞争的优势，或从一种优势转向另一种优势，就必须加强研究与开发的力度。但新技术、新产品的研究开发费用昂贵，风险巨大，所以，跨国公司纷纷走联合出资、减少投资风险、共同开发技术的道路。这在信息工业、医药工业、航空工业、汽车工业等知识集约型的工业中尤为突出。其中，欧洲“空中客车”就是一个典型的例子：由英国的罗尔斯－罗伊斯公司、美国联合技术公司、法国的 MTV 公司、意大利的菲亚特公司和三家日本公司共同组建七公司财团，攻克耗资巨大的 A－320 新型“空中客车”的技术难关，使“空中客车”客机取得了世界民用飞机 30% 的市场占有率。同时，也迫使世界最大的客机生产厂家——波音公司奋起直追，联合日本富士、三菱、川崎重工，共同出资 40 亿美元，于 1995 年推出最先进的 777 喷气式客机，以在竞争中战胜对手。

2. 争夺市场是组建跨国战略联盟的外部原因。首先，市场是企业生存和发展的必要条件。20 世纪 70 年代以来，世界经济不景气，进入了低速增长时期，许多耐用消费品市场饱和，竞争激烈，贸易保护主义抬头，这一切增加了跨国公司的市场进入难度，使得市场风险增大。其次，消费水平的提高使世界市场消费需求结构发生变化，各种产品的差异性扩大，市场日趋分化，迫使跨国公司改变以往传统的大规模、标准化的产品生产模式。最后，由于各国高筑技术壁垒，使引进核心技术更加困难。所以，跨国公司为了确保现有市场和扩大潜在市场的份额，唯有走联盟的道路才能提高自己的市场渗透能力。

3. 增强企业竞争力是促使跨国战略联盟形成的又一个原因。过去跨国公司通过兼并等方式击败竞争对手，增强经济实力。但当竞争双方旗鼓相当，不相上下，共同争夺某些资源和市场时，其竞争结果必然是鱼死网破，两败俱伤。现在，跨国公司采用联盟形式，通过与昔日竞争对手的合作，达到优势互补、利益共享的目的。

战略联盟是未来企业取得竞争性优势的主要手段和合资企业发展的方向。因为，一般情况下，跨国公司从合资企业中所能获得的仅仅是钱，几乎不可能获得其他任何实际存在的技术与管理上的新知识。然而，随着全球竞争的日趋激烈和巨大投资的风险，迫使跨国公司对技术进步的要求愈加强烈。因此，跨国公司正在不断地寻求与各种不同力量联合来达到加速革新、改善对市场和技术变化的灵活反应性、分散风险、共享利益的目的。

（五）国际战略联盟对象的选择

联盟对象的选择是建立国际战略联盟的基础，联盟对象选择的关键是要把握选择的标准。早在 1987 年，就有学者在《企业国际化》杂志上提出了“3C 标准”，即和谐一致（Compatibility）、能力（Capability）和承诺（Commitment）。这一标准的科学性后来被许多国际战略联盟的成功实践所证实。

1. 和谐一致。联盟企业之间通过事先达成的协议，建立一种互惠合作的关系，从而使联盟内各个成员在经营战略、经营方式、合作思路、员工政策以及组织结构和管理方式等诸方面保持一致。

2. 能力。随着企业间竞争的不断加剧，产品和技术的更新换代速度越来越快。企业仅仅依靠自身的力量和资源已经无法应付这种激烈的竞争局面，必须借助外援，寻求外部力量的支持。这种外部力量必须具备一定的能力，使其能够弥补本企业的薄弱环节，只有这样才能建立互惠关系。

3. 承诺。国际战略联盟各成员之间通过履行各自的承诺，建立稳固的合作关系。这种承诺主要体现在相互承担一定的义务和责任，以弥补联盟各成员在内部资源与经营目标方面的差距。

按照这一标准，跨国公司可依据以下步骤选择联盟对象。首先，在对本企业资源、生产能力和市场潜力等方面的优势与劣势分析的基础上，制定企业长远的战略目标。然后，根据本企业的战略目标，寻找在技术、市场等方面有能力与本企业互补的合作伙伴为联盟对象。最后，要对潜在的合作伙伴作出评估，主要包括明晰候选企业对于本企业的联盟意向能否作出积极回应，候选企业在实力、目标等方面是否与本企业相匹配，联盟后能否在最大限度内实现协同效应等方面。

针对联盟对象的选择问题，米切尔·罗伯特(Michel Robert)曾提出如下忠告：一是不要为了弥补自身的某些不足而结盟，否则，从一开始就陷入被动，总是依赖他方的怜悯过日子；二是不要与试图通过联盟弥补自身弱点的企业结盟，联盟的基础是各方都应有特定优势；三是不要与只为了获得本企业独有的技术的候选企业结盟。罗伯特的观点集中强调了联盟各成员优势互补、良性互动的内在要求。

四、其他合同经营方式

(一)管理合约

管理合约是指企业向国外目标市场国的某一企业提供管理技术，在合同规定期限内(一般为3～5年)负责该企业的经营管理，借以进入目标市场的一种方式。管理合约的特点是只管理不投资。这就是说，管理合约仅仅是管理技术的转让，转让方并不拥有接受方的主权，仅仅拥有接受方的经营管理权。从接受方的角度说，订立了管理合约意味着授权其他公司管理企业，但企业的重大问题仍由董事会批准。管理合约有两种具体形式：一是对整个企业(接受方)的全面经营管理，它涉及企业经营活动的全过程，即不仅包括技术管理、商业管理，还包括行政管理；另一种是对接受方的某一方面或某一部门的单独经营管理。

采用管理合约方式开拓国外市场，不需要投入资金，风险较低，易于掌握目标市场国企业产品的生产工艺，也便于了解当地市场的需求情况，但收益仅限于合约规定期限内的报酬。

从进入战略的角度看，管理合约需派出本企业优秀的管理人才，而不能在国外市场建立本企业的形象却培植了自己的潜在竞争对手。因此，采用这种方式，实际上多是出于以下几种情况：①企业被邀请向目标市场国某家企业提供管理技术的同时，往往作为一种附带条件，可以向该企业出口销售自己制造的设备和产品；②目标市场国企业的经营业绩恶化，签订管理合约，负有挽救该企业摆脱危机的重要任务；③企业向目标市场国出口产品遇到阻碍，而采取直接投资方式的资金投入大、风险高、报酬率低。

近年来，发展中国家的采矿、石油、旅游等行业，采用这种方式从国外引进先进管理技术的情况较多。

(二)合同制造

合同制造是介于许可证合同和对外直接投资两者之间的一种方式。企业为了开拓国外目标市场，与当地制造商签订合作制造产品的协议，向其转让技术，提供技术援助或制造设备，对所制造的协议产品可拥有直接参与销售的权利。

国际合同制造方式仅仅是一种正式的长期合同。通过合同双方达成协议，分属两个不同国家的合同双方共同完成产品的生产与组装。合同制造的基本特点是：它超越了国内生产产品、国外销售的阶段，而是把生产机构转移到了目标市场国，当地制造，就地销售，与国外目标市场有了进一步的结合。合同制造的优点是：①与对外直接投资相比，资金投入相对较少，风险较小，但能迅速进入目标市场；

②不涉及股权关系,回避了有关所有权的问题;③与许可证合同方式不同,合同制造方式允许企业对所制造的协议产品拥有营销权。

合同制造方式的不足之处是:①与许可证合同方式相似,较难找到合适的当地合作伙伴;②为保证协议产品的质量,负有监督和提供大量技术援助的责任;③有扶植潜在竞争对手的危险。

因此,当目标市场潜在销售量不大、不宜采取直接投资进入方式,而出口方式又受到种种限制或成本明显加大时,合同制造才是可行的进入方式。

(三)交钥匙合同

交钥匙合同,也称包建项目合同。它是由跨国公司与东道国企业签订协议,由跨国公司为东道国建设一个整体项目,如工厂体系等。跨国公司承担全部设计、建造、安装及试车等工作,试车成功后,才将整个工厂体系移交东道国企业管理。交钥匙合同的新形式还规定,不仅承包方要对项目的建设负责,而且应保证工厂在初期能顺利运转。在一般情况下,合同还要求承包方保证产品符合一定的质量标准,转让广泛的有效技术,包括工厂设计和培训专门人才,以使东道国能在合同项目全部完工后,具备独立经营和管理该厂的能力。

对发展中国家来说,交钥匙合同不仅代价高昂,而且还要警惕跨国公司转移的可能是即将淘汰的技术或环境污染严重的企业。对跨国公司来说,交钥匙合同不仅可以获得一大笔工程承包费用,而且还可以为以后本公司进入该国做免费广告。如由于苏联、东欧国家禁止发达国家跨国公司对其进行股权参与式投资,所以意大利菲亚特公司(Fiat Spa)为苏联兴建托里亚地汽车厂(Togliatti),就采用了交钥匙合同方式。菲亚特公司从中赚取了5 000万美元的工程承包合同费用,而且大大增加了菲亚特汽车向苏联、东欧国家的出口。

第三节　对外直接投资

对外直接投资是指企业将自己拥有的资源,包括资金、技术、人员、管理经验等生产要素直接转移到国外目标市场,建立企业自己所有、自己控制的海外分支机构,实现当地生产、就近销售、占领市场的目的。它是一种高层次的进入方式,尤其是在目标市场国规模或潜力较大,劳动力及原材料成本低,国际运输成本高,产品进口的关税、配额等条件苛刻的情况下特别适用。对外直接投资的具体形式包括国外装配、合资企业和独资企业等。

一、国外装配

国外装配就是企业在国外投资,开设装配制造的分厂,将国内总厂生产的零部件、主机等出口运抵国外的装配分厂组装、调试成最终产成品,再进行出售或交货。

国外装配一般需要国内总厂提供装配所需的设备、技术和有关的元件、零件等方面的支持。国外装配的优点是:①它比在国外全部生产投资少,而且较为简单;②相对于整机或最终产品的出口而言,还可以节省运输成本、关税及其他费用的支出;③能够更好地满足当地政府及市场的某些要求;④可以使大部分生产、增值、技术等留在本国,因此,能够得到更好的控制。

基于以上特点,许多企业在进行国外全部生产与装配业务之间的决策中,更倾向于国外装配业务。

实例 2－5:日本企业的国外装配

许多年来,日本人通过部分装配的方式在美国境内生产轻型卡车,占领美国市场。而且,日本在美国的装配范围最初非常有限,只是把卡车底座装上车身。然而,这种有限度的装配就可以使日本厂商享受3%的关税,而不是已装配卡车的25%的关税。后来,美国海关人员认为,这种有限度的装配不能享受"未装配"车辆3%的关税,因此开始对这种装配征收全额25%的关税。这一措施迫使日本生产厂开始考虑在美国扩大装配的范围或全部生产。正如现在我们看到的,本田公司、日产公司以及丰田公司等都在美国建立了生产厂。

二、合资企业

合资企业是指两个或两个以上不同国籍的投资者,在选定的国家或地区投资,并按照该投资国或地区的有关法令组织起来的以营利为目的的企业。合资企业的通常做法是"四共",即共同投资、共同经营、共担风险、共负盈亏。合资企业所在国的一方主要是以场地、厂房、设备、现金等作为投资股份联合经营,外方则以设备、工业产权、资金等作为投资股份。合资经营各方按注册资本比例分享利润并分担风险及亏损。

(一)合资企业的投资比例

对于合资企业的投资比例,各国政府都有明确的法律规定。因为,投资者持股比例的大小,直接关系到在合资企业经营管理中和利益分配上的权利与义务。因此,投资比例问题历来为各国投资者所关注。各国政府也为此专门制定了一些法律和规范,如美国尽管实行比较开放自由的金融政策,但在对外投资部门、投资比例等方面仍有一些专门规定。在通信行业,外国人在美国电报企业的合营公司或卫星通信公司中所占股权不得超过20%;交通运输方面,在美国的航空公司和在美国注册的船舶公司中,外国投资者不得拥有超过25%的股权。另外,在银行业,任何外国人或外国公司如在美国建立分支机构或想取得25%美国国内银行股份者,必须经联邦储备局批准。大多数发展中国家也有类似规定,而且坚持出口产品越多的企业其外资比例可以越大,但对产品以内销为主,并使用当地资源的合资企业,外资比例要受到严格限制。我国在1979年7月1日第五届全国人民代表大会第二次会议通过的《中华人民共和国中外合资经营企业法》第四条中明确规定：在合营企业的注册资本中，外国合营者的投资比例一般不低于25%。

（二）合资企业的优缺点评价

1.合资企业的优势。无论对国外投资者还是对东道国来说，合资企业都有自己的优势。

（1）对于海外直接投资者而言，合资企业的优势主要表现在：①合资企业由于有东道国企业的参与，而易于实现东道国政府和人民的合作，减少东道国政策变化所产生的政治风险；②同当地伙伴合作，更易于取得当地原材料和资源，顺利打开东道国市场的销售渠道；③合资经营由于有东道国伙伴参与，可以享有包括对外商投资和对本国企业的双重优惠待遇，提高企业的经济效益；④通过当地伙伴可以迅速熟悉当地法令、商业惯例、文化习俗等，从而有利于企业的稳健经营；⑤如果跨国公司以机器设备、工业产权、专有技术、管理知识等作为资本投资，则既输出了资本，又销售了产品，一举两得，如果合资企业生产中使用的原材料或零部件需要进口的话，跨国公司还可以得到这些商品的优先供应权；⑥合资企业的产品容易被东道国人民看作本国产品，因此，可减少商品进入东道国市场的阻力，有利于迅速占领市场。

（2）对于东道国而言，合资企业的优势主要表现在：①合资经营是利用外资，弥补本国建设资金不足的较好办法，合资经营的外资投入是资本投入，不是借款，无须还本付息，不增加国家的债务负担，而且吸引外资的期限较长；②可以引进先进的技术设备，填补东道国国内的技术空白，发展短线产业部门，促进企业的技术改造和产品的更新换代；③合资企业的产品可以通过跨国公司在海外的销售渠道打入国际市场，扩大出口；④可以获得科学的管理方法，提高现有劳动力的技术水平和劳动生产率，增加企业利润；⑤可以扩大本国居民的就业渠道，并增加税收。

2.合资企业的弊端。尽管合资企业具有以上诸多方面的优势，但是也存在一些弊端，这主要表现在：①由于双方背景、兴趣、动机等不同，对合资企业的经营目标的选择不同，此外，双方因文化和习惯等方面的差异在管理方法上也容易产生分歧，这些都会给双方的合作带来心理和实际的障碍；②对跨国公司来说，其全球战略难以得到很好的落实，所习惯的经营管理方法也难以全面贯彻实施；③对东道国来说，由于经验和技术水平方面均与跨国公司有较大的差距，因而容易受到跨国公司的控制，有时甚至是欺骗，遭受意外损失。

由此可见，合资经营的好处往往是比较直接、明显，而且近在眼前；而合资经营的困难和问题却往往比较间接、隐蔽，开始时常常不易发现。有关调查发现，发达国家之间的合资经营企业的失败率高达50%以上，在发达工业国与发展中国家之间这一比例更高。因此，必须慎重从事。

实例2－6：警惕合资陷阱

据《羊城晚报》报道：2001年11月30日下午，广州乐百氏集团23楼会议室，中层以上干部被通知有重要会议。下午4点,会议主持人、原乐百氏营销公司总经理杨杰强宣布会议开始。接着达能中国区总经理秦鹏走上台,代表达能公司宣布:接受何伯权等五位管理者提出的辞职申请。此后,何伯权走上讲台宣布:“由于我们对乐百氏今后发展战略的认识与控股方达能发生严重分歧,为尊重大股东的决定,包括我本人在内的五位管理者作出集体辞职的决定。”接着,何伯权、杨杰强、李宝磊、彭艳芬、王广走上讲台,手拉着手,共唱一曲“朋友”。歌唱到一半,几个人已泣不成声。回忆共同走过的这12年,他们无法控制自己的感情。

乐百氏集团创办于1989年,前身为广东今日集团,是闻名全国的中国饮料工业十强企业之一。1999年8月,集团管理中心从中山迁到广州。1999年10月更名乐百氏集团。自1989年租用广州乐百氏公司的“乐百氏”商标创业以来,该公司一直坚持走专业化道路,先后推出了乐百氏乳酸奶、牛奶、饮用水、茶饮料、果冻布丁等五大系列产品。其中,“乐百氏”奶连续6年市场占有率全国第一,纯净水连续2年市场占有率全国第二。

1992年初在北京大学征得“今日”一名;1994年斥资千万购买马俊仁教练的“生命核能”配方,创下了中国历史上最大一宗个人与企业间的知识产权交易;之后,在全国拍卖“生命核能”经销权,首开国内产品经销权拍卖之先河;1997年初斥资全面收购广州乐百氏公司而成为“乐百氏”商标唯一合法拥有者;1998年底,引进全球最先进的企业管理软件SAP R/3系统;1999年入选哈佛大学教学案例……乐百氏的一次次创新之举无不令社会各界瞩目。

像这样一个有着辉煌业绩的企业,为什么非要走合资这条路?据乐百氏内部一位高级职员透露:1998年,乐百氏以1 200万元的代价,委托世界著名的美国麦肯锡高级管理咨询公司研究乐百氏的未来发展战略。其间麦肯锡建议乐百氏如若做大做强,必走合资道路,并力主与法国达能合资为宜,原因是达能向来只注入资本,不参与经营。而此时的乐百氏,正看好国内市场的桶装水项目,准备大举推进,但苦于没有资金支持,便采纳了麦肯锡的建议。2000年4月,乐百氏与法国达能合资,达能控股乐百氏92%的股权。

(三)合资企业应注意的问题

合资企业成功的关键在于选好合资伙伴。对此,应注意以下几个方面的问题。

1. 合资各方要有必要的互补资源,如技术、市场等。如果没有互补性的资源,则难以取得合资的成功。在这里,技术上的互补尤为重要。这种互补性资源需要通过对影响企业发展的关键因素的分析来发现。那些将导致企业未来发展减缓,在市场中的竞争地位下降的主要缺陷就是企业所需要的互补资源,寻求具备这些互补性资源的企业进行合资,建立合作伙伴关系,其成功的概率较高。

合资企业间的资源互补可以有多种形式,如一方提供技术,一方提供市场就是一种很好的资源互补合作。这里特别要注意的是不能将合作仅建立在资金互补的基础上。资金不足可以有多种解决方法,并不一定需要合资对方管理层的介入,仅以资金互补为纽带的合资经营一般难以长久地持续下去。

2. 合资各方的相互依赖程度适中。合资各方对对方的依赖程度不能过强或过弱，过强或过弱都不利于合资的稳定与发展。假如一个小企业过度地依附于合资方，则小企业会感到不安全，担心失去独立自主的地位和平等的发言权，得不到应有的发展机会，从而对自己在合资前途中的地位产生怀疑和不安。假如一个大企业对于其合资方基本上不存在依赖，那么这个大企业容易产生对合作伙伴的不尊重，忽视合作伙伴的正当权益，同样会危及合资企业的前景。

3. 合资各方要有共同的长远发展目标。如果合资双方在合资的期限、投资收益水平等长远目标上缺乏一致性，矛盾就会不断发生。假如合作的一方希望迅速扩大收益，设定较高的分红率以刺激本公司的股价上升，合作的另一方则希望得到必要的技术转让和市场的长远发展，而不是短期内的财务收益，这样，双方必然会因为利益不同而产生权利之争，则有可能导致合资企业的解体。尽管准确地确定合资双方的目的并不是一件容易的事，但由于它关系到合资企业的未来发展，因此，必须在合资企业开始筹建阶段就加以明确。

三、独资企业

独资企业就是企业在国外单独投资，建立拥有全部股权的子公司，并独立经营、自担风险、自负盈亏的企业。站在东道国的立场上，独资企业属于一家外国企业，即由外商提供全部资金，在本国开办子公司或分公司，独立经营，并获得全部利润。

（一）独资企业的优缺点评价

1. 独资企业的优势。从世界范围看，独资企业的数量很大，特别是在西方发达的市场经济国家，由外国投资者建立的企业中，独资企业占较大比重。独资企业之所以为投资者和东道国所普遍接受，是因为它具有其他对外直接投资方式所没有的相对优势。

(1)对于外国投资者而言，独资企业具有以下优势：①投资者对子公司的经营活动有着完全的决定权和控制权，在经营管理上能够排除各种外界干扰，完全按照自己的意志和目标进行经营管理；②有利于独资企业，尤其是跨国公司的集中管理与决策，以及技术及经营方针的保密；③有利于保证产品的质量和信誉；④可独享全部经营利润。

(2)对于东道国而言，只要对独资企业管理得法，也可以从中获得很多好处：①有利于东道国汲取先进技术，迅速提高国内的劳动生产率水平；②有利于东道国培养人才，尤其是技术、管理方面的高层次人才；③可以带动同行业企业、配套原材料工业、相关工业及服务业的发展。

当然，在实践中，独资企业也有可能同东道国在市场占有、税收、管理等方面产生一些矛盾，这就要求国外投资者积极主动地同东道国合作，遵守东道国的法律、规章，了解并适应东道国的社会文化环境，以便取得较好的外部营销环境。

2. 独资企业的局限性。现实中，独资企业也同样存在某些局限性，具体表现为：①所需投资规模较大，费用太高；②海外经营的政治风险和经济风险都较高。

在多数情况下，独资企业不受发展中国家的政府和人民欢迎，因为跨国公司控制下的子公司在东道国的商业活动主要反映了跨国公司总部的，而不是东道国国内经济发展的愿望、要求和利益。东道国政府惧怕独资企业给其国内经济发展带来消极影响，因此，常常采取较严格的政策，或施加政治压力给外国投资者，从而使独资企业的开办和营销面临较大的政治风险和经济风险。但尽管如此，近年来，独资企业这种对外直接投资形式还是越来越受到外国投资者的重视。其主要原因是合资企业的许多问题难以解决，比如双方在经营管理方法、市场目标选择等方面的不协调；此外，合资企业的建立，在某种意义上是制造了一个未来市场的竞争者。所以，从全球竞争战略的角度来看，许多跨国公司宁愿冒风险，不惜大量投资在国外建造自己的专有设施（生产基地、研究开发中心和销售网络等），而不愿与当地企业合资。

（二）独资企业的建立

创建和并购是建立独资企业的两种基本方式，同时也是跨国公司进行国际直接投资的两种具体方式。

1. 创建。创建是指跨国公司在东道国投资建立一个新的企业，尤其是指建立新工厂或其他实业投资。这样做的优点是：可使跨国公司按照自己的愿望和需要决定公司的规模、经营项目和经营范围，以及所需的设备和员工素质等。不足之处是：创建的速度慢、周期长；要投入较多的各级管理人员；需要丰富的经验和对东道国环境的充分了解；要独立开创自己的销售渠道等。所以，一般认为，创建方式比并购方式具有更大的不确定性。

2. 并购。并购是指跨国公司通过购买东道国现有企业而在东道国建立起自己的国际独资企业的行为。目前，并购正在越来越多地为跨国公司所采用，尤其是进入 20 世纪 80 年代以后，收购合并取代了创建成为跨国公司对外直接投资的主要形式，掀起一次次并购浪潮。以跨国并购形式进行直接投资，不仅在发达工业国家间进行，而且在对发展中国家或地区进行直接投资时，这种并购方式也被广泛地采用。

跨国公司的跨国并购领域广泛，规模巨大，影响深远。并购领域涉及汽车工业、电信业、制药业、金融业、旅游业、高科技产业等，几乎所有的行业都不同程度地卷入了这种并购浪潮，其规模屡创新高。1999 年沃达丰 AirTouch 以 1 720 亿美元收购 Mannesman，成为全球企业并购史上的第一大交易。2015 年，全球十大并购案之首是辉瑞 1 600 亿美元收购艾尔健；位居第二的是百威英博 1 200 亿美元收购南非米勒，此外，壳牌 810 亿美元收购英国天然气，美国宽带提供商 Charter 通信 780 亿美元收购时代华纳有线，陶氏化学与杜邦合并，交易价值约 680 亿美元等。这种一次并购金额达到一个中小国家一年的国民生产总值的状况，将导致一个行业、一个区域甚至全球经济模式的重大转变。跨国公司之所以热衷于采用并购方式进行国际直接投资，主要是由并购方式的下列优点决定的:①可以迅速地实现跨国公司海外投资的意愿并取得成效。在很多情况下,跨国公司并购的企业要么处在困境中,要么急于获得跨国公司的资金投入,从而使跨国公司可以压低该公司的并购价格,以低于企业重置价值的费用买下东道国企业。②可以利用东道国企业现有的生产设备和技术人员,有时甚至可以得到具有较高水平的先进技术和专利,如原有企业的商标、特有资产乃至高新技术。③利用东道国企业现有销售渠道的市场基础,迅速打入东道国市场,减少竞争,并把跨国公司其他子公司的产品引入该市场,迅速扩大企业规模,迅速扩大产品种类,实现产品多样化,取得规模经济和范围经济的效果。

但并购也存在着一定的局限性,主要是:①文化与民族背景的差异造成管理接轨上的困难。被并购企业通常有一套与本国文化和民族背景紧密相连的管理方式,跨国公司在并购该企业后,往往要引入一套自己的管理方式,这两种管理方式往往会发生碰撞和冲突,使企业的管理工作短时期内难以正常开展。②并购价格难以确定。企业并购中最复杂的问题就是对被并购企业的价值评估。由于双方对企业资产,特别是无形资产的实际价值各有自己的判断,加之不同国家在会计准则方面的差异以及对国际市场行情的不同判断,使双方难以很快就企业的并购价格达成一个令双方都满意的结果,从而使谈判费用较高。③东道国政府和人民对本国企业被外来资本并购容易产生反感和抵触情绪。④由于跨国公司的母公司与东道国对待工会的态度、习惯及法律方面的差异,跨国公司在并购东道国企业后可能会遇到难以预料的劳资纠纷问题。

实例 2-7:2015 年中国企业海外并购 593 起

商务部 15 日发布对外投资数据显示, 2015 年,我国对外非金融类直接投资创下 1 180.2 亿美元的历史最高值,同比增长 14.7%,实现中国对外直接投资连续 13 年增长,年均增幅高达 33.6%。“十二五”期间,我国对外直接投资规模是“十一五”的 2.3 倍。2015 年末,中国对外直接投资存量首次超过万亿美元大关。

从投资的方式来看,并购无疑成为 2015 年对外投资的主力。据初步统计,2015 年中国企业共实施的海外并购项目 593 个,累计交易金额 401 亿美元(包括境外融资),几乎涉及国民经济的所有行业。其中,中国化工橡胶有限公司以46 亿欧元收购意大利倍耐力集团公司近 60% 股份,是 2015 年度中国企业最大的海外投资并购项目。从并购金额上看,地方企业占到并购金额的 75.6%。此外,民营企业在海外并购中继续领跑,其海外并购交易数量是国有企业的近三倍。

“一带一路”和国际产能合作成为 2015 年我国对外投资的新主题。据统计,2015 年,我国企业共对“一带一路”相关的 49 个国家进行了直接投资,投资额合计 148.2 亿美元,同比增长 18.2%。同期,我国企业投向交通运输、电力、通讯等优势产业直接投资累计约 116.6 亿美元,同比增长 80.2%。装备制造业对外直接投资 70.4 亿美元,同比增长 154.2%。而作为国际产能合作的重要载体——合作园区,也发展迅猛。截至 12 月底,我企业正在推进的合作区共计 75 个,带动了纺织、服装、轻工、家电等优势传统行业部分产能向境外转移。

可见，中国企业已成为全球并购交易的重要驱动力，已从单纯的资源买家转变为几乎涉猎所有行业的更成熟的参与者。而且，北美和欧洲等成熟市场仍然是中国大陆企业海外并购的最重要目的地。

（资料来源：孙韶华，经济参考报，2016 年 1 月 18 日。有删改。）

总之，在所有的市场进入方式中，给企业以最大限度的控制和“战略自由度”的是独资企业。无论是产销计划和营销策略的制定，还是企业的经营管理上都更自由，也容易与本国企业总部取得统一。但是，独资企业所需投资在不断增加，而且这种投资具有太大的不可逆转性，或者说是极为昂贵的逆转成本，因为在国外的投资承担着很大的经济和政治风险。同时，由于独资企业涉及的不仅仅是产品的销售环节或初始生产，而是全面地介入，必然受到目标市场国各种因素的影响，管理的难度也大得多。

本章小结

1. 企业进入国际市场的方式是企业开展国际市场营销所面临的首要的和基本的问题。由于企业进入国际市场的方式多种多样，因此，可以归纳为出口、合同经营和对外直接投资三大类。最简单易行、投资要求最少的是出口中的间接出口，然后是直接出口。而各方面要求最复杂、所需投资额最高、风险也最大的是设立海外独资企业，其次是合资企业。

2. 出口是一种最传统、最简单、最基本的国际市场进入方式。它不仅有消极出口和主动出口之分，还有间接出口和直接出口两种不同形式。间接出口是众多企业对国际市场进行探索、实验并逐步获得国际市场营销经验的重要步骤，也是企业国际化经营的初步准备阶段，但企业还没有真正开展国际市场营销活动。而直接出口时，企业直接参与并独立完成产品的出口营销活动，因此，成为企业真正开展国际市场营销的标志。

3. 合同经营主要包括许可证合同、国际特许经营、国际战略联盟以及管理合约、合同生产、交钥匙合同等。许可证合同是通过代理进行的国际市场营销活动，但它是企业大面积快速渗透尽可能多的市场的一种理想手段。国际特许经营与许可证合同的不同之处是：前者是整个经营体系的转让，而后者只是单个的经营资源，如某种无形资产的转让。国际战略联盟是一种深层次的合作形式，具有较大的灵活性和随意性。通过“柔性竞争”，实现了优势互补、资源互用、利益共享的全方位合作。

4. 对外直接投资包括国外装配、合资企业和独资企业等。相对而言，国外装配投资少、简便易行。能够给企业以最大限度的控制和“战略自由度”的是独资企业。但是，它的投资大、风险高。合资企业的特点是共同投资、共同经营、共担风险、共负盈亏，其主要目的是为了合资各方互相取长补短，联合起来去实现单个企业无法实现的目标。此外,合资企业的投资比例是各国政府和合资各方十分关注的一个问题。

5. 一般而言,在企业国际市场营销的起步和初期,往往遵循“由易到难,逐步升级”的规律,选择进入国际市场的具体方式。在走向世界的初级阶段,企业一般采用简单易行而又灵活的间接出口方式,然后,随着企业国际竞争实力和国际营销经验的增长而采取更高级的进入方式。在大多数情况下,企业从纯国内经营向跨国经营的最初过渡,总是通过中间商来进行的,这样做更经济、更可靠,风险也更小。如果销售情况良好,证明企业的产品在目标国确有市场,企业就可以进而设立自己的海外销售分部,甚至设立海外生产的分公司。万一销售情况不好,利用中间商出口的形式也便于企业调整战略,或者停止出口,或者转向其他出口市场。因此,对一般企业来说,其跨国经营方式演变的最常见类型是“纯国内经营—通过中间商间接出口—企业自行直接出口—设立海外销售分部—设立海外分公司跨国生产”。

应当指出的是,上述这种“摸着石头过河”的方式主要是出现在跨国经营的初级阶段。在企业打入了若干海外市场之后,其跨国经营实力的增强和国际营销经验的积累,使企业在选择跨国经营方式时有了较大的战略自由度,这时就应该按照目标市场的具体情况选择进入的方式。

复习思考题

1. 企业进入国际市场的方式主要有哪些?
2. 试分析直接出口与间接出口的优缺点及适用条件。
3. 试比较各种不同的合同经营方式的区别。
4. 企业对外直接投资的方式及各自的优缺点评价。

提速对美投资

中国已经开始由出口大国向海外投资大国转身,未来5~10年,中国在经济总量上追赶美国的过程中,其对外投资增长的主要一极将是对美投资,中美经济关系的深层次重构亦将因此而动。

一、对美投资期待爆发

中美经贸的复杂性在2012年被推到极致,一些具体案例引发了民族情绪式的对立和猜测，但总体数据和趋势还是令置身其中的商界人士眼前一亮。一方面中美贸易摩擦不断，美国对中国企业的“双反”调查一波未平一波又起。以光伏争端为代表，中国输美大蒜、化学增白剂、镀锌钢丝、不锈钢拉制水槽、圆锥滚子轴承、硬木和装饰用胶合板、应用级风塔、钢质高压气瓶等产品，均被卷入贸易争端。2012年下半年，更有高科技公司华为、中兴在美国收购遇挫及三一重工遭遇审查等事件，集中放大了中国在美国投资的困境。另一方面，2012年岁末之际，中国在美国的直接投资已突破了年度纪录。独立研究公司表示，2012年中国对美直接投资可能超过80亿美元，远远超出2010年和2011年的50多亿美元。从中方来看，在经济总量上，未来十年是中国不断追赶美国的关键时期，而这种追赶应当是基于双方更深入全面的合作，而不是相互防范或围堵。现在中国对美直接投资，只是美国从海外引进直接投资的0.5%，所占比例比新加坡还要少。主要原因在于中国对美投资受到很多限制，包括被美国有关部门以国家安全为由进行审查。中国无意也不可能去影响美国的国家安全。

12月5日，骆家辉高调宣布，美国国务院和驻华大使馆今后的一项重要工作，就是重点推进和落实美中之间的投资事宜。这其中就包括简化商务签证手续，减少等待时间。过去赴美商务签证需要等待数十天，现在平均需要等八天，最快仅需两三天，且90%以上的申请者可以获得签证。当天，骆家辉在北京牵头举行了一场名为“大使投资论坛”的活动，帮助十几个美国地方政府和数十家美国公司在中国进行投资招商说明。数十家中国公司或应邀而至，或不请自来，将骆家辉和美国的招商人员团团围住，一些诱人的投资项目很快达成意向。

美国这种罕见的主动姿态，基于一个重要的转折性变化，2012年已注定成为中国企业进行全球并购和海外直接投资的里程碑。从年初至今，中国企业在机械、家电、IT、能源、汽车、金融、文化等领域屡有斩获，对外投资已经不是一个概念，而是接连不断的事实。近日，加拿大政府批准了中国企业有记录以来实施的最大一笔并购交易，中国海洋石油有限公司以194亿美元收购资产遍及全球的加拿大油气公司尼克森。除资源领域的国企跨国收购外，中国的民营企业也积极投身其中。三一重工在今年初宣布收购德国机械行业“大象”普尔斯马特，随后，万向集团竞拍濒于破产的美国电池厂商A123系统公司资产赢得胜利，中国房地产企业万达集团以26亿美元购得美国AMC电影院线，一夜之间成为全球最大院线运营商。此外，美国国际集团（AIG）将旗下飞机租赁公司国际租赁金融公司（ILFC）的大部分资产作价42亿美元，出售给一个中国财团，也令有关中国投资“传统单一”的批评变得无力。业界因此普遍预计，中国对美国投资已经进入快速上升通道，并很有可能在今后几年呈爆发式增长。这并非针对美国的特例，而是中国对外投资整体加速的趋势使然。

二、出海资本重心转向

展望未来，多数研究机构相信，中国对外投资将高速增长。最乐观的预测认为，中国有望在2020年为世界经济贡献超过1万亿美元的对外直接投资。事实上，2008年以来，随着中国外汇储备突破3万亿美元，在鼓励和帮助企业"走出去"战略的推动下，中国已经由传统的商品出口大国，逐步向海外投资大国转身。

根据中国商务部、国家统计局、国家外汇管理局8月30日联合发布的《2011年度中国对外直接投资统计公报》，2011年中国非金融类对外直接投资为685.8亿美元，同比增长14%，包括金融业在内的中国对外直接投资额达746.5亿美元，同比增长8.5%。而在2002~2011年的10年间，中国对外直接投资的年增速高达44.6%，最近几年的增长最为明显。商务部部长陈德铭在财经年会上预计，2012年中国非金融类对外直接投资估计会超过700亿美元。其中，中国海外并购交易正呈现着数量和金额的双重增长。近期出台的《"十二五"利用外资和境外投资规划》显示，2005~2010年中国累计境外投资2 289.2亿美元，年均增速34.3%。单项投资规模日益增大，几十亿、上百亿美元的重大投资项目不断出现。

汤森·路透(Thomson Reuters)的数据还显示，截至12月7日，今年中国企业跨境并购额达到1 450亿美元，超过以往任何年份的同期纪录。除了投资数量可观，投资目的地也在变化：早年间，中国对外投资流向的热土是非洲、拉丁美洲等地区。但近来，中国海外并购的重心正越来越偏向欧洲、北美等发达市场。2011年年末，中国对发展中国家(地区)的投资存量为3 781.4亿美元，占89%，对发达国家(地区)的投资存量为466.4亿美元，占11%，较上年提升近2个百分点。多数分析认为，2008年的金融危机是促使这种投资地理位置转移的主要推手。与此相伴生的，是投资模式从以商品投资、"绿地"投资为主，逐渐扩展到兼并收购、股权投资等资本投资范围，中国对外投资进入了新的阶段。在内容上，中国海外并购的目标在相当一段时间内以能源和采矿业为主导，尤其对石油、天然气、矿产等领域情有独钟，近来已经逐渐向诸如汽车、电信、电子设备、机械设备等制造业、IT业与其他行业扩展。2011年年末，中国对外直接投资已覆盖了国民经济的所有行业类别，其中商务服务业、金融业、采矿业、批发零售业、制造业和交通运输业6个行业累计投资存量3 780亿美元，占中国对外直接投资存量总额的89%。而从新的投资趋势及潜力来看，中国官方与多数市场机构认识一致：未来中国对外投资增长的主要一极，就是对美投资。

三、拓展对美投资机会

从投资者的角度判断，相对于沉陷债务危机的欧盟，以及多年增长乏力的日本，美国开始走出2008年金融危机的阴影，逐步微弱复苏，因此，全球最佳投资目的地是美国。美国的投资机会主要显现两大因素，一是房地产市场的复苏势头引人注目，复苏的速度很快，达到16%~18%；二是页岩气等能源革命带来的影响日益增大，美国会在下一个十年超越伊朗成为最大产油国，这会降低输入成本，从而推动美国能源密集型制造业的发展。

多年来，中国对外投资的重点均在美国之外，虽然同为发达市场，但欧洲对中国资本的吸引力更大。对包括中国企业在内的全球企业来说，美国这个庞大的消费市场和全球研发中心充满了诱惑力：首先，美国有15万亿美元的国内生产总值

(GDP)和3.1亿人口,人均GDP达4.8万美元,美国的货物消费市场占据全球总量的42%,人均可支配收入为3.2万美元,美国经商容易度排名在全球基准的前列。其次,在美国投资可以拉近投资企业与供应商和消费者的距离。美国与18个合作伙伴签订的自由贸易协定,使外国投资者可借道美国进入相关国家的市场。最后,美国还有强大的知识产权保护和严格的执法制度。正因如此,2011年美国吸引了来自世界各地2 270亿美元的外国直接投资。相对于跨境并购可能引发的审批不确定性,中国企业不妨也考虑在美国直接投资设厂。因为这基本不会碰到障碍,且会给美国当地创造就业和税收,更受各州和城市欢迎。

四、突围基础设施投资

当加速投资美国成为中国商界新的共识时,具体投向即成为关键因素。这一次,美国的需求和中国的专长似乎找到了难得的契合点:基础设施建设。从中国对美投资存量的主要行业情况看,制造业23.27亿美元,占25.9%,主要分布在专用设备制造业、交通运输设备制造业、电气机械及器材制造业、金属制品业、通用设备制造业、通信设备、计算机及其他电子设备制造业、纺织业、橡胶制品制造业及医药设备制造业等。迄今,中国境内投资者在美国设立了1 700多家直接投资企业。相关数据汇总显示,2011年中国对美国投资流量为18.11亿美元,其中制造业占43.1%,为7.81亿美元。接下来增加中国在美国基础设施领域的投资,在某种程度上成为中国增加对美投资比较现实的新突破点。

一方面,基础设施投资可以满足美国对资本的需求,也与全球公众投资者追求投资回报的目标一致;另一方面,美国正处在被陈旧过时的国家基础设施困扰的危机之中,对其修复和修缮将对美国经济竞争力的恢复起到至关重要的作用。由于当前市政赤字增长的加剧和恶化,联邦和州的资金来源完全不足以应对其所面临的一系列挑战。中国商务部官员在不同场合表示,要加强双方在这一领域的合作。商务部把中美在基础设施领域的合作圈定在高速铁路、公路、港口与码头建设、电网改造等方面。此外,商务部官员还专门提及,中国愿意将持有的大额美国国债转化为对美国的投资,尤其是转投向美国的公路和地铁修整建设。中美学界达成的共识是:基础设施等公共部门的支出可以增强经济复苏动力,创造更多的就业机会;加之基础设施建设涉及机械设备、电器仪表等产品需求,美国在这方面的技术水平及制造潜力很大,有利于拉动美国相关产业振兴。

(资料来源:金焱、王延春,财经,2012年第36期。有删改。)

思考题

1. 结合案例分析影响中国企业对美投资提速的主要制约因素。
2. 面对机遇和挑战,分析中国企业对美投资的主要对策或建议。

第三章

国际市场经济与政治环境

★ 本章要点及学习要求 ★

市场营销的一个重要工作就是发现并利用市场机会，而市场机会来自营销环境的变化。根据定义，“环境”包括企业之外的所有因素。企业对于国际市场营销环境的分析，应分为以下三个步骤：一是识别与企业国际营销有关的环境力量；二是预测这些因素今后的发展趋势与变化；三是评估这些发展趋势与变化对企业国际营销的潜在影响。国际市场营销成功的关键在于适应一种不断变化的、多数是不可控制的、没有经历过而又常常是不可思议的环境。要适应环境，首先就要了解环境，了解环境才能知道如何去适应环境，即对企业自身进行科学合理的决策调整。国际市场营销环境主要包括国际市场经济、政治、文化、法律等诸多方面。

本章主要探讨国际市场经济与政治环境的具体内容，包括国际经济与政治环境的构成因素、对企业国际市场营销的影响、企业的具体应对策略等。通过本章的学习，要求：

1. 理解国际市场经济环境的基本构成因素；

2. 掌握罗斯托的经济成长阶段理论，并能够分析一国的经济发展水平高低及其对国际市场营销活动的影响；

3. 经济结构的四种基本类型，能够指出不同经济类型条件下的需求结构特点；

4. 掌握人口、收入、基础设施、自然条件和城市化程度等因素与企业国际市场营销活动的关系；

5. 明确政府在企业国际市场营销活动中的重要性；

6. 了解政府对外商投资的态度及其相应的有关政策或措施的直接影响；

7. 掌握海外政治风险的种类、产生原因及评估等方面的内容。

第一节 国际市场经济环境

经济环境是企业在国际市场营销中,确定目标市场和制定营销决策首先要考虑的因素,也是影响企业不同国际市场营销决策之间差异性的最重要因素。分析国际市场营销环境中的经济环境,一般可以从经济发展水平、经济结构和经济特征等方面入手。

一、经济发展水平

认识一国经济处于何种发展阶段,是企业确定目标市场的前提。由美国经济史学家罗斯托(Walt W. Rostow)所提出的"经济成长阶段论",对人们分析、判断世界各国经济发展所处的阶段具有很大的指导意义。

(一)经济发展水平的分析判断依据

在1960年出版的《经济成长的阶段》一书中,罗斯托认为,从经济发展过程来看,世界各国的经济发展水平可以归纳为以下五个阶段。

1. 传统社会(the traditional society)。其特点是生产力水平低,没有能力采用现代的科技方法从事生产;人们的知识文化水平低,无法进行最基本的经济建设。处于传统阶段的国家,经济发展落后,收入水平很低,国内市场非常狭小,自然经济仍然是绝对的主体。目前,被联合国列为最不发达的国家,基本上还处于这一经济发展阶段。

2. 起飞前夕(the pre-condition for take-off)。其特点是现代的科学技术知识开始应用于农业及工业生产方面;各种交通运输、通信及电力设施逐渐建立;人们的教育及保健逐渐受到重视,只是规模还小,不能普遍施行。目前,世界上相当一部分发展中国家尚处于这一阶段。这些国家正在普遍推行工业化政策,大力发展民族工业,因而对部分资本货物有一定需求,人均收入水平的增长也在加速,从而在一定程度上扩大了对消费品的市场需求量。但总的来说,这些国家的经济仍存在着一定的自然经济成分,因而,市场规模还受到一定的限制。起飞前夕是经济起飞阶段的过渡时期。

3. 起飞阶段(the take-off)。起飞阶段的经济大致已经形成了经济成长的雏形。其特点是各种社会设施及人力资源的运用已经能维持经济稳定的发展,农业及各项产业逐渐现代化。一些新兴的工业化国家已经步入经济起飞阶段。这些国家拥有某些高度发达的产业部门,尤其是一些加工制造部门。投资的较快增加,使新兴的工业部门不断涌现,为工业品提供了大量的市场机会。随着个人收入的较快增长,消费品市场也具有相当规模,对耐用消费品的需求增加,需求层次不断提高。

4. 趋向成熟阶段(the drive to maturity)。经济起飞后就逐渐进入趋向成熟阶段。在此阶段的国家,不但能维持经济的长足进步,而且会不断追求更现代化的科技应用于各种经济活动,同时,还能够多方面地参加国际营销活动。西方的很多工业化国家目前正处于这一阶段。在这一阶段,由于人们的收入增加更快,对各种耐用消费品的需求急剧上升,产品饱和度(产品在市场上可能达到的最大扩散程度)较大,消费者用于闲暇、娱乐、健身等方面的支出明显增加,同时,由于节省劳动的需要,创造出一些新兴的工业品市场,从而带动了新兴工业的加速发展。此时,由于商品广告等商业促销活动对企业经营业绩有着较大的影响,企业的宣传费用和其他营销活动的支出也将大大增加。

5. 高度消费时期(the age of high mass consumption)。其特点是,注重耐用性消费、财富及各项服务业的生产;个人所得猛增;公共设施、社会福利设施日益完善,整个经济呈现大量生产、大量消费的状态。此阶段代表了高度发达的工业社会,而且经济中最为重要的特征是,第三产业在国民经济中的比重最高,主导经济的部门转向耐用消费品生产和社会福利及安全等方面。由于经济的高速发展,很大一部分消费者取得了较高的可任意支配收入。目前,世界上只有少数几个发达国家达到这一阶段。在这一阶段,社会服务部门发展迅速,服务性消费支出占了较大比重,信息的交换和处理居于重要的地位。在此阶段,因商品的市场饱和度已经很高,所以市场机会更多地取决于发展和创新。企业要在原有的市场中扩大市场份额已相当困难,因而必须不断开拓新的市场。

大致而言,凡是属于前三个阶段的国家,一般被称为发展中国家,而属于后两个阶段的国家,则可视为发达国家。此外,罗斯托认为,在一国经济成长的五个阶段中,最重要的阶段是起飞阶段,因为所谓起飞阶段就是指一国克服了往日对经济发展的种种障碍与阻力,而创造了使经济进步得以维持的力量。正如飞机在地面上克服了各种障碍得以起飞的情况一样,而飞机一旦起飞,海阔天空,即一国经济便开始了自力更生的迅速发展阶段。

根据罗斯托的理论,一国(地区)经济实现起飞的条件有三个:①投资率或资本形成率(净国民生产中的投资百分率)应超过10%;②某些制造部门有快速的发展;③必须有良好的政治社会结构配合经济发展,使经济起飞顺利进行。

以香港为例,1957年香港的净投资率为11%,制造业部门中有纺织业的快速发展,同时政治稳定,再加上教育、运输设备、贸易与金融机构已有良好基础,因此,香港的经济起飞较其他远东及东南亚国家要早。到了20世纪70年代,香港已进入成熟阶段并开始进入大量消费的阶段。

此外,还要指出,多数发展中国家的经济呈现两面的经济态势:一方面,有最现代化的经济形态,另一方面却又同时存在着落后的农业式的经济形态,尤其是发展中国家二元经济往往混合相间。因此,对发展中国家的国际营销活动,必须要有一套极有弹性的营销策略,方能胜任这种难以区隔化的市场需求。我国的经济发展就极不均衡。从生产力水平看,核能、宇航、生物技术、超导技术、高能物理等世界高科技与人拉、肩扛、手推等靠人力、畜力耕种的落后生产方式和手段技术并存；繁华先进的都市与贫困落后的农村并存。沿海地区经济、交通、通信发达，人们的生活水平较高，文化素质也较高；而交通闭塞的偏远农村、山区不但经济、文化落后，就连基本的温饱问题还有待解决，2015 年全国农村贫困人口仍有 5 575 万人（国家统计局 2016. 2. 29《2015 国民经济和社会发展统计公报》）。因此，从先进、发达的东南沿海地区的经济发展看，已经完全实现了经济的起飞，但从西南、西北等落后、封闭的贫困地区的发展现状看，还仍处于经济起飞前夕，甚至处于传统社会中。因此，从总体上看，中国目前仍是世界上最大的发展中国家。

（二）经济发展水平与分销的关系

罗斯托对经济发展水平与分销路线之间的关系也曾作了研究，其结论如下。

1. 经济发展阶段越高的国家，它的分销途径越复杂和广泛，专门商店、超级市场、百货公司等十分发达，乡间的商店数目也迅速增加。

2. 进口代理商的地位随着经济发展水平的提高而下降。

3. 制造商、批发商与零售商等的职能随经济发展水平的提高而逐渐独立，不再由某一分销路线上的成员单独承担。

4. 批发商的职能随经济发展水平的提高而增加。

5. 小型商店数目随经济发展水平的提高而下降，商店的平均规模在增加。

6. 零售商的加成随经济发展水平的提高而上升。

罗斯托的研究说明了分销结构并不是静态不变的，而是具有动态的性质。随着经济发展阶段的上升，分销路线的控制权逐渐由传统权势人士，移至中间商，再移至制造商，最后是大零售商的崛起。

（三）经济发展水平与企业的国际市场营销

一般而言，在欠发达的国家，市场发育程度较低，非货币化的生产活动占的比重较大；处于经济起飞阶段的发展中国家，则往往走工业化道路，第二产业发展迅速，第三产业也逐渐得到孕育、发展；在发达国家，以第三产业为主，物质产业大量转移海外，产业“空心化”明显。此外，农村人口与城市人口比重的进一步变化和教育水平的提高也体现出一国从不发达向发达转变的进程。这一切，无疑也对市场产生了深刻的影响。总之，一个国家的经济发展所处的阶段不同，居民收入水平明显不同，消费者对产品的需求也就不一样，因此会直接或间接地影响到企业的国际市场营销。

从市场的分销制度看，经济发展水平高的国家，其市场分销制度偏重于大规模的自助性零售业，如超级市场、巨型市场及购物中心等的发展。而经济发展水平低的国家，其市场仍着重于家庭式及小规模经营的零售业。

从消费品市场看，经济发展水平高的国家，在市场营销方面强调产品的款式、性能及特色；强调运用大量广告及销售推广活动；其品质竞争多于价格竞争。而在经济发展水平低的国家，则较侧重产品的功能及实用性；它的推广着重于顾客的口头传播介绍；价格因素比产品品质因素更为重要。

从工业产品市场看,经济发展水平高的国家着重于投资较大而能大量节省劳动力的生产设备。在经济发展水平高的国家,一般劳动者的教育水平与技术水平较高,复杂的机器维修工作比较容易进行。在经济发展水平低的国家,生产设备应偏重于多用劳动力而节省资金,以符合该国劳动力对资本的合理比率,因此,经济发展水平低的国家往往会变成经济发展阶段较高的国家旧设备与机器的输出市场。

从产品的生命周期看,由于收入与技术的差别,某些消费品在发达国家的市场上早已大量推销,产品的市场生命周期已经进入到成熟阶段,市场也接近饱和,而在发展中国家的市场上却是初期推销阶段,可能刚进入介绍期或成长期,如彩电、电脑、轿车、空调器、微波炉等商品。经济发展水平不同,各国市场上同种产品所处的生命周期的阶段也不可能相同。

二、经济结构

经济结构是指一个国家的第一产业、第二产业和第三产业之间,劳动密集型产业、资本密集型产业、技术密集型产业和知识密集型产业之间,以及各产业所属部门之间的比例关系。经济结构直接决定需求结构。随着一国经济的发展,其经济结构总在不断升级或变化,由此决定需求结构也在不断变化。通过对一国经济结构现状及其变化趋势的分析,企业可以发现某些市场机会,所以经济结构也是选择目标市场的首要依据之一。从目前的情况看,各国的经济结构大致可以划分为生存经济、原材料或能源出口经济、新兴工业化经济、发达工业经济四种主要类型。

(一)生存经济类型

生存经济类型国家的特点是生产力水平低,自给自足的传统农业经济占统治地位,即第一产业所占比重最高。商品经济很不发达,市场基本封闭,对外贸易仅限于偶然调剂,所以进入该国的机会极小。

一般地说,在这种经济结构的国家里,人民基本以农牧业为主,生产的产品大部分自己消费,如有剩余,则通过物物交换的方式取得自己所需要的产品或劳务。因此,对于外向型企业,或是以出口创汇为目的的企业,这类国家不是理想的目标市场。除非这个企业本身需要从这类国家得到某种商品,或通过易货贸易得来的商品能在其他国家的市场上转手获利,否则,企业不应花费力量去开拓这些国家的市场。

(二)原材料或能源出口经济类型

原材料或能源出口经济类型国家的特点是国内某种自然资源储量极为丰富,资源开采部门发展迅速,其他产业部门相对比较落后,国家收入主要依赖原材料或能源的出口。这类国家对其“支柱”工业所需的先进技术设备、运输工具有旺盛的需求,高档消费品也有一定的市场。

一般地说,这种经济结构的国家都拥有一种以上丰富的天然资源,其收入大部分来自资源的出口,外汇充裕。例如,智利出口锡、铜,刚果出口橡胶,沙特阿拉伯、伊拉克等出口石油等。这类国家大量从国外进口轻纺产品、日用消费品、耐用消费品及开发本国资源所需的机电产品、大型成套技术设备、运输工具等。对我国轻纺产品、机电设备产品的生产企业来说，这类国家是潜力极大的市场。

（三）新兴工业化经济类型

新兴工业化经济类型国家的特点是依靠国内廉价而丰富的劳动力资源，通过引进先进的生产技术，大力发展国内的加工制造业，从而提高国内的劳动生产率，增加国家收入，促进经济的快速发展。此外，加工制造业的快速发展，又带动了能源和原材料进口需求量的大幅度增加，同时，制造业所生产的劳动密集型产品也大量销往世界各地。这些国家进出口贸易的迅速增长，表明它们对国际市场的依赖性越来越大。

一般地说，在这种经济类型的国家里，轻纺工业、家用电器工业、机电工业等制造业发展很快，其地位也日趋重要，制造业所创造的产值约占国内生产总值的20% ~45%。例如，亚洲的中国香港、新加坡、韩国、中国台湾、菲律宾、印度尼西亚、泰国、马来西亚等国家和地区，巴西、墨西哥、阿根廷等也属此类。

这些国家（地区）由于加工制造业的快速发展，使其产成品出口迅速增加，以1995年电子产品为例，其出口占总出口的比重，马来西亚为50%，菲律宾为45%，韩国为40%，泰国为33%。这些国家（地区）已经成为国际市场上纺织品、纸制品、汽车制成品、家用电器等最终产品的主要供应国；与此同时，这些国家或地区对加工制造业所需的原材料、初级产品，如纺织原料、钢铁等的需求越来越多，进口数量不断增加。例如，台湾利用进口的橡胶及胶鞋底加工制鞋，然后出口，已占领美国胶鞋市场的2/3左右；新加坡进口印尼、马来西亚的原油，然后加工提炼，再输出成品油。1970 ~1988年全世界出口总额约增加8.5倍，而同期亚洲的“四小龙”却增加了37.1倍，“东盟四国”增加了15.7倍，中国增加了21.4倍，日本增加了12.7倍。1970 ~1988年世界出口市场的年均增长率为13.3%，而“四小龙”为22.4%，是世界平均水平的1.7倍。

（四）发达工业经济类型

发达工业经济类型国家的特点是工业基础雄厚，生产力水平高，资金充裕，技术先进，尤其是以通信、信息、网络等为主的第三产业迅速发展，并已远远超过第二产业，跃居第一位。这类国家技术、信息等新兴高科技产业对本国经济发展的贡献率均在50%以上，是目前国际市场上资本、技术密集型产品及知识、信息产品的主要输出国；同时，需要进口大量的原材料或能源及劳动密集型产品。由于这些国家国内的消费市场庞大，消费水平高，因此是国际市场营销的主要场所。

一般地说，处于这种经济结构的国家，都已建立起相当雄厚的工业基础，如美国、日本、西欧各国等。近年来，随着世界经济的发展与科技革命的推进，这些国家逐渐将劳动密集型和污染严重的产业转移到发展中国家，集中精力发展技术和知识密集型的产品。因此，它们向国际市场大量推出高科技产品和人工材料，而从国际市场进口大量的轻纺产品、一般消费品、耐用消费品和部分机电产品等。这类国家是我国企业目前最大的国外市场。

实例 3 –1:2011 年海外投资热地

1. 美国。即使是一向被视为投资禁地的美国也开始透露出欢迎中国企业到来的信号。2011 年上半年,中国对美投资比上年同期增长了 360%。值得注意的是,中资企业在美国遇到的阻碍主要来自国会,而地方政府层面则非常欢迎中国公司。在南卡罗莱纳州,海尔早在 1999 年时就建立了一座冰箱生产厂。现在,中国公司仅在南卡罗莱纳州就已经投下 2.8 亿美元,创造出 1 200 多个就业机会。另外,伊利诺伊州将建造一家 2 亿美元的风电场,投资方为中国的金风科技公司。对中国企业来说,谁会愿意袖手放弃这个消费力超强的成熟市场呢?

2. 玻利维亚。玻利维亚是世界著名的矿产品出口国,其矿产资源主要有锡、铁、黄金等。不过,在玻利维亚投资最大的风险来源于其政府意志。2006 年 1 月 9 日,玻利维亚总统莫拉莱斯来中国"招商",鼓励中国企业加大在玻天然资源项目上的投资。令人意想不到的是,当年 5 月 2 日,他就下令军队立刻占领本国的所有天然气田,并威胁将驱逐外国公司,除非他们允许玻政府掌握天然气生产的多数控制权。这种带有极强民粹色彩的国有化政策,极大影响了国外资本对其的关注度。尽管政治风险较大,但由于中玻关系密切,且丰富的矿产和木材资源吸引着大量的中国企业目光,因此,包括华为公司、中兴通讯、江西地矿局等在内的多家中国企业已与玻国建立了合作关系。他们向玻国出口机电和化工产品,进口矿产品和木材。2011 年 8 月 14 日,中信国安集团公司与玻利维亚发展计划部签署了战略合作协议,双方拟组建合资公司对科伊巴萨盐湖资源产品进行开发。

3. 阿根廷。阿根廷是世界主要的农牧产品生产国和出口国,其国土面积的 55% 是牧场,畜牧业占农牧业总产值的 40%。全国牲畜的 80% 集中在潘帕斯大草原。另外,该国还有丰富的石油、天然气、煤炭、铁、银、铀、铅、锡、石膏、硫黄等资源。2010 年,中海油携手阿根廷布里达斯公司从英国石油公司手中以 71 亿美元的价格收购了泛美能源公司 60% 的股份。2011 年 2 月,西方石油公司将其在阿根廷的资产作价 25 亿美元出售给中国石化。6 月,北大荒农垦集团还斥资 15 亿美元,租赁了阿根廷里约内格罗省 30 万公顷的土地并开发农场。目前中国在阿根廷的投资已经超过 140 亿美元,涉及石油、天然气、化工、矿业和家电制造等多个产业,覆盖了阿根廷从南到北多个省份。虽然阿根廷的一些非常规政策令许多投资者望而却步,但中国已把阿根廷变成了自己非常重要的投资目的地。

4. 匈牙利。匈牙利自然资源比较贫乏,主要矿产资源是铝矾土,其蕴藏量居欧洲第三位。此外,有少量褐煤、石油等资源。匈牙利人均吸引外资 2 480 美元,位居中东欧地区首位,又是出口导向型国家,与中国外交关系一直较为稳定。由于匈牙利地处拥有 5 亿消费者市场的欧洲心腹地带,中国向匈牙利出口的商品主要有通信设备及零件、液晶显示板、无线电设备零件、电子计算机及其部件、变流器等;进口的主要商品有发动机及零部件、通信设备及零件、汽车及零部件、电子计算机及其部件、变流器等。中国已经是匈牙利第15位的出口市场和第二大进口来源地。目前，已有约5 000家中国企业或中国参股企业活跃在匈牙利。如中国银行进入匈牙利首都布达佩斯，成为进入中欧资本市场的唯一案例。

5. 缅甸。缅甸自然条件优越，资源丰富，多年来经济发展缓慢，1987年12月被联合国列为世界上最不发达国家之一。矿产资源主要有石油、天然气、锡、金、银等，宝石和玉石在世界上享有盛誉。主要林产品有柚木、黑檀、铁木等，主要出口商品有大米、橡胶、皮革等，主要进口工业原料、化工产品、机械设备、零配件、五金产品和消费品等。缅甸与中国的经济关系有着其他国家所无法比拟的"边境贸易"优势。截至2010年年底，中国累计在缅投资64亿元，是缅甸第二大贸易伙伴。中国目前在缅甸的投资主要是超大型企业与小型企业两类。中国的大型企业在缅甸的主要投资就是在能源（水利建设、油气管道）和铁路等领域，而小型企业主要是以较少的资金到缅甸投资开设服装厂、水产养殖场等。

6. 土耳其。20世纪80年代中期以来，土耳其推行自由市场经济模式，大力发展私营经济。2010年，土耳其成为率先摆脱经济危机的国家之一，年经济增长达到8.9%，增长速度仅次于中国，并成为世界第16大经济体。土耳其矿产资源丰富，主要有天然石、大理石、硼矿、铬、钍和煤等，总值超过2万亿美元。土耳其的主要出口商品为纺织品及原料、汽车等运输设备、贱金属及制品和家电，其安卡拉羊毛闻名于世。近年来中土两国双边关系不断加强，2010年10月，中土两国政府宣布到2015年要将双边贸易额提高到500亿美元。中国企业在土投资领域涉及交通、航运、能源、通信、矿资源开采、摩托车组装、贸易、旅游、餐饮等领域。同期，土耳其对华投资累计合同金额达3.24亿美元。投资领域从早期的产品制造和加工，逐步发展到金融、商业零售、酒店、工程等服务领域。

7. 中国台湾地区。我国台湾地区从20世纪60年代起注重发展工业，现已成为全球第15大经济体。创意文化产业、高效农业、精密电子是台湾地区的支柱产业，特色为中小型企业众多。电子工业对世界经济举足轻重，大多数电脑电子零部件都由台湾生产。对外贸易是台湾的经济命脉，日本和美国长久以来一直是台湾地区的前两大贸易伙伴，但在2005年后退居第二、三名，中国内地成为台湾进出口贸易的第一大对象。2009年6月30日，台湾方面宣布开放陆资赴台。对于内地企业来说，台湾地区有着国际领先的研发设计技术，可以帮助它们提升自己的研发能力，从"制造"走向"创造"。特别是台湾地区与国际接轨较早，市场环境、公司经营方式的国际化程度都高于内地，拥有丰富的国际化经营经验和大量的国际营销、管理人才。截至2011年8月底，内地企业赴台投资已累计批准91家，投资额总计2.085亿美元，呈稳步增长趋势。尽管台湾地区对陆资入台仍有诸多限制，但造福两岸无疑会给双方提供共同发展的机遇。

（资料来源：环球企业家网站，2011.10.12，有删改。）

"知识经济"（Knowledge Economy）是一种正在各国兴起的新的经济形态，是联合国研究机构与经合组织首先提出来的,此后在国际社会引起强烈反响。知识经济是指建立在知识和信息的生产、分配和使用之上的经济。知识经济的目标是研究和应用新的技术,而信息技术是知识经济的核心。以信息技术的发展为代表的知识经济正在全面推动整个社会的进步与发展,它已成为世界经济发展的龙头产业。在发达国家中,科技因素在 20 世纪初 GDP 增长中仅占 5% ~20% ,到 20 世纪 50 ~60 年代,上升为 50% ,到了 80 年代已高达 80% 。专家们预言,随着全球信息高速公路的全面开通,技术知识对经济增长的贡献率将提高到 90% 。1998 年美国财政出现了近 26 年来的首次盈余,而且盈余额高达 700 亿美元。出现这样的转机是与微软、IBM、Intel 等一大批以信息的生产、分配和使用为主导的技术产业公司的快速发展密不可分的。

人类从农业经济到工业经济,再发展到知识经济,是划时代的变化。在这一过程中,最引人注目的是两大变化:一是基础的变化。无论是农业经济还是工业经济,均是以自然资源为基础,但知识经济却是以不断创新的知识为基础,是典型的知识密集型经济形态。二是主导型要素的变化。在农业经济中主导型要素是土地,在工业经济中主导型要素是资金,在知识经济中主导型要素是人才。在这种情况下,企业管理要解决的问题是怎样研究和开发知识密集型产品,怎样积累和应用知识更好地发挥人才的作用。

创新是知识经济的灵魂,智力资源是企业竞争的焦点。随着知识经济的到来,最重要的经营资源是知识和信息的生产、存储、使用和消费。因此,企业家应注意及时调整战略。如在投资战略上,要由过去主要投资于机器、设备、生产线等有形资产,及时调整到大量投资于人才培训、激励创新方面,生产和分配要向知识产品及服务倾斜;在竞争战略上,注意运用知识产权保护这一法律武器,把蕴含在产品或服务中的知识量作为竞争中取胜的关键;在成长战略上,由过去主要靠规模经济求企业发展,及时调整到大力依靠无形资产的创造和增值实现企业成长。

三、经济特征

(一)人口

人口是国际营销企业最感兴趣的因素之一。它直接形成市场,并决定市场规模及市场潜力的大小。从国际市场营销的角度来说,人口因素包括总人口、人口密度、年龄结构、人口自然增长率等指标。

1. 总人口。人的需求是生产的出发点和归宿,而且人作为生产者是有条件的,但作为消费者则是无条件的,这使人口成为现代市场构成三要素中最基本的要素。在其他条件相同的情况下,一个国家的人口越多,市场容量就越大,因为很多产品的消费都是与人口数量成正比例关系的,尤其是基本生活必需品的消费量,如粮食、食品、服装、家电、家具、住房、自行车、汽车、报刊等,所以总人口是决定消费品市场需求量大小的一个基本因素。

世界上有些国家的人口众多,截至 2011 年年底,中国内地总人口约 13.22 亿,印度约12.16亿，而日本人口仅有1.27亿，美国人口3.1亿。各国人口数量的差异造成了各国市场的规模及发展潜力的巨大差异。日本企业之所以不断地开拓国际市场，包括美国、欧盟、中国等众多国家或地区的市场，主要原因是日本科技发达，生产率很高，制成品的数量巨大，而国内市场受人口要素的制约而规模很小，只有广泛地开辟海外市场，才能为国内产品找到销路，获得生存和发展的空间。

实例3-2：2010，中国人花了多少钱

2010年前11个月里，中国人一共花了13.9万亿元人民币购物（社会消费品零售总额），比上年同期增长18.4%，平均每人花了1万元左右。而3.9亿美国人在2010年前三个季度就已经消费了10.8万亿美元（约合71万亿元人民币）。

从消费结构上来看，中国人的餐饮消费是1.6万亿元，占消费总额的11.5%；食品和服装类的消费总额分别为6 669亿元和5 177亿元，占消费总额的5%与4%。在汽车购买上花了近1.5万亿元，而在相关的"油费"上则花了9 300亿元，两者共占居民商品消费总额的近20%。具备投资保值性质的"金银珠宝"增长最快，消费总额为1 137亿元（占消费总额的0.8%），同比增幅高达45.8%。由于房地产兼具投资与消费性质，因此未被列入13.9万亿元的消费品零售总额。统计显示，2010年全国房地产完成投资4.27万亿元，比上年增长36.9%；销售额4.23万亿元，比上年增长17.5%；销售面积8.25亿平方米，比上年增长9.8%。这意味着，在2010年，还有相当于消费总额1/3的钱用于"投资买房"。此外，在这13.9万亿元的消费中，12万亿元被近6亿左右的城里人（包括进城打工者）所消费，人均约2万元，占比86.33%；而剩下的近8亿农村兄弟，一共只花出了1.9万亿元，人均约为2 400元，占比13.67%。

与消费的增长相比，城乡居民们的收入增长相对较慢：2010年前三季度城镇居民人均可支配收入只有约1.4万元，农村居民人均现金收入仅仅4 869元，两者增长幅度均低于同期GDP 10.6%的同比增幅。

目前，中国居民消费结构严重失衡突出表现为物质消费过度（物质消费12.3万亿元，占88.5%）而服务消费过少，即物质和资源性的消费过多。与此相比，美国居民消费2/3以上属于服务类消费（如通信、医疗、保健和文教娱乐等），这类消费是环境友好、资源节约的，有利于促进人自身的完善发展。另外，中国正在成为全球增长最快的奢侈品消费市场。美林发布的《全球财富报告2010》中宣称："随着中国内地的富人大手购买私人飞机、豪车、豪宅以及其他奢侈品，中国内地为全球的奢侈品市场贡献了40%的增幅。"

（资料来源：黄河，南方周末，2011年1月7日。有删改。）

2. 人口密度。人口密度与进入市场的难易程度有关。因为市场越集中，企业的后勤供应和通信就越方便。从这一意义上说，荷兰比挪威的市场吸引力要大得多，因为荷兰的人口密度是每平方公里406人，而挪威仅为14人（2011.7）。同样，由于西欧的人口密度是非洲的 8 倍，南美的 6 倍，所以相对而言，市场吸引力也较高。在亚洲，2011 年 7 月日本的人口密度是每平方公里 335 人、新加坡为 6 844 人/平方公里。澳大利亚的人口密度则很小，只有 3 人/平方公里。

人口密度的差异还会影响企业在国际市场上的营销策略。例如，日本企业针对中国人口多、分布广、分布程度疏密不均的实际情况，在进入中国市场的初期，采用了电视广告为主的促销策略，结果使"日立""东芝""松下"等品牌的彩电在中国家喻户晓、妇孺皆知。反之，在新加坡则针对其人口少、分布集中的特点，采用了以人员推销为主的促销策略，一方面，使日本产品的广告从纷繁的各国商品电视广告中摆脱出来，另一方面，又有效地吸引了当地消费者的购买。此外，一般来说，人口密度大、购买力集中，企业的平均销售费用相对较低，为企业降低成本，提高竞争力创造了较好的条件。

3. 年龄结构。消费者在一生中的不同年龄阶段有不同的消费需求和购买力水平，因此，人口的年龄分布会直接影响各国的商品需求结构及消费模式，成为影响国际市场营销的重要因素之一。例如，美国、瑞士等发达国家的老年人较多，是发展中国家的 2 倍以上。而老年人对于食品、住房、娱乐、医药、服务等方面都有着特殊的爱好和需求。很明显，对于以老年消费者为目标顾客群的企业来说，美国、瑞士等国是大有前途的市场。而墨西哥的老年人却很少，同样的产品在墨西哥的销售量就不会很高。此外，在中国，14 岁以下的儿童就有 2.2 亿多人（2011 年），而且绝大部分又是独生子女，这使中国成为世界著名的玩具消费大国。

4. 人口自然增长率。总人口是一个静态的概念，它表示一个国家或地区在某一个特定时间的人口总量。事实上，各个国家的人口总量是在不断变化的。人口的自然增长率便是一个反映人口变化的动态指标。人口自然增长率总体上有三种情况：正增长、负增长和零增长。一般而言，由于经济发展水平的巨大差异，发达国家和发展中国家的人口出生率存在很大不同，表现为：发展中国家的人口增长率远远高于发达国家。不仅如此，在欧洲的一些发达国家中，人口已经开始呈负增长，即人口总量呈下降趋势。

人口自然增长率的变化会对市场的需求产生直接影响：一方面，如果人口呈现正增长，意味着消费品市场规模有所扩大，在其他条件不变的情况下，可以带动商品销量的增加；另一方面，如果人口增长过快，又会影响经济的发展，使人均收入水平降低，从而导致对某些耐用消费品、高档商品的需求减少。所以，企业在进入特定的国家、制定相应的营销策略时，必须对人口自然增长率进行深入的分析和研究。

（二）收入

收入是一个综合的概念。各国一般都用国内生产总值（GDP）、国民生产净值（NNP）、国民收入（NI）、个人收入（PI）和个人可支配收入（PDI）等指标来统计、核算一国的收入状况。体现一国经济力量总和的指标是国民生产总值或国民生产净值、国民收入等，它们是衡量工业品市场规模和潜力的重要指标。而消费品生产企业则应把注意力集中在人均收入水平上。因为许多国家的 GDP 很高,但由于人口众多,其人均收入水平却很低,消费能力、消费水平相应也较低。所以个人可支配收入水平的高低直接影响一个国家的生活消费水平、消费结构及消费方式,它才是衡量一国消费品市场规模,确定进入商品的数量、结构、销售价格的重要依据,即只有个人可支配收入才能真正体现一国市场的自由购买力。

研究个人收入,首先必须区分个人总收入、个人可支配收入和个人可任意支配收入等几个基本概念。个人总收入扣除纳税和其他非商业性支出后才是个人可支配收入。个人可支配收入中扣除日常必不可少的开支,如房租、水电费、保险费、债务等,剩下的为个人可任意支配的收入。个人可任意支配收入的多少是除基本生活必需品以外的其他消费品的主要购买力来源。根据恩格尔定律,人们的收入水平越低,用于食物的开支占全部支出的比重越大,随着收入水平的提高,用于购买食品的支出占家庭收入的比重下降,其中住宅、家居用品的支出所占的比重大体不变,而用于服装、娱乐、保健等的支出会上升,至于储蓄率即购买有价证券的开支,一般会随着收入的增长而增多。储蓄也是影响投资和购买力的因素。赡养系数也影响着消费结构中基本必需品与非基本必需品的比例。

按世界银行 2015 年的划分标准:人均国民总收入在 1 045 美元及以下者,为低收入国家;1 046 ~ 4 125 美元为中等偏下收入国家;4 126 ~ 12 735 美元为中等偏上收入国家;12 736 美元及以上者,为高收入国家。人均收入水平的差异,必然使各国市场具有不同的特点,一定程度上反映了各国市场的规模及对产品质量的不同需求。例如,人均收入少、生活水平低的国家进口商品数额极少;而人均收入水平高的国家,不但消费品进口量大,而且需要的品种多,并主要集中于质量好、档次高的生活用品及各种方便用品上。

(三)基础设施

任何一个企业的国际市场营销活动都离不开当地市场的交通、通信、能源以及具有销售辅助功能的情报、财务、销售网络等机构或部门。因此,基础设施的可获性与质量是衡量国外市场营销环境优劣的重要因素之一。

基础设施主要包括交通运输条件、能源供应、通信设施以及商业和金融的基础设施等诸多方面。交通运输条件是指各种运输方式,如铁路、公路、水运、航空等是否完备,效率高低,以及满足企业运营发展需要的程度,直接决定了企业实体分配的成本。能源的供应情况是指煤、油、电、气等各种能源供应是否充分、成本高低等,由此可以判断一国的电气化程度,也可在一定程度上反映电器产品的市场规模。能源供应情况的一个重要指标是一国的人均能源消费量,它能够有效地反映一国总体基础设施的完善程度。通信设施包括各种信息传递媒介的发达程度以及传递的质量。通信设备的水平和规模,对商业信息的传播、广告媒介和促销工具的选择都有重要影响。商业和金融基础设施包括各种信用和银行机构、广告代理机构、商业网络、营销调研组织等的可获性、便利程度及其效率,直接影响企业在国外市场的营销效率。

一般来说，经济发展水平越高的国家，基础设施越完善，相反在经济欠发达的国家，基础设施发展比较落后，甚至有些方面十分短缺。因此，国际营销人员在进入不同的目标市场国时，必须要对其基础设施状况加以研究和分析。

（四）自然条件

自然条件包括各种自然因素，如气候、地形、自然资源等，它们对市场营销活动都会产生直接或间接的影响。在气候炎热、风沙大的地区或国家推销空调器与在温带地区或海边城市推销空调器的策略显然就不一样；山区与平原地理条件的差异决定了对运输车辆的性能、装备等的需求不同，山区对运输车辆性能、设备等的要求较高，平原就略低一些，因而，山区的运输成本一般也比平原要高一些；可通航的河流与不可通航的河流的经济价值差别很大，因为可通航河流能够使流域内的任何地区交通便利，信息畅通，经济因此就比较发达，所以可通航河流的经济价值较高。此外，港口、码头、山川、湖泊、海滩等自然资源与自然条件本身也可能创造出许多独特的营销机会，如旅游、娱乐、体育、观光、度假等。

自然资源的差异还会影响一国的经济和购买力水平。如盛产石油的国家——科威特、沙特阿拉伯、委内瑞拉等，依靠石油输出，可以换取大量外汇收入，使国内人民的生活水平和购买能力均较高，这为消费品生产企业的国际市场营销提供了理想的目标市场。但相反，有些国家自然资源匮乏，为了满足国内生产发展的需要，就需要从国际市场上大量进口原材料、能源等初级产品，如英国、日本、新加坡等，这为资源开采型生产企业提供了理想的目标市场。

（五）城市化程度

城市化是当前世界各国经济发展的一个重要趋势。现代城市是大工业发展的产物。随着科学技术的迅速发展，生产力迅猛提高，与之配套的商业、交通运输业和各种服务行业也随之发展起来，因此有越来越多的人不断地从农村集中到城市。这样，从事第一产业的农业人口越来越少，而从事第二产业、第三产业的城市人口越来越多。由于世界各国的经济发展水平不同，城市化程度也有很大的差别。20世纪中叶，城市人口占总人口的比重，美国是72%，英国是87%，联邦德国是79%，荷兰86%，加拿大77%，澳大利亚83%。2015年我国的城市化水平为56.1%，这说明世界各国城市化程度的差别很大。

由于城市与乡村在经济、文化等方面的巨大差异，使城市消费者与农村消费者在生活方式、消费观念、消费行为上有很大的不同。一般而言，农村消费者在食物、住房、服装等方面的需求较少，大部分都是自给自足；城市居民则主要是通过货币交换，在市场上购买各种食品、服装、住房等，以满足自身生存和发展的各种需要，因而市场规模较大，需要的商品品种、款式较多。此外，城市的文化教育设施比较发达，现代化的信息传播比较快捷，人们的思想比较开放，文化水平、劳动技能、价值观念等都比较新潮，对新产品、新技术接受也较快。而相对来说，农村消费者由于与外界接触较少，现代信息不够灵通，所以思想上要保守、落后一些。由此可见，企业的国际市场营销活动的开展也要注意这种城乡差别。

第二节 国际市场政治环境

在国外经营面临的一个无法否认的重要事实是，经营的许可权完全控制在东道国手中，即每一个独立的主权国家都有合法的权力允许或不允许外商在其境内开展经营活动。东道国政府能够控制、限制外国公司的行动，外商只能以客人的身份进行经营，要客随主便。因此，对于企业而言，要想进入他国市场，开展国际市场营销活动的前提就是取得东道国政府的批准、同意。此外，东道国政府与外国企业之间的关系是：政府是外国企业的一个几乎可以支配一切的隐名合伙人，是企业每一项国外经营活动的参与者。

总之，政治环境是企业在国际市场营销中面临的一个重要而复杂的问题。企业对此必须保持高度的政治敏锐性，对政治环境中的各种因素给予足够的重视。同时，任何一个从事国际市场营销的企业都应认识到：政治是经济的集中体现，又对经济产生巨大影响。当代社会，任何经济活动都不可能独立于政治因素之外。

一、国际政治关系

企业都认为自己首先是一个经济组织，而不是政治组织。但是，当企业进行国际市场营销时，它就常常要受到政治因素的影响，这些影响往往又是巨大和深远的。国际政治关系是指国家之间的关系，如中美关系、中日关系、俄美关系等；或指国际政治集团之间的关系，如东西关系和南北关系。国际政治关系是一个很复杂的问题，在此我们只探讨直接影响国际市场营销的双边关系和多边关系的基本内容。

（一）双边关系

当一国与另一国通商时，就不能孤立地看待这种双边之间的经济关系，还应考虑到整个双边关系，它包括政治、文化、法律和军事等方面的内容。例如，中、日两国于 1972 年实现邦交正常化，到 1978 年缔结和平友好条约，从而使两国关系得到根本性改变，也极大地推动了两国间的经济贸易交流，中日贸易额在 20 世纪 90 年代初期达到了数百亿美元，是实现邦交正常化前的几十倍。此外，当苏联入侵阿富汗时，美国在几个方面作出反应，包括削减对苏贸易和抵制当年在莫斯科召开的奥运会。由此可见，如果忽视了这些非经济性的因素，企业就不会成为一个成功的国际市场营销者。

每一个国家与世界其他国家都有着独特的关系。每一个国家中的企业在其国际市场营销中，都会发现并切实体验到这些双边关系对企业国际营销活动的不同影响，有时是有利的，某些情况下则是不利的。企业必须密切关注这些双边关系的发展，因为它们会随时间的推移而发生变化，甚至会发生剧变。例如，在尼克松访华前后,在中日邦交正常化前后,中国与美国、中国与日本的双边贸易都发生了巨大的变化。

此外,在1960年以前,古巴是美国公司国际市场营销的一个主要目标。卡斯特罗一上台,这些商务活动马上就中止了。这种情况同样发生在霍梅尼掌权以后的伊朗。

以色列的贸易可能比世界其他任何国家都更受政治的控制。以色列确定购买或销售的对象,更多的是受政治影响而不是根据经济因素。它不和与其交战的阿拉伯一方友好的国家进行交易,只与接受或支持它的政策的国家有贸易往来。

法国控制着几个非洲国家的国外贸易,虽然法国与这些国家的殖民关系已经废除,但是法国的语言、文化仍影响着这些国家,这使法国企业在那里取得了竞争优势。

(二)多边关系

尽管各国都坚持独立自主的政策,但是它们也绝不否认彼此之间在一定程度上的联系与合作的必要性。几国组成的军事联盟是最为常见的一种政治联姻;另外,基于一些共同的利益与目标,若干国家还会组成各种名目的集团。集团中的每个成员只能拥有部分的发言权,但是为了本集团的整体利益,它们就必须在重大问题上保持一致。如欧佩克是石油输出国所结成的集团,它们之间的团结一致就颇为引人注目。

1. 东西关系。最为人们熟知的集团间国际关系是冷战时期的东西方对垒,即北大西洋公约组织与华沙条约组织之间的抗衡。这种抗衡既有军事原因,但也存在着重要的经济因素的影响。北约有一个巴黎统筹委员会,由它来决定哪些商品具有战略意义而不能由北约国家出口到东方国家。但是,迫于北约国家要求产品出口的压力,巴黎统筹委员会列出的禁止出口的商品目录已变得越来越短。巴黎统筹委员会的产品限制是按东西方局势的变化而确定的,当冲突似乎要加剧的时候,就控制得紧一些,当东西关系出现缓和时,就控制得松一些。当时,福特汽车公司曾经考虑在苏联建造一个卡车制造厂,美国国防部立即告诫福特公司,最好取消这种打算。由此可见,国际市场营销企业应及时了解东西方关系的发展。

2. 南北关系。世界经济最重要的划分可以被描述为贫困和富裕、发展中国家和发达国家、第三世界和工业化国家,或者更为简单地称为南方与北方这两个部分。世界的这种划分在1964年的联合国会议上开始明显地表现出来。当时123个国家的代表聚集在日内瓦,讨论发展中国家的愿望和要求。后来,世界的这种南北之分得到了公认。这种地理划分的真正含义不在于社会主义与资本主义的对立,而在于贫穷与富裕的对立。经济落后的第三世界国家都在位于热带和亚热带的南半球,而几乎所有的工业化国家都在北半球。南北之间的分歧在日内瓦会议上进行表决时,就已变得十分明显。北方对大多议案投票否决时,南方就集体表决赞同。

尽管在日内瓦会议上南方的要求没有立即得到满足,但这毕竟是第一步。为了帮助南方继续它们的斗争,联合国成立了两个新的组织。第一个是联合国贸易和发展会议(UNCTAD),许多国家属于这个组织。联合国贸易和发展会议基本上已成为南方国家的游说团体,它明确提出发展中国家的要求,给北方国家施加压力,要求更多的商品援助和物资供应,帮助南方国家开展国际贸易活动。它还对北方国家的公司直接提出要求,让这些企业通过它们的贸易和生产活动,在南方的经济发展中扮演重要的角色。联合国贸易和发展会议已将国际商务带入了国际政治之中,它的要求限制着企业的国际市场营销计划。

第二个为南方国家服务的组织是联合国交易合作中心(UNCTC)。因为发展中国家认识到跨国公司将在它们的经济发展中具有巨大的潜在影响,它们想使跨国公司扩大对它们经济的参与程度,但是又想对这种参与进行控制和管理。联合国交易合作中心的作用就是收集跨国公司活动的信息,然后为成员国提供各种情报资料,充当顾问。这些发展中国家都希望增长自己的知识,丰富自己的经验,以提高它们与外国企业的交易谈判地位或者从它们那里得到更为满意的合同。联合国交易合作中心对国际市场营销的影响很大,它的备忘录可能会成为在发展中国家进行跨国交易的新制约。

联合国经济和社会事务部发表的《2000 年环球展望》报告指出:20 世纪 90 年代南北差距将进一步扩大,国际经济形势将更加严峻,在世界经济区域集团化趋势发展的总态势下,一方面,贸易保护主义有增无减,加之国际市场对原料等初级产品需求疲软,发展中国家的出口势必将遇到更大的困难;另一方面,债务问题虽不会进一步恶化,但由于国际资金分流,发展中国家外部资金的流入难以大幅度增加。

和平与发展是当今世界两个不可分割的主题。发展问题的实质是南北关系问题,而南北矛盾突出,差距扩大,很大程度上是由现存的不合理、不公正的国际经济秩序造成的,因此,尽快建立公平、合理、互利、合作的国际经济新秩序的呼声越来越强烈。

联合国中的其他一些组织也会影响到国际市场营销,如联合国粮食和农业组织、世界卫生组织、世界银行、国际电信联盟等,它们对国际市场营销企业的经营环境和经营过程都产生直接的影响。

二、政府对外商投资的态度

由于一国政府用以实现国家目标的方针不同,对外商的基本政策和态度会有很大差别。有些国家很愿意接受而且实际上很欢迎外国企业;有些国家却十分反对;有些国家则是有条件地允许外国企业进入,等等。总之,各国对国际投资和国际贸易的态度,因各国的经济发展水平等具体情况不同而各异,具体表现为鼓励(欢迎)、限制和禁止等。

(一)鼓励(欢迎)

在一些国家政府的有关政策中,鼓励(欢迎)外国投资者的政策与措施是其重要的组成部分。比如一些国家为加强本国的经济实力和扩大对外贸易，设立自由贸易港或自由贸易区，对进出口商品全部或大部分免征关税，并且准许在港内或区内开展商品自由储存、展览、拆散、改装、重新包装、整理、加工和制造等业务活动，以便于本区经济和对外贸易的发展，增加财政收入和外汇收入。

一国政府对于国际投资和国际贸易持欢迎、鼓励态度的最重要原因是：外资能以最迅速的方式提供本国必需的商品和服务。实际上，许多国家开始认识到，外资可以对加快国内经济发展发挥作用，在适当控制下利用外资，其利大于弊。鼓励外商投资的手法主要有减免企业所得税、免征进口关税、出口退税、限制进口、允许资本和利润转移以及给予其他许多特权等。当然，获得特别优待有一个先决条件，就是外资必须直接对东道国的经济发展有所贡献，如哥伦比亚在20世纪70年代的经济发展计划中规定，对外国投资者提供包括全部豁免所得税在内的优惠，但要求外商“唯一的经营目标是发展哥伦比亚的基础工业”。墨西哥多年来一直对外国投资给予鼓励，提供投资场所的便利和相关的服务。我国也曾于1986年10月11日颁布施行了《国务院关于鼓励外商投资的规定》，各地结合自身经济发展的实际需要，也纷纷制定了一系列吸引外商投资的政策和措施等。

（二）限制

许多国家为了保护民族工业，对国际贸易和国际投资采取较严格的限制措施或规定，明令禁止或限制外国企业进入某些行业，或者只允许成立合资企业，而不能拥有或兼并东道国的企业等。一般而言，政府直接管理的行业，如有线电视、通信、电气设备、广播电视、白酒零售以及铁路、航运等，其市场的进入都是受政府控制的。此外，许多国家的政府还常常用关税和贸易限制条款（反倾销条例、当地化以及贸易额度）来提高外国厂商的进入壁垒，以达到其限制的目的。1996年，由于韩国政府所设立的高关税，使在韩国购买一辆福特金牛（Taurus）车的价格高达4万美元。韩国政府还要求在韩国的卡车装配工厂中，所用零配件的90%要产于韩国本国。为了保护欧洲的芯片生产商免受亚洲低成本芯片的竞争，欧洲各国政府纷纷制定了严格的计算机存储芯片底价的计算方案。印度曾要求出口商遵守进口限额，向外商支付不能兑换的货币，在外资企业管理人员中规定印度雇员数额需占较高的比例等。由于在这些问题上存在争执，国际商用电器公司和可口可乐公司只得决定撤出印度。印度政府还规定香皂和火柴必须由其乡村工业生产，这就大大限制了尤尼莱弗公司和瑞士火柴公司在印度的营销活动。

一国政府对国际投资和国际贸易限制的手法主要有：关税控制、价格控制、劳工问题、进口限额、外汇控制、行政干预等。几乎所有的东道国都会在其国内控制利润和信贷；控制外商对地方公司的冲击（如削减进口，推动地方产品出口）；控制外资对国家和地方拥有的企业投资（如要求外资与地方所有权均等，或至少一部分属于东道国企业，或用当地公民取代外国管理人员等）。如美国自1983年以来，先后提高了摩托车的进口关税，对特种钢材进口征收特别关税，对纺织品、牛肉、鸡肉等的进口实行限额等。

（三）禁止

世界上仍有少数国家对外采取闭关锁国的封闭政策，倡导自力更生、独立自主，坚决不允许外国资本进入。有的国家，特别是发展中国家之所以不欢迎或反对外资企业，主要原因是对国际投资和国际贸易存在某种恐惧感。具体表现在：①害怕规模庞大的外资企业将会吞并本国企业；②担心外资企业会牺牲本国人民的利益，剥削本国经济；③认为外资企业可能由于某种原因不愿努力促进本国经济和社会的发展；④害怕外资企业的经营方式将会夹带许多外国色彩，影响本国传统文化，尤其害怕本国过分他国化。

以上这些恐惧和担心曾是许多国家在引进外资实践中的经验教训。事实上，不管一个人的观点多么客观，他也必须认识到，无论哪个民族国家，无论其经济发展水平是高是低，也不管它作过什么保证，都不会容忍外国公司对其市场和经济的无限渗透，特别是东道国认为外商的经营决策没有顾及本国的社会或经济利益时尤其如此。

实例 3－3：巴西、加拿大国民对外商投资的态度

20 世纪 70 年代，跨国公司在巴西的销售额占其汽车工业的 100%，化工工业的 57%，家电工业的 76%，可见，跨国公司的投资在使巴西成为世界第 8 大的经济体中发挥了重大作用。但是，在一份公开发表的声明中，巴西公众一致认为，跨国公司的继续投资会导致“严重的政治和社会变形”。因为，继续投资可能造成的后果是：“多国公司肢解国家工业结构”；破坏教育体制；增多外债以及“渐渐占领了国家很大的一部分领土”。所以，“声明”最后力主“必须重新掌握国家命运”和“民族一致”。

在加拿大也有一种强烈的民族意识，认为其经济受美国投资者支配太多。1981 年，加拿大石油工业的所有权大都为美国公司所有；美国公司还拥有加拿大 32% 的造纸工业；36% 的矿山冶金工业；39% 的制造业。在加拿大 100 家最大的公司中，有 37 家为美国跨国公司拥有或控制。对此，加拿大国民认为不能容忍，他们对外商在其国家经济中的渗透表示强烈的关注。

即使是在外国公司较少、一贯对外资奉行门户开放政策的美国，也对外资不断上升提出疑问。目前，美国国会至少已经成立了 3 个委员会研究外国投资，国会和政府联合成立了一个类似其他国家的审查机构，不仅有权禁止有害的投资，而且有权从所有外商手中为国家抽取一笔利润。英国、加拿大、德国以及其他许多国家也都提出了类似的问题，考虑是通过立法控制外资还是在现有基础上实行更严格的限制。

政府对国际投资和国际贸易所持的鼓励、限制或禁止的态度，可以是反复无常的，如印度官员曾阻挡了 3 家美国公司投资 4 000 万美元建造化肥厂的计划。但一年以后，印度政府开始认识到，为了发展农业，外国投资是必要的。政府的态度改

变了,另一家公司在一天半时间内就同政府谈妥了一切必要条件。

当然,对于国际投资和国际贸易的限制或禁止,往往还与外来产品的政治敏锐性有关。所谓政治敏锐性就是这些产品的有无会对进口国的政治产生多大的影响。如果外来产品的政治敏锐性强,说明这些产品的进入会对进口国的经济和人民生活影响较大,则进口国政府往往会密切关注,加强管理。一旦进口国政府认为进口产品的影响是不利的,或认为造成了某些政治威胁,则进口国政府就会持不欢迎的态度,并采取各种措施加以严格的限制,甚至是禁止。因此,一般而言,产品的政治敏锐性越强,其遭遇海外政治风险的可能性相对就越大。国际营销企业必须谨慎处理获取利润与促进东道国经济发展之间的关系。

罗宾逊教授(Richard Robinson)在1964年所著的《国际企业政策》(International Business Policy)一书中,曾提出了一套评估产品政治敏锐性的方法。这种方法是要求对以下12个有关问题,根据进口国的实际情况逐一进行回答。若回答"是",则给10分;若回答"否",则给1分;介于二者之间的,可酌情给2~9分。最后,由总评分的高低来判断产品的政治敏锐性程度。总评分越高,说明产品的政治敏锐性越高,否则,相反。这12个问题分别是:①该产品的供应是否需经政府有关部门的讨论或立法机构授权方可经营(例如,石油、运输设备、公共设施等);②是否有其他产业依赖该产品或把其当作再加工的原料(例如,水泥、钢铁、电力等);③该产品是否具有社会及政治敏锐性(例如,药品、食品等);④该产品对该国的国防是否有重要影响(例如,交通设备、电信设备等);⑤该产品对于农业生产是否重要(例如,化肥、农业机械等);⑥该产品是否必须利用当地资源才能有效地营运(例如,需利用当地的劳动力、原材料等);⑦在近期内是否会有与该产品竞争的产业出现(例如,各种小型或投资少的制造业);⑧该产品与大众传播媒体是否有关(例如,印刷业、电视等);⑨该产品是否属于服务类产品;⑩该产品的使用或设计是否基于某些法律上的需要;⑪该产品对于使用者是否有潜在的危险性;⑫该产品的营销是否会减少东道国的外汇收入。

国际营销企业也可以利用风险评估机构,对目标市场国的政治环境进行评估。国际上较著名的风险评估公司有BERI(Business Environment Risk Information),BI(Business International)和F&S(Frost & Sullivan)等。BI公司根据55个项目每年对70多个国家的政治环境进行两次调查。

(四)政府政策的稳定性

判别目标市场国政府政策的稳定与否,对于企业是很重要的,这是因为稳定性直接影响经营政策的长期性。尽管通常情况下,政府的政策始终是处于某种渐变的状态之中,但企业首先要关注的是可能造成不确定影响的政府政策的根本性变化。这种根本性变化可以定义为不稳定性。不稳定性通常是由于政府结构的变化以及政府首脑在各党派中的更换而引起的。这些情况必然导致包括重新调整对外商政策在内的指导思想的变化。

虽然政府的政策可能会改变市场潜力,但只要有长期的稳定性和预见性,国外企业就可以在任何类型的政府统管的国家中获利，比如美国百事可乐饮料公司就曾经在政治制度比较极端的苏联获得了满意的利润回报。但是，在政府政策急剧变化和不可预测的情况下，就不能投资。国外众多成功的国际营销人员从长期的实践中得出如下结论：一个不可预测的、对政策实行重大改革的政治势力上台后，其对投资气候的影响程度较之政府腐败和对某些国外企业的敌意所造成的后果更糟。

实例 3-4：政府首脑更替及政府政策的可能变化对国际市场营销的影响

据报道，在法国及世界其他国家的跨国公司的经理们，为了等待弄清社会党人密特朗的“令人震惊的总统胜利”对外商意味着什么，致使价值数十亿美元的工商议案未能实施。虽然吉斯坦政府对外商的一系列控制是最令欧洲人生畏的，但那时的情形却是可以预料的，而密特朗的政府是不可知的。这种不确定性是所有外商难以对付的。

另据报道，在克林顿宣誓就任美国总统仅 1 周后，美国决定对钢铁征收高关税，这导致了美欧再次爆发贸易大战。这种高达 109% 的临时关税使 19 个国家受到打击，其中包括欧共体的 7 个国家。西欧认为，美国此举犹如打了伙伴们一记耳光：西班牙《国家报》用的标题是“克林顿对欧共体采取的第一个敌对行动”；意大利《新闻报》用的标题是“强硬的克林顿——欧共体和美国重新开战”；在东京，宫泽首相说，在克林顿当政后，美国可能采取比较强硬的贸易政策；在布鲁塞尔，欧共体的官员说，欧共体执行委员会对美国征收这种关税提出强烈批评；法国警告说，如果华盛顿不退让，欧共体将进行反击；法国总理贝雷戈瓦在记者招待会上说，美国的任何贸易保护主义的措施都会引起欧共体的反对。

一般说来，政府政策的变化是要使外商的经营更符合新上台政党的主张。有时，新执政党也会采取把某一工业收归国有或没收的严厉举措，但通常的结果只是加紧或放松各种控制。此外，第二次世界大战以后，由于民族解放运动的兴起，尤其是国有化运动(20 世纪 70 年代达到高潮)的影响，发展中国家和地区大多对外商直接投资进行严格限制，致使很长一段时期内，发展中国家和地区被排斥在国际投资重点地区之外。直到 20 世纪 80 年代以后，一些国家和地区改变了以前的做法，采取种种特殊税收优惠来吸引外资，使得国际资本重返发展中国家和地区，发展中国家和地区再度成为国际直接投资的热土。但应当特别说明的是，并非所有的政府政策的变化都必然意味着对外国公司加强控制和干扰，有时情况正好相反。

三、企业国外经营的政治风险

企业从事跨国经营，通常是把资金投放到国外市场，其生产经营活动也都在当地进行，因而东道国政治环境的状况，对海外企业的生存和发展影响极大。只有东道国政治安定，企业才能开展正常的生产经营活动，才能利用各种营销手段积极开拓市场,取得预期的经济效益。如果东道国政治不安定,甚至出现冲突、战乱等,则海外企业的生产经营必然陷于混乱、停滞,甚至造成难以估量的经济损失。因此,全面分析和深入考察一国政治环境状况可能带来的政治风险,对于每一个从事国际市场营销的企业来说,都是非常重要的。

（一）政治风险的种类

政治风险是指从事国际市场营销的企业由于受东道国各种政治因素的影响而遭受损失的可能性。政治风险产生的直接根源在于东道国政体的改变、社会动荡与混乱、政治上的独立、武装冲突与战争、国际政治同盟关系的形成等。政治风险的种类多种多样,但其中最严重的是国有化,此外,还有一些常见的外汇管制、贸易壁垒、价格控制、雇工问题等。

1. 国有化。国有化就是东道国政府将外国人在本国的投资收归国有。它包括两种形式:无偿国有化,即没收;有偿国有化,即征用。征用是政府以某种补偿形式接收外国企业,这种补偿与被征用企业的财产价值并不相等,甚至有的是象征性的。所以,国有化是企业在国际市场营销中面临的最严重的政治风险。

实例 3－5:世界有关国家或地区国有化的情况

20 世纪 30 年代以来,世界一些国家鉴于外国企业在本国的日益扩张,深感本国经济如过分依赖外资企业将会产生不良的后果,于是,掀起了一场国有化的风潮。首先是墨西哥政府于 1937 年接管了外资铁路业,1938 年又没收了其境内的外国石油业。伊朗于 1952 年将英国石油公司收归国有。随后,危地马拉于 1953 年没收了外国企业拥有的香蕉园。1962 年巴西政府接收了美国国际电信及另一家电力公司在当地的投资事业。古巴更为激烈,将所有在其境内的外资企业均收归国有。1974 年委内瑞拉政府国有化了铁矿石和石油行业。1979 年伊朗政府国有化了大部分企业和行业。1983 年法国政府把所有外国银行收归国有。

据世界银行 1981 年统计,20 世纪 60 和 70 年代,总计有 22 个国家的 1 535 家公司,在 76 个国家的 511 次行动中被征用。对许多国家来说,征用是一项很有吸引力的措施,因为它体现了民族主义,而且可以将一定量的财富和资源迅速从国外公司转移到东道国手中。另外一项研究报告显示,1960～1976 年发生的国有化事件中,有 49% 发生在拉丁美洲,27% 发生在阿拉伯国家,13% 发生在非洲,亚洲也有 11%。

随着时间的推移,把国有化当成一种政策工具的做法大大地减少了。20 世纪 70 年代中期,一年中所发生的征用事件超过 83 起,到 80 年代,年平均不到 3 次,显然各国政府已开始认识到国有化所造成的危害要超过它所带来的利益。因此,国外许多学者认为,未来此类事件将大为减少。这是因为,首先,东道国政府认识到外资企业的确有助于其经济的发展,国有化无疑会使其他外资企业对本国望而却步,从而影响整个经济发展计划的实现;其次,从以往的经验看,东道国政府认识到外资企业收归国有往往容易引起母国的经济报复,最终使东道国政府无利可图;最后,投资者的投资方向已渐渐转移到对东道国不具伤害性的产业,东道国政府因此失去了进行国有化的必要。所谓不具伤害性的产业是与具伤害性产业相对来说的,根据多次没收外国企业的情况看,这些具有伤害性的产业一般都是与东道国的国防、经济发展和国家财政需要、东道国的主权等方面的利益有关的产业,如公共事业、矿业、大规模农业、石油业、铁路交通业、通信业、银行业等。所以,外国企业自觉地予以回避,慎重地选择投资方向是国有化日趋减少的重要因素。

2. 外汇管制。外汇管制是一国政府通过法令对国际结算和外汇买卖等实行限制的一种制度。一国实行外汇管制的原因主要是由于该国的外汇短缺。因此,外汇短缺的东道国政府常常会对资本在该国的出入进行管制,即限制国外资本的自由流动,以便保持一定的外汇储备供应本国对外汇最基本的需求。这种管制使得外国企业从东道国转移其利润或投资变得更为困难,而且在将东道国货币兑换成本国货币或第三国有价值的货币方面也比较困难,这必然会给外国投资者带来一定的风险。有时,东道国政府的外汇管制是有选择地进行的,一般主要是针对某些产品或公司,以达到减少奢侈品和非必需品进口的目的。这种规定通常是外国企业难以应付的,因为这会影响到企业生产经营所需的一些至关重要的零部件及原材料的进口,对这些进口的限制可能迫使外国企业改变其原有的生产计划,最终可能关闭整个工厂。

3. 贸易壁垒。贸易壁垒是指一个国家为了限制外国商品进口所设置的障碍。它有关税壁垒和非关税壁垒之分。前者一般是指一个国家基于增加本国财政收入、保护国内生产和国内市场的目的,通过较高的关税来限制商品的进口。1983年美国突然提高机车进口税,从原来的4.4%提升到49%,目的就是阻止日本机车进口,以挽救本国仅存的哈雷机车制造公司。大多数欠发达国家都是凭借高关税来阻挡外国商品进入的,比如墨西哥纺织品的进口关税高达50%;巴西酒类和香肠的进口关税高达105%。非关税壁垒是指用进口许可证、进口配额、复杂的海关手续,过严的卫生、安全、技术质量标准,政府采购政策及国家补贴、特定的包装装潢条例等各种各样的法律和行政手段、措施来限制商品的进口。一些国家的政府对原材料、机器和零部件的进口有选择地实行限制,是东道国政府迫使外国企业多购买本国产品而常采用的一种策略,以便为本国工业开拓市场销路,如巴西政府就曾利用进口限制,规定进口商申请进口巴西不生产的部件的许可证,必须在进口之前30天缴纳进口押金,这项规定至少使外国企业的进口成本提高50%。据统计,非关税壁垒的种类已达千种左右,影响到世界贸易总额的40%左右,在个别商品部门中,影响范围更大,例如,在纺织品和服装贸易中,世界贸易额的80%受到非关税壁垒的限制。其原因主要是非关税壁垒相对于关税壁垒,具有保护作用更稳定、针对性强、机动性大、隐蔽性好、遭到报复的可能性小等特点。2005年1月1日前,中国纺织品、服装商品出口的主要障碍就是许多国家严格的配额限制。此外,大量的机电、五金、家电、日用消费品等的出口,还都直接受到许多国家的技术标准、卫生检疫、商品包装和标签等非关税壁垒的影响。

实例 3-6:中国轮胎一半未达欧盟标签法

据有关部门透露,欧盟“轮胎标签法规 EC1222/2009”将于 2012 年 11 月 1 日起执行。该法规要求,在欧盟销售的轿车胎、轻卡胎、卡车胎及公共汽车轮胎必须加贴标签,标示出轮胎的燃油效率、潮湿路面抓地力和道路噪声的等级。实行轮胎标签制度的核心是推广“绿色轮胎”,目标是到 2020 年欧洲能源消耗减少 20%。据了解,目前中国生产的轮胎几乎一半都无法满足该“绿色标签”的标准,这项法规的实施对中国轮胎企业将是个考验。

众所周知,中国是全球最大的轮胎生产国,其产量约占全球轮胎总产量的1/3,而且产能还在增长。2009~2011 年,中国出口至欧盟的轮胎数量占轮胎总出口量的比例,分别为 15.15%、16.31%、18.43%,出口金额逐年攀升。

一份由朗盛委托第一财经研究院进行的调研显示,随着世界轮胎制造中心向以中国为首的亚洲市场转移,预计未来几年,中国轮胎制造行业仍将保持较快的增长速度。但是,中国轮胎企业的产品大多以中低端为主,主要以性价比去占领市场。

中国的“绿色轮胎”开发起步较晚,近几年才开始转型研发环保橡胶产品。资料显示,国内轿车胎的滚动阻力多为 E、F 级,大部分暂时可达到欧盟轮胎标签法第一阶段的最低要求,但有相当比例的产品不能达到欧盟第二阶段的最低要求。令人担忧的是,上海轮胎橡胶(集团)股份有限公司对全国载重胎的调查分析结果显示,目前约 30% 的载重胎达不到欧盟轮胎标签法第一阶段滚动阻力的最低要求,70% 达不到欧盟第二阶段的最低要求。

据了解,轮胎标签法对轮胎的制造工艺,尤其是高性能橡胶的生产提出了极高的要求。欧盟已成为中国轮胎出口的重要市场,这一法规的实施,将会对国内出口欧盟的轮胎造成极大影响。长远来看,欧盟新法规将挑战中国轮胎业。

据悉,目前国内一些企业已经在积极准备。双钱股份 7 月 1 日之后已经在贴标签;风神股份销售的轮胎能够达到欧盟标准;S 佳通的轮胎能够达到欧盟第一阶段标准,第二阶段尚在评估。

(资料来源:中国质量报,2012 年 11 月 21 日。)

4. 价格控制。价格控制是指东道国政府用限价的办法来影响外国企业的营销活动。通常情况下,一些关系公众利益的必需品、重要物资、重要商品等经常遭到价格限制,如食品、药品及医疗用品、汽油、橡胶等。如果外国企业的经营涉及这些领域,就很容易成为价格控制的对象,因为政府可以利用本国人民的民族主义倾向来加强价格管制。此外,在通货膨胀的情况下,利用价格管制可以控制生活费用上涨,如对于进口商品实行最高限价的规定。这样,还能够减少进口商的利润,达到抑制进口的目的。此外,有些国家对进口商品实行最低价格的限定,目的是削弱进口商品在国内的竞争力，保护国内的民族产业。因而，价格管制也是贸易保护政策的一种方式，给企业的国际市场营销带来很大的阻力。

5. 雇工问题。众所周知，欧洲有非常强大的工会组织，特别是意大利、法国和德国。在这些国家，工会常常受到政府强有力的支持，在与外国企业的斗争中，常使资方作出种种特别的让步，包括禁止解雇工人、与工人分享利润、增加工人福利等。例如，在法国，充分就业的观念在社会中根深蒂固，不管有几名工人被解雇，尤其是当他们被外国企业解雇时，都有可能会被认为是全国性的危机。通用汽车公司在法国的工厂曾经想解雇当地工人，却被法国工业部长斥为不负责任的政策，并认为这种举动是大逆不道的。墨西哥的限制则更为严格，该国不但不准外资企业暂时解雇当地工人，而且一个由政府代表和劳工及资方组成的国家委员会还修订了有关法令，使雇工有权分享外资企业的利润。因此，企业在国外经营必须慎重对待雇工问题，而且，处理与工会的关系被认为是一门艺术，需要很多的地方关系。

（二）政治风险的评估内容

一般说来，企业无论在世界上的哪个国家从事营销活动都会有政治风险，只不过发生的可能性大小或政治风险的影响程度大小有不同而已。因此，近年来，西方许多跨国公司都越来越重视国际市场营销中的政治风险评估，以便使企业能够对外部的政治环境变化作出快速反应。虽然政治风险的种类多种多样，但对具体的某一个企业而言，并不是所有的政治风险都会发生并对其产生影响。因此，进行政治风险评估时，应着重分析本企业在某一东道国从事国际市场营销活动的政治敏锐性。敏感性越高，则政治风险越高。这种分析主要着眼于两类因素：一类是公司外部因素，一般为不可控因素；一类为公司内部因素，公司可采取措施进行调节。

1. 对公司外部因素的分析评估。这要从下列五方面进行（参见表 3－1）。

表 3－1 各种影响因素与政治风险的关系

影响因素	政治风险	
	高	低
公司母国与东道国的关系	不融洽	友好
产品或行业	敏感行业	一般行业
经营规模	大	小
经营地点	重要城市	一般地区
东道国政治局势	动荡	稳定
公司知名度	高	低

（1）双边关系。国家间的友好关系状况直接影响企业在东道国的业务活动。因此，当其他条件相同时，公司母国与东道国的关系越友好，则在该国的投资和营

销越顺利,越容易受到欢迎和支持。否则,若两国关系紧张、甚至出现敌对,则企业遭遇海外政治风险的可能性就会加大。

(2)产业和产品。不同产业和产品的政治敏锐性不同,因此,可能产生的政治性保护也不同。凡是政治敏锐性高的行业和产品,如重要原料、公共设施、交通通信、药品、文化娱乐以及与一国国防安全有关的产品等,在东道国经营面临的政治风险就较大。

(3)经营规模及公司所在的位置。公司在东道国的经营规模越大,遭遇政治风险的可能性就越大,尤其是当这些外国企业位于都市地区或重要城市时,其政治风险程度会更高。

(4)公司的知名度。公司知名度是公司规模、所在位置、产品质量、广告、品牌等因素的综合反映。一般来说,一个国外企业在当地的知名度越高,遭遇政治风险的可能性就越大。

(5)东道国的政治情况。各国都有自己不同的政治形势,企业应时刻予以密切关注,并根据其具体的政治稳定状况,对外商经营的限制程度等及时调整策略。一般情况下,东道国的政治局势若有出现巨变的迹象,则企业面临海外政治风险的可能性将会加大。

2. 对公司内部因素的分析评估。这可从下列三方面进行。

(1)公司的行为表现。公司的任何经营政策和行为都会影响它在东道国政府和民众心目中的形象,这一形象与其面临的政治风险的高低直接有关。企业在东道国的形象越好,政治风险就越低;反之,政治风险就越高。

(2)公司对东道国贡献的大小。企业在东道国投资,常常可以为东道国带来先进技术和设备,注入流动资金,带来原材料,扩大出口,增加就业,等等。企业对东道国的贡献越大,政治风险就越低。

(3)经营的当地化。企业可以采用多种方式促进其生产经营本土化,比如使用当地原材料、零部件,在当地开发新产品,使用当地品牌,雇用当地的管理人员、技术人员、普通工人等。企业经营越本土化,越能与东道国融为一体,政治风险也就越低。

企业若想减少海外政治风险,就必须设法消除东道国对外国企业的担心及恐惧心理,避免产生敌对情绪,努力使其成为东道国的“好公民”、很好的合作者。为此,企业必须坚持如下一些基本准则:①尊重和配合东道国的发展目标,明确自己是处于客人地位,要同当地政府、当地企业和当地雇员建立和发展良好的关系;②价格要公平,获取的利润要适当,不应该只是公司获利,而应该兼顾当地雇员和东道国都能受益;③入乡随俗,用当地语言进行交流,尊重当地的风俗习惯;④对当地的文化活动和慈善机构进行资助,作出应有的贡献;⑤积极培训当地有关的管理人员和技术人员,捐赠奖学金,以加深友谊;⑥将企业有关方面的资料,及时送发给有关部门,以增加相互间的了解和沟通;⑦企业的职工和家属在东道国的举止要得当;⑧雇员中应多选用一些有能力的本地人,并积极参加当地的社交活动。

本章小结

1. 经济环境是企业在国际市场营销中确定目标市场、制定营销决策首先要考虑的环境因素。各国经济发展状况的不同,往往成为不同国际市场营销决策之间差异性的最重要因素。分析国际市场营销环境中的经济环境,一般可以从经济发展水平、经济结构和经济特征等方面来进行。

2. 经济发展水平是企业确定目标市场的前提。分析判断一国经济发展水平的依据是美国经济史学家罗斯托所提出的"经济成长阶段论"。从经济的发展过程来看,世界各国的经济发展水平可以归纳为传统社会、起飞前夕、起飞阶段、趋向成熟阶段和高度消费时期五个阶段,其中,最重要的阶段是起飞阶段。大致而言,凡属前三个阶段的国家可称为发展中国家,而后两个阶段的国家则可视为发达国家。此外,许多发展中国家的经济呈现二元或多元化的经济态势,因此对发展中国家的国际营销活动,必须要有一套极富弹性的营销策略,方能胜任这种难以区隔化的市场需求。

3. 经济结构也是选择目标市场的首要依据之一,因为它与市场机会、贸易方向直接有关,是决定一国市场需求结构的重要因素。从目前情况看,各国的经济结构大致可以划分为生存经济类型、原材料或能源出口经济类型、新兴工业化经济类型和发达工业经济类型四种。"知识经济"是一种正在世界各国兴起的新的经济形态。它是一种建立在知识和信息的生产、储存、分配和使用之上的经济。知识经济的目标是研究和应用新的技术,而信息技术是知识经济的核心,创新是知识经济的灵魂。知识经济条件下,智力资源成为企业竞争的焦点。

4. 经济特征包括人口、收入、基础设施、自然条件和城市化程度等因素。通过这些因素的具体分析,可以判断出一国的市场规模、发展潜力、需求结构与特点等,这些是影响企业国际市场营销策略不可缺少的重要信息。

5. 政治是经济的集中体现,又对经济产生巨大影响。当代社会,任何经济活动都不可能独立于政治因素之外。对于企业而言,要想进入他国市场,开展国际市场营销活动的前提就是取得东道国政府的批准。东道国政府与外国企业之间的关系是:政府是外国企业中一个几乎可以支配一切的隐名合伙人,是企业每一项国外经营活动的参与者。企业对此必须保持高度的政治敏锐性,对政治环境中的各种因素给予足够的重视。

6. 由于一国政府用以实现国家目标的方针不同,对外商的基本政策和态度会有很大差别。世界各国政府对外商的态度主要有三种:鼓励(欢迎)、限制和禁止。它们是通过政府所制定的一系列有关的政策体现出来的。当然,对于国际投资和国际贸易的限制或禁止,往往还与外来产品的政治敏锐性直接相关。

7. 一般说来,企业无论在世界上的哪个国家从事营销活动都会有政治风险,只不过发生的可能性大小或政治风险的影响程度大小有不同而已。政治风险产生的直接根源在于东道国政体的改变、社会动荡与混乱、政治上的独立、武装冲突与战争、国际政治同盟关系的形成等。政治风险的种类多种多样,但其中最严重的是国有化,此外,还有一些常见的外汇管制、贸易壁垒、价格控制、雇工问题等。

8. 对政治风险的评估应从公司外部的不可控因素和公司内部的可控因素两方面入手,同时,企业应努力树立良好的企业形象,争取成为东道国企业很好的合作伙伴。

复习思考题

1. 试述罗斯托经济成长阶段论的主要内容。
2. 试分析经济结构对企业国际市场营销的影响。
3. 分析经济特征对企业国际市场营销的影响。
4. 分析政治对企业国际市场营销的特殊影响。
5. 企业海外经营中常见的政治风险的种类及其产生原因是什么?
6. 试分析海外政治风险评估的内容及其对策。

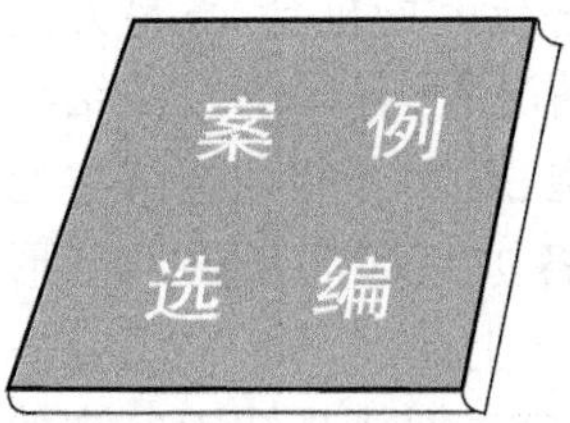

谁在阻挡华为

最危险的时刻即将到来。2012 年 10 月 8 日,美国众议院情报委员会(下称“情报委”)发布最新报告称,华为与中兴可能威胁美国国家通信安全,并建议政府禁止中国通信设备公司参与美国的所有电信设备业务。在此之前,情报委已经对华为和中兴进行了近一年的所谓调查。

“中国威胁论”一直是美国的老生常谈,尤其在大选年。过去十多年来,华为与中兴已多次因这一原因被排斥于美国市场之外。显然,这次的形势将比过去更加严峻:在更惨淡的市场环境下,在更激烈的竞争环境下,森严的政策壁垒会重压这两家中国最大的通信公司。两家公司为试图达成谅解尝试的各种手段,都没有令情报委的态度有丝毫缓和。除国家安全调查外,美国的其他企业与政府机构也在通过“337 调查”等手段,对两家公司进行排挤。这意味着,华为与中兴遭遇的是一张冷酷且严厉的、早已开始编织的罗网。如果两公司乃至中国政府不作好应对,这些打击将可能发酵扩散为一场灾难。

一、保护主义

作为全球最大的单一市场,美国的重要性在于其电信运营商的电信设备支出约占全球的20%,设备利润约占全球的25%至30%。对于这一市场的诸多特殊审查,华为早已司空见惯。华为全球网络安全官、前英国政府首席信息官员约翰·萨福克说过:“只信任自己,要检查一切。”萨福克认为检查是一种工作态度,但不应该只针对华为,而应该一视同仁。

考虑到华为所遭遇的区别对待,美国颇有贸易保护主义之嫌——拥有美国血统的阿尔卡特—朗讯(Alcatel – Lucent)在美毫无障碍,其1/3的销售额来自美国。尽管其2011年全球营收下降2%,但在美销售额却增长了6%,达70亿美元,而华为在美收入仅13亿美元,其中超过9亿美元还来自于手机等终端产品销售。而在主流运营商网络基础设施市场,华为仍然颗粒无收。其最大客户,如CDMA运营商Leap公司、无线宽带网络运营商Clearwire、有线电视运营商Cox及康卡斯特(Comcast)等,至今非顶级电信运营商。华为的美国收入主要仰仗Leap及其竞争对手MetroPCS Communications对华为中低端智能手机的销售。

为在美国运营商中建立起信任,华为从思科、爱立信、英特尔、诺基亚、SUN、北电等公司招揽多名高管,甚至聘请前美国国务院首席律师、美国国家安全委员会顾问约翰·贝林格(John Bellinger)担任公司顾问,并向亚德诺、博通、戴尔等美国公司采购软件、元器件、芯片和服务。数据显示,2006年以来,华为对美采购累计约300亿美元。华为在美国亦资助高等教育和研究项目,其合作对象包括哈佛、麻省理工、斯坦福等知名研究型大学。即使如此,被歧视的局面仍难以改观——政治阻力及市场准入迫使华为无法销售行业和政府特定的通信设备,该领域的主导者正是思科。

华为只能退而求其次向美国二级电信运营商推销其他业务。这甚至帮助华为催生出另一个了不起的市场。在过去一年,华为有1/5的销售额来自手机等终端业务。2011年其手机出货量为5 500万部,今年则可能将超过1亿部,其中包括6 000万部智能手机。华为的市场表现令人生畏。这家中国公司已成为全球高技术专利的拥有者、获利颇丰的销售商及全球顶级品牌的创造者,它拥有320亿美元资产、14万员工,客户遍及140个国家。2011年公司销售收入达到320亿美元,同比涨幅高达12%,是10年前的10倍。其超强的研发能力、物美价廉的产品力及无坚不摧的服务执行力令对手肃然起敬。在欧洲,华为已斩获超过半数高速4G电信网络业务。

在过去几年里,华为俨然已是世界电信知识产权领域的领路人,其累计专利达到4.7万项。美国国际战略与国际研究中心资深研究员吉姆·路易斯(Jim Louis)称:“华为的产品现在是世界级的。”当下,华为向全球最大50家电信运营商中的46家供应设备,包括英国电信公司(BT)、英国沃达丰(Vodafone of Britain)、西班牙电信公司(Telefónica of Spain)以及法国电信(France Télécom)等。“在所有这些网络中,没有一个有人证明存在任何形式的安全担忧的案例”,华为西欧地区销售副总裁提姆·沃特金斯(Tim Watkins)骄傲地称。

英国电信公司的一份声明也称华为是“值得信赖的设备提供商”。在33个国家开展业务的法国电信运营商 Orange 首席执行官史蒂芬·理查德(Stephane Richard)亦表示 Orange 在比利时、英国、西班牙和非洲部分国家使用了华为的设备,并称“华为在研发领域的表现确实令人敬佩”。

美铝全球副总裁兼亚太区总裁陈锦亚认为,当下各个产业供应链均已全球化,西方世界潜意识的技术民族主义毫无意义——既然中国的制造商和设计者已成为全球电信供应链的核心,恰当的应对方法当是制定更高的管理标准及安全性标准以刺激本国电信业的创新性。限制华为虽能让思科、爱立信等大为获益,但仍不能保证所谓的安全性。究其原因在于爱立信等巨头亦把成套设备及零部件的生产外包给中国。若担心华为为其设备植入恶意软件,你也可以同样的理由怀疑思科、爱立信们的设备。

北京邮电大学教授谢明敦认为,美国在对国外的贸易尤其是对中国层层布防。在高科技领域,其主要手段首先是国家对国家层面的要求,例如在中国加入 WTO 时,美国通过特别商业条款,逼迫中国在知识产权立法方面采取措施,以保护其公司的知识产权权益;其次,随着包括华为在内的 ICT(信息、通信和技术)制造类企业崛起,中国的高科技产品涌入之后,美国则使用“337 条款”来限制中国企业。其主要内容是:“如果任何进口行为存在不公平竞争方法或者不公平做法(主要指侵犯美国版权、专利权、商标权和实用新型设计方案等知识产权),可能对美国产业造成抑制,ICT 可以应美国国内企业的申请进行调查。”

美国德杰(Dechert)律师事务所亚洲业务执行合伙人、国际商会国际仲裁院委员陶景洲认为,美国若过分沉迷于技术民族主义不能自拔,不仅会伤害其创新机制,亦有悖于贸易自由精神。而且,“以往此类调查多集中于轮胎、纺织品等低技术产品领域,而现在则升格为高技术产品,国家安全是最好的理由,消除这种怀疑从法律手段上来说非常难。”

二、幕后获益人

思科显然是最乐见如此者。作为企业通信领域的王者,思科市值曾经一度逼近 5 000 亿美元,股价高达 70 美元。但在华为的狙击下,其市值折损至当下的 968 亿美元,不及高点的 1/3。更为糟糕的还在后头。2011 年,在传统的电信设备领域外,华为重组了企业业务,全面进入企业基础网络、统一通信与协作、云计算与数据中心以及企业信息安全领域,而这亦是思科的后院。华为的性价比令思科难以招架。以思科“网真”视频会议产品为例,其每套国内售价高达 200 多万元人民币,而华为类似产品的售价仅为其 1/2。

在思科独霸一方的路由器市场也是如此。思科 2012 财年第一季度业绩报告中透露,在华为等公司的打压下,在过去 5 年,思科路由器市场份额从 66% 降至 55%,交换机市场份额下跌 2% ~67%。华为的低价冲击令思科骑虎难下,若不应对必将失去市场,若应对,其净利润势必下滑,最终导致股价的走低。

在高端市场,华为亦频频发力。如今在国内企业网市场,华为的市场份额已超思科,交换机市场份额达到 40%,企业级路由器市场份额达到 30%,无线 WLAN 市场份额第一。华为灵活的游击战令人头痛。咨询公司 Gartner 电信设备领域专家阿克沙伊·夏尔马(Akshay Sharma)表示,华为售价较竞争对手最多可便宜50%。在网络设备招标项目中,华为报价仅相当于思科的1/3。在价格战的背后,华为着眼于从后续服务中获得长期利益,但已上市、追逐短期目标的思科显然无法参与此类游戏。在本地决策方面,思科亦输于华为,当思科屡屡为招标事宜征询全球总部意见时,任正非则强调“让听到炮声的人呼唤炮火”,将决策权力推至前线。在售后人力成本方面,同等资历的思科工程师其年薪是华为的3倍。这导致思科不得不将其绝大部分售后服务外包给代理商,而华为却多亲力亲为。

华为的步步紧逼一直是思科挥之不去的噩梦。思科首席执行官约翰·钱伯斯(John Chambers)曾说:“25年以前我就知道,我们最强劲的竞争对手将会来自中国,现在来说,那就是华为。”在利润贡献占思科整体利润30%的中国市场节节败退,这时,占比高达45%的美国市场等同于救命稻草。钱伯斯深知若无美国政府的政策保护,思科将可能输掉一切。

2003年,思科就曾对华为提出起诉,称其专利侵权。这宗官司最终于2004年7月以和解告终。思科成为官司的最终输家。一位知情者称思科与华为和解的秘密条款中包括两个核心要点:思科不再针对类似的问题向华为提起诉讼;诉讼费由思科、华为各自承担。“这场官司华为显然赢了,只是思科碍于情面不好说罢了。”该知情者说。不过,钱伯斯并未罢休,而是继续指责华为并不总是“按规则出牌”。2012年3月份,在华为被禁止参与澳大利亚 NBN 项目投标时,钱伯斯曾回应称“华为有信任问题”。思科全球运营执行副总裁罗布·劳埃德(Rob Lloyd)亦贬低华为的安全性难以为客户带来价值。不过,劳埃德的说法却难以服众。在目前全球在建的12个国家宽带网络项目中,华为参与建设者高达9个。更尴尬的是,安全问题思科同样存在——美国知名的黑帽(Black Hat)大会和拉斯维加斯国际黑客大会都曾演示通过思科产品的漏洞对其发起的网络攻击。2007年年底,思科曾警告 Windows 用户其安全代理软件(Cisco security agent)存在漏洞,可导致 Windows 系统遭遇攻击甚至崩溃。2010年7月,思科紧急通告称其 CDS 系统发现了严重的安全漏洞,攻击者可任意篡改用户密码代码。2012年7月,思科亦宣称旗下高端网真产品线软件出现漏洞,有被窥视的风险。

与华为在美国遭遇不公正对待的窘况相反,思科在中国的业务并未受到干扰。鉴于采购成本和设备的通用性,中国军队的部分通用通信设备甚至亦采自思科。但随着华为、中兴遭美国封杀事件的持续发酵,做局者思科亦将深受其害,中国政府可能展开类似的审查。

知情者称上述事件丝毫未分散华为创始人任正非的精力。一位最近见过任正非的知情者称任甚至对美国受阻一事只字未提。曾身患癌症被迫两次手术的他对此早已处变不惊。在每场手术期间,任没有一位探视者,他封锁了关于手术的一切消息,任的定力与坚韧可见一斑。被挡在巨大且利润丰厚的美国市场之外对华为而言并非好事,幸运的是在全球范围内,美国之外的那些客户更看重产品质量和价格,而非政治因素。一切还靠实力说话。

(资料来源:岳淼,环球企业家网站,2012 年 10 月 23 日;王云辉,财经国家周刊,2012 年 10 月 15 日。)

思考题

1. 结合案例,分析政府对企业国际市场营销的巨大影响。
2. 结合案例,分析华为应对来自美国政治环境方面不利影响的营销策略。

第四章

国际市场文化与法律环境

★ 本章要点及学习要求 ★

从事国际市场营销的人员面对的是全新的环境因素、制约条件和许多来自法律、文化和社会方面的冲突，而且国际市场营销所面临的经营风险和环境的不确定性比国内市场要大得多。所以，企业开展国际市场营销的前提就是首先要分析国际市场上所有不可控制因素的现状和发展趋势，识别和发现对企业有利的市场机会，规避不利的潜在威胁。而国际市场上的文化与法律因素是构成企业外部环境的重要内容之一。文化是一种沟通体系，文化是生活方式的总和，它提供了许多标准和规则，促进了社会成员的生存与发展。法律是行为规则的总称，它管辖着一个社会内人们之间的事务，调整人们的行为。企业的国际市场营销活动由于是一种跨国界的社会管理活动，必然要受到文化与法律的直接影响。

本章主要介绍国际市场文化与法律的现状、构成因素、对企业国际市场营销的影响及企业应采取的对策等内容。通过本章的学习，要求：

1. 明确文化的含义及其在企业国际市场营销活动中的重要性；
2. 了解国际市场文化环境的基本构成因素及其对国际市场营销活动的影响；
3. 分析国际市场法律环境的现状及其基本构成；
4. 掌握国际司法管辖权的认定原则；
5. 明确国际争端解决的三种方式，并能分析比较其利弊；
6. 了解国际条约、公约及国际惯例等对企业国际市场营销的影响；
7. 分析大陆法系与英美法系的特点，指出其主要区别；
8. 了解母国法律的构成内容及其影响。

第一节　国际市场文化环境

文化的广义解释是人类社会全部知识和习俗的总和，即人类的知识、信仰、艺术、伦理、法律、风俗以及人作为社会成员所获得的一切能力和习惯的总和。它广泛地渗透到人类生活的各个方面，如人类的衣食住行、礼节形式、大众传播、工作节奏、日常规矩、家用以及工业用技术等。其中，服装、城市、建筑等是文化的有形部分；宗教、价值观念、传统习惯等是文化的无形部分。所以，人类社会的所有行为在一定程度上都是由其文化影响和决定的。无论哪一个国家或民族的文化，都具有以下几个基本特征：①文化是学而知之的，并非天生所有；②文化是分成部分或因素的；③文化是某个社会中的所有成员共享的，即不同社会的文化具有差异性；④文化是不断演进的。

文化作为一种适合本民族、本地区、本阶层的是非观念影响着消费者的行为，进而影响到这一市场的消费结构、消费方式，并使生活在同一文化范围里的人们的个性具有相同的方面。因此，学习国际市场营销知识、从事国际市场营销活动的每一个人，都应准确地理解社会文化的含义，并且对于文化在国际市场营销中的重要性有深刻的认识，以便在不同国家进行营销活动时，绝不会忽视文化这一决定性因素的影响。

不同国家或地区社会文化之间的差异很大，且错综复杂，很难将其划分为几个类型。一般说来，对一个国家的社会文化环境，可以从主要构成因素入手，进行全面分析。

一、教育水平

一国教育的发达程度可以用识字率、入学率等指标来衡量。联合国开发计划署 2011 年报告公布的数据显示，美国、加拿大、巴西、英国、德国、法国、瑞士、瑞典、荷兰、波兰、匈牙利、澳大利亚、俄罗斯、日本、韩国、新西兰等国家的识字率均在 99% 以上，但有些国家的识字率还较低，具体如表 4 – 1 所示。此外，日本、韩国、瑞典、英国、法国、加拿大、阿根廷、意大利等国的初等教育入学率均为 100% 。

（一）教育水平与一国的经济发展

一国教育水平的高低与其经济发展水平基本一致，而且教育水平高低直接影响一国的经济发展。教育对一国经济发展的贡献具体表现在以下几方面。

1. 教育提高全民族的科学文化水平和整个劳动力队伍的素质，提高人的认识技能，从而提高劳动生产率，促进经济增长。

表 4－1 世界部分国家的识字率水平表

GDP 前 20 位国家的识字率			其他一些国家的识字率		
排名	国家	识字率(%)	GDP 排名	国家	识字率(%)
1	美 国	99.0	117	格鲁吉亚	100
2	中 国	95.9	72	白俄罗斯	99.7
3	日 本	99.0	57	匈牙利	99.4
4	德 国	99.0	133	蒙古国	97.5
5	法 国	99.0	53	卡塔尔	94.7
6	巴 西	90.0	31	泰 国	94.1
7	英 国	99.0	47	菲律宾	93.4
8	意大利	98.9	58	越 南	92.8
9	俄罗斯	99.5	74	缅 甸	92.0
10	加拿大	99.0	54	秘 鲁	89.6
11	印 度	74.04	29	南 非	88.0
12	西班牙	97.9	59	伊拉克	78.1
13	澳大利亚	99.0	119	柬埔寨	76.3
14	墨西哥	93.4	66	苏 丹	70.2
15	韩 国	99.0	135	老 挝	68.7
16	印度尼西亚	92.0	44	埃 及	66.4
17	荷 兰	99.0	48	巴基斯坦	58.2
18	土耳其	90.8	60	孟加拉国	55.9
19	瑞 士	99.0	105	尼泊尔	28.7
20	沙特阿拉伯	86.1	106	阿富汗	28.0

资料来源:1. 联合国开发计划署(UNDP)2011 年报告。
2. 国际货币基金组织,2012 年 4 月 17 日。

2. 教育培养了大批技术人才和管理人才,从而能够使现代科学技术被广泛应用到企业管理中,并使新的企业管理方法频频产生。现在,大企业的经理们一般都需要大学及以上学历,而且科技人员迅速增长和高级管理人员队伍的形成和壮大,有利于提高各经济管理部门和企业的生产技术和管理水平。这是一国经济能够迅速发展的基本前提。

实例 4－1:美国的教育

美国,以面积和人口论,只居世界第四位,但是,从大约 100 年前,美国的国力就超过了英国,工业也跃居资本主义世界的首位。进入 20 世纪,它仍然是资本主义国家中经济发展最快的国家。现今,它已成为世界超级经济巨头,是左右世界形势的最重要力量之一,而推动美国经济发展的两个轮子之一就是美国的教育。美国一向致力于实现机会均等的理想,也就是让尽可能多的美国人有接受教育的机会并充分发挥他们的能力。早期政府的政策就是要培养出更多更好的受教育的人。美国教育鼓励更多的美国人为取得高学位而学习,并投身于专业研究工作。人们普遍相信,社会前途取决于受教育的公民的数量和质量,所以,美国人即使在经济困难时期仍愿意在教育上花费更多的钱。以至于有的学者说,在美国革命的全部历史中,教育一直是改善个人和社会的主要希望。如今美国各州都实行9年或11年、12年制义务教育,普及了中等教育,同时,美国的高等教育在世界上也是最发达的。88%的美国儿童进入公立学校,12%的儿童进入私立学校,每年约有1 200万美国人进入3 600多所各类学院或大学。就是说,有一半以上的高中毕业生进入大学和学院。此外,继续教育的概念对美国人来说具有重大意义。每年有2 000多万美国人(约占总人口的10%)参加业余讲座来继续学习,以便跟上经济变化、科技以及信息时代迅速发展的步伐,适应传统工业向现代高新技术工业的转变。现在,美国80%以上的公司都执行自己的培训计划,许多大公司还提供完整的学位教育课程,有的还赞助他们自己办的技术学院、企业学院和大学等。

从国际上看,发达国家普遍重视教育,其具体措施是加大对教育的投资力度,教育经费充足。如法国、日本的教育经费占行政开支的比重是20%,美国是15%,英国是13%。在巨额投资的推动下,这些国家的教育高度发达,不仅使国民素质大大提高,而且培养出大批高水平的科技和管理人才,从而为经济的发展注入了强劲的活力。无形的资本——知识,创造出有形的资本——财富,这是这些国家经济崛起、发达的共同动力和共性原因。

(二)教育水平与国际市场营销

从国际市场营销的角度看,受教育水平的高低直接影响着消费者的生活态度、购买行为特点、具体的消费方式以及对商品的价值取向、对广告促销的反应等众多方面,因此教育水平是构成一个社会生活方式的决定因素。不同的教育文化素养,表现出不同的审美观念,购买商品时的选择原则和选择方式就不一样,从而不但影响一个社会的生活习惯,而且还影响着对商品的需求倾向。教育水平与国际市场营销的联系可以从以下三个方面具体表现出来。

1. 教育水平影响着人们的消费行为,决定当地消费者和用户对产品的不同需求。一般说来,受教育水平高的消费者,知识比较广泛,对于商品的鉴别能力较强,理性购买的程度也较高,作出购买决策的过程也相对复杂,接受新产品的速度较快,往往追求高品质、高性能、环保型的产品。在教育水平高的国家,市场需要的商品一般都具有先进、精密、复杂、多功能等方面的特点。而在教育水平低的国家,对产品质量要求相对较低,高技术、高性能的产品因缺乏一定的知识基础,难以掌握,因此市场需要的商品应具有操作使用简便、保养维修容易、功能单一等方面的特点。所以,对于不同教育水平的国家,企业必须考虑其对产品的不同需求;所售商品的复杂程度、技术性能等都要适应一国具体的教育文化水平,否则,势必导致营销失败或效果不佳。

2. 教育水平制约着国际市场营销活动的开展。不同的国家经济发展水平不同,对教育、人才的需求档次、规格也不同,所以,不同国家培养出的同样学历的人员,他们在知识结构、知识水平、分析问题和解决问题的能力、思维方法、工作方式等方面都有很大的差别。因此,同一企业在不同的国家开展市场营销活动时,受目标市场国教育水平的影响,最终的营销效果可能差别很大。一般来说,教育水平高低和市场营销水平成正比。如一些教育发达国家的跨国公司,在教育水平落后的国家很难找到理想的代理商来经销自己的产品;在教育水平落后的国家搞市场调查时,由于访问者与被访问者之间沟通困难,常常使问卷回收率、有效率降低。

3. 教育水平影响国际市场促销策略和方式。促销的实质是通过各种宣传方式去影响消费者作出购买决策,从而促进企业产品在目标市场国的销售。因此,促销的核心是沟通。即要通过适当的媒介、特定的方式,让目标受众了解有关商品的信息,记住所售商品的品牌、特性、功能、使用或操作的步骤、注意事项等,以达到提高品牌知名度、占领更大市场的目的。促销的方式多种多样。但在教育水平低,文盲较多的国家进行商品促销时,一般不宜采用手册、传单等印刷品,因为文字形式比较抽象、深刻、概括,难以理解,易遭排斥和拒绝,而图像广告、电视、广播、现场演示等形式,因具有直观、形象、口授、包教包会等优点,比较易于接受,能够达到促进销售的目的。所以说,企业在不同教育水平的国家进行营销活动,应采用有针对性的灵活的促销策略和促销方式。

二、语言

世界各国的语言文字非常复杂。目前,到底有多少种语言无一定论,专家估计约有 5 000 ~7 000 种之多。超过 100 万人口使用的文字有 140 多种,超过 5 000 万人口使用的文字有 13 种。汉语的使用人口最多,约占世界人口的 1/5,所以,汉语是联合国指定的 6 种语言之一,另外 5 种语言分别是英语、俄语、德语、法语和西班牙语。有些国家还流行几种语言文字。例如:加拿大有英、法两种语言;瑞士有三种语言;南美国家虽通行西班牙语,但土著语言有十几种。英语是世界最流行的商业文字,但法国、德国却提倡使用法文和德文以示民族尊严。日本商人不喜欢用日语草拟合同,因为日语太含混,不能精确地表达意思,他们宁可用英语草拟合同,因为英语词汇具有具体、确切的意义。

广义的语言包括有声语言和无声语言。无声语言又包括:①身体语言,如面部表情、身体姿势、眼神、手势等;②空间语言,如办公室的大小、室内陈设的格调,甚至所处的地理位置、楼层等,都可以传达一些重要信息——经济实力、企业形象、经营范围等;③财富语言,如使用的文具、皮包、穿戴用品的牌子与档次等,也可以显示企业或公司的素质、档次、身份与地位等;④时间语言,如对等待接见时间、洽谈时间、答复时间、签约时间的遵守与否、急迫或拖延与否等。

由于无声语言与某一民族特定的习俗直接有关,因此,面对不同交流对象所使用的同一无声语言,有时却可能具有不同的含义。对此,国际市场营销人员应予以特别关注。比如,英美人的 OK 手势,在某些拉丁美洲国家具有粗俗的含义;南美人喜欢在洽谈生意时,身体靠近对方,而欧美人不习惯这一点;英美人对于赞成与否愿意明确表示,而日本人则很少当面作出否定的表示;英美人守时观念较强,而非洲人与阿拉伯人、拉丁美洲人的时间观念则淡薄一些。

实例 4-2:典型的日本办公室

每一种文化对于各种层次的沟通都存在着适当的空间距离,如果人们忽视这些距离,大多数人就会觉得不舒服,侵犯这种空间甚至被认为是侵犯性的举动。围绕着每个人的球形空间介于 9 英寸到 20 英寸以上不等。北美人对 20 英寸感到最适宜,而拉丁与阿拉伯文化群体通常喜欢在空间上更为接近。人们可以比较普遍地看到,北美人在与中东或拉美的人们交往时,经常是不断后退以维持其"适宜的"20 英寸的空间距离。

个人空间也会影响办公室的设计。在典型的日本办公室,空间是共用的,以便工人与管理人员都在彼此接近的距离内。与典型的美国办公室不同,日本的办公室没有单独的房间或与生产区隔开的屏障,办公桌按背靠背肩并肩的标准放置,工人们经常与管理人员共用电话和计算机。相比之下,德国人甚至比北美人对个人办公室的保护更强烈,德国人喜欢笨重的办公设备,因为这些设备难以移动,从而使人们无法移得太近并侵犯其个人空间。

同事之间紧挨着办公会令很多西方人紧张不安,却给日本人带来一种舒服的感觉。与大多数西方人不同,日本人认为,在电话交谈时、与同事讨论工作时或专注于其工作时是不存在隐私的。在相反的文化环境中,很多在美国和欧洲外派任职的日本职员觉得房子被分成若干个单间感觉很不舒服。

(资料来源:约翰·B. 库伦著,邱立成等译,《多国战略管理要径》,机械工业出版社,66 页。)

(一)语言与国际市场营销

不同的国家有不同的语言,企业在进行国际市场营销活动时,必须首先进行语言文字上的沟通,充分地、准确地表达出有关各方的合作意向、经济交往的目的、愿望、方式、途径等。所以,语言是国际市场营销中文化环境里最有意义的一项。成功的国际市场营销企业,一般都能灵活、准确地运用目标市场国的语言,否则,其市场营销活动要么失败,要么受到很大的不利影响。

1. 语言是国际市场上各国通商的钥匙。人的思想几乎都是通过语言来表达的,语言是国际市场营销中人们相互沟通的主要工具。通信联系、洽谈合同、产品介绍、广告宣传等都离不开语言。要想搞好国际营销往往必须灵活运用当地的语言。掌握当地语言不仅能表达思想、相互交往,而且使人有一种亲切感,使营销活动容易进行。

2. 通过研究出口市场的语言来掌握目标市场国的信息，以利于制定相应的营销对策。语言又是一个国家或地区社会文化的缩影，它是人们思想、观念的直接体现。因此，通过对当地语言的深入研究，可从中获得某些有价值的信息。例如，英语中描述商业和工业活动的词汇非常丰富，这说明英国商业和工业活动很发达；因纽特人的词汇不多，但描述雪的词汇却很多，有 12 个，这是因为他们居住在寒冷地带，不同形式的雪，对他们的工作、出行、娱乐及其他活动都有着直接的影响，而英语中描述雪的词只有一个（snow），阿拉伯国家的语言中根本没有雪这个词，因为那儿不下雪，人们对雪很陌生。一般来说，只使用一种语言的国家，政治上统一，经济上稳定；而使用多种语言的国家，政治上往往不统一，经济发展易于出现波动。由此可见，从一个国家所使用的语言及语言数目，可以了解到这个国家的政治、经济、自然等方面的重要信息。

3. 语言是产品的一个重要组成部分。任何一种产品都有品名、商标、内包装和外包装，也都必须附有最基本的产品说明，即通过一种或一种以上的语言将产品的品名、规格、性能（用途）、质量（成分）、操作规范、使用方法、注意事项等内容作必要的注释。很显然，语言无疑是产品的一个完整的组成部分。为了更好地满足国外用户的要求，微软的各种产品定位于 30 多种语言。例如，在法国，所有的指令用户信息和文件都是用法语；在英联邦，用户指令信息和文件也都会反映特定的英国习惯等。此外，产品的品牌、市场推广等也都离不开语言。例如，美国通用汽车公司曾为其雪佛莱系列车中的一种汽车使用“NOVA”这个品牌，它的英文意思是“神枪手”，而在拉丁美洲的语言里却是“跑不动”的意思；日本有家生产蜡笔（crayon）的公司委托法国一家公司在法国作市场调查，而 crayon 法文的意思是色笔，该公司误认为对色笔进行调查，结果数万美元的调查费所换来的资料却几乎是毫无用途的。

（二）解决语言障碍的途径

在国际市场营销活动中，通晓目标市场国的语言是非常重要的。成功的市场营销者必须学会熟练地使用目标市场国的语言进行交流，而且要透彻地理解语意，尤其是习惯用语所表达的意义。在市场营销计划的草拟和广告用语的选择上应极其慎重，要善于运用不同的思维方式和不同的文化背景进行翻译，否则会出现许多意想不到的不良后果。世界各国语言文字的巨大差异，构成了国际市场营销活动的一大障碍，解决的办法主要是：

1. 可以请国外经销商充当企业与当地市场之间的文化桥梁，即一些信息沟通工作，可以交由当地分销渠道的成员去做。

2. 委托当地的广告公司做广告策划和广告宣传，但是这样做往往费用较高，一些国内企业经济承受能力有限。

3. 在文字翻译中，应使用回译方式（Back Translation）。例如，先由一人把中文商标、广告词、调查表等译成东道国的当地语言，再另请东道国中懂得汉语的人把它译回中文,看是否产生了歧义,并分析歧义产生的原因及可能的后果,采取相应的措施予以纠正。

4. 谋求在国外环境中本国人的帮助。以中国为例,海外华人绝大多数都有强烈的爱国心,他们身处异国他乡,对当地的语言、风土人情、宗教信仰、民族情绪等各方面的情况比较了解、熟悉,对当地语言和中国文字的异同把握得比较准确,理解也比较深刻,因此,是企业解决国际交往中语言障碍的最佳人选,这也是一种最经济的方式。

20 个优秀的外文品牌名称的中文翻译见表 4 – 2。

表 4 – 2 20 个优秀的外文品牌名称的中文翻译

外文名	产品	中文名	简要阐释
Coca Cola	饮料	可口可乐	原来 Coca 和 Cola 是两种植物的名字,音译为古柯树和可乐树
Revlon	化妆品	露华浓	诗人李白有“云想衣裳花想容,春风拂槛露华浓”之名句
TISSOT	手表	天梭	瑞士文,音译
Pepsi Cola	饮料	百事可乐	世界第二的软饮料品牌
BENZ	轿车	奔驰	由德文音译而来
BMW	轿车	宝马	“Bavarian Motor Works”巴伐尼亚发动机公司首字母缩写的音译
Pampers	尿不湿	帮宝适	世界第一大尿不湿品牌
Tampax	妇女卫生栓条	丹碧丝	在西方极其著名的 TAM(便闲小帽)和 PAX(女神之吻)的合成
TOFEL	外语考试	托福	Test of English as a Foreign Language。音译
Boeing	飞机	波音	美国航空界的巨擘
NIKE	运动服饰	耐克	“胜利女神”之意
AVON	化妆品	雅芳	创始人敬仰莎士比亚,选了莎翁故乡一条河流的名字。音译
Virgin	多个领域	维珍	原“处女,未开垦地”之意。音译
Master	信用卡	万事达	世界两大信用卡组织之一。音译
Lucent	通信	朗讯	来自 lucency,光亮,透明。音译
Clear&Clean	洗面奶等	可伶可俐	清楚和干净洁净的意思。音译
HP	IT 业	惠普	Hewlett – Packard,2 位创始人姓名
B&Q	家居建材超市	百安居	两位创始人 Block and Quayle 姓氏的首字母
Carrefour	零售超市	家乐福	原意是十字路口、街道;各种影响、思想或意见的会合处。一位浪漫的法国人看中此词。音译。

资料来源:王文刚,http://naming. bokee. com,2004 年 11 月 18 日。有改动。

三、宗教

世界上的宗教多种多样。目前,广为流传并具有世界性影响的宗教主要有佛教、基督教和伊斯兰教,而基督教又分为天主教、东正教和新教三个教派。据估计,全世界的基督教徒共有 12 亿人左右,信仰伊斯兰教的穆斯林人口有 7 亿人左右,信奉佛教的有 8 亿人左右。此外,世界各大宗教大致均有其主要的流行地区:基督教(新教)主要在北欧、北美和澳大利亚;天主教主要在南欧和南美;东正教主要在俄罗斯和东欧;伊斯兰教主要在西亚、中东、北非;佛教主要在亚洲。

概括起来说,宗教对企业国际市场营销活动的影响,主要表现在以下三个方面。

(一)宗教戒律和文化倾向影响人们的消费行为

不同的宗教有不同的宗教戒律和文化倾向,直接影响着人们认识事物的方式、行为准则和价值观念,进而影响人们的消费行为。例如,在印度教徒的心目中,等级观念、家庭观念以及因循守旧观念等都是根深蒂固的,因此,他们对新产品接受慢,需要耐心宣传。佛教的核心思想是四大皆空,无所作为,甘受清贫,宣扬人生充满苦难,人们只有皈依佛门,才能得到解脱,进入所谓的极乐世界。因此,在信奉佛教的国家销售高档消费品、奢侈品、享乐用品等必须小心翼翼。天主教要求教徒们绝对依从教会、传教士以及教物。因此,在天主教盛行的国家里进行营销活动,要把握教民绝对依从教会、传教士的特点,首先与当地教会、传教士建立良好关系,取得他们的支持和信任,这样,这一地区的其他消费者就会支持和信任这个企业及其产品,营销效果就可事半功倍。同时,对他们的教会、传教士、教物等要特别尊重,产品设计、包装、广告等方面都不要与之冲突,若引起误会、民愤,企业的努力就注定要失败。基督教新教徒的伦理主张是努力工作、节俭、储蓄,认为工作是值得尊敬的,是一种美德。因此,他们的生活、消费不奢侈,选择商品讲究物美价廉,适用性强,经久耐用。伊斯兰教的主要经典是"古兰经",凡是"古兰经"未提到的事情,都有可能被教徒所放弃。伊斯兰教信徒禁食猪肉,禁止饮酒,所以猪肉食品和烈性酒的制造厂家在开拓国际市场时,不应选择伊斯兰教的国家。

(二)宗教节假日是最好的消费品销售季节

宗教的节假日在各国之间变化很大,不仅基督教徒和穆斯林不同,甚至某个基督教国家、天主教国家与其他基督教国家、天主教国家间也不一样。尽管如此,宗教节假日仍然是企业推销产品的大好时机。例如,墨西哥有 98% 的人信奉天主教,但是却与西班牙、意大利等国有所不同:万圣节是所有天主教国家的重要仪式日,而墨西哥仪式是一种异教徒与天主教传统的奇怪结合。他们把万圣节称为"死者节",相信死者在这天回来赴宴,因此,许多墨西哥人把死者生前喜爱的食物放在坟上祭奠死者。万圣节前,面包店的货架上堆满了骨头和棺材形状的面包,糖果店出售头盖骨形状的糖果和其他特制糕点,以纪念这个日子。尽管祈祷、蜡烛及灵魂精神的教义是天主教的,而死者回来赴宴的信条却是基督教之前的墨西哥人的。

这样，墨西哥天主教徒的宗教仪式就与西班牙颇为不同。此外，中东国家，朝圣季节是消费品生意最好的时期。因为，当地人习惯于在前往麦加参拜时购买家庭用品或衣服等。圣诞节是信奉基督教国家的重要节日，在此期间，许多商品的销量会急剧上升。在东方，中国、朝鲜、越南等也习惯于在春节前大量购买各种商品。所以，企业如果能及时抓住有利时机，在宗教节假日之前到货销售，则会取得较好的经济效益。

（三）宗教是国际市场细分的一个重要变量

宗教不仅把世界统一的大市场划分为若干个细分市场，而且还可能把一个国家分成好几个细分市场，即在一个宗教分裂的国家里，有几种宗教就有几个细分市场。国际营销人员必须根据各个细分市场的需求、禁忌和特点，在产品的制造、包装、设计、广告、销售等方面制定相应的营销策略，以满足各个细分市场的不同需要。例如，在荷兰，天主教和基督教各有自己的政党和报纸。企业要想打入这一市场，就不得不分别在各自的报纸上做广告宣传，在产品设计、包装及销售方面也要有所不同。此外，黎巴嫩的领土面积虽然还不如中国上海大，人口不足 300 万人，但是，由于基督教徒与伊斯兰教徒平分秋色，势均力敌，因此，在黎巴嫩就有基督教徒任总统，伊斯兰教徒任首相的定例。

四、风俗习惯

（一）日常生活习惯与国际市场营销

一个社会、一个民族的饮食起居、婚丧仪式、劳动分工、社团活动等都与人们的文化素养和传统习惯分不开，对其消费嗜好、消费方式起着决定性的作用。例如，平均每个法国男子所使用的化妆品数量几乎是其妻子的两倍；中国人的主食是米、面制作的米饭、馒头、面条、包子、饺子等，而西方人则主要是面包；中餐讲究色、香、味、形，多是用明火煎、炒、烹、炸，而日本饭菜则以清淡简洁为特点，主要吃鱼，鱼的做法和我们也大不相同，以生吃鱼片、清蒸为主。各国或各地区的饮食习惯不同，相应地对一些商品的需要就不同。制作米饭、馒头一般用压力锅、蒸锅、电饭锅等，而西方则主要用电烤箱、微波炉等。饮食习惯的差别，决定了购买商品的品种结构的不同，比如：中国人往往只是在正餐时才喝酒，而西方人常把酒当作饮料，随时饮用。法国是世界上人均酒的消费量最高的国家。法国人的饮酒习惯是：早晨，把酒倒进咖啡中来喝，上午 10 点的小吃也要喝酒，午餐、晚餐要喝两次酒，饭前要喝开胃酒，饭后要喝白兰地。此外，日本人喜欢的饮料是葡萄汽水、柠檬酸汽水；哥伦比亚人则喜欢奶油苏打水；中国人习惯饮茶，这使茶叶成为世界三大饮料之一。

风俗习惯还可以体现在对事物的评价上。如中国人喜欢荷花，认为它出淤泥而不染，但日本人只是在丧事上使用它；中国人认为菊花不畏风刀霜剑，值得称颂，但意大利人却视之为不祥之物；西方的新娘喜欢白色婚纱，认为白色表示纯洁，但中国传统观念认为白色不适用于喜庆场合；希腊人和泰国人视黄色为吉祥色，而中东人则视黄色为死亡之意；西方人不喜欢 13 这个数字，因为与耶稣遇害的典故有关;中国人不喜欢“4”,因为它与“死”谐音,但较喜欢“8”,因为与“发”谐音;日本人不喜欢“4”和“9”,因为与“死”和“苦”谐音。

以上这些受各种文化习俗影响形成的消费习惯,必然影响人们的消费行为,也因此使不同文化背景、不同地区、相同收入水平条件下的消费需求、市场规模明显不同。企业在选择目标市场,进行国际市场营销活动时,应注意这些差别,灵活调整营销策略和营销规划。

(二)商业习俗、惯例与国际市场营销

一个国家的社会文化因素,还影响并形成了各国不同的商业习俗和商业惯例。即受各国不同文化背景的影响,在漫长的历史发展过程中,各国在商业方面形成了许多各自不同的习俗和惯例,这些商业习俗和惯例,又成为一国文化的重要组成部分。

对国外商业惯例的无知、缺乏感情投入是世界贸易的大忌。任何一个企业要想顺利地进入他国市场,必须首先学会适应和遵循他国的商业惯例和愿望,所有期望获得最大成功的国际营销商,都必须准备以外国经理人员能接受的方式与之周旋。

成功的营销活动从文化的敏感性(cultural sensitivity)开始,即关注文化间细微的差别,以便客观地对待一种新的文化,对这种文化进行评估和欣赏。文化敏感性,亦即文化共鸣,必须精心培养。最重要的一步也许就是认识到文化没有对错,没有好坏,仅是不同而已。

实例 4-3:商业习俗点滴

拉丁美洲人在商业关系中主要靠友谊,但建立友谊的方式只能是拉美方式:慢慢地交往一段时间。在真正相互尊重的关系和友谊建立之前,一个典型的拉丁美洲人是很拘礼的。即使这种关系建立以后,业务也要慢慢地进行,不能着急。此外,拉丁美洲礼节的一个细节是,不要把经营同个人生活扯在一起。

如果与中东的商人做生意,谈正事之前的闲聊和造访是绝对必要的。这对于西方人来说似乎是浪费时间,但在中东却是必须遵守的习俗。中东经理更加重视个人接触,接触和取得中东商人的信赖是发展和保持有效的商业关系的基本文化前提。

在社交礼仪方面,中国人接受礼物时,喜欢稍作推让,并且认为当着对方的面打开所收礼物是不礼貌和贪婪的,但欧美人在接受礼物时要表示高兴,还当着赠送者的面打开礼物并称赞它,以表示对对方的谢意。在社交场合交换名片时,日本人讲究接递名片都要站立,但中国人则不拘一格。西方人习惯遵循“女士优先”的宗旨,在演讲时先称呼女士,再称呼先生,在坐车时,男士打开车门,让女士先上,等等;而东方人则没有这些规矩,有的国家甚至还有浓厚的大男子主义。中国人喜欢向人敬烟,并且常常未征得对方同意就吸烟;西方人则不敬烟,而且自己要吸烟也先征得对方的同意,在公众场合或谈判桌旁,也多能自律而不吸烟,等等。

五、态度与价值观念

态度和价值观念的差异指的是人们对于客观事物的评价标准不同。同样的事物在不同社会或不同人群中有不同的评价标准。这里包括对时间的态度、对财富的态度、对待冒险的态度、民族自尊心、对古老文化和现代文明的珍视态度等。

（一）对时间的态度

高度工业化的发达国家生活节奏较快，人们的时间价值观念浓厚，因此对于节省劳动、节省时间的商品和服务的需求强烈，如邮购、网上购物、快餐、家务劳动社会化和机械化等。

在欧洲，守时是一种美德，也是必须做到的。他们因此可以预计火车何时到达；坐出租车从A地到B地要多长时间。但这在非洲却行不通，交通堵塞，突然爆发的山洪可以在几秒钟内冲毁道路，班机因气候原因常常停飞或晚点，所有这些，都可以使任何精心拟订的计划成为泡影。

（二）对财富和物质享受的态度

有的民族崇尚俭朴，有的则习惯于高消费；有的喜欢张扬个人拥有的财富，有的则喜欢深藏不露，这直接影响到消费潮流的更替速度、一次性消费品的流行程度、高档名牌商品的销售规模等众多方面。

在西方发达国家，流行着这样一种观念："勤奋工作，过舒适生活。"因此，他们比较注重追求个人享受和悠闲的生活，从而形成了对文化娱乐性产品和劳务的大量需求，也刺激了文体用品、海滨浴场、游乐中心及旅游事业的发展。

在美国和其他一些高度工业化的国家，成绩与胜利的标志就是获得更多的财富。企业跨国营销的动机就是取得最大限度的利润，因此，竞争、利润便是他们商业活动的宗旨。然而，在佛教和印度教盛行的社会里，无忧无虑的境界是他们所倡导的宗旨，在消费与生产上所持的态度是节制。一个在美国的非洲留学生曾对他们的财富观作过如下的阐释：在非洲人中，不存在与周围人比财富的事情，人人都满足于自己已有的东西，如果能得到更多的东西当然好，如果不能得到，他也满足现状，而不把财富看得那样重要。

（三）对新事物的态度

在对于传统文化和现代文化方面虽然存在着两者交融的趋势，但毕竟在不同的国家中，还存在不同的民族特色。例如，欧洲一些国家十分强调维护民族文化，甚至民间有人提出要抵御来自美国的商业文化（如可口可乐、米老鼠、麦当劳等）的侵略。日本、韩国等对自己的民族文化一直较为重视，人们在许多消费行为中都体现着一种以消费国产产品为荣的观念。法国提出要维护法语的纯洁，避免被英语外来词汇所混杂。此外，在一些行业的经营中，许多企业都提出了"越有民族性便越有世界性"的口号，强调依托民族文化，发展特色产品和服务。

（四）对冒险的态度

各个国家的消费者因受其特定传统、环境等的影响，对冒险所持的态度明显存在差异。有些国家如美国的消费者冒险精神较强，表现在消费行为上，即敢于接受新产品，勇于接受新事物。有些国家如印度的消费者则相反，因循守旧，对所使用的商品感情深厚，对新的升级或替代产品排斥心理较重，不愿冒险更新或尝试使用。因此，企业对于这些国家的消费者的促销宣传重点是应建立消费者的购买信心，增强顾客对其产品的安全感，而且对此要有耐心。具体的做法如下。

1. 要努力创造出一个顾客信赖、熟悉的名牌产品。这需要确保产品的高质量，同时，加大广告宣传的力度，以提高产品的美誉度和知名度。

2. 要采用现场咨询、示范表演或赠送样品、免费试用等促销方式，让大量的消费者通过亲眼所见或亲身体验来消除心理障碍，尽快接受并认可企业的产品。

3. 完善售后服务措施，增设维修服务网点，消除顾客的购后疑虑。

表 4－3 所示为东西方文化的对比分析示例。

表 4－3　以美国为代表的西方文化与东亚国家的东方文化的对比分析

美　　国	东　亚　国　家
财富比权利更重要	权利比财富更重要
消费是美德	储蓄是美德
个人是社会最重要的组成部分	集体是社会最重要的组成部分
不尊重传统价值	尊重传统价值
强调个人动机	强调集体动机
社会关系圈松散	有较强的社会关系圈
强调信息	强调礼仪和等级
教育是个人事业成功的重要投资	教育是家庭、地位的重要投资
对新事物好奇，敢于尝试	消费观念较保守，随大流
强调人的独立性	强调人的服从性
意见表达直率	意见表达婉转
强调机会均等	较多论资排辈

六、社会阶层和社会组织

社会阶层和社会组织是一个社会中人与人发生关系的一种形式，它确定了人们在社会上所扮演的角色及人们的权责模式，是人类行为的基础之一。同时，它使社会有了一个被普遍接受的行为规范，使人们得以有效地活动并实现自我管理，从而使社会趋于和谐。

（一）社会阶层

社会阶层是一种客观存在，一般代表非伦理性社会群体。通常而言，它是依据职业、收入和财产、血缘和社会关系、受教育程度以及价值观念五个主要因素来划分的。其实质是判断社会地位的高低。不同文化背景的人对社会阶层的态度是不同的。社会中相当多的人认为社会阶层的存在是完全必要的,甚至是合理的。但也有许多人认为,社会阶层的存在说明社会是不公平的,但无论在任何国家和社会形态中又都是必然的。社会阶层具有四个共同的特征:①处于同一社会阶层的人,行为大致相同;②社会阶层决定着人们优劣不同的社会地位;③一个人的社会阶层是由一系列因素共同决定的;④一个人的社会阶层不是永远不变的。

由此可见,不同的社会阶层必然会有不同的消费需求、消费模式和购买习惯等,这些直接影响企业的产品定位、销售渠道的设计、广告媒体和广告诉求的选择等诸多方面的决策。例如,处于上层社会的人士往往对高档耐用消费品、奢侈品、豪华用品、时尚新奇商品、名牌商品、旅游、健身、美容、休闲娱乐等有较强烈的需求,品质、服务、方便、知名度、形象等因素是他们追求和关注的;而处于社会下层的人们则对一般消费品、低档商品、廉价服饰、普通食品等有较大的需求,而且价格是他们最为关注的因素。

实例 4-4:中国内地十大阶层的分析

2000 年中国社会科学院公开出版了历时 3 年的重大课题成果《当代中国社会阶层研究报告》,首次对内地十大阶层的社会地位作出排序。报告对内地社会群体划分的 10 个阶层及其社会地位、特征等作出了如下界定。

国家和社会管理者阶层。指在行政、事业和社会团体机关单位中行使实际的行政管理职权的领导干部,在整个社会阶层结构中约占 2.1%。他们是当前社会经济发展及市场化改革的主要推动者和组织者。

经理人员阶层。指大中型企业中非业主身份的高中层管理人员,所占比例约为 1.5%。他们是市场化改革最积极的推进者和制度创新者。

私营企业主阶层。指拥有一定数量私人资本或固定资产并进行投资以获取利润的人,约占 0.6%。这一阶层的政治地位无法和其经济地位相匹配,但他们是先进生产力的代表者之一,是社会主义市场经济的主要实践者和重要组织者。

专业技术人员阶层。指在各种经济成分的机构中专门从事各种专业性工作和科学技术工作的人员,约占 5.1%。他们是先进生产力和先进文化的代表者之一,还是社会主导价值体系及意识形态的创新者和传播者,是维护社会稳定和激励社会进步的重要力量。

办事人员阶层。指协助部门负责人处理日常行政事务的专职办公人员,所占比例约为 4.8%。他们是社会中间层的重要组成部分,未来十几年仍会增加。

个体工商户阶层。指拥有较少量私人资本并投入经营活动或金融债券市场,而且以此为生的人,所占比例为 4.2%。该阶层的实际人数比登记人数要多得多。这一阶层是市场经济中的活跃力量。

商业服务业员工阶层。指在商业和服务行业中从事非专业性的、非体力的和体力劳动的工作人员,所占比例约为 12%。这一阶层和城市化的关系最为密切。

产业工人阶层。指在第二产业中从事体力、半体力劳动的生产工人、建筑业工人及相关人员，约占22.6%左右，其中农民工占产业工人的30%左右。经济改革以来，该阶层的社会经济地位明显下降，其人员构成发生了根本性的变化。

农业劳动者阶层。这是目前中国规模最大的一个阶层，是指承包集体所有的耕地，以农(林、牧、渔)业为唯一或主要职业及收入来源的农民。这个阶层几乎不拥有组织资源，在整个社会阶层结构中的地位比较低。

城乡无业、失业、半失业者阶层。这是特殊历史过渡阶段的产物，是指无固定职业的劳动年龄人群(排除在校学生)，所占比例约为3.1%。目前，这一阶层的数量还在继续增加。

此外，在深圳还发现了"不在业者阶层"。

据分析，十大社会阶层的划分说明当今的社会已进入现代社会的雏形阶段。与发达国家相比，现代化社会阶层结构的基本构成部分在内地已经具备。今后，社会阶层结构在构成成分上不会有大的变化，可能变化的主要是各个阶层的规模，其中专业技术人员、商业服务人员、经理和私营企业主阶层会大大扩张。

(二)社会组织

社会组织是指一个社会中个人和团体所发挥的作用以及这些个人和组织之间的关系。不少人类学家把社会组织概括为亲属关系和社会群体两大类，其中亲属关系主要是指家庭，社会群体包括年龄群体、性别群体、共同利益群体等。

家庭是社会组织最基层的单位，一个社会就是由无数的家庭所组成的。值得注意的是，家庭规模的大小与经济的发展水平直接有关。一般来说，经济发展水平越高，其家庭规模就越小，如在欧美、日本等，一般只有夫妻二人，或再加上一到两个未婚子女；相反，在许多经济欠发达的国家，如在印度、扎伊尔等，家庭规模就很大，往往是三代人共同生活。但总的来说，随着经济的发展，家庭正在越来越趋于小型化。

家庭规模大小对企业的国际市场营销有直接的影响。在一国的人口总数一定的前提条件下，如果家庭规模小，则家庭数量相对就多，以家庭为购买和消费对象的产品，如洗衣机、电冰箱、电视机、汽车、空调等产品的市场规模就较大；相反，若总人口一定，家庭规模很大，则家庭户数就相对较少，市场上对家庭耐用消费品、家饰用品等的需求量相应减少，其市场销售必然受到影响。但在人数较多的大规模家庭中，由于众多家庭成员的合力作用，而能够形成较大的集合购买力，这为一些高档商品提供了一定的市场空间，即尽管人均收入水平可能并不高，但是集合购买力可以使大规模家庭有能力购买昂贵的消费品。此外，在小规模家庭中，购买决策往往由夫妻双方共同作出；而在大规模家庭中，则主要由有权威的家族之长作出。因此，企业在促销时，应针对不同情况，采取不同的对策。

在家庭关系较亲密的文化背景下，以家庭为单位作为促销对象通常比以个人为对象更有效。例如，在加拿大，讲英语和法语的两部分人各自具有英国和法国的传统文化。在旅游电视广告中，对于讲英语的观众，通常画面上只有妻子独身一人;而对讲法语的观众,更多的是丈夫和妻子同在一起的广告画面。因为法国传统观念中的家庭结构是较为紧密的。

总之,在每一个国家的每一种不同文化中,诸如男女地位、家庭和社会等级、群体行为等方面,都可能有不同的含义。社会阶层和社会组织之所以能影响企业的国际市场营销活动,就在于它影响不同国度、不同文化条件下人们的观念、行为,甚至整个生活方式。

第二节 国际市场法律环境

法律是国际市场营销环境中一个重要而复杂的因素。迄今为止,世界范围内,还没有一个能够解决国际商事争端的统一的国际司法机构,也没有一个适用于解决一切争端的超国家的法律制度,因此,国际营销企业进入多少个国家,就要面临多少种不同的法律环境。不了解企业所面临的具体法律环境,不掌握目标市场国具体的法律内容和规定,国际营销活动就会面临很大的困难,甚至遭受巨大的损失。国际市场营销的法律环境是由国际经济法律、市场营销目标国法律和国际营销企业母国法律相互作用形成的。

一、国际经济法律

一个社会的法律是由权威机构、社会或习俗建立起来的行为规则。这些行为规则的集合管辖着一个社会内人们之间的事务,调整人们的行为。按照这样的定义,国际经济法应当是由全世界各国、各组织所公认的权威机构,在国际经济交往中形成的惯例的基础上建立起来的,用以管辖各国人民之间的经济事务,调整人们之间的经济行为的规定和原则的总称。但是,这样严格意义上的真正的国际经济法律尚未形成。因为,迄今为止所形成的有关国际经济事务的法律,只是各个国家自行接受其约束的规定和原则的总和。在这个前提下,各个国家的公民和法人也受其约束。而且,目前在国际经济法的范畴里也缺乏一个适当的国际司法行政体系,因此,目前对于国际经济法的确切定义尚无定论。我们这里所说的国际经济法只是指约束国际之间经济关系的法律规范的总和,它包括国际私法、国际公约或条约、国际惯例等。

(一)国际私法

国际经济法的现状使得企业的国际市场营销面临着一个多重的法律环境。因为与企业国际市场营销有关的当事人分别居于不同的国家或地区,而不同国家的有关法律又各不相同。一旦发生纠纷或争议,即出现法律冲突,究竟按照哪个国家的法律作为判断是非或处理问题的依据,就是一个困难的问题,即存在一个法律适用和司法管辖权的问题。在这种情况下,国际市场营销企业就要求助于国际私法。

国际私法又称法律冲突法、法律适用法或国际民法。它是调整涉外民事法律关系的规范的总称。它指出具体涉外民事法律关系中应当适用哪一国的实体法，并选定一种法律程序作为解决案件的准绳。一般地讲，目前国际上主要运用以下四种原则来确定国际商事争端的司法管辖权。

1. 属地管辖原则。属地管辖原则是指除享有司法豁免权外，一国对该国领土范围内的一切人、物、法律行为都具有司法管辖权。具体又有以下三种情况。

（1）以被告的住所地或居住地为标志确定管辖权。英美法系的国家往往以住地法为适用法，这样当事人所居住的国家的法律即为适用法律。

（2）以诉讼的标的物所在地为标志确定管辖权。即以标的物所在地的法律为适用法律，这是用来确定人对物的权利时的法律，它有利于仲裁机构的裁决或司法机构的判断的认可和执行。

（3）以法律行为的发生地为标志确定管辖权，其中，又包括契约成立地、义务履行地、侵权行为地等几种具体标志。

其一，契约成立地法。即合同缔结地法，是以当事人双方缔约合同的所在地为依据，所在地法律成为适用法律。这是因为当事人双方既然在该地缔结合同，说明该地与合同内容有着一定的联系，该地的有关法律能为双方所理解和接受，双方也彼此愿意接受其约束。

其二，义务履行地法。即合同履行地法，是以合同明确规定要达到某种经济目的的地点或按合同进行具体活动的地点的法律为适用法律。合同履行地法在确定有关合同的权利与义务时起决定性的作用。

其三，侵权行为地法。是以加害行为产生地或损害发生地的法律为适用法律，主要用来处理由于违反合同规定而产生的债权债务问题。

2. 属人管辖原则。属人管辖原则是指根据当事人的国籍来确定管辖权，只要诉讼当事人一方具有某国国籍，该国的法院就可主张对诉讼案件具有管辖权。大陆法系的国家一般规定当事人国籍所属法即为属人法，这样当事人所属国籍的国家的法律即为适用法律。

3. 协议管辖原则，又称约定管辖原则。该原则是指双方当事人经过协商选定某一国的某一法院对该项争端具有管辖权，但这种双方协议必须在法律允许的范围内，各国法律明文规定属于专属管辖的案件，不在协议管辖之列。

4. 专属管辖原则。该原则是指为了保护本国当事人的利益，维护本国的法律原则，一国主张它的法院对一定范围内的争议案件具有独占的管辖权，排除了他国法院对这类案件的管辖。我国《涉外经济合同法》第 5 条第 1 款为此也作了明确的规定，即合同当事人可以选择处理合同争议的适用法律。当事人没有选择的，适用与合同有最密切联系的国家的法律。

国际司法管辖权是一个国家行使主权的体现，根据国家主权原则，每一个国家的法院就其领域内发生的法律纠纷行使法律支配权和审判权。但是，由于各国政治、法律制度迥异，对具体案件的审理又受国内外诸多因素的影响，因此，同一案件在不同的管辖权下常有不同的审理结果，这关系到国际商事争端的有关当事人的合法权益能否得到正当保护。因此，国际营销人员必须熟知有关国际司法管辖权的确立问题。

在大多数情况下，只要国际市场营销人员在合同中写明了有关司法管辖权的条款，就能在将来万一发生法律冲突时，很容易地确定司法管辖权。但是，有时即使有专门条款规定司法管辖权，如果合同不是在该条款指定的国家内履行，有些国家的法院也会视该条款为无效。因此，国际市场营销人员必须在合同草拟和签订前，对这一问题作深入、细致的研究，并采取相应的对策。

一般说来，国际经济交往中商业争端的解决方式主要有三种：友好协商、仲裁和诉讼。但实践中，以协商和仲裁解决的方式居多。当争端涉及的金额巨大，双方又各执一词，相持不下，经过反复协商、协调仍然无法使双方达成一致、消除纷争时，就只能通过诉讼方式予以解决。

诉讼方式是指当事人的双方或一方在具有司法管辖权的一国法院向另一方提出诉讼，该法院按照所适用的法律独立行使审判权。双方当事人各自行使该法院所适用的诉讼法赋予的权利，维护自己的合法权益。各国法律一般都规定，只有双方当事人之间不存在仲裁协议或订有司法诉讼协议时，才可提出司法诉讼。司法诉讼的主要特点在于不必以双方当事人事先相互同意为依据，任何一方都可以向具有司法管辖权的法院提出诉讼，而且诉讼当事人没有指派、选择法官的权利。法院一般严格按法律规定对争议进行判决。判决结果对双方当事人都有强制约束力。但是，相对于协商和仲裁而言，诉讼解决争端的手续繁杂、程序严格、耗时较长、所需费用也较高。而且，在司法诉讼过程中，还可能泄露企业的商业秘密，一旦败诉，会极大地损害企业的形象和声誉等。所以，在国际市场营销实践中，人们往往较少采用司法诉讼，而更愿意选择协商和仲裁的方式来解决争端。

仲裁是双方当事人在发生争议之前或之后达成协议，自愿把他们之间的争议交给双方同意的第三者进行调解、仲裁。在实践中，国际营销者为减少事后麻烦，一般在合同中订有仲裁条款。仲裁条款一般要求双方就下列两点达成一致意见：一是双方同意发生争端时，根据某个仲裁庭的规则和程序进行仲裁；二是双方当事人同意服从仲裁庭的裁决。因此，仲裁结果一般是终局性的，对双方当事人均具约束力。目前，大多数国家签署了在联合国主持下缔结的《承认和执行外国仲裁裁决公约》，签署国都有承担维持仲裁裁决的义务，仲裁条款得到法院的承认，法律可以保证它强制执行。

仲裁与诉讼的区别在于：仲裁机构是民间机构，没有法定管辖权。仲裁必须在双方自愿的基础上进行。只有双方当事人订立了仲裁协议后，仲裁机构才取得对有关争议案件的管辖权，同时又排除了法院的管辖权，即任何一方不得向法院提起诉讼。

一个知名的仲裁机构所作的决定，往往为许多国家的法律所承认，因此，在国际营销中要慎重选择仲裁机构，以期获得好的结果。世界上较有名望的仲裁机构主要有:美联商业仲裁委员会(The Inter-American Commercial Commission)、国际商会(The International Chamber of Commerce)的仲裁法庭、英国伦敦仲裁院(The London Court of Arbitration)、美国仲裁协会(The American Arbitration Association)、美加商业仲裁委员会(The Canadian-American Commercial Arbitration Commission)、瑞典斯德哥尔摩商品仲裁院(SCC)和亚洲及远东经济委员会商事仲裁中心等。

在我国,著名的仲裁机构主要有中国国际经济贸易仲裁委员会、中国海事仲裁委员会等。它们都是我国受理国际经济交往中争议的常设仲裁机构。海事仲裁委员会的业务范围较窄,主要受理有关海上船舶航行中的纠纷以及海上运输和保险业务方面的争议案件。对外经济贸易仲裁委员会是我国受理国际商事仲裁的权威机构,其成员由我国的外经贸部门以及法律部门的专家组成。

对于裁决的执行,1959 年 6 月 7 日联合国主持下的国际商事仲裁会议通过的《承认和执行外国仲裁裁决公约》,反映了国际上对执行外国仲裁裁决的主要时间,规定了缔约国应承认和执行另一缔约国所作出的仲裁裁决。我国《民事诉讼法》第 203 条也明文规定:“中华人民共和国人民法院发生法律效力的判决,或者仲裁机构确定的裁决,申请人要求强制执行的,如果被申请人或者他的财产不在我国领域内,人民法院可以根据我国缔结或者参加的国际条约,或者按照互惠原则,委托外国法院协助执行。”

到目前为止,在世界上著名和有影响的国际仲裁公约和规则主要有:1923 年《关于仲裁条款的日内瓦协定书》(Geneva Protocol on Arbitration Clause);1927 年《关于执行外国仲裁裁决的公约》(Convention on the Execution of Foreign Arbitral Award);1958 年联合国《承认和执行外国仲裁裁决公约》(Convention on the Recognition and Enforcement of Foreign Arbitral Awards),简称《纽约公约》;1985 年《联合国国际贸易法委员会国际商事仲裁示范法》(The UNCITRAL Model Law on International Commercial Arbitration);1976 年《联合国国际贸易法委员会仲裁规则》(UNCITRAL Arbitration Rules);1961 年《欧洲国际商事仲裁公约》和 1975 年《美洲国家国际商事仲裁公约》。

(二)国际条约、公约或协定

国际条约、公约或协定一般是指两个或两个以上的主权国家为确定彼此间的经济、贸易关系所缔结的书面协议。签订了国际条约、公约或协定的国家,彼此间的贸易就要按有关条约、公约或协定进行。而企业的国际营销必须符合当事人所在国缔结或参加的有关国家或国际经济贸易组织所作出的有关国际经济问题的决议。

国际条约、公约或协定有一般和特殊之分。一般国际条约、公约或协定是指多数国家参加的条约。由于多数国家参加的条约带有普遍性,因此这种条约直接构成了国际经济法的一部分。特殊国际条约、公约或协定是指两个或少数国家缔结的条约。它只对缔约国有约束力,只能表现为缔约国之间的所谓“特殊国际法”。

在国际条约、公约或协定中,通常要依据最惠国待遇原则和国民待遇原则。所谓最惠国待遇原则是指缔约国一方现在和将来给予任何第三国的优惠待遇，必须同样给予对方。这里的优惠待遇是指一国在贸易、关税、投资、航运等方面给予另一国的优待。而人们常提到的普惠制则是指发达国家同意给发展中国家的某些产品以优惠待遇，如减免进口关税等。这种优惠制度是普遍的，即根据一个共同的制度，由所有发达国家向所有发展中国家提供同等优惠。同时，这种优惠制度又是无条件的，即只是发达国家向发展中国家提供优惠，发展中国家无须提供反向优惠。普惠制是在1968年的联合国贸易和发展会议第二届大会上通过，于1971年开始实行的。国民待遇原则是缔约国一方保证缔约国另一方的公民、企业和船舶在本国境内享受与本国公民、企业和船舶同等的待遇。国民待遇一般适用于外国公民的私人经济权利，外国产品所应缴纳的国际捐税、利用铁路运输和国境转口的条件、船舶在港口的待遇、商标注册、著作权、发明专利权，等等。但是，这项条款的应用常有一定的范围，并非将本国公民、企业的一切权利包括在内。

国际组织所作出的决议，反映了国际经济法的原则、规则和制度，或者体现着正在形成的国际经济法的原则、规则和制度，在国际经济法中起着一定的作用。从事国际营销活动的当事人所在国只要缔结、参加、承认这些条约、决议，当事人就必须遵循其中的规定和规则，并受其约束。在法律适用上，国际条约除国家政府提出的保留条款外，通常优先于国内法。

目前，世界上著名的有关国际货物买卖和交往的国际条约或公约、协定主要有以下四个方面。

1. 有关产品责任的公约。有关产品责任的公约即保护消费者利益的立法，或称国际产品责任法。主要是确定生产者和销售者对其生产或出售的产品所应承担的责任，以保护使用者的合法权益。在世界各国中，美国的产品责任法出现的比较早。第二次世界大战后，西欧一些国家也开始重视产品责任问题，并拟定了一些有关产品责任的国际公约。主要有1973年10月2日，在海牙国际私法会议上，为了统一各国关于产品责任的法律冲突规则而通过的《关于产品责任的法律适用公约》，该公约已于1978年10月1日正式生效。该公约共有22条，除对产品责任的法律适用规则作出规定之外，还对“产品”、“损害”和“责任主体”作了明确的规定。此外，还有《关于人身伤亡产品责任欧洲公约》、《使成员国产品责任法互相接近的指示草案》、《关于适用于产品责任的法律公约》等。

2. 有关保护工业产权的公约。这类立法又称保护生产制造者和销售者的立法，即工业产权法。主要包括专利法和商标法。其目的是确认专利与商标的所有人对其创造性劳动成果享有的专有权，保护其利用专利和商标从事制造和销售产品，巩固和扩大销售市场的权利，保证其利益不受侵害。世界上保护工业产权方面的公约主要有：

(1)《保护工业产权的巴黎公约》。它是在1883年3月由10个国家于法国巴黎签订的，因此该公约也称《巴黎公约》。它是确认和处理知识产权的共同基准。目前，巴黎公约已有178个成员。中国是在1984年11月加入的，并于1985年3月在我国正式生效。巴黎公约是对所有成员国具有法律约束力的条约，它由世界知识产权组织(WIPO)管理。世界知识产权组织设在瑞士的日内瓦，是联合国的一个分支机构。《巴黎公约》的保护对象是工业产权，包括发明、实用新型、外观设计、商标、服务标记、厂商名称、产地标记以及制止不正当竞争等。其目的是保证成员国的专利权在所有其他的成员国都得到保护。《巴黎公约》涉及专利、外观设计、商标和监督不正当竞争，但不涉及版权保护。

(2)《商标国际注册的马德里协定》(The Madrid Agreement of April 14,1891,for International Registration of Trade Marks)。该协定于 1891 年 4 月在马德里签订，1892 年 7 月生效。目前有 84 个国家参加了该协定，在欧洲有 30 多个成员国。但美国、英国及英联邦的一些国家没有参加，第三世界国家参加的也不多。我国于 1979 年 7 月提交了加入书，并于 1989 年 10 月 4 日正式成为其成员。《马德里协定》的保护对象是商标和服务标志。该协定对商标的国际注册程序有详尽的规定。根据此协定还设定了“商标国际注册局”，对所有成员国的商标实行自动保护。但《马德里协定》属于只有程序条款而无实体条款的管理性条约。它可以起简化涉外商标、专利申请手续的作用，本身不规定最低国际保护度。

(3)《建立世界知识产权组织公约》。1967 年 7 月 14 日，51 个国家在斯德哥尔摩会议上签订了该公约，并根据公约成立了政府间的国际机构——世界知识产权组织。我国于 1980 年 3 月提交加入书，该公约于 1982 年 6 月对我国生效。根据该公约，世界知识产权组织的主要任务是促进全世界对知识产权的保护，协调各国的立法，给予发展中国家以法律、技术援助，以及及时办理国际注册或成员国间其他的合作事宜。

(4)《商标注册条约》(The Trademark Registration Treaty)。该条约于 1973 年 6 月 12 日在维也纳签订。当时出席外交会议签字的国家有英国、美国、意大利、联邦德国、奥地利、丹麦、芬兰、挪威、瑞典、摩纳哥、圣马力诺、罗马尼亚、葡萄牙等 14 个国家。后来，刚果、加蓬、多哥、上沃尔特和苏联等 5 国加入，根据条约规定，1980 年 8 月 7 日开始生效。参加该条约的国家必须是《保护工业产权巴黎公约》的成员国。其目的在于弥补马德里协定的不足，扩大该协定的使用范围，简化外国市场获得商标保护的手续，并且降低其费用，因为该条约规定：只付一笔费用，即可向世界知识产权组织提出专利申请。

(5)《欧洲专利公约》(The European Patent Convention)。该公约建立起一个区域专利体系，使任何国家的申请人只需提出一次国际性申请，即可获得欧洲专利权。它共有 19 个欧洲成员国。

(6)《专利合作条约》(The Patent Cooperation Treaty)。其目的是便于 60 多个成员国之间的专利申请。

此外，还有保护文学、科学和艺术著作版权的多国或双边协定。其中，主要有《世界版权公约》(1955 年)，以及《尼泊尔公约》。《尼泊尔公约》是于 1886 年正式通过的，后来几经修改。

3. 保护公平竞争的立法。这类立法又称为国际反托拉斯法，限制性商业惯例或保护竞争法。其目的是为了创造或保护国际经济活动公平竞争的经营环境。有关这方面的立法，除各国的国内法之外，迄今尚无具有法律约束性的完整的国际立法。保护公平竞争的立法主要有《关于控制限制性商业行为多边协议的一套公平原则和规则》，这是目前有较大潜在影响的一个规则，是由联合国有关组织和会议制定的。此外，还有《国际技术转让行动准则》、《跨国公司行动守则》中的有关条款。

4. 调整国际经济贸易行为的立法。这类立法调整的对象和范围十分广泛，几乎涉及有关国际经济贸易具体行为的各个方面，它包括了各种国际条约、公约、惯例、协定、议定书、规则等。其中除有100多个国家参加的最有影响的《世界贸易组织规则》外，还有《联合国国际货物销售合同公约》(United Convention on Contract for the International Sales of Goods)，又称《联合国国际货物买卖合同公约》，1980年3月在维也纳召开的外交会议上通过，1988年1月1日生效；《跟单信用证统一惯例》(Uniform Customs and Practice for Commercial Documentary Credits，缩写UCP)，它是国际商会为协调各国银行的进、出口人的利益，避免因不同做法，不同解释而产生的纷争所提供的一套关于跟单信用证的统一规则；《解决国家与他国国民之间投资争端公约》(International Convention on the Settlement of Investment Disputes between States and Nationals of other States，1965)，也称《华盛顿公约》或《ICSID公约》，它是由世界银行主持起草，1965年3月18日于华盛顿通过，1966年10月14日正式生效。

此外，还有有关国际货物海上运输的公约和惯例。如1924年《统一提单的若干法律规则的国际公约》(International Convention for the Unification of Certain Rules of Law Relating to Bills of Lading)，简称《海牙规则》(Hague Rules)；1968年在布鲁塞尔制定的《修改统一提单的若干法律规则的国际公约的协定书》(Protocol to Amend the International Convention for the Unification of Certain Rules of Law Relating to Bills of Lading)，简称《海牙—维斯比规则》；《1978年联合国海上货物运输公约》(UN Convention on the Carriage of Goods by Sea，1978)，简称《汉堡规则》(Hamburg Rules)等。

(三) 国际惯例

作为国际经济法主要渊源之一的国际惯例，也是调整和约束企业国际营销行为的重要法律规范。国际惯例是通过各国的反复实践逐渐形成的某种特定行为和习惯。它虽然不是法律，不具有普遍的约束力，但是按照各国的法律，在国际经济交往中一般都允许双方当事人有选择使用的权利。一旦当事人在合同中采用了某项惯例，该惯例对双方当事人就具有约束力。随着现代市场经济的发展，国际惯例的作用也显得越来越重要。在现行的国际惯例中，有些内容已被国际条约所采用，即出现惯例条约化的趋势，如贸易术语。

贸易术语(Trade Terms)又称价格术语、价格条件等。它是国际贸易中构成单价条款的重要组成部分。在对外报价和签订合同时，都不可避免地会涉及价格问题，因此，它是不可缺少的重要内容。贸易术语是用一个简单的概念和英文缩写，表示买卖双方责任、费用、风险、交货地点的责任划分。有关贸易术语的国际惯例，影响较大的有以下3个。

《国际贸易术语解释通则》(International Rules for the Interpretation of Trade Terms)，是由国际商会(ICC)在1935年为国际贸易有关当事人就关于买卖合同中所使用的贸易术语的统一解释而编纂的。国际商会曾于1936年公布过一套关于贸易术语的解释规则，定名为《1936国际贸易术语解释通则》，为买卖双方交易的顺利完成提供了方便。此后，国际商会为适应国际贸易的发展变化，更广泛地收集了不同法系、不同港口对贸易术语的解释，先后于1953年、1967年、1976年、1980年、1990年、2000年和2010年修改和补充了该解释通则。现行的文本是《2010年国际贸易术语解释通则》。通常又把它称为INCOTERMS(国际商会术语)。该通则在国际上已被欧、亚、非洲以及美洲的商界广泛承认和使用，是国际货物买卖最重要的国际惯例。

连续修订INCOTERMS的主要原因是使其适应当代商业的实践。1980年修订本引入了货交承运人(现在为FCA)术语，其目的是为了适应在海上运输中经常出现的情况，即交货点不再是传统的FOB点(货物越过船舷)，而是在将货物装船之前运到陆地上的某一点，在那里将货物装入集装箱，以便经由海运或其他运输方式(即所谓的联合或多式运输)继续运输。

在1990年的修订本中，涉及卖方提供交货凭证义务的条款在当事方同意使用电子方式通信时，允许用电子数据交换(EDI)信息替代纸面单据。毫无疑问，为了使INCOTERMS更利于实务操作，其草拟和表述一直都在改进。

INCOTERMS 2000年版本，与INCOTERMS 1990相比看上去变化很小。原因是INCOTERMS当前已得到世界承认，所以ICC决定巩固INCOTERMS在世界范围内得到的承认，并避免为了变化而变化。另一方面，在修订过程中，ICC尽量保证INCOTERMS 2000中的语言清楚准确地反映国际贸易实务。

2010年9月27日，国际商会在巴黎召开《2010年国际贸易术语解释通则》全球发布会，正式推出其于近期刚刚完成修订的INCOTERMS 2010。这标志着被经贸界使用了近十年的INCOTERMS即将被新版本所取代。新版本于2011年1月1日正式生效。新版本考虑了无关税区的不断扩大，商业交易中电子信息使用的增加，货物运输中对安全问题的进一步关注，以及运输方式的变化，更新并整合了与“交货”相关的规则，将术语总数由原来的13条减至11条，并对所有规则作出了更加简洁、明确的陈述。

INCOTERMS 2010相比INCOTERMS 2000的主要变化包括：首先，对术语分类作了调整，由原来的E、F、C、D四组改为适用各种运输方式和水运两大类。其次，贸易术语的数量由原来的13种变为11种。删除了INCOTERMS 2000的D组贸易术语中DDU、DAF、DES和DEQ这四个，只保留了INCOTERMS 2000 D组中的DDP；新增了两种D组贸易术语，即DAT(Delivered At Terminal)与DAP(Delivered At Place)。其他E组、F组、C组的贸易术语基本没有变化。

表 4－4　国际贸易术语表（INCOTERMS 2010）

组别	术语	英　文	中文名
E 组　发货	EXW	Ex Works	工厂交货
F 组 主运费未付	FCA	Free Carrier	货交承运人
	FOB	Free on Board	船上交货
	FAS	Free Alongside Ship	船边交货
C 组 主运费已付	CFR	Cost and Freight	成本加运费
	CIF	Cost Insurance and Freight	成本、保险费加运费
	CPT	Carriage Paid to	运费付至
	CIP	Carriage and Insurance Paid to	运费、保险费付至
D 组　到达	DAP	Delivered At Place	目的地交货
	DAT	Delivered At Terminal	运输终端交货
	DDP	Delivered Duty Paid	完税后交货

《美国对外贸易定义 1941 年修订本》(Revised American Foreign Trade Definition,1941)。它是由美国 9 个商业团体共同制定的,对有些贸易术语的解释与《国际贸易术语解释通则》有较大的差异。该对外贸易定义修订本在美洲国家影响较大。不仅被美国商会、美国进口商协会和全国对外贸易协会所组成的联合委员会所采用,并由全国对外贸易协会出版发行,因此,也被北美和拉丁美洲国家的贸易界所广泛采用,只是近年来才逐步被《国际贸易术语解释通则》所取代。尽管如此,该修订本在美洲仍有一定影响,不少美洲商人还在使用。

《美国对外贸易定义 1941 年修订本》对 Ex(Point of Origin)、FOB(Free on Board)、FAS(Free Alongside Ship)、C&F(Cost and Freight)、CIF(Cost,Insurance and Freight)和 Ex Dock(named port of importation)等术语作了解释。该修正本把 FOB 又细分为 6 种。其中的前 3 种是在出口国内指定地点的内陆运输工具上交货,第 4 种是在出口地点的内陆运输工具上交货,第 5 种是在装运港船上交货,第 6 种是在进口国指定内陆地点交货。只有其中的第 5 种才与国际上通常使用的 FOB 术语的含义相同。

《1932 年华沙—牛津规则》(Warsaw-Oxford Rules 1932)。国际法协会早在 1928 年即于华沙举行会议制定了一套关于 CIF(成本加保险费加运费)买卖合同的统一规则,称为《1928 年华沙规则》。该统一规则原有 22 条,后经 1930 年纽约会议、1931 年巴黎会议和牛津会议修订为 21 条,并定名为《1932 年华沙—牛津规则》。该规则对 CIF 合同的性质、特点、买卖双方的责任、费用与风险等内容作了详细规定。适应了当时 CIF 合同的广泛使用和引起众多纷争的需要,所以在当时发挥过重要作用。

二、目标市场国法律

影响国际市场营销活动最经常、最直接的因素是目标市场国即东道国有关国外企业在该国活动的法律规范，它涉及的范围十分广泛，包括企业产品开发、商标运用、定价、促销、分销渠道等所有的商业活动。例如，用于规范国际贸易活动的买卖法、合同法；用于国际货款结算的票据法；用于规范广告宣传活动的广告法；用于处理远洋运输问题的海商法、海上保险法；用于商品注册的商标法；用于处理国际技术转让、许可证贸易、国际工程承包、国际租赁等方面的单行法规等。这些法律、法规受各国不同国情的影响，使同一法律的具体内容不尽相同。比如，对于有奖销售活动，奥地利的折扣法禁止对顾客采取现金折扣等优惠做法，而在芬兰，只要不采用“免费”这个字眼，现金折扣在相当大的范围内是允许的；各国法律对于在广告中使用对比法宣传产品或服务也有不同的规定，加拿大的法律最为严厉，像“加拿大走时最准的手表”之类的宣传广告，如果没有确凿的证据予以证明，则会被法院判定为欺骗消费者。

实例 4－5：日本的法律特点及构成

日本市场经济的法律概括起来有如下几个特点。

1. 经济法规可以分为基本法与普通法。基本法规定国家对待经济的基本方针，有母法的性质；普通法则对一些具体的经济问题立法。

2. 全面而系统。日本经济立法涉及生产、流通、分配、消费等各个经济环节，也渗透到个人、企业、政府等各个经济方面。

3. 具体。对各种经济法律问题都有十分明确而具体的规定，有着较完备的逻辑体系。

4. 除基本法律外，还有临时法、个别法。

5. 所有的经济立法几乎都有惩则，处罚时有罚金与徒刑两者并课。

6. 在立法程序上须国会通过，天皇布昭，实施细则则由内阁或各省大臣个别酌定。

7. 对企业的立法较多，特别是大力扶持、保护中小企业，调整中小企业的组织和活动的法规，成为日本经济立法的一大特色。

日本市场经济法规又可分为以下 4 种类型。

1. 民商法典，这是日本市场经济的基本法典，为其他的经济立法提供了基本的准绳和原则；

2. 竞争法典，旨在制造并维系日本市场经济公平、公正、公开的竞争环境，其中以《禁止垄断法》和《中小企业基本法》为核心；

3. 财政、金融、税务法典；

4. 公司运作法典，包括对公司成立、上市、股票买卖、公司重整和破产以及股东大会、董事、监事、财务制度等详细而明确的规定。

任何一个主权国家的政府都会通过制定一系列完善的法律法规,来规范和协调本国企业及外国企业在本国市场中的营销行为。所以,企业在目标市场国进行营销活动时,还必须对东道国的有关法律内容或具体条款进行深入的研究和对比分析,以规范和调整自己的经营行为。

从世界范围看,尽管世界各国的法律法规制度各不相同,但基本上可以归结为大陆法系和普通法系两大法律体系,而且各国具体法律法规的制定也主要取决于本国所采用的法律体系。

(一)大陆法系

大陆法系是指欧洲大陆各国及受其影响的其他一些国家的法律体系。该法系以法国、德国、意大利、奥地利、比利时、荷兰、卢森堡、西班牙、葡萄牙、苏格兰、墨西哥、瑞士等为代表,也包括受这些国家影响的拉美和非洲国家,如埃塞俄比亚、摩洛哥、索马里、安哥拉、阿尔及利亚、莫桑比克、毛里求斯、加拿大的魁北克省(法语地区);亚洲的日本、泰国、印尼、伊朗、菲律宾、斯里兰卡、土耳其等也属于大陆体系。大陆法系的基本特征如下。

1. 普遍采用成文法。它在结构上强调系统化、条理化、法典化和逻辑化。即成文法以全部成文法规为依据,成文法的法律制度一般分为三种法典:商法、民法和刑法,它主要起源于罗马法。

2. 法律的实施以法律条文为依据,由法官加以引证和解释,即法官享有很大的对法律的解释权。

大陆法系旨在制定出针对所有可能的法律问题的法律条文,以适应很多不同的事实和情况,因此,这种法律条文必然是比较笼统或具有弹性的。所以,尽管其法律条文本身似乎很具体,但同一法律的应用可能会产生很不同的解释。对于那些不熟悉东道国法律条文的国际营销人员来说,就存在很大的不确定性。

大陆法系根据罗马法的分类方法,把法律分为公法和私法两大类,即宪法、行政法、刑法、诉讼法与国际公法等都属于公法范畴;民法、商法等都属于私法的范畴。这种分类方法至今还影响着法律界的研究和发展。

(二)普通法系

普通法系又称英美法系,是指以英、美两国为代表并包括受其法律传统影响的一些国家的法律体系,它起源于英国法。英国、爱尔兰、美国、加拿大、澳大利亚、新西兰、印度、缅甸、马来西亚、埃及、利比亚、利比里亚、伊拉克和其他一些曾经处于英国影响之下的国家和地区都属于普通法系。普通法系的基本特征如下。

1. 采用判例法,实行“先例约束力原则”,即普通法的基础是传统、过去的惯例,法院解释的法令、法规和过去的判决所做出的判例。普通法根据高级法院按以往的判决解释的法令,或将已确定的以及惯例的法律原理用于类似事实。

判例法又称习惯法,因为过去的习惯做法和传统对判决有很大的影响,也就是严格按照先例约束力原则判决。而先例约束力原则是指过去判决的理由对以后的案件有约束力。

2. 重视程序法。各种法律、法规从内容上可以区分为实体法和程序法。实体法是规定人们在经济关系之间的义务和权利的法律，主要有民法与商法。程序法是规定诉讼程序和仲裁程序的法律，如民事（商事）诉讼法、仲裁法等。

现在，普通法受成文法作用的影响越来越大，但只有经过法律的解释和适用才能发挥作用。因此，在普通法系的国家，从事国际营销的人员遇到法律纠纷时，研究以往相类似案件情况下的法院判决先例是很重要的。

除了以上一些基本的区别外，对一些具体的法律问题，两大法系的解释也有很不相同的地方。例如，在普通法系的国家中，工业产权的认定原则是使用在先；而大陆法系国家的认定原则是注册在先。在大陆法系国家里，某些协议必须以适宜的方式经过公证或注册后方具有强制执行力，而在普通法系的国家，只要能够提出证据证明其存在就可以认为是有约束力的。此外，对于一些法律术语的解释或具体的含义二者也存在差异。如在实行普通法系的国家内，一般将“不可抗力”解释为洪水、雷击、地震和其他类似的自然灾害。如果因为这些“不可抗力”因素导致无法履约时，按法律规定可以免除执行合同的义务。而在实行大陆法系的国家中，“不可抗力”包括的内容相对较宽，即除了上述纯粹的自然灾害以外，还包括“对履约的不可避免的干扰，无论这种干扰是因自然力量还是不可预见的人类行为引起”，如罢工、暴动等。但普通法系国家的法律认为，罢工、暴力是可以预知，并可以通过采取适当的措施予以制止的，所以不应视为“不可抗力”因素，因罢工、暴动导致的延期交货或无法履约，同样要依法追究法律责任，赔偿对方的经济损失。

由此可见，国际市场营销人员要想充分了解东道国法律对其营销活动的影响，首先要准确把握大陆法系和普通法系之间的差异。这有助于企业更深入、准确地把握目标市场国具体的法律条款的差异和区别。

三、母国法律

各个国家出于自身的政治利益或经济利益，对于本国企业开展国际市场营销活动，卷入涉外民事活动所形成的国际民事法律关系，都制定出明确的法律规定加以规范。

从全球范围看，母国法律对国际市场营销行为的影响，主要可以归结为进出口贸易立法管制、技术贸易立法管制、投资立法管制三个方面。

（一）货物进出口贸易立法管制

当今世界，限入奖出是各国对外贸易立法管制的一个基本出发点。所以，各国一般对进口管制较严，即通过国内立法，采取各种关税和非关税手段，限制外国产品进入本国市场。尤其是那些贸易收支逆差以及基础设施问题严重的国家，几乎所有的进口或者某些特定产品的进口都要受到关税、自愿限制协定或配额制的管制。有时，为了鼓励本国工业化的发展，一些国家会完全砍掉某种产品的进口。国际市场营销企业对此一般只能遵守和服从。与此形成反差的是，各国政府为促进产品外销,增强其国际竞争力,都制定了一系列鼓励出口贸易的各种法规,包括各种税收的减免、出口信贷、出口补贴等。但是,出于政治、军事、经济等方面的原因,政府也会限制或禁止某些商品的出口,即实行出口立法管制。出口立法管制主要可分为市场、产品和价格三个方面。

1. 市场管制。市场管制主要是限定产品出口的目标市场。例如,美国的《与敌对国贸易法案》,规定美国公司向海外市场销售时,目标市场国不得是其敌对国。

2. 产品管制。从短期看,产品管制主要是对国内市场需求大的消费品和生产所需的原材料、中间产品等实行管制,以满足国内生活和生产方面的需要。从长期看,主要是管制那些被认为具有战略性或敏感性的产品出口,或国家稀缺的资源,如通信设备、宇航技术、飞机军舰、计算机和武器等军用设备及其相关商品。此外,对于一些古董文物、艺术品等也实行出口管制。在某些特定情况下,甚至会对一般生活必需品进行出口管制,即出于某些政治目的的所谓"经济制裁"。

3. 价格管制。价格管制是对出口产品定价的约束。许多国家的政府要求企业将出口产品的价格上报备案或接受审批。如美国的国内收入局有权审查出口价格,并在跨国公司给国外子公司的出口产品定价权上拥有发言权。

实例 4-6:美限制对华卫星出口

2013 年 1 月 3 日,美国总统奥巴马签署了《2013 财年国防授权法案》,其中放宽了卫星及相关物项出口管制,但对中国仍保持严控,不仅禁止对华出口、再出口或转移,而且也不允许在中国发射。据悉,美国现行管制条例规定,中国或其他国家的卫星所含美国产部件或技术比例不得超过 25%。去年 4 月,美政府曾发布一份报告,建议国会放松对卫星及相关产品出口管制,以方便美国企业在全球通信及遥感器材市场展开竞争,但继续禁止由中国运载火箭发射美国卫星,同时更严格地管制对华出口卫星或相关零部件。长期以来,美国在军品、军民两用品以及无线、芯片、软件、安全、雷达等高科技领域均对中国采取限制出口政策。此前美国也多次表示将改革出口管制,并曾承诺努力促进高技术产品对华民用出口。在上个月举行的第 23 届中美商贸联委会上,美方再次强调将促进高技术产品的对华民用出口,及时处理中方提出的物项申请,支持两国在民用核能领域的高新技术合作,以及放宽对部分军民两用物项的管控,并使中国从中受益,但迟迟未见实质性措施,反而实际上不仅始终将中国排除在出口管制改革的受益方之外,还采取措施继续限制中美在民用卫星领域的合作,有加强对华出口管制的迹象。为此,中国商务部已多次重申,中方希望美方能切实履行承诺,改变对华歧视性做法,在美出口管制改革过程中,重视并解决中方重点关切,实质性放宽对华出口管制。

(资料来源:沈玮青,新京报,新浪财经,2013 年 01 月 06 日。有删改。)

(二)技术进出口贸易立法管制

技术进出口贸易立法管制正日益引起各国的重视。许多国家特别是发展中国家，都设立专门机构对技术进出口贸易进行管理，并制定了有关技术转让的法律。发展中国家的企业从国外引进技术一般都受到较严格的法律管理，比如，一般货物交易只要双方签订合同，即可生效；而技术进出口合同往往须经有关管理当局批准方能生效。这样做的目的是为了保证能够引进先进而又适用的技术。

1. 对技术输出的立法管制。对技术输出的立法管制主要是管制技术输出的方向和技术本身的性质。如许多发达资本主义国家立法禁止高技术向社会主义国家的输出。

2. 对输出技术性质的管制。对输出技术性质的管制主要是禁止出口那些对国家经济技术发展具有战略意义的技术，以及与国防安全有关的技术，对一般成熟技术的输出，则采取鼓励的措施。

（三）对投资的立法管制

对投资的立法管制分为资本输入法律制度和资本输出法律制度两个方面。

1. 资本输入法律制度。资本输入法律制度主要是确定外国在本国投资的范围和形式，外国投资者的权利与义务及其法律地位，对外国投资的鼓励、保护、监督、限制等法律规范。资本输入的有关法律规范必然影响到与国外企业合作或合资经营的本国企业。如我国的《中华人民共和国中外合资经营企业法》、《国务院关于鼓励外商投资的规定》等。

2. 资本输出法律制度。资本输出法律制度主要是鼓励本国企业向海外投资以及为保证其投资的安全与利益而采取的一系列政策措施和法律制度。主要有：①投资鼓励，即从政策和具体措施上，对本国海外投资者提供各种优惠和鼓励；②投资保证，政府针对本国海外投资者在国外可能遇到的政治风险，提供保证或保险，海外投资者可向本国投资保险机构投保，一旦承保的政治风险发生，致使其遭受损失时，可由国内保险机构补偿其损失。

从参与国际营销活动的中国企业来看，对于母国法律环境的分析，首先是要了解本国对产品出口和国际市场营销方面的法律和法规，以指导和规范企业的跨国营销行为。随着社会主义市场经济体制的确立和完善，随着改革开放的进一步发展，我国政府逐渐制定和完善了一系列的法律法规，对于扩大国际经济合作和技术交流，促进整个国民经济的发展都起到了非常重要的作用。与我国企业的国际经营活动直接和间接有关的法律、法规主要有：《合同法》、《公司法》、《商标法》、《专利法》、《食品卫生法》、《产品质量法》、《广告法》、《大气污染防治法》、《海关法》、《进出口关税条例》、《进出口商检法》、《中外合资经营企业法》、《对外贸易法》、《中外合作经营企业法》、《外资独营企业法》、《外资企业所得税法》、《技术引进合同管理法规》、《反不正当竞争法》、《消费者权益保护法》、《营业税暂行条例》、《劳动法》、《价格法》、《个人所得税法》、刑法典及其程序以及最重要的民法典。此外，还有《企业破产法》、《会计法》、《注册会计师法》、《仲裁法》、《中外合资企业外汇收支平衡法规》、《房地产管理法》、《银行法》、《预算法》、《统计法》、《税收征收管理法》、《著作权法》、《中华人民共和国劳动争议处理条例》、《国有企业富余职工安置规定》、《国有企业职工行业保险规定》等其他一些与之有关的法律、法规、条例等。

本章小结

1. 不同国家的人民,不同的社会文化,代表不同的生活模式,对同一产品可能持不同的态度,因此,社会文化因素会直接或间接地影响产品的设计、包装、产品被接受的程度、信息的传递方法、分销与推广的措施等。此外,人们的消费方式,满足需要与欲望的考虑顺序,以及他们满足自我的方式等也都是以他们的文化为基础的。文化形成并支配着人们的生活方式。因此,国际商界有一条定律:重视文化分析者成功,忽略文化分析者失败。

2. 文化是人类社会全部知识和习俗的总和,即人类的知识、信仰、艺术、伦理、法律、风俗以及人作为社会成员所获得的一切能力和习惯的总和。它广泛地渗透到人类生活的各个方面。所以,人类社会的所有行为在一定程度上都可以由文化来加以描述。

3. 一国的文化环境尽管错综复杂,但可以从教育水平、语言、宗教、风俗习惯、态度和价值观念、社会阶层和社会组织等几个方面去分析。教育是培养人、传递生产经验和生活经验的必要手段。语言是人类进行信息沟通的方式,语言的差异往往代表着文化的差异。宗教是文化中处于深层的东西,是一种信仰。此外,还有风俗习惯、态度和价值观念、社会阶层和社会组织等,都对人的生活方式、购买的商品和购买的行为产生深刻的影响。

4. 法律是国际市场营销环境中一个重要而又复杂的因素。迄今为止,世界范围内,还没有一个能够解决国际商事争端的统一的国际司法机关,也没有一个适用于解决一切争端的超国家的法律制度。因此,国际营销企业进入多少个国家,就要面临多少种不同的法律环境。国际市场营销的法律环境是由国际经济法律、市场营销目标国法律以及国际营销企业母国法律相互作用形成的。

5. 国际经济法是指约束国际经济关系的法律规范的总和,它包括国际私法、国际公约或条约、国际惯例等。国际私法是调整涉外民事法律关系的规范的总称。一般地讲,目前国际上主要运用属地管辖原则、属人管辖原则、协议管辖原则和专属管辖原则四种原则来确定国际商事争端的司法管辖权。

6. 国际条约、公约或协定一般是指两个或两个以上的主权国家为确定彼此间的经济、贸易关系所缔结的书面协议。签订了国际条约、公约或协定的国家,彼此间的贸易就要按有关条约、公约或协定进行。即企业的国际营销还必须符合当事人所在国缔约或参加的有关国家或国际经济贸易组织所作出的有关国际经济问题的决议。

7. 作为国际经济法主要渊源之一的国际惯例,也是调整和约束企业国际营销行为的重要法律规范。国际惯例是通过各国的反复实践逐渐形成的某种特定行为和习惯。在现行的国际惯例中，有些内容已被国际条约所采用，即出现惯例条约化的趋势，因此，国际惯例的作用越来越重要。

8. 影响国际市场营销活动最经常、最直接的因素，是目标市场国即东道国有关国外企业在该国活动的法律规范，它涉及的范围十分广泛，包括企业在产品开发、商标运用、定价、促销、分销渠道等所有的商业活动。从世界范围看，尽管世界各国的法律制度各不相同，但基本上可以归结为大陆法系和普通法系两大法律体系，而且各国具体法律法规的制定也主要取决于本国所采用的法律体系。

9. 各个国家出于自身的政治利益或经济利益，对于本国企业参与海外经济贸易活动，卷入涉外民事活动所形成的国际民事法律关系，都制定出明确的法律规定加以规范。从全球范围看，母国法律对国际市场营销行为的影响，主要可以归结为进口贸易立法管制、出口贸易立法管制、技术贸易立法管制、投资立法管制四个方面。

复习思考题

1. 文化的含义及其特点是什么？
2. 文化环境的构成要素及其对国际市场营销的影响怎样？
3. 国际经济法律的现状及其构成怎样？
4. 国际司法管辖权的认定原则是什么？
5. 试分析大陆法系与普通法系的区别。
6. 母国法律环境的构成内容是什么？

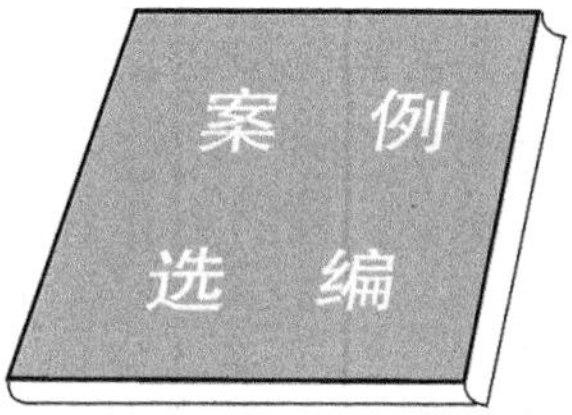

联想：新纪元

在 2012 年 4 月联想美国誓师大会上，面对台下近 2 000 名联想美国员工，杨元庆用流利的英文演讲了半个多小时，其间还不时夹杂一些西式的幽默。演讲结束，所有美国员工自发起立，为他们的这位中国老板鼓掌。一位中国企业的 CEO，向着自己领导的外籍员工用英语阐述梦想，在中国企业里，这可是头一遭。

48 岁的杨元庆完成了他人生非常重要的一次蜕变：不仅仅是他的英语，而且是从一位中国公司的 CEO，彻底转变为一家全球化运营公司的董事长，就像他服务和管理的联想——这家诞生于1984年的中国电脑制造商在28年时间里所经历的磨难和成长那样。它的昔日对手:IBM、DELL、宏碁……或退出这一市场,或纷纷被其甩在身后,它也是第一次如此逼近全球最大电脑制造商的宝座。IDC研究公司的数据显示,截至6月30日的联想2012/13财年第一季度,联想全球市场份额升至15%,与惠普仅相差0.7%。而在去年同期,双方差距还高达6%。值得一提的是,尽管全球PC行业整体销量同比下滑近2%,但联想销量却同比上涨24.4%,这已是联想连续13个季度超越整体行业增长,亦连续11个季度成为全球前四大厂商中增长最快者。下一步联想的目标是成为新计算时代的领导者。为此,杨元庆给它起了一个雅号——"PC+时代",即全面打通台式电脑、笔记本、平板电脑、智能手机和智能电视之间的关联,要在全球的企业市场和消费市场做全能冠军。

PC世界或许要采用新的"年号"了——一个"联想纪元"就此拉开时间的序幕。对联想自身而言,这同样意味着两个完全不同的世界的分水岭。从跟随者、挑战者,到产业的领导者;从传统PC,到PC+;更重要的是,这家公司已经从并购IBM PC业务的国际化初级阶段,开始向一个真正全球化运营的跨国公司蜕变。

一、重上"文化课"

对联想而言,从2004年年底发起对IBM PC业务并购,到2009年年初,可视为国际化的初级阶段。在此时期,联想初步实现其全球化布局,并大胆放手让西方人改造董事会和管理层,这其中经历的中西文化的剧烈冲撞和由此带来的巨亏灾难,不啻是一堂对联想影响深远的挫折教育。而从国际化到全球化的分水岭,正是发生在2009年年初。

2008年的联想,其国际化的大本营中国市场意外"掉队",增长首度位居全球之后。而全球企业客户市场亦萎缩了20%,2009财年(截至2009年3月31日)亏损2.26亿美元。而同期消费类业务全球有10%~20%的增长,联想在中国以外却基本没有什么建树。当时IDC的数据报告显示,联想的增长速度总是在前五位里面排在最后。为此,2009年2月4日,杨元庆辞去董事长职务重任CEO,原CEO威廉·阿梅里奥(William Amelio)下台,柳传志重新出山再任董事长。杨元庆自知要力挽狂澜,制定了"保卫+进攻"战略——即保卫中国业务及全球企业客户的业务,进攻全球消费业及新兴市场。这一主线贯穿至今。

杨元庆随即展开了一整套与之相应的部署。例如,联想此前曾有主攻新兴市场的计划,但是缺乏匹配措施,最终不了了之。而杨力排众议,其大胆将全球市场划分成两个新的业务集团——一个专注于成熟市场客户,另一个专注于新兴市场客户,而非以往依照美洲、欧洲等区域划分的方法。在产品架构领域亦分为THINK产品集团和IDEA产品集团,前者关注关系型业务以及高端的交易型中小企业市场,后者专注于新兴市场和成熟市场的主流消费者,以及交易型中小企业商用客户。

杨元庆的首要任务是纠偏。在前CEO阿梅里奥时代,为短期业绩漂亮而不惜大幅削减研发费用,仅2009财年,联想集团全年研发费用就同比减少4.2%。2010

年,杨则逆势将研发费用同比增加48.2%。表面看这仅是一个业务层面决策取向的不同,深层次而言,这正反映了联想在国际化初级阶段所丢失的最宝贵的东西:主人翁文化。“柳杨配”之后,其中一项重要工作就是重新彰显联想的优秀文化:只有以“主人翁”的心态,才会更关注联想的未来,才会避免短视决策。

拨乱反正的另一个结果就是,从“全面西化”,到注重管理团队的中西平衡。阿梅里奥上台后,在2006年8月短短半个月时间内,把联想全球的五名高层变更为来自戴尔的人,这对联想原有文化产生了深层的破坏。原来的联想,是在用心培养人才。它能容忍你的一些不足,当你一旦有些成绩,会被给予更大的空间。但阿梅里奥是个职业化的人,他需要业绩,所以他不会容忍你的不足。这破坏了原有员工对联想的感情,导致联想人大批主动辞职。为此,杨元庆在2009年联想成立的执行委员会(LEC)里,一直刻意维持着中西方管理人员的平衡——其名额被严格限定为中西参半,如果中方有一位退出,增补者也一定是来自于中方。这样做,就是为了避免从一个极端滑向另一个极端。这无疑是联想在国际化之路上学习的重要一课。就许多中国企业而言,要么在并购初期派遣信任度高的本土管理人员,实现全盘掌控;要么任用外籍经理人后过于放手,导致与总部产生更大的文化沟通成本。老实说,这是一个来自弱商业文化国度的中国企业在并购强势商业文化的公司时,不可避免会面临的挑战。矛盾在于,是前者强力整合后者,还是后者最终会同化前者?

联想试图以新的手法来解决这一矛盾。这就是,不是谁“归顺”谁的问题,而是重新塑造新的公司文化。这其实正是一个全球化运营的公司在文化上成熟的表现。2009年后,联想明确了自己的“4P文化”。Plan:想清楚再承诺;Perform:承诺就要兑现;Prioritize:公司利益至上;Practice:每一年、每一天我们都在进步。值得注意的一个细节是,文化的梳理是由联想总部作出,但这四个英文单词,却是由联想美国团队总结出来,然后才译为中文。2012年年初,联想美国团队还进一步提议,在新联想的4P文化中,缺少对创新的关注。因此,联想在今年初又提出了第五个P—Pioneer,中文译为“敢为天下先”,鼓励打破常规,勇于创新,并提倡包容试错的冒险精神。在过去联想28年的历史上,柳传志以与时俱进的方法论缔造了联想深厚的管理文化。现在,杨元庆发动的这场类似基因改造工程一样的文化重塑,则让联想又烙上了全球化公司的新印迹。

二、全球化聚合研发

当2005年联想收购巨亏的IBM PC部门时,ThinkPad已千疮百孔。戴尔创始人迈克尔·戴尔(Michael Dell)被问及如何应对联想这样的竞争者时曾不屑一顾:“除了中国以外,我们还有更强的竞争对手需要担心。”而事实证明,联想毫无疑问是最有力的竞争者。

为了推动美国、日本及中国三地工程师的融合,联想内部开展了一项名为“Lenovo technology outlook”的活动,三地技术研究开发团队全部参加,每年一次预测未来用户、商业环境及技术变化。鉴于文化差异可能妨碍各方的有效协作,设计师们曾被安排至著名的哈雷—戴维森(harley – davidson)公司参观。这家公司庞大的多层建筑中隐藏着多个摩托车展厅、一个博物馆还有哈雷车友会会议室。ThinkPad品牌设计负责人大卫·希尔(David Hill)认为数十年哈雷摩托强大的品牌、工程质量与设计传统保证了公司经久不衰,ThinkPad 亦有类似的传统。在罗利设计中心内墙上悬挂着数十张设计奖牌,一旁的玻璃架子上则陈列着奖杯。这间大约相当于一个半篮球场面积的陈列室被设计师戏称为"幻想食屋",名字出自美国 1960 年的电视剧《贝佛利山庄乡巴佬》。房间的一角摆放着从飞机上拆卸下来的两排灰色航空座椅,以供设计师模拟电脑在机舱内的可用性。穿梭其间的设计师则来自世界各地。

为了激发创新,联想内部鼓励轮岗。ThinkPad 前高管正在轮岗到联想包括供应链、产品研发等诸多体系之中。ThinkPad 与 Ideapad 的工程师亦互相渗透。2011 年,ThinkPad Edge 系列产品的研发曾转移至北京,大和实验室曾向北京和上海研发中心输送包括研发中心总监、ID 设计负责人、外观设计负责人等在内的 9 名资深工程师,而今年 4 月,联想中国区亦有 3 位工程师派驻日本进行为期一年的轮岗。

大和实验室负责人、联想集团 ThinkPad 笔记本研发副总裁内藤在正(Naitoh – san)说:"联想是西为中用、中为西用的全球化企业。"在内藤在正看来,全球化企业具备三个要素:运营全球化;管理层全球化;通行全球的企业文化。以汇报制度为例,内藤所在的日本联想其沟通主管是日本人,但其直接上司是澳大利亚人,此人需要向在巴黎工作的荷兰人回报,而荷兰人则需向杨元庆回报。

联想在全球化的同时亦保留当地员工的多样性。例如,联想一直有收集"使大家快乐"的内部活动。一些国家称其为"信箱""大声说话",而在日本大和实验室,该项目被称为"快乐联想"。流程非常简单,员工可随意在数据库中输入建议并讨论,进展情况及是否被采纳亦一目了然。在四年间,大和实验室员工曾提出超过 200 条建议,多数得到采纳。每个财年里,管理层会评选金奖、银奖、铜奖和特别奖,获奖者还会获得一份证书以及一份小奖品。一份获得金奖的建议是在会议室墙上挂一幅标明日本、美国、中国节假日的日历。另一条建议是制作信用卡大小的日历,上面标注这些国家的节假日。在内藤看来,ThinkPad 被联想收购后在研发资源投入、资源广度深度、产品丰富度及赢利水平上均有巨大提升。

三、输出中国经验

中国,仍然是联想全球化往前走的大本营。在中国市场,联想的优势已是坚不可摧。在全国 3.1 万个乡镇,联想渠道覆盖超过 2.2 万个,覆盖率超过 70%。接下来的问题是:如何在印尼、巴西、墨西哥、印度和土耳其等市场,输出这样的中国经验。在杨元庆看来,第一就是"挑对人"。当联想在初期开拓俄罗斯、巴西等市场时,通常是从中国选派管理人员,以此保证能够拷贝在中国市场赖以成功的经营模式。但现在,杨元庆更希望各个国家市场能够任用更懂当地的本地经理来负责,"再深入做,还是要依赖本地的人才"。在北美,联想美国总裁大卫·史莫克(David

Schmoock)更验证了杨元庆的眼光。在并购 IBM PC 之前,史莫克是联想集团的 CIO,杨元庆觉得他是一个具有销售能力的人,于是让他负责整个成熟市场的运营,两年以前又专门调去做北美的业务。而在欧洲,联想更是挖来了宏碁前 CEO 兰奇(Gianfranco Lanci)出任 EMEA(欧洲、中东与非洲地区)总裁,以弥补联想在此区域的短板。2011 年年底,联想欧洲市场份额达到 8.5%,同比增长了 77%。在最为薄弱的消费级市场,通过收购德国 Medion,联想的市场份额达到了 4.9%,而 2010 年,这个数字仅为 0.9%。

接下来,就是如何唤醒这些资深的外籍经理人,在这个年轻的中国公司里重焕创业激情。杨元庆为此大胆下注,在其力推下,联想设立区域突破奖。例如,某区域只有 1% ~2% 的市场份额,若能够突破到 5%,奖金就是原来标准的 2 ~3 倍。这迥异于以往联想四平八稳的做法,杨元庆坦言希望下属找到“创业感觉”。一个成功的样板市场即为俄罗斯。3 年时间,联想在俄罗斯 PC 市场的占有率从 0.9% 蹿升至 10%。

对于任何一个从母国市场发展起来的走向全球化的公司而言,人才和文化的融合都是巨大的挑战。这不仅是实现全球销售、全球生产和对外投资。真正的全球化,就是以全球化理念、全球化战略并集聚全球化人才,把全球最好的资源进行配置,实现全球化运营。在联想自上而下、层层分解式的组织机构人力资源的计划(OHRP)中,杨元庆要求每个层面职务最高的 50 个人需完成“个人发展计划”,70% 的关键岗位至少拥有 2 个内部继任者。此外,还要求每一层面都要有 2% 的高潜能者,这些人需要在绩效、专业技能、行为素质、英语等方面表现出众,胜任全球工作,且有潜力在 3 ~4 年时间内连升两级。

(资料来源:岳森,环球企业家,2012 年 09 月 10 日,有删减。)

思考题

1. 分析联想国际化取得巨大成功的主要经验有哪些?
2. 联想的成功经验对中国企业国际化的启示是什么?

第五章

国际市场营销调研

★ 本章要点及学习要求 ★

企业的国际市场营销涉及众多的国家或地区，市场营销环境差异很大，营销系统十分复杂，营销管理和协调颇有难度，因此，企业开展国际市场营销活动，进行国际市场营销战略或策略决策的前提就是国际市场营销调研。即为了寻找国际市场中的营销机会，预见国际市场营销中的风险或问题，国际市场营销企业必须通过建立科学、完善的国际市场营销信息系统，开展有组织、有目的的国际市场营销调研工作，在掌握充分的信息资料的基础上，作出对国际市场营销的分析、计划、执行和控制等各项决策，以保证企业国际市场营销目标的顺利实现。

本章首先将市场营销调研与国际市场营销调研作简要的对比，然后，介绍国际市场营销调研的过程及内容；分析国际市场营销调研中信息搜集的方法以及信息的开发和利用等方面的问题；最后介绍企业国际市场营销信息管理系统的构成。通过本章的学习，要求：

1. 了解国内营销调研与国际营销调研的区别；
2. 掌握国际营销调研的过程和内容；
3. 掌握国际营销调研信息的搜集与分析的基本方法；
4. 了解国际营销信息系统的概念和构成。

第一节　国际市场营销调研的内容

一、市场营销调研与国际市场营销调研

市场营销调研一般由市场营销调查、市场营销活动分析和市场营销预测三部

分组成。随着国际、国内市场竞争的不断加剧，加上营销调研手段、分析方法和预测工具得越来越现代、准确和高效，市场营销调研在企业营销管理中的地位和作用也变得越来越突出，已经被众多的企业家看作营销活动成功的法宝。国际市场营销调研也是如此，它是企业开拓国际市场的前提，是企业一系列国际市场营销决策的科学基础，国际市场信息的数量、准确性和及时性直接关系到企业国际市场营销的成败。

（一）国际市场营销调研的意义

国际市场营销调研是指企业以国际市场和国外消费者或用户为对象，以掌握国际市场营销环境中各种因素的变化及其相互关系为目的，运用科学的手段和方法，系统、客观地搜集、记录、整理、分析与企业国际营销有关的各种信息，以便为企业的国际市场营销决策提供科学依据的活动。由此可见，国际市场营销调研是在国际市场上，对与企业国际市场营销有关的一切信息所作的一项系统、科学的工作，它由简明而准确的调研问题开始，通过运用现代、高效的信息获取方法和分析技术，从而获得科学、客观的结果或结论。

客观性在国际营销调研中是至关重要的。如果调研的目的只是为了去“推证”先前的某个判断或观点，那么国际市场营销调研不仅是浪费时间和资源，而且可能会导致企业重大决策的失误，最终给企业带来巨大的经济损失。所以，在国际市场营销调研中，数据是至关重要的，而不能仅靠主观判断。信息的搜集和积累是每个企业国际营销调研的一个必要的前提条件。

此外，国际市场营销调研工作应该是有计划有组织的活动，是围绕着企业国际市场营销决策的需要而展开的，因此，所搜集的信息必须与特定的需要或目的相联系，即要求必须有可获得的完成营销调研所需要的信息，必须具有指导企业改善经营与管理的作用，即国际市场营销调研的任务在于通过运用科学的方法来搜集、分析数据并评估信息，为国际市场营销决策提供更多的选择机会，减少决策的不确定性，进而降低作出错误决策的风险。

国际市场营销调研的功能主要有描述功能、诊断功能和预测功能。描述功能包括搜集和记录事实，如本行业的销售趋势，某国消费者的购买习惯，某国消费者对企业产品和广告的态度等。诊断功能即解释信息资料的功能，如企业本季度销售量下降的原因，改变包装或提高价格对销售量的影响等。预测功能是指企业利用描述性和诊断性数据来预测未来的变化趋势或可能结果，为企业发现、评估新的利润机会，如根据一国经济增长率、人口增长率、国际收支状况等重要的经济和社会发展指标，就可以准确预测一国的市场规模和市场潜力的变动趋势，以便企业及时调整经营战略和策略。

（二）市场营销调研与国际市场营销调研的区别和联系

国际市场营销调研与国内市场营销调研的相同点表现为两者的程序是一样的。无论是国际市场调研还是国内市场调研，都要首先发现营销中存在的问题，确定市场营销调研的主题，制定市场营销调研计划，然后再搜集、整理、分析有关的市场营销信息,最后撰写市场营销调研报告供决策者使用。此外,二者对企业的意义、作用也是基本一致的,在市场营销调研的原则、基本方法等方面也很相近,但在市场营销调研的范围、具体内容、复杂性等方面却存在很大的差异。

1. 国际市场营销调研的范围比国内市场营销调研更为广泛。从国别上看,国际市场营销调研可能要多达 150 多个国家,每个国家都有不同的营销环境和市场特色。当然,企业可以按照自身国际市场营销的发展阶段,有选择、有侧重地开展国际市场营销调研。此外,国际市场营销调研中,需要搜集、记录的变量也比国内市场多。一些在国内市场熟悉、不变或变化很慢的因素,如政治气候、法律制度、分销渠道等在每一个外国市场上都成了必须了解和掌握的变量,而且国际市场调研人员不仅要研究有关的外国市场内的各种变量,还要研究影响企业国际市场营销计划的全球性变量,如国际政治局势、国际汇率、国际法律、国际经济的一体化、区域化,等等。

2. 国际市场营销与国内市场营销决策所需的信息不同。企业开展国际市场营销必然要跨越国界,因此企业会面临陌生的环境,遇到许多国内市场营销中不曾遇到的新的问题和风险,所以国际市场营销的决策与国内市场营销的决策的差别很大。国际市场营销决策的内容主要包括:企业是否要进入国际市场;如果是,企业应采取何种方式进入国际市场;企业应首先进入哪个或哪些国家或地区;企业国际营销的战略和策略组合是什么;企业的国际营销组织和机构应如何设置、管理和控制,等等。因此,所需要的国际市场营销调研的具体内容必然明显地不同于国内的市场营销调研。

3. 国际市场营销调研比国内市场营销调研更困难、更复杂。由于世界各国在地理、文化、法律、经济以及政治等许多方面的巨大差异,使得企业国际市场营销决策所需的许多信息很难及时、准确地获得,尤其是在一些发展中国家更是如此,而且国际市场信息的搜集、获取的成本也都相当高。此外,从不同国家、不同渠道获得的信息,在统计口径、统计时间等许多方面存在不一致性,有些需要经过复杂的换算、加工后方能使用,有些则因不具可比性而只能废弃。最后,由于各国的经济发达程度、教育水平等因素不同,因此,对国际市场营销调研的手段、方法等的选择、使用也产生一定的制约,在国际市场营销调研的具体组织、实施方面也比国内市场营销调研更困难、更复杂。

总之,国际市场营销调研与国内市场营销调研存在着很多的不同,企业对此必须有足够的思想准备,要充分注意到国际市场营销调研的特殊性,尽量避免失误或过错,切实有效地为企业的国际市场营销决策提供科学依据。

二、国际市场营销调研的过程

国际市场营销调研的目的是在一定的时间、资金、调研手段、方法和技术等条件下,尽可能多地获得准确而可靠的信息或资料。由于每一次国际市场营销调研的目的、要求、范围和内容等各不相同,因此,每一次国际市场营销调研的具体做法各不相同，但是系统的、科学的国际市场营销调研所遵循的基本程序是相同的，这个基本程序包括定义问题、调研设计、抽样、数据搜集、分析数据和形成结论六个阶段（如图 5－1 所示）。

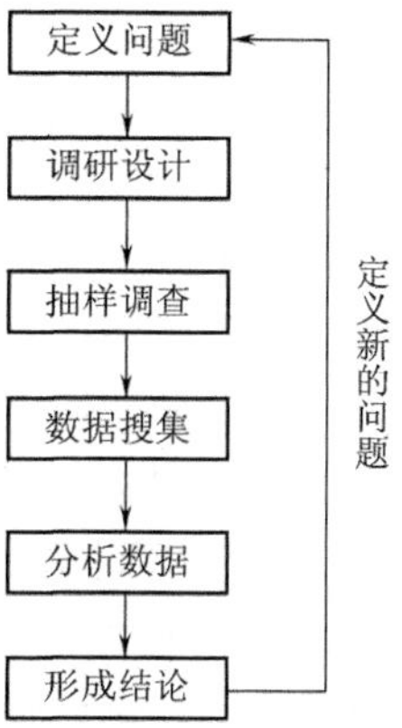

图 5－1　国际市场营销调研的过程

（一）定义问题

在企业的国际市场营销实践中，调研的任务也许就是澄清一个问题或界定一种营销机会。在此，不要将“问题”仅仅狭义地理解为企业在一些方面出现了困难，它应有一个包含识别新的市场在内的更广泛的含义。调研中的问题主要来自以下三种情况：一是正在进行的业务出现了问题，如一段时间内产品的出口大幅度下降，国外经销商的积极性不高等；二是企业要实施新的发展战略，如进一步开拓国际市场，提升企业的国际知名度，进军世界 500 强等；三是识别新的市场机会，如为保持和进一步提高自身的竞争优势，为了比竞争者先一步进入某国市场，或为了更好地满足国外消费者或用户的需要，等等。

企业国际市场营销中对问题的定义必须是相当清楚的。例如：出口产品的品牌是否符合国外市场的文化倾向、法律规定等；新产品的包装应当怎样；目标市场国消费者的特性如何，等等。只有简明而准确地定义了问题才能明确调研的目标，从而将企业的营销问题发展成一系列具体的调研问题或假设，即这一阶段的重点和关键是要将企业的国际市场营销问题成功地转换成国际市场营销调研需要搞清的问题。一般而言，企业的国际市场营销问题的含义是需要做什么，而国际市场营销调研问题的含义是需要提供些什么情报，要为做什么提供理由。总之，国际市场营销调研过程始于问题的发现和定义，识别问题是解决问题的第一步。

（二）调研设计

在调研人员确定国际市场营销调研问题之后，就应当对国际市场营销调研活动进行设计。国际市场营销调研设计是对搜集、分析所需信息的方法和过程的总体计划，是解决特定国际市场营销问题的结构和框架。国际市场营销调研设计应围绕国际市场营销调研目标而展开，并应服从于国际市场营销调研目标。在国际市场营销调研设计中，调研人员一方面要在调研成本与所搜集的信息质量之间作出正确决策；另一方面，要在调研方法、抽样技术、调研进度等具体问题上作出决策。国际市场营销调研设计的选择不是唯一的，调研人员往往面临着一系列的选择，每一种选择都有它的优缺点，都涉及一个取舍或抉择的问题。一般来说，国际市场营销调研所获得信息的精度与其成本高低是成正比例变动的。在这一阶段，国际市场营销调研人员的主要工作是在各种约束条件下，努力争取提供尽可能高质量的信息资料。

国际市场营销调研设计的最终结果是形成一个完整的国际市场营销调研计

划。国际市场营销调研计划是一个十分重要的文件,在整个国际市场营销调研中发挥着重要的作用。

1. 国际市场营销调研计划的作用。国际市场营销调研计划的作用包括以下几个方面。

(1)国际市场营销调研计划勾勒出本次调研的每一个步骤,是整个国际市场营销调研活动的总体规划和行动纲领。

(2)国际市场营销调研计划反映了国际市场营销调研人员对本次调研目的、内容的理解和认识水平,以及所选择的具体调研方式、方法等方面的决策依据。

(3)国际市场营销调研计划可以作为一种建议书,既是选择国际市场营销调研执行者的主要依据之一,又是申请调研经费的重要文件。

2. 国际市场营销调研计划的内容。国际市场营销调研计划必须包括以下几方面的内容。

(1)调研背景。主要阐述国际市场营销问题的由来及有关的背景情况。

(2)调研目标。尽可能详细地阐述国际市场营销调研的主要目标和次要目标。

(3)调研方法。阐述所要采取的数据搜集方法并说明理由,概述选择样本的过程,介绍数据搜集工具的设计、预先测试情况、修改过程、数据搜集的具体实施过程等,必要时可以附上问卷样稿。

(4)列表和数据分析。介绍使用的计算机软件,使用的统计分析技术及其理由。

(5)调研报告。简述报告的形式及包括的主要内容。

(6)时间和成本估计。为完成本次国际市场营销调研安排的时间表,预估各项费用和成本。

(7)人员安排。列出国际市场营销调研参加人员的名单及其具体分工,明确职责。

(8)其他说明。如客观分析完成本次国际市场营销调研工作的有利条件和不利因素,尤其是局限性或困难,说明所能采取的一切努力和可能措施等。

(三)抽样调查

抽样调查在任何国际市场营销调研活动中都是非常重要的一个阶段。抽样调查是指按一定方式从调查总体中抽取部分样本,用所得结果说明总体情况的一种调查方法。样本是指从全部总体中抽取的、作为直接观察对象的全部单位。样本的数目是有限的,相对于全体及总体单位数来说,它的数目比较小,在抽样调查中,样本单位数要达到一定的数量才能保证抽样资料的准确性。总体是根据一定的调查目的而规定的所要调查对象的全体。总体的单位数通常是很大的,甚至是无限的,正因为如此,才有必要组织抽样,进行抽样调查。即无限的总体在每一次抽样调查中可以转化为有限的。

抽样调查是一种专门组织的非全面调查。随着数理统计理论的发展和现代计算机技术的普及,抽样调查成为现代市场调查中一种普遍采用的基本调查方式,也是目前国际上公认的科学的调查手段。市场抽样调查具有经济、及时、准确和高效等显著特点，可以节约大量的人力、物力和财力，同时又能够较快地取得同市场普查大致相同的效果，但也存在着调查结果易于产生误差的不足。

抽样调查的关键在于如何抽选好样本，为此，要求国际市场营销调研人员首先要正确地确定抽选样本的方法，使抽选出的样本具有较高的代表性；其次，要恰当地确定样本的数目，一般应与总体数量成正比例变动；最后，要加强抽样调查的组织工作，及时发现问题，及时纠正，确保调查工作的质量。抽样包括随机抽样和非随机抽样两种基本的抽样技术，两者既有区别又有密切联系，并且各有其利弊，分别适用于不同的市场营销调查对象。根据调查对象的性质和研究目的的不同，随机抽样方式又有简单随机抽样、等距离抽样、分层随机抽样和整群随机抽样 4 种基本的形式，而常见的非随机抽样方法主要有任意抽样法、判断抽样法、配额抽样法和滚雪球抽样法等。

(四)数据搜集

数据搜集是根据国际市场营销调研方案，考虑到调研费用和时间的特定要求，通过一定的方法，搜集有关的信息。数据搜集可以采用案头调研或实地调研等不同方法，广泛搜集各种与调研课题和目的有关的第一手资料(直接信息)和第二手资料(间接信息)。在此要注意一点，即由于国际市场营销信息的范围过于广泛，容易使通过各种渠道获得的有关信息的基期、统计口径等存在很大的差异，因此，必须加以标注，以便于下一个环节的信息加工、整理，确保国际市场营销调研信息的准确无误。

通常，数据搜集过程存在两个阶段——预先测试和正式调研。使用小规模子样本进行预先测试，可以检验数据搜集计划是否合适，发现不适当的设计或问题，如调查问卷在用词、表述、理解、难易程度、长短等各个方面可能存在的不足。此外，从预先测试中获得的数据，可以使国际市场营销调研人员及时了解到从实际调研中可能获得的信息资料形式，如果数据表格和统计检验不能回答国际市场营销调研人员的问题，可能导致国际市场营销调研人员重新进行国际市场营销调研设计。

(五)分析数据

对所搜集的信息进行核实、简化、整理、归类、统计。然后根据企业国际市场营销的要求，进行分析、综合或预测等工作，找出国际市场上存在的营销机会，及时发现潜在的威胁，提供科学的决策依据。在信息的处理、分析和预测中，要善于运用现代化的技术手段——计算机及专业软件，以提高信息处理的效率，最大限度地发挥信息的经济价值。

数据分析技术的选择是由调研人员根据企业对信息的需求、调研设计及其特点、所收集数据的性质等综合考虑后作出的。对数据的分析可能是简单的频次分布，如一个月内消费者光临本店的次数，消费者的年消费数量等；也可能是非常复杂的多变量统计分析，如在所有影响消费者购买决策的因素中，职业、文化程度、收入水平、产品品牌、产品价格等的重要程度分析。

（六）形成结论

调研过程的最后阶段是准备报告，并向企业的管理者、决策者递交结论和建议，这是关键的一步，因为国际市场营销调研人员如果想让调研结论转化为企业实际的营销行动，就必须使管理者、决策者信服，即根据所搜集的数据证明结论是可信和合理的。

调研报告必须清楚、明确，主要内容包括基本情况介绍、数据分析说明以及调查结论和建议等。调研报告在结构上分为三个部分：一是前言，指出此次国际市场营销调研的目的，说明调研的方法和步骤等；二是叙述此次国际市场营销调研的内容，主要是对调研所获得的资料的分析及其结论的阐释；三是附录，包括此次国际市场营销调研的原始调查表、汇总表、统计图表、任务书、调研计划及有关证据材料等。

三、国际市场营销调研的内容

从广义上讲，国际市场营销调研的内容包括任何与国际市场营销有关的直接的或间接的信息，远至天文地理、社会人文，近至企业内部的各类管理材料；从狭义上讲，是指“商业情报”，或称“商情”“行情”，即指那些反映国际市场发展变化规律、直接影响企业国际市场营销决策的信息。归纳起来，国际市场营销调研的内容主要包括国际市场营销宏观环境和国际市场营销微观环境两大方面。

（一）国际市场营销宏观环境

调查国际市场营销宏观环境的状况是为了从宏观上把握企业运营的外部影响因素及产品的销售条件等。对企业而言，国际市场营销宏观环境调查的内容基本上属于不可控制的因素，如本书第二章、第三章所述，主要是世界各国的政治、经济、社会文化、技术和法律等方面。因此，有些人将宏观环境因素分析称为 PESTL 分析。

有关国际市场营销宏观环境的信息是企业制定国际市场营销决策的基础，即企业是否应该进入国际市场，从事国际市场营销；应该进入哪个或哪些国家的市场；应该以何种方式进入国际市场；应该如何制定产品策略及其他营销策略，等等，这些都有赖于对国际市场营销宏观环境信息的搜集和分析。因为它们直接制约和影响着企业的国际市场营销活动，有时甚至一条信息就能决定企业国际市场营销的成败。例如，我国某工厂由于没有获悉摩洛哥禁止进口带有英制单位货物的信息，在向该国出口的钢卷尺上不仅刻了国际单位制长度单位，同时也刻了英制单位，结果货物被该国海关全部扣留，后经过多方交涉，才将货物全数退回，损失达十多万元。

（二）国际市场营销微观环境

国际市场营销微观环境是指那些为达到企业某一特定的国际市场营销目标所需的某些方面的信息，这种信息比国际市场营销环境信息的范围小，但要求更为具体、明确。

1. 市场机会调查。市场机会调查的内容主要包括：当前国外目标市场的销售量和潜在的销售量;国外目标市场的供求状况及产品结构特点;国外目标市场的人均收入水平情况;国外目标市场消费者类别、人口数量、人口结构、需求特点等;本企业产品在国外目标市场的销售量及占有率;国外目标市场销售的发展变化方向及本企业营销策略的变化对本企业产品销售量和市场占有率的影响等。

2. 国外消费者调查。国外消费者调查的内容主要包括:国外目标市场消费者的性别、性格、收入、职业、文化修养、审美情趣、价值取向等。归纳起来,主要是两大方面:一是购买动机调查,二是购买行为调查。购买动机是指人们为满足一定需要而进行购买活动的愿望和意念。消费者的购买动机是复杂多变的,一般可以分为本能动机、心理动机和社会动机三大类。消费者购买行为调查就是对消费者购买模式和习惯的调查,即通常所讲的"3W1H"调查,即了解消费者在何时购买(When)、何处购买(Where)、由谁购买(Who)和如何购买(How)等方面的情况。

3. 产品调查。产品调查的内容包括:国外目标市场上同类产品的效用、形态、大小、规格、色彩、包装、款式、使用的方便性、耐用性等的具体情况;国外目标市场上产品生命周期所处的阶段、产品线及产品组合的情况;有关产品生产技术变化发展,如新技术、新设计、新工艺、替代产品发展、关联产品发展、客户和消费者对产品的改进意见;产品的商标和包装;有关国家在产品的质量、检验、标准、包装、商标方面的法律法规、产品的售前、售后服务情况等。

4. 价格调查。价格调查的内容包括:国外目标市场上产品的生产成本;产品在各个销售环节的国际市场价格,如进口价、进口国的批发价、零售价等;国外目标市场的供求变化情况及影响产品供求的各种因素;出口商品的市场需求弹性及替代品价格高低;汇率的变化;不同国家或地区的价格差别水平;各种不同价格策略对商品销售量的影响,等等。

5. 产品销售渠道调查。产品销售渠道调查的内容包括:各种产品进入国际市场的方式;产品的国际销售方式,如包销、代理、直接在进口国当地批发等;进口国的销售渠道特点及其习惯做法;客户基本资料,包括名称、地址、电话及电传或传真机号码、成立与开业年份、业务范围、营业额及利润、公司组织形式、财务资产状况、信誉与信用等级情况等;企业直接在国外市场的销售情况,如销售数量比重、销售费用、销售周期等;主要中间商(代理商、经销商、批发商、零售商等)的销售情况;中间商所联系的顾客的特点;国外市场零售网点的分布;国外市场运输、仓库、通信等基础设施的情况等。

6. 产品出口业务调查。产品出口业务调查的内容包括:产品在国际转移的有关业务,如国际运输、保险、仓储、流通、结算、海关报关手续及费用、合同的商订、商务纠纷处理的有关知识、程序及有关的国际惯例等。

7. 促销调查。促销调查的内容包括:国外目标市场常见并有效的促销方式;企业在国外目标市场采用的各种促销方式的费用及其效果;国外目标市场上有关中介服务机构,如广告公司、营销策划公司、咨询公司、顾问公司的基本情况等。

8. 竞争调查。竞争调查的内容包括:在国际市场或某一国外市场上,企业的竞争地位如何;企业的主要竞争对手是谁;市场竞争的激烈程度;企业与竞争者的优势和劣势所在;竞争者现在和今后的策略是什么;对企业的国际营销活动,竞争者可能的反应是什么;谁是企业今后可能的竞争者,等等。除了直接竞争对手以外,企业的间接竞争对手的有关信息也应调查。

四、国际市场营销调研的问题

在决定信息要求时,国际市场营销调研者首先应根据国际市场营销调研的内容,构造出一系列恰当的国际市场营销调研问题。这些问题涉及企业的国际市场战略决策,对国外目标市场的评价,国际市场营销组合策略的选择等。

(一)企业的国际市场营销战略决策

企业在进行国际市场营销战略决策时,应对以下问题作出回答:①在国际市场上企业应追逐的长远目标是什么;②企业力图优先满足哪些国外细分市场;③最好的国际市场产品、定价、渠道和促销策略是什么;④怎样的产品—企业—市场组合才能最大限度地利用国际市场上已有的营销机会。

(二)对国外目标市场的评价

对国外目标市场的评价包括对下列一些问题的分析:①国际市场和主要国家的市场(地区)的经济、政治、文化、法律、技术等的现状和趋势是什么;②这些外部环境因素将对本企业的产品和服务产生哪些影响;③不同国家的政府对外国投资和外国企业的态度怎样;④是否存在有利于企业或企业产品进入的营销时机;⑤企业可以享受的优惠政策有哪些;⑥与本国政治、法律、文化等比较接近的国家或地区是哪些;⑦国外市场的交通、通信、存储、金融、教育等基础设施情况如何;⑧国外市场现有的中间商(进出口商、批发商、零售商)的特点和效率怎样;⑨一些主要国家或地区的产品质量认证、商品检验检疫、包装等的特殊规定是什么;⑩企业能够提供适销对路产品和满意服务的市场是哪些;⑪谁是企业在国际市场上的现实购买者;⑫企业目标消费群的文化背景是什么,其生活方式、价值观念、行为模式怎样;⑬目标消费群的购买习惯、消费方式等有何特点;⑭国外消费者对本企业产品和服务的评价与期望是什么;⑮国外市场的竞争特点是什么;⑯谁是企业的直接竞争者和间接竞争者;⑰谁是企业的现实竞争者和未来可能的潜在竞争者;⑱本企业在产品质量、产品组合、包装、品牌、服务、担保、配送、价格、广告、人员素质、经验、资本、技术及市场份额等方面与竞争对手的差距是什么;⑲企业或经销商为国外最终消费者提供的服务是否令消费者满意。

(三)国际市场营销组合策略的选择

1.产品。产品策略涉及下述问题的解决:①企业应向国外目标市场提供哪种产品;②产品应具有什么样的特征,在设计、颜色、包装、款式、商标、担保等方面应如何适应国外消费者的需求;③需要对现有的产品进行改进吗,哪些方面需要改进;④应该为外国市场开发新产品吗;⑤企业产品出口时是采用生产者品牌,还是销售无品牌的商品;⑥产品的核心利益是否突出;⑦企业产品国外市场上的竞争地位如何；⑧企业产品的国际竞争优势和劣势是什么；⑨在国外市场上，产品正处于其生命周期的哪一个阶段；⑩在国外市场上，产品的售前、售中和售后服务是否完善、周到；⑪企业产品或服务在国外市场上的形象如何，知名度如何；⑫企业产品或服务在国外市场上应当注意哪些专利和商标方面的法律保护。

2. 价格。价格策略要回答的问题有：①企业以什么样的价格向国外市场销售其产品；②国外市场的价格水平与企业产品的目标市场定位一致吗；③价格水平是否真正反映了产品的质量水准；④现行价格的国际竞争力如何；⑤企业在特定国外市场上的定价目标是什么；⑥企业采用的定价策略和方法能够实现预期的定价目标吗；⑦国外目标市场的消费者对本企业产品价格的评价如何；⑧与竞争对手产品的价格差异程度及差异原因是什么；⑨国外目标市场的价格战和打折促销的效果如何；⑩不同国家市场的消费者的价格敏感性怎样；⑪企业产品的价格应根据不同目标市场的情况实行差异化策略吗；⑫企业若主动调整价格，会对自身和竞争者产生什么影响；⑬竞争者有调价的可能性吗，企业的应对策略是什么；⑭现行产品价格有倾销嫌疑吗，遭反倾销指控的可能性是否存在；⑮近期国际汇率的变动趋势如何，价格方面的防范措施是什么。

3. 销售渠道及分销。销售渠道及分销策略包括下述问题的解决：①企业在国外销售时，应使用哪些分销渠道；②企业应在何处生产其产品，并如何在国外市场上进行分销；③企业应使用什么样的国际销售方式（代理还是经销）；④企业对中间商的选择标准和要求是什么；⑤企业应为中间商提供哪些支持和激励措施；⑥产品在国际的运输、储存及配送的设计、规划、协调和控制的要点与关键是什么；⑦企业与中间商的沟通与理解的情况如何；⑧中间商对企业是否有一定程度的依赖；⑨中间商经销的其他产品的数量、特点、积极性等情况如何；⑩企业是否存在开辟新渠道的可能性，是否有这样做的必要；⑪中间商的资信状况、履约情况、财务状况如何。

4. 人员促销。人员促销策略包括下述问题的解决：①在国外目标市场上进行人员促销的必要性和可行性是什么；②外国消费者或客户需要销售人员提供什么样的帮助和服务；③雇用当地人员促销应注意的问题有哪些；④企业应配备的销售人员的数量、素质条件、经验和能力等方面的要求是什么；⑤企业销售人员需要的培训、激励、管理、分配等的关键因素是什么；⑥企业进行销售业绩评价的指标是什么；⑦企业应如何进行销售进度、结果等的分析。

第二节 国际市场营销信息的搜集

在国际市场营销调研的各个环节中，信息的搜集是最基本、最重要的，也是成本最高的一个环节。由于国内外的语言、社会经济文化的差异，交流、通信、旅行的相对不便,使信息的搜集工作比国内市场营销信息的搜集要困难和复杂得多,为此,企业的国际市场营销信息的搜集应注意坚持真实性、准确性、完整性、及时性、经济性、简明性和主动性等基本原则。国际市场营销信息的搜集根据信息来源和渠道的不同,有直接信息的搜集和间接信息的搜集两大部分。

一、国际市场营销直接信息的搜集

直接信息也称第一手资料,是指通过询问、观察或实验而直接调查或搜集到的原始材料。如对于某产品的价格信息,企业可通过直接观察国外零售商店而获得其零售价格信息;通过与当地批发商交谈而获取其批发价格信息;通过询价,参观有关交易会,与进口商面谈而获取有关其进出口价格的信息,等等。直接信息具有针对性、可靠性、时效性强等优点,但也存在搜集费用高,搜集范围小等缺点。

(一)直接信息的来源和渠道

1. 通过本企业人员和驻外人员搜集信息。如企业派员出国实地调研,从本部门业务人员那里获取信息,委托本企业驻外机构、本国出国人员、本国驻外机构搜集信息等。

2. 通过商务关系搜集信息。可以通过国外的客商如代理商、经纪人、进口商、批发商、零售商、用户获取信息,也可以通过本国的其他商人获取信息,还可以聘请有关人员做本企业的信息员、信息顾问以获取信息。

3. 通过交易获取信息。如通过对外询价、发盘来获取国外客商对某种产品的需求和价格信息;通过交易会、展销会获取产品的种类、价格等信息;通过收集国外厂商的广告(如宣传册、产品目录、产品样本等)和价格表、发盘、订单等或直接向国外厂商索取资料来获取信息。

4. 委托国外专业调研机构进行实地调研。利用专业调研机构代理调研是许多企业国际市场营销调研的一种常用方式。与企业自己组织国际市场营销调研相比,这种方式具有专业知识与调研经验丰富、对当地社会文化环境了解深入以及调研过程公正客观等相对优势。对国际市场营销调研代理机构的选择是国际市场营销调研代理方式成功的关键,最重要的是评估调研机构的资信状况和业务能力。

5. 通过企业有关人员到银行、运输机构、保险机构、海关及相关的代理人处直接了解情况,取得有关结算、运输、保险、进出口等手续和费用方面的第一手资料。

(二)直接信息的搜集方法

对于上述不同来源和渠道的直接信息,可以采用各种不同的方法进行搜集和调查。

1. 实地观察法。实地观察法是指派出调研人员到实地,通过观察调研对象的行为搜集原始数据的市场营销调研方法。

(1)由调研人员直接观察。如直接观察顾客所购买商品的花色、品种、牌号、包装等,调查哪些产品畅销,并分析畅销产品的主要特征;直接观察人们的穿着以研究服装流行趋势等。

(2)采用仪器设备记录消费者的行为动态。例如,在电视机上安装特定的装置,进行消费者电视收视率的调查。

(3)市场销售稽查。例如,美国尼尔逊市场调研公司,以60天为一个周期,对选定的商店进行稽查,以深入了解销售情况,并定期提供尼尔逊零售指数。一些商情调研机构还通过对分销商、零售商的稽查,经常提供有关市场范围、份额、类型、季节性购销变化以及推销活动等方面的资料。

2. 询问调查法。即调查者用提问的方式向消费者、中间商或企业外销业务员等提出询问,从被调查者的回答中获得所需资料的市场营销调研方法。

(1)面谈询问调查。如消费者和调查者面对面进行交谈,既可采用单独访问的形式,也可采用座谈会的形式。这是获得信息最可靠的方法,在有深度要求和准确度要求的调研活动中,面谈询问是必不可少的最重要的方法。但是,它存在着费用昂贵、效率低下,易出现误导等方面的不足。

(2)电话询问调查。此法比面谈询问调查简单易行,也更迅速及时,费用相对较低,而答复率却比邮寄询问调查高得多。但是存在的主要缺点是调查母体欠完整,交谈简单,不适宜比较复杂的内容等。

(3)邮寄询问调查。即将调查表寄给被调查人,由被调查人填写后寄回。它的覆盖面积大,调查地区广,不受时间限制,有充足的时间回答问题或问卷,也不易受调查员的诱导,成本低,便于统计汇总等。但是,其最大的问题是调查表或问卷的回收率低,并且时间周期长,回答的问题也不够全面和准确。

(4)日记询问调查。即由被调查者定期记录有关购买、消费或收看广告等方面的情况,再由调查者搜集这些记录。

(5)计算机询问调查。即由被调查者坐在终端旁,阅读显示屏幕上的问题后,再输入他的回答。国际上有许多调查机构、咨询公司等都已经开始大量采用计算机询问调查法,这是一种很有前景的国际市场调查方法,但是它需要计算机达到较高的普及率和被调查者具有较高的素质。

3. 实验法。实验法即实验调查法,它起源于自然科学的实验求证法。国际市场营销调研应用自然科学中的实验原理,对国际备选市场进行现场实验,待求证后再作出生产经营决策。实验法还大量地用于对新产品的市场投放,即通过试销商品的方法,收集有关资料,提出改进意见或建议。此外,还可以用于一般营销调研信息的取得,如把所需要比较的商品置于同一商店内销售,了解消费者喜欢哪一种商品;再如,在其他因素不变的情况下,比较某种包装或广告使用前后销售量的变化,了解该包装或广告的影响效果。试销、展销也属于实验法。实验法是一种比较科学的调查方法,所获得的资料可靠性较强,所用时间较长,成本较高,对实验人员的要求也较高。

二、国际市场营销间接信息的搜集

间接信息又称第二手资料,即已经由他人搜集整理的现存资料,其搜集方法也称为案头调查。间接信息可以为第一手资料调研及其他营销活动提供背景材料，同时，一定程度上还可以替代第一手资料，如正式出版的公司指南、企业名录和一些企业数据库中有关企业地点、产品、法人姓名、经营范围、客户数量以及销售水平等方面的资料，对此，企业不必花费时间和金钱去进行实地调查。当然，企业在运用间接信息时，一定要对其进行慎重评估，注意分析间接信息的来源、调研目的、具体内容、时间、获得方式以及一致性等，避免偏差和出现失误。间接信息的来源有企业内部资料、大众传播媒介与图书馆、我国政府有关机构、各国使团和贸易机构、国际组织及其出版物、外国政府机构、专业信息机构及其出版物、国际联机检索系统和银行、商会与同业公会、消费者组织等。

（一）企业内部资料

来自需要进行调研的企业内部的资料称为企业内部资料，其最重要的优点是容易获得，而且成本最低。在一个由许多部门组成的大公司里，某一个部门所进行的调研往往对另一个部门也有一定价值，为了避免重复劳动，调研人员在寻找外部信息来源时，应当首先注意挖掘本企业内部的所有信息。企业内部资料主要包括：企业的案卷，如客户档案（代理商、经销商、用户的名单及有关情况的记录）、销售记录、客户函电等；企业积累的文字资料，如文件汇编、内部通报、剪报或笔记、企业自订报刊、年度报告、服务记录等；会计账目及销售人员报告等。

（二）大众传播媒介与图书馆

大众传播媒介包括报纸、杂志、书籍、广播、电影、电视等，企业可从中得到广告、市场动态等信息。书刊、报纸最集中的场所是图书馆，图书馆除一般书报外，有各种经济类的工具书、各类统计资料、厂商及各种机构名录等。

实例 5－1：美国的报纸和杂志

《华尔街日报》：由道—琼斯公司出版，是美国发行量最大的商业报纸，设专栏分析宏观经济、劳动就业、行业领域、个人投资、高新技术、赋税税率等热点问题。另外，它还是投资银行刊登新债券和股票发行信息的主渠道，并刊登有关资本市场和有价证券的全方位信息。

《财富》：双周刊，以行业领域为中心进行专门分析，并对重点行业进行重点剖析。其著名栏目有“工商综述”“个人投资”等。“工商综述”涉及联邦预算、通货膨胀、生产效率等问题。

《福布斯》：双周刊，侧重于企业管理问题，探讨不同管理学派的思想，研究当今管理的热点问题，并请著名的专栏作家从不同角度研究企业投资问题。

《商业周刊》：涉及重大的宏观经济问题，研究行业和企业的现状和发展趋势等。

（三）我国政府有关机构

我国国务院各部委、各地方政府机构等都可以成为企业收集有关资料和有关信息的来源。例如,专业信息机构有国家信息中心、商务部的信息服务协调小组及其计算机中心和经贸系统计算机网络、深圳和上海信息中心及各地的信息中心。专业出版物有《对外贸易年鉴》、《海关统计》、《中国标准文献》、《专利文献通报》,还有各种内部出版物,等等。

(四)各国使团和贸易机构

各国驻外大使馆、领事馆等一般都有商务和技术机构,他们能够提供包括贸易统计、进出口法规、厂商名录及合作项目等方面的大量资料。各国企业驻外贸易机构以搜集和提供信息为己任,可以提供有关企业或行业的最新资料。

(五)国际组织及其出版物

各国际组织的出版物及其提供的其他资料往往是全球性的,有些组织的资料是免费的,索要者只要写一封信,或者打一个电话说明索要者的身份、需要何种材料就可以得到。例如,设在日内瓦的联合国贸发会议贸易措施资料库(Trade Control Measures Information System Division for Data Management)就是这种机构。

实例 5-2:世界著名的国际性组织及所提供的信息

国际贸易基金组织:《国际金融统计》(International Financial Statistics)以及有关专题报告等。

世界银行:《世界发展报告》(The World Development Report)、《世界银行统计表》(The World Bank Tables)以及有关报告。

联合国统计委员会:《月度统计公报》(Monthly Bulletin of Statistics)、《国际贸易统计年报》(Yearbook of International Trade Statistics)、《统计年报》(Statistical Yearbook)、《行业统计年报》(Yearbook of Industrial Statistics)、《世界贸易年鉴》(World Trade Annual)等。

世界贸易组织:可提供有关关税及贸易政策方面的信息资料。

经济合作与发展组织:可提供该组织成员,包括西欧各国以及美国、日本、澳大利亚等国的有关统计资料。

联合国其他机构(如教科文组织、粮食及农业组织、工业发展组织、贸易和发展会议、经济委员会等)出版的统计丛书、会议文件及专业论文等。有些组织还下设了专门的信息服务机构,如联合国贸易发展会议贸易措施资料库、联合国公发组织投资促进服务网等。

(六)外国政府机构

不少外国政府机构一方面有其出版物,如美国商务部出版有《全球市场调查》、《海外商业报告》、《国别市场调查》、《现代商业概览》、《国际营销手册》等;另一方面,还设有专门的信息机构和信息服务资料库,如美国商务部向美国和其他国家的工商企业提供"贸易机会程序""贸易机会程序简报""新产品信息服务""外国厂商索引""全球信息和贸易系统""电脑约会"等各项信息及信息服务。

此外，日本通商产业省、德国经济部所属的外贸信息事务所；法国经济部所属的联络与公共关系处以及泰国的出口促进厅等也向国内外工商企业提供信息服务。

（七）专业信息机构及其出版物

国外专业信息机构的数量很多，有的专门从事信息情报出版物的出版工作，有的专门提供资料查询工作，有的以合同委托方式从事研究和咨询工作，有的既从事信息服务工作，又从事贸易工作。

国际上著名的专业咨询机构有：美国的兰德公司、斯坦福国际咨询研究所、尼尔逊市场调查公司；日本的野村综合研究所、三菱综合研究所等。

有影响的综合出版机构及其国际商业方面的出版物有：商业国际公司的《海外56国投资的许可证交易、贸易状况》、《国际商业》、《亚洲商业》等出版物；英国经济学家情报研究所的《世界展望》、《欧洲营销》、《每季经济评论》、《行业特别报告》等；欧洲追踪出版公司每年出版的《国际营销资料和统计数字》、《欧洲营销资料和统计数字》等；美国普雷迪卡茨公司出版的《市场与技术预测综览》。

产品资料中最有影响的是美国情报处理服务公司出版的《美国公司及产品资料汇编》（MCS）；专利文献资料中最著名的是英国德温特公司出版的《德温特专利检索体系》。

我国的专利涉外信息咨询服务机构发展很快，中国对外经济贸易咨询公司、北京世界贸易中心、中国国际贸易促进委员会等都为国内外企业提供信息服务。中国对外经济贸易咨询公司提供国际贸易控制措施（TCM）信息系统的咨询服务，TCM 信息系统的贸易数据从联合国统计署的 COMTRADE 数据库中提取，并根据联合国贸发会议数据库的更新进度每年进行部分更新；北京大学法制信息中心和北京百信新技术研究所的《中国外商投资企业实用法律数据库》；中美合资的创美信息有限公司的《国际贸易进口商名录数据库》，全库共提供 40 张高密度软盘的数据。

（八）国际联机检索系统

国际联机检索系统是由计算机检索终端、大型计算机系统、数据库和卫星通信网络构成的目前世界上最先进的信息检索系统。它可以跨越多个地区、国家向全世界传播各种大量的数据和信息。与手工检索工具书相比，它具有检索速度快（用户只需花几分钟就可以从几十个不同专业数据库里的上千万篇文献中找出自己所需的资料）；检索内容新、时效性强（可检索当天、甚至 15 分钟前发生的商业贸易新闻与市场行情）等特点。

早在 1989 年 12 月，我国几十个城市设立的 100 多个国际联机检索终端所联结的国外联机检索系统的数量已达 21 个，如：DIALOG（美国），STN（德、日、美），BRS（美国），ORBIT（美国），ESA/IRS（意大利—欧洲宇航局），PFDS（英国），ECHO（欧洲共同体）等。在这些系统中，可以检索的各种数据库已达 2 000 个以上（文献量超过 3.8 亿篇），其中商业经济信息库有 300 个以上。这些系统中，DIALOG 系统的使用量占我国总使用量的 90% 以上，该系统存储文献型和数值型的记录 1 亿多篇，专业范围涉及综合性科学、自然科学、应用科学、社会科学、时事新闻和商业经济等，收集的情报源类型有报刊、年鉴、手册、公司及厂商名录、政府报告、产品样本和目录、标准、世界专刊、研究报告、市场行情、经济预测、统计数据等。

我国企业可通过在有关城市的国际联机终端检索到国外厂商名录、资信情况、技术专利、标准、技术设备的经济效益与发展前景等最新新闻；还可检索出国际市场行情、价格信息及商标以及许多企业所需要的信息。

此外，我国商务部计算机中心与世界上最大的商业资料信息机构——美国邓白氏商业资料有限公司实现了计算机联机检索。该中心能在 5 分钟内通过国际长途电话线，使用计算机直接从邓白氏（香港）有限公司查询世界各国 1 800 万家企业的资信情况。

（九）银行、商会与同业公会、消费者组织等

企业的资金往来都要通过银行，而大银行如中国银行在世界各地都有其分支机构。银行为了取得贷款的收益，降低贷款风险，需要对接受贷款的企业及贷款的用途等进行调查分析，银行还要从事众多的其他业务，所以银行也必须搜集各种宏观和微观方面的信息，这些信息也能够为企业提供丰富的商业资料和各种类型的信息服务。

此外，商会与同业公会、消费者组织等也经常发布和保存详细的有关行业、成员企业的规模、销售状况、经营特点、市场份额、发展趋势等信息，这对企业制定和调整有关的国际市场营销策略具有重要的意义。

三、国际市场营销信息的开发和利用

对所搜集并经处理分析的信息，不但可用于原来所确定的调研目的，还应对这些信息进行开发和利用；发现市场动向、找出事物之间的内在联系，从而提出新的设想，确定新的营销战略目标和新的营销策略。

“信息就是金钱”。迅速开发和利用有价值的信息，往往能使一个企业获得巨大的经济利益。然而，常言道：机遇总是青睐有准备的头脑。只有具备渊博的知识，以及科学的世界观和方法论，善于学习、掌握新事物、新知识、勤于思考，并且重视开发和利用信息的经营者，才有可能将信息这一无形的财富变为有形的财富。

（一）要善于发现和研究有价值的信息

事物之间是互相联系的，对于国际市场营销信息，我们应从个别信息综观全局，从过去研究现在，从现在预测未来，从表面现象找出本质，要积极联想，大胆想象，缜密推断，谨慎验证。此外，国际市场营销信息的来源很多，对于同一条信息有的人可能视而不见，失之交臂，有的人却可以从中挖掘出巨大的财富。

实例 5－3：信息的经济价值

我国开始对大庆油田的情况是保密的，但日本人通过我国《人民画报》封面上王铁人的穿戴和大雪的背景及《人民日报》刊载的王进喜到了马家窑的报道，分析

确定大庆油田位于松辽平原。根据我国刊登的石油钻塔的照片和我国《政府工作报告》的有关资料，预测出油井的产量和油田的规模，从而及早作出了对华出口石油设备的安排，抢先与中国有关方面接洽，向中国出口石油开采设备。

20世纪70年代中期，日本一家贸易公司驻莫斯科代表电告其东京总公司，苏联几名在国内负责农业的高级官员启程飞往美国。该公司立即指示公司驻美代表查明情况，发现这批苏联官员飞往盛产小麦的科罗拉多州。根据这一信息，该公司分析：极可能是苏联当年粮食减产，将从美国进口小麦。如果这样，国际市场的粮食价格将会因苏联粮食的进口而提高。于是，该公司立即购进小麦和大米。待美苏小麦协定达成，国际粮食市场价格上升后，该公司又抛出这批粮食，从中获得巨额利益。

20世纪70年代有人预测，80年代中国将流行西服，当时许多人把它当成笑话。但皮尔·卡丹认为，20年前日本人都穿和服，现在日本却成为西服时装的大市场，所以他相信这种预测并付之行动，在1979年就率先到中国展览他们的时装。

（二）要善于合理地利用信息

在现代信息化的社会中，企业面对的信息很多。对企业而言，并不是任何信息都是有用的，也不是任何有用的信息都可以利用并产生经济效益。企业必须从自身国际市场营销战略或策略制定、执行的实际需要出发，善于精选信息，善于将信息中隐含的市场机会与企业的资源优势相结合。如果饥不择食，不顾自身条件，盲目上项目，就可能南辕北辙、弄巧成拙，甚至血本无归。反之，如果高瞻远瞩、运筹帷幄，将会得心应手地运用信息，收到事半功倍、旁人不及的效果。

实例5-4：从信息中发现营利机会

上海市家用纺织品出口公司某外销员，某日收到从纽约发来的一份电传，要求订购S4000，S4001，S4004三个货号的商品。他分析推测：美国客户订货历来有配套的习惯，而这次却跨档订货，中间缺S4002，S4003两个货号，可能是客户从其他地区进货。他立即给客户回电，除接受所要求的订货外，还特别提醒客户，如需要，还可配套供应其他尺寸的商品，没过几天，客户寄来了S4002，S4003两个货号的样品。该外销员立即请生产厂按来样试制，并送客户确认，从而把这笔生意争了过来。

日本企业对商业信息非常重视，从来不打无准备之仗。据日本报刊报道，日本一些商家为了订购“气象信息”，支付给13家气象公司的费用每年不少于150亿日元。日本厂商用购买来的气象数据分析气象变化与销售额增减的关系，从中得出了这样的结论：在日本，盛夏30℃以上的天气每增加1天，空调的销售量就增加4万台；而整个夏季的平均温度每相差1℃，销售量可上下浮动30万台。此外，研究还发现：气温超过22℃，啤酒就开始畅销，气温再每上升1℃，大瓶装的啤酒每天多销230万瓶。气温升至29℃时，雪糕比冰淇淋好卖，超过30℃，冰淇淋的销量则下降(因不解渴),而爽口的清凉饮料此时则销量大增。厂商根据这样的气象情报案例制定相应的经营方案,适时合理地安排商品的生产与调运,取得了巨大的经济效益。

日本一家著名的食品超市,从1996年开始,每年年初就订购全年的天气预报。每天早上8点,总部将当天天气预报传给其位于全国的20多家分店,经理们便以每6小时的气温、降水概率等数据为依据制定当天的营业方针。后来又增加了未来一周的天气预报,使进货与销量几乎一致,大大减少了库存和食品变质等损失,取得了可观的利润。

现在,日本很多商家正在考虑高薪聘用气象专业人员,甚至设置专职气象部门,以此促进经营。日本的一家超级市场出资与气象协会共同开发了一种软件,名为"第二天来店购物预测体系"。店主可依据这个软件及次日天气预报确定进货品种和数量,而且能保证顾客随时购买到新鲜物品。

第三节　国际市场营销信息系统

一、国际市场营销信息系统的意义

国际市场营销信息系统是指为搜集、整理、储存、检索和分析信息并据以制定国际市场营销决策而设计的一个持续的系统。建立国际市场营销信息系统的目的在于保证能搜集到企业国际营销决策所必要的所有信息;保证信息在企业中的高效传输和最大化应用。国际市场营销信息的管理系统由人、设备和程序构成,其根本任务是对有关的信息进行搜集、处理和分析,为企业的各项国际市场营销活动提供依据。

国际市场营销信息系统是连接企业经营决策者和营销环境的桥梁。国际市场营销面临的营销环境复杂多变,所以,企业必须建立有效的国际市场营销信息管理系统。世界各国的跨国公司都建立了高度现代化的国际市场营销信息系统,以保证对国际市场营销决策的正确性、灵活性和及时性,使企业适应国际市场瞬息万变的营销环境。一个现代化的市场情报中心,能够在3~5分钟内得到世界上任何一个角落的信息及市场动态,从而迅速作出最恰当的决策。

国际市场营销信息系统最早产生于美国。1911年美国就有一些大学开始创设市场调查研究的课程,20世纪30年代以后,由于企业生产经营规模的迅速扩大,市场竞争日益激烈,特别是1929~1933年的世界性经济危机,使许多企业的产品销售困难,迫使企业开始进行市场调查研究工作,以减少产品积压,降低经营风险。进入20世纪60年代以后,世界经济进入高增长阶段,企业的营销活动开始跨越国界，向多国化、全球化方向发展，从而使市场营销信息系统成为企业全球扩展的前提和重要保障，被视为企业的“神经系统”。经济增长促进了科学技术的进步，使计算机广泛应用于企业的国际经营管理，进一步促进了企业市场营销信息系统和企业管理现代化水平的提高，增强了企业的国际竞争实力。

实例 5－5：美国沃尔玛的世界最先进的信息系统

1962 年成立于阿肯色州的美国全球第一大零售商沃尔玛，在《财富》杂志公布的 2011 年世界 500 强排行榜中，以 4 218.49 亿美元的营业收入超过皇家壳牌和埃克森美孚，位列榜首。

拥有 50 年历史的沃尔玛如今在全球拥有 1 万多家连锁店，遍布美国、墨西哥、加拿大、波多黎各、巴西、阿根廷、南非、中国、印尼等 27 个国家，员工总数超过 220 万，每周光顾沃尔玛的顾客高达 2 亿人次。在过去的 20 年中，沃尔玛以每年 20% 的增长速度膨胀，业务迅速扩张。沃尔玛是全美投资回报率最高的企业之一，其投资回报率为 46%，即使在 1991 年不景气时期也达 32%。全世界都知道沃尔玛的信息系统是最先进的，其主要特点是投入大、功能全、速度快、智能化和全球联网，公司专门负责软件设计的工程师就有 2 000 多名。1987 年，公司就建立起全美最大的私人卫星通信系统，以便节省总部和分支机构的沟通费用，加快决策传达以及信息反馈的速度，提高整个公司的运作效率。沃尔玛的 INFORMIX 数据库系统信息总量达到 4 000 千兆的海量，也是世界上最大的民间数据库。

沃尔玛投入巨资建立的卫星通信网络系统的应用，使配送中心、供应商及每一分店的每一销售点都能形成连线作业，在短短数小时内便可完成“填妥订单—各分店订单汇总—送出订单”的整个流程，大大提高了营业的高效性和准确性。

目前，沃尔玛中国公司与美国总部之间的联系都是通过卫星来传送的。沃尔玛美国公司使用的大多数系统都已经在中国得到充分的应用和发展。已在中国顺利运行的系统包括：存货管理系统、决策支持系统、管理报告工具以及扫描销售点记录系统等。这些技术创新使沃尔玛得以成功地管理越来越多的营业单位。

二、国际市场营销信息系统的构成

国际市场营销信息系统通常包括内部报告系统、营销情报系统、营销调研系统和营销分析系统四个相关的子系统。

（一）内部报告系统

内部报告系统即内部会计系统，它反映了企业的订单、销售额、存货、现金流动及应收应付账款等情况。在当今计算机已经普及和电信事业相当发达的情况下，一个稍具规模的企业都可以建立以计算机为基础的内部报告系统。内部报告系统往往依赖于综合通信网络，该网络可通过电传机和传真机，形成本企业的电传机网和传真机网。先进的综合通信网络装备了计算机，通过电话或国家公用数据网形成具有“电子邮件”服务功能的微机通信网，或利用计算机兼做电传机和传真机形成电传网或传真通信网。内部报告系统可以使决策者随时掌握企业的全部经营情况，发现问题，把握机会，节省人力、物力和费用，提高营销效率。

（二）营销情报系统

营销情报系统是指反映日常的企业外部（营销环境）信息情报的一整套程序和来源。这种程序可以有很多不同的方式。如有的企业仅凭人工操作，将所搜集到的信息分类整理，编写目录索引，对重要问题编印出简报，以供企业经营管理人员查阅；也有的企业定期接受由信息来源提供的报告，然后输入计算机，建立各种数据资料库；还有的企业的营销情报系统对外联网，建立起地方情报中心或行业情报中心。

营销情报系统能够为企业的决策者提供有关市场竞争、市场规模和潜力、消费者需求、供应商、经销商、东道国政府、公众等各个方面的有关信息和资料，甚至提供一整套的解决方案。营销情报系统所提供的信息数量大、范围广、质量高，对企业意义重大。

（三）营销调研系统

营销调研系统与前两个子系统不同，它是为制定某项具体的营销决策而系统地设计、搜集、分析某一专题的信息，并提交有关的国际市场营销调研报告。对于大型企业而言，一般都设有营销调研部门，如美国73%以上的大公司均设有营销调研部门，对于中小企业而言，可以临时组织专题营销调研部门或委托其他专业机构来进行专项营销调研。

（四）营销分析系统

营销分析系统是指企业运用先进技术来分析营销数据和营销问题的各种程序，它主要由统计库和模型库组成。统计库即是运用数理统计的方法和程序来分析各种变量之间的关系，如销售量与价格及广告费用等变量的关系，影响顾客购买本企业产品而不购买竞争者产品的最有影响力的各种因素等。模型库即指运用计算机技术和运筹学的各种方法，如线性规划、网络计划图、决策树图等，建立各种数字模型，帮助企业营销管理部门制定营销决策，如确定最佳媒体组合，预测新产品销售额等。

营销分析系统由于需要专业的人才以及较多的资金和设备，目前只在一些大公司中得以应用。

本章小结

1. 随着国际、国内市场竞争的不断加剧，加上营销调研手段、分析方法和预测工具越来越现代、准确和高效，从而使市场营销调研在企业营销管理中的地位和作用越来越高，已经被众多的企业家看作营销活动决胜的法宝。国际市场营销调研是企业开拓国际市场的前提，是企业一系列国际市场营销决策的科学基础，国际市场信息的数量、准确性和及时性直接关系到企业国际市场营销的成败。

2. 国际营销调研是企业将国际市场和国外消费者(用户)作为对象，以掌握国际市场营销环境中各种因素的变化及其相互关系为目的，运用科学方法，有计划、有针对性地系统搜集、记录、整理、分析与企业国际营销有关的各种信息，为企业的国际营销决策提供可靠依据的活动。营销调研工作是有计划、有组织，围绕企业的营销决策需要而展开的活动，信息积累是营销调研的一个必要的前提条件，因为数据是至关重要的，不能仅靠主观判断。完成的营销调研与所获得的信息必须有用且可运行，具有指导企业改善经营与管理的作用。

3. 国际营销调研与国内营销调研的相同点是二者的过程、功能、意义等都是一样的，而二者的差异性则表现为：国际市场营销调研的范围比国内市场营销调研大得多；国际营销决策所需的信息也不同于国内营销决策所需的信息；国际营销决策所需的信息内容不同于国内营销决策所需的信息；国际营销调研比国内营销调研更困难、更复杂。企业对此必须有足够的思想准备，要充分注意到国际营销调研的特殊性。

4. 一个完整的国际市场营销调研过程通常包括以下几个阶段：定义问题、调研设计、抽样调查、数据搜集、分析数据和形成结论等。这也是国际市场营销调研的基本模式。实践中，企业还应遵循真实性、准确性、完整性、及时性、经济性、简明性、连续性和主动性等国际营销调研原则。

5. 国际营销调研的内容，从广义上讲，包括任何与国际市场营销有关的直接的或间接的信息；从狭义上讲，是指那些反映国际市场发展变化规律、直接影响企业国际市场营销决策的信息。归纳起来，国际营销调研的内容可分为国际市场营销宏观环境和微观环境两大方面。这是企业制定国际市场营销战略和策略的基础。

6. 在国际市场营销调研的各个环节中，信息的搜集是最基本、最重要，也是成本最高的一个环节。企业在国际市场营销信息的搜集过程中，应注意坚持真实性、准确性、完整性、及时性、经济性、简明性和主动性等基本原则。国际市场营销信息的搜集根据信息来源和渠道的不同，有直接信息的搜集和间接信息的搜集两大部分。

7. 国际市场营销信息系统是指为搜集、整理、储存、检索和分析信息并据以制定国际市场营销决策而设计的一个持续的系统。建立这个系统的目的在于：保证能搜集到企业国际营销决策所必要的所有信息；保证信息在企业中的高效传输和最大化应用。作为一个完整的营销信息管理系统，通常包括内部报告系统、营销情报系统、营销调研系统和营销分析系统四个相关的子系统。

复习思考题

1. 国际市场营销调研的概念及其与国内营销调研的区别和联系是什么?
2. 试分析国际市场营销调研的过程和主要内容。
3. 直接信息的主要来源和搜集方法是什么?
4. 间接信息的主要来源都有哪些?
5. 试分析国际市场营销信息管理系统的概念及其构成。

案例选编

沃尔沃中国化

坚守了80多年世界“最安全”形象的沃尔沃汽车,如今却不得不面临着转型的局面。不久前,沃尔沃全球CEO斯蒂芬·雅各布曾公开承认:“随着汽车行业整体安全性能改善,安全牌的重要性已降低。”2011年8月23日在北京举行的沃尔沃品牌战略发布会上,沃尔沃正式对外公布了“以人为尊”的新品牌战略。

什么是“以人为尊”?“我们要把人,包括我们的顾客,包括我们顾客的家人,把他们作为我们所有产品研发和设计的中心。”沃尔沃汽车全球市场营销副总裁理查德·蒙都诺给出了最直观的解释。“以人为尊”简单来说就是在深入了解人们用车习惯的基础上,进行产品设计及工程研发,突出沃尔沃汽车在功能性、高科技配备、驾乘感受及安全性各方面的优势。此次转型意味着沃尔沃从强调单一的安全性过渡到强调客户体验的综合维度上。很明显,沃尔沃变了。这一切均与中国,与李书福有关。沃尔沃被吉利收购之后的1年多来,已然被“中国化”。

一、丰满中国架构

根据吉利官方公布的数据,在被吉利收购以后,沃尔沃轿车2010年实现全球销售37.4万辆,同比增长11%,营业收入超过180亿美元,并实现了扭亏为盈,全年营利3.2亿美元。2011年上半年沃尔沃轿车全球销售23万多辆,同比增长20%,在中国售出2.1万多辆,同比增长36%。沃尔沃轿车已经实现连续6个季度的持续营利。中国市场的突飞猛进,成为沃尔沃扭亏的关键因素。目前,中国已成为沃尔沃全球第三大市场,以及第二本土市场,李书福和沃尔沃的管理层都深深地明白,中国化战略的成败关系到沃尔沃汽车全球市场整体的复兴。而宝马、奥迪等德系豪车品牌在中国化方面的成功经验证明，要想打开中国市场，就要制定符合中国市场环境和特点的本土化战略。正是基于这样的考虑，吉利在收购沃尔沃之后，一切调整均围绕着中国市场而进行。

事实上，自达成收购之后，李书福就有意将沃尔沃的组织架构和资源向中国区下沉。2011 年 1 月成立了沃尔沃汽车集团中国区总部，总部位于上海。原沃尔沃汽车中国销售(上海)有限公司成为新中国区总部的下属公司，沈晖被任命为沃尔沃全球高级副总裁和中国区董事长。从此沃尔沃汽车的在华业务，从一家全国性销售公司，发展壮大成为一个全职能的业务集团，业务范围从产品开发、制造、质量控制、采购、销售、市场与客服，到投资者关系、财务、法律、人力资源与公共事务等各个领域。同时，沃尔沃汽车集团中国区技术中心也在上海嘉定宣布成立。

中国区总部职能日益丰满。与此同时，沃尔沃汽车中国销售有限公司也换了“老大”。原沃尔沃汽车日本销售公司 CEO 施瑞翔(Richard Snijders)开始担任中国销售公司新的首席执行官，全面负责沃尔沃汽车在中国的销售、市场与客户服务。2011 年 8 月 22 日，沃尔沃汽车中国区北京办公室也正式成立。

种种架构方面的整合措施无一不表明了沃尔沃加强了中国区管理层，为未来在中国这一全球最大汽车市场上的业务增长作好了准备。据沈晖介绍，目前沃尔沃中国区总部已有员工 500 人，已初步建立起一个中西合璧的管理团队和员工队伍，到 2011 年年底沃尔沃中国将超过 1 000 名员工。

此外，沃尔沃也在积极扩充国内的销售网络。2011 年上半年，国内新增销售网点 11 家，截至 2011 年 10 月底，在中国的网点已经发展到 117 家，而沃尔沃的目标是到 2015 年发展到 220 家左右。网点增加的目的，无非就是要加大销售力度，以实现规模增长。

除了渠道的拓展，沃尔沃年内还将再建 10 家体验中心。同时，2011 年沃尔沃还实施了销售网点设施和服务升级，升级后的沃尔沃 4S 展厅将采用“Volvo Next Face”的全球设计概念，成为拥有国内唯一设有无障碍设施的汽车品牌展厅，并且还提供北欧特色亲子游戏区和 1 小时快修等系列便捷服务。

二、改变产品

在丰满中国管理架构，并加大销售资源投入的同时，李书福也试图改变沃尔沃的产品，期望它更加具有中国特色。但是，在这个问题上，李书福和新上任的沃尔沃集团 CEO 雅各布曾经有着不同的想法。李书福认为，沃尔沃在中国要造大一点的车，因为宝马、奔驰、奥迪在中国的成功都是因为适应了中国消费者的特点，推出了加长版车型。但雅各布认为，大车型不仅能耗大、占地面积大，材料消耗也大，不符合当前世界汽车工业低碳环保的发展方向。

两人在车型上的分歧，从本质来说，是中西方文化的差异。对于西方人来说，豪华体验意味着与大自然的接触，节能环保就是豪华。而中国人的豪华消费，是希望显露他们的财富和成功。吉利和沃尔沃除了最终产品都是汽车外，少有共同之处，二者对沃尔沃的经营问题认识不同。

“重点不是把车做大、把轴距拉长这么简单，宝马推出长轴距版后业绩大增也只是表面，关键是它的市场策略要跟上，要制定适合中国市场的市场策略和传播策略，所以不是做大就能卖好”，盛元传播营销顾问、知名汽车分析评论师张志勇认为，“文化的概念比较空洞，具体到细节层面就是管理理念要相同，产品策略要相同，传播策略要一致，还要充分融合中国的文化。从这一点上来讲，日本、德国、美国的车企在融合中国文化上做得很到位，沃尔沃作为北欧的品牌，在融合中国文化方面，尚有一定的差距。”

虽然李书福后来对“分歧”一说作了解释，称“只是君子之间的讨论”，但两个企业在文化上的差异还是存在的。不过，在今年上海国际车展上，沃尔沃“天地”概念车的发布宣告了分歧的结束，同时也终止了外界的议论。“天地”概念车代表了沃尔沃汽车的未来，也昭示了沃尔沃在中国市场上的产品定位。这款车以奔驰S级和宝马7系作为主要竞争对手，将会成为沃尔沃中国化最具代表性的生力军。雅各布表示：“中国是沃尔沃汽车的第二本土市场，我们密切关注中国豪华车用户的需求，这是我们选择将这款车放在上海车展全球首发的主要原因。‘天地’概念车必将进一步提升沃尔沃汽车在中国消费者心目中的豪华品牌形象，成为沃尔沃实现中国发展战略的强大推动力量。”最终，沃尔沃还是屈服于中国市场。

三、可能受阻

在2011年8月23日的品牌战略发布会上，沈晖公布了沃尔沃2020年的5个战略目标：为客户提供满足其全方位需求的优质汽车产品；到2020年实现全球销量80万辆；进入全球豪车品牌第一阵营；实现行业中较高的投资回报率；成为全球最佳雇主之一。沈晖说，要将沃尔沃“放虎归山”，打造成为最受人青睐的汽车品牌和最成功的汽车企业之一。沃尔沃下半年将重点推进工厂项目，成都、大庆工厂项目已获全球董事会的批准，正在等待政府审批。上海研发中心也正在研发两款国产化车型，并将分别在2013年和2014年投产。在李书福的带领下，沃尔沃整条产业链都将扑向中国市场。但结局并不一定完美，因为传统的德系豪车三强正在对其虎视眈眈。虽然2011年上半年沃尔沃在中国增长势头很猛，但是与它的老对手比起来仍然存在很大的差距。7月上旬，奥迪、宝马、奔驰陆续公布了上半年在中国市场的销售业绩。奥迪销量为139 130辆，同比增长28%；宝马销量为113 169辆，同比增长60.8%；奔驰销量为92 174辆，同比增长59%。相比之下，沃尔沃在中国售出的2.1万辆汽车便不足称道了。这让人想起业界对沃尔沃扭亏的分析：沃尔沃的好转与汽车市场的回暖是有关系的，而且在吉利收购前夕，它离赚钱只差一步，吉利其实是捡了便宜。也就是说，沃尔沃的“中国化”过程，所起到的帮助作用微乎其微。此外，沃尔沃还面临一个更大的威胁——产能受限。据沈晖介绍，沃尔沃在福特手中时做了一些产能削减的工作，包括员工和设备。现在为了把产能拉上去，欧洲工厂正在大力扩招员工，继前几个月宣布补充招聘1 200人之后,最近又宣布再增加600名员工。“但产能并不是短期内就能增长上去的。一般欧洲的周期是两到三个月,在国内也不是我们自己的工厂,现在是由长安福特代工,产能的提升也需要很长的周期。”沃尔沃计划在上海、成都、大庆三地建4个工厂,可是建厂需要130亿元左右,这对一个负债总额710亿元、负债率高达73.4%的企业来说,无疑是困难的。沃尔沃的“中国化”道路,可能将因此受阻。

(资料来源:赵庆阳,21世纪商业评论,2011年10月26日。)

思考题

1. 基于中国轿车市场的需求特点,沃尔沃轿车本土化策略包括哪些方面?

2. 基于沃尔沃轿车在中国市场的竞争地位,探讨沃尔沃轿车未来的发展战略与策略。

第六章

国际市场营销战略

★ 本章要点及学习要求 ★

企业国际市场营销战略是企业开展国际市场营销活动的整体规划，它规定企业的发展方向及其发展的框架，因而具有全局性、长期性、系统性的特点。战略是对未来发展的规划，由一系列的分支战略和战术组成。在国际市场营销中，国际市场营销战略除了一般战略的特征外，还要在国际市场的选择、国际竞争优势以及进入国际市场的途径等方面进行规划。通过本章的学习，要求：

1. 了解企业开拓国际市场的动机；

2. 掌握国际市场的环境评价方法，包括环境机会矩阵分析法、环境威胁矩阵分析法；

3. 掌握运用波士顿咨询集团模型、通用电器公司法进行国际市场投资组合分析的方法；

4. 在一般环境因素分析的基础上，针对国际市场营销的现实条件，掌握国际市场细分战略、国际竞争优势战略和国际新业务战略等。

第一节　企业开发国际市场的动机分析

企业开展国际市场营销相比以往的国内市场营销在资金、技术、设备、人员和观念上，都是一次重大的变化。制定科学的国际市场营销战略，可以为企业带来可观的经济效益；如果选择了错误的战略，则可能给企业带来致命的打击。国际市场的环境复杂，需要企业在认真分析和评判的基础上才能作出战略抉择。

企业开展国际市场营销既受外部客观环境因素的影响，又受企业内部主观因素的左右。企业是否开拓国际市场是由多种动机决定的，最主要的动机是利益的驱使，除此之外，管理层的意愿、环境的力量等诸多因素都可能成为开发国际市场的驱动因素。从环境因素的作用或自身要求两个角度来划分，企业开发国际市场的动机可以分为主动动机和被动动机两个方面（见表6－1）。

表6－1　企业开发国际市场的动因分类

	内部动因	外部原因
主动	● 增长和获利动机 ● 管理者的意愿 ● 国外市场营销经验 ● 产品与技术优势	● 国外市场机会 ● 机构的变动 ● 利用国外资源
被动	● 分散风险的动机	● 偶然的国外订单 ● 国内市场狭窄或优先开拓国外市场 ● 国内经济衰退 ● 季节性因素 ● 国内资源不足

一、企业开发国际市场的主动动机

（一）增长与获利动机

增长与获得利润是企业生存的基本条件，在经济日益国际化的今天，一个企业要获得稳定的增长，并通过增长获得稳定的利润，就必须开拓更广泛的市场范围和区域，对增长的要求越是强烈，企业就越努力去发现新的增长点和可能性。开展国际市场营销拓展了企业的市场范围，为企业的增长和获利提供了机遇，所以增长与利润动机是企业参与国际市场营销活动最富有激励性的动机。

（二）管理者的意愿

在一个中小规模的企业中，企业最高决策者就可以直接作出是否开展国际市场营销的决策。在大型企业中，由于组织内部机构设置复杂，要由管理层共同作出决策。管理层的意愿对企业的国际市场营销有关键性的影响，它是反映管理人员对国际市场营销活动的意愿、干劲和热情的动机。管理层中个人的态度也会对企业的国际市场营销产生影响。对国际市场营销抱肯定态度的人，会积极地去寻求与国际市场接轨的方式和途径；而持相反态度的人，即使在面临巨大的国际市场营销机会的时候，也不会予以理睬。企业管理层对国际市场营销的态度与个人的生活背景有密切的联系，出生在海外或具有海外生活背景的人，愿意将自己所管理的企业引向国际化的道路，与出口贸易机构或研究、专业机构有往来关系的人也愿意开展更多的国际市场营销。

（三）企业在国外的市场营销经验

如果一个企业已经具有国际市场营销的经验，比如已经取得了在国际市场营销中产品开发的经验，具有稳定的国外推销人员队伍，建立了一整套的国外营销设施和服务方面的技术支持系统等，那么，所有的这些条件，都会给企业今后开展国际市场营销打下基础。实际上，所有以往有利经验的积累，都会给企业带来国际竞争优势，都有助于企业开发国际市场。

（四）产品与技术优势

产品的标准化程度、产品的复杂程度及其科技含量都是影响其国际市场营销的因素。由于科学技术的发展，新产品不断涌现，使产品的生命周期越来越短，直接增加了产品的研究开发与投资风险。另一方面，由于各国经济发展水平不同，同一产品在不同国家市场上的生命周期不同，在一个国家的市场上已经失去科技领先性和技术优势的产品，表明其在该国已经进入产品生命周期的成熟期或衰退期，而它在另一个国家的市场上可能刚刚进入增长期，甚至还处在介绍期。这就是说，产品在国际市场上的生命周期要比在某一国，特别是发达国家国内市场上的生命周期长得多。因此，将产品销往国际市场，成为延长产品生命周期，充分发挥产品的技术优势，保持并增加企业利润的必要手段。

（五）国外市场上存在的机会

审视国际市场上存在的机会也会成为企业开展国际市场营销的动力。在寻找这些机会时，企业通常采用的方法是将外国市场与国内市场相比较，首先最容易寻找的是与国内市场相似的机会。在比较中，企业还要善于寻找那些与国内市场截然不同的机会。

（六）机构的变动

国外的政府机构、行业贸易协会、银行等不同机构的政策变动是促进企业开展国际市场营销的一个动因。这些机构在贷款条件、信用条件、市场数据资料、举办展览以及保险等诸多方面给企业的国际市场营销创造机会。例如，国际性的展览会往往成为企业开展国际市场营销的最直接契机。再比如，通过查阅某国政府发表的统计年鉴，可以了解到该国的经济发展水平和发展的潜力，识别国际营销机会。

（七）利用国外资源的动机

在国外市场上存在着诸如森林和矿产等自然资源以及管理经验、知识、金融和生产能力等多方面的软性资源，企业进入国际市场，能够合理和有效地利用这些资源，并使它们充分发挥作用。

二、开发国际市场的被动动机

（一）分散风险的动机

企业面临的竞争越来越激烈，如果能够在地理区域上将市场范围扩展，超越国家的界限，就可以降低企业经营的风险。从整个宏观经济发展的角度，经济的衰退不会同时出现在所有的国家，因而将企业的市场定位于许多国家，就可以有效地避免本国经济衰退给企业带来的冲击，从而有利于企业的平稳发展。此外，已经开展国际市场营销的企业的风险也很大,这主要是因为,企业进行国际市场营销所面临的不确定因素远远比国内市场多,因而分散风险的欲望也就更强烈。企业开展国际市场营销不仅要对风险因素进行认真的评估,还要确定企业应采取哪些相应的对策进行自我保护。

（二）偶然的国外订单引发的开拓国际市场的动机

企业通过一些贸易杂志或其他媒体,可以接收到有关产品、价格和分销等方面的信息,通过这些信息,企业能够了解到国际市场的需求情况,这往往成为企业今后开展国际市场营销的敲门砖。许多企业最初进入国际市场时往往面对的是不稳定的订单,或是坐等外国公司、代理商等上门寻求货源。企业最初的这种不固定的国际市场营销活动会随着时间的推移,逐步由偶然的行为变成企业不可缺少的市场营销渠道,这时企业也就真正进入了国际市场营销阶段。偶然的国外订单往往是一些中小企业进入国际市场的动机或诱发因素之一。

（三）国内市场狭窄或优先开拓国外市场的战略安排

有些国家的国内市场十分有限,单纯面对国内市场,不能使企业的生产达到合理规模,促使这些企业必须开拓国际市场。有时企业的国内市场很有潜力,并且还没有进行充分的开拓,但企业却优先开拓国外市场。开拓国外市场对企业来说,能够带来更大的利益回报,也更加容易,这种开发就是有效的。例如,加拿大的企业会首先开拓美国市场,因为对加拿大的企业而言,开拓美国市场更容易也更能够获得良好的利润回报。

（四）国内经济衰退

如果一个企业的所在国市场趋向于衰退,就很难在这样的市场上找到发展的机会,相比较而言,如果国际市场有更多的发展机会,则必将成为企业开拓国际市场的动力。

企业在国内销售的产品如果处于寿命周期的衰退阶段,在这种情况下,企业有可能依靠市场的扩张延长产品的生命周期。在过去,这样的努力容易成功,因为一个国家或地区之外的顾客往往在某些消费领域是落后的,通过转移目标市场的方式,延长产品的生命周期,可以降低在本国内生产过剩的压力。

（五）季节的差异带来的机会

一些产品客观上具有生产或消费上的季节性,这种季节性造成企业在经营上的波动,进入国际市场,可以有效地减缓这种波动。例如,在服装的营销中就存在明显的销售周期,如皮衣只有在冬季才会旺销,为了降低销售的波动,在北半球的夏季皮衣销售淡季,到位于南半球的澳洲、南美洲销售就是一个开拓国际市场的动因。

（六）国内资源不足,限制了企业的发展

如果一个企业所在国的资源不足,限制了企业的进一步发展,那么,企业就可以通过合资、合作等形式进入国际市场,到其他国家发展,可以充分利用当地的资源。由于资源的原因而开发国际市场,企业对所要准备进入的国家进行评价的首要条件是该国要具备充足的资源供应,国家的政策导向上也不限制国外的公司开发本国的资源。

此外,表 6-1 显示,企业开拓国际市场的动机还可以从内部动因和外部动因的角度分类,增长与获利动机、管理者的意愿、企业在国外的市场营销经验、产品与技术优势、分散风险的动机是内部动因,国外市场上存在的机会、机构的变动、利用国外资源的动机、偶然的国外订单引发的开拓国际市场的动机、国内市场狭窄或优先开拓国外市场的战略安排、国内经济衰退、季节性差异带来的机会、国内资源不足等限制企业发展的 8 个动机属于外部动因。

第二节 国际市场环境评价

企业的国际市场营销战略是在分析国际市场环境因素的基础上,结合企业的资源条件科学制定的。国际市场的政治、经济和文化环境影响着市场的规模和条件,影响着企业市场营销手段的选择和营销效益的实现。近年来,国际上政治、经济风云变幻,只有时刻敏锐地洞察国际市场环境变化的动态和趋势,才能使企业的国际市场营销战略制定得更加切合实际,更加行之有效。

环境因素是影响企业市场营销活动的条件,它既可以为企业带来难得的机会,也会对企业形成威胁,关键是如何使企业的发展方向与环境因素进行有效的契合,发挥优势,避免危机。环境因素可以分为微观环境和宏观环境两个方面,宏观环境包括人口环境、经济环境、自然环境、技术环境、政治法律环境和文化环境等。微观环境包括企业内部环境、企业资源与实力、供应情况、营销中介、顾客和其他公众等几个方面。宏观环境的具体内容在环境分析的有关章节中已有详细的论述,在此不再赘述。

一、国际市场微观环境

与宏观环境相比,企业国际市场营销活动的微观环境更加具体和明确,对企业的国际市场营销活动的影响也更直接。

(一)企业内部环境

企业的内部结构和对外关系政策导向会影响企业的对外形象和政策。企业内部结构的分析主要包括企业的组织结构、职能部门的设置、上下级之间的关系、部门之间的配合、权力的集中与分散情况、决策的程序及方式等。企业的对外关系政策导向主要是指企业对各相关机构、组织的态度、指导思想、战略目标等。

(二)企业资源与实力

企业的资源状况是决定企业在市场上竞争力的重要因素。企业资源主要包括人力资源、物力资源和财力资源。资源雄厚的企业可以在战略的制定上有更多的主动权,这样的企业战略目标远大,并且有足够的力量去实施整体战略。资源欠缺的企业,需要正确地估价自己的实力,制定适合自己的目标和战略。

企业实力主要是指企业的市场经营能力和财务能力。企业的市场经营能力分析包括以下内容:企业的产品类别、获利能力;各种产品的竞争状况;在质量、功能、外观、价格、品牌、服务等方面的优势;产品的生命周期;企业的产品开发能力;企业的生产能力;企业的市场份额、市场覆盖率;企业的销售力量;企业的促销力度及促销预算;企业分销渠道网络,等等。企业财务能力分析的主要指标是:销售利润率、总资产报酬率、资本收益率、资本保值增值率、资产负债率、流动比率、应收账款周转率、存货周转率、社会贡献率和社会积累率等。

(三)供应情况

供应情况是指企业对所需物资和资金的供应来源及渠道情况的研究和分析,主要包括以下具体指标:供应的原材料、设备等的充足程度;供应企业在供应品提供方面的质量水准、价格水平、运输条件、信贷保证、风险承担等方面的情况。

(四)营销中介

营销中介是指在产品向国外最终顾客手中转移的过程中,承担对企业产品促销、运输、分销和出售职能的各类组织,包括各类国际中间商、实体分配企业、市场营销服务机构、金融机构等。对国际中间商的分析指标主要有中间商的实力、中间商的信誉、中间商的经销代理费用等。而对实体分配企业,则主要要分析它的运输与仓储能力、运输方式的选择依据,即运输的费用、安全性、运输时间、运输距离之间的关系。在分析营销服务机构方面,主要分析内容包括为企业的市场营销活动服务的市场调查机构、广告促销机构以及咨询顾问机构的工作能力、费用支出水平、合作态度。在金融机构方面,主要分析银行、保险公司等机构与企业长期合作的可能性、资金支持的力度、费用水平等方面的情况。

(五)顾客

国际市场营销中,企业面对的顾客类别多样,需求的差异性很大,因而顾客分析涉及的内容广泛,并且顾客的特点与一个国家的社会文化、政治法律等宏观环境密切相关。主要的顾客分析内容有市场需求水平、市场占有率、市场发展速度、顾客消费偏好、购物习惯、评价方式等。

(六)其他公众

企业在国际市场营销中面对的其他公众包括:各类媒体公众、政府机构、公众团体、社区公众等。分析媒体公众要分析报纸、杂志、广播等大众传播媒体的宣传力度、社会威望、覆盖面等方面的情况。在分析政府公众方面,要了解政府机构的构成、工作人员的特点以及政策法规等方面的情况。在国际市场营销中,企业对不同国家的政府机构状况的深入了解,显得尤为重要。企业只有清晰地了解一个国家的政府机构设置和不同部门的职权范围,才能更有针对性地与当地的政府机构建立良好的关系。分析公众团体的发展和影响，在国际市场营销中也十分必要。在西方发达国家，公众团体又称为压力集团，往往对政府的政策和企业的经营有重要影响。了解这些团体的作用情况，对企业准确掌握目标市场的特点大有帮助。分析社区公众是指企业要了解开展国际市场营销的社区特点及其对企业国际市场营销的特殊作用等。

二、国际市场环境矩阵分析法

企业的经营和业务单位的运行都是在一定环境的作用下进行的，正如环境分析中所指出的那样，企业的外部环境主要有经济环境、人口环境、自然环境、技术环境、竞争环境、政治法律环境和社会文化环境等。分析企业的外部环境有利于企业掌握社会经济发展的总趋势，从而对企业战略目标的制定和战略规划的实施打下坚实的基础。作用于企业的环境因素按其性质，可以分为环境机会和环境威胁两大类。

（一）环境机会矩阵分析法

企业的环境机会是指存在顾客需求并且可以使企业获得经营利润的领域。在环境机会矩阵中，纵向是市场吸引力，是指某项环境机会因素给企业带来的潜在利润前景的大小。市场吸引力大，说明环境因素的影响强度大，利润前景好。市场吸引力小，说明环境因素的影响强度小，企业的利润前景有限。矩阵的横向代表成功的可能性，是指企业在利用各种环境机会时能够超越竞争对手取得成功的把握的大小。成功的可能性高，说明环境机会促使企业成功的把握性大，成功的可能性低，说明环境机会促使企业成功的把握性较小。这样就可以将企业的环境机会分为四种类型，相应地在环境矩阵中分为1，2，3，4号区域（见图6－1）。

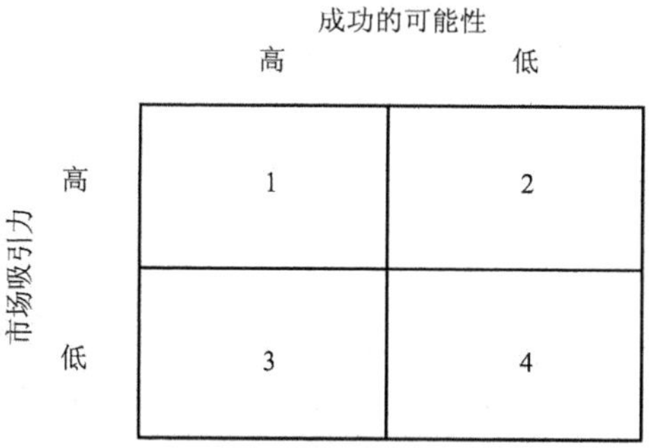

图6－1　环境机会矩阵图

1号区域中代表市场吸引力高、成功的可能性也高的环境机会，处于这类环境机会下的企业，要积极主动地去利用机会，求得高速发展。2号区域代表市场吸引力高而成功的可能性低的环境机会，企业应设法改善企业本身不利的条件，使企业更好地利用环境机会。但也要注意掌握好利用环境机会的尺度，非企业特长、与企业的核心竞争力相差甚远的市场机会，虽然利润前景好，企业也不能盲目跟从。3号区域代表市场吸引力低，而成功的可能性高的环境机会。企业的任务是努力提高现实的获利水平。4号区域代表市场吸引力和成功的可能性都低的环境机会，对于这类机会，企业的基本态度是观察其发展变化的趋势，以便随时采取有利于企业发展的对策。

（二）环境威胁矩阵分析法

环境威胁是指对企业的市场营销活动不利的环境因素。企业首先应确认环境威胁的性质，然后将其放在环境威胁矩阵中加以分析。在环境威胁矩阵中，潜在的严重性是指某项环境威胁因素给企业带来的潜在损失的大小。潜在的严重性高，说明影响强度大，给企业造成的利润损失严重；潜在的严重性低，说明影响的强度小，企业的损失有限。威胁出现的可能性是指企业在面临环境威胁时，威胁出现的概率。出现的概率高，说明环境威胁给企业造成损失的可能性高；出现的概率低，说明环境威胁给企业造成威胁的可能性小。最后，将两类环境分析指标组成矩阵，形成环境威胁矩阵图。纵向是潜在的严重程度，横向是威胁出现的可能性，这样企业面临的环境威胁就可以分为四大类。在环境威胁矩阵中分为1,2,3,4号区域（见图6－2）。1号区域中的环境威胁是企业的主要威胁，对这类威胁，企业必须引起高度重视，并制定相应措施，予以化解或避免，使损失降到最小。2号区域中，环境威胁出现的概率低而潜在的严重性高，这类威胁对企业的长期发展具有致命的打击，企业应建立一套行之有效的预警机制，提高应付突发事件的能力。3号区域中，潜在的严重性低但出现的概率高的威胁因素，这类威胁是企业经营中经常遇到的一些问题或难点，对企业不会造成重大负面影响，但如果积累起来不及时解决，有发展成重大失误的可能，对此，企业的对策是及时解决，避免演变成重大障碍因素。4号区域中的是潜在的严重性和出现的概率都低的环境威胁，对这类环境威胁因素，企业的基本态度是注意观察其发展变化趋势，发现有转移迹象时，及时作出反应（见图6－2）。

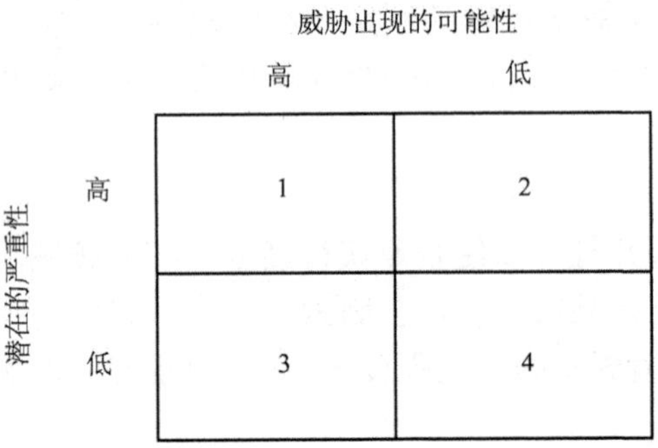

图6－2　环境威胁矩阵图

第三节　制订国际投资组合计划

制订企业的投资组合计划一般采用波士顿咨询集团模型和通用电器公司模型。

一、波士顿咨询集团模型

波士顿咨询集团模型采用了一个增长矩阵，它的纵向代表了业务单位的年市场增长率，高于10%的增长率被认为是高市场增长率。矩阵的横向代表的是该业务单位与最大的竞争对手相比所占有的相对市场份额,它表示的是企业在相关市场上的优势。这样,就可以将业务单位划分成不同的类型,相应地在矩阵中分为四个区域(见图6-3)。

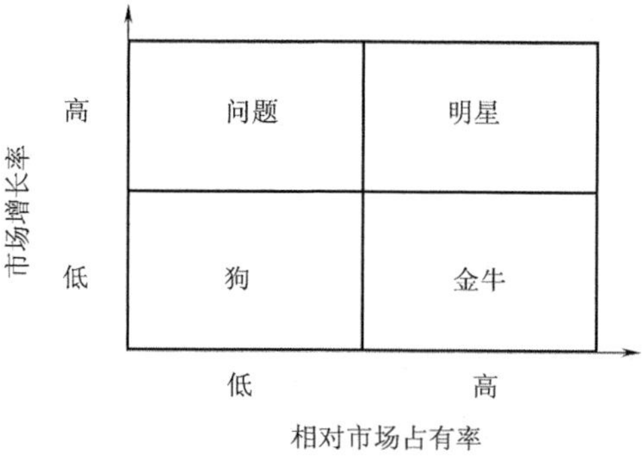

图6-3 波士顿咨询集团市场增长率矩阵

在波士顿矩阵的四类业务单位中,第一类是问题型业务单位,这类业务单位的相对市场占有率低而增长迅速,是极有发展前途的一类。问题型的战略业务单位需要投入大量的资金,以支持业务单位的增长。许多公司的新业务单位最开始就是由问题型业务单位成长起来的。由于问题型的业务单位需要大量的资金支持,因而企业有必要对其进行总体数量的控制,防止由于同时拥有过多的问题型战略业务单位,导致资金供应短缺而出现危机。

第二类是明星型的战略业务单位,是高市场增长率和高相对市场占有率的业务单位,这类业务单位是由成功的问题型业务单位发展而成的,在发展为明星业务单位的初期,也往往需要资金的支持。明星型的战略业务单位可以帮助企业有效地对付竞争。

第三类是金牛型的战略业务单位。金牛型的业务单位由明星型业务单位发展而来。明星型的战略业务单位市场的增长速度一旦降到10%以内,就变成了金牛型的战略业务单位。金牛型的业务单位可以为企业带来大量的现金回报,公司可以用所积聚的资金,来支持企业其他业务单位的发展。

第四类是狗类的战略业务单位,它是市场占有率低并且市场增长率也低的战略业务单位。对于狗类的业务单位,企业往往是投入许多时间和精力,但收效甚微。因而,企业要作出是继续经营还是放弃的决策,企业要善于及时删除一些耗费精力,而又没有发展前途的战略业务单位,以便把宝贵的资源应用于能够发挥更大作用的地方。

各业务单位的指标可以通过以下方法计算:

$$\begin{matrix}\text{业务单位的}\\\text{相对市场占有率}\end{matrix}=\frac{\text{业务单位的市场占有率}}{\text{该业务的最大市场竞争者的市场占有率}}\times 100\%$$

$$\text{市场增长率}=\frac{\text{本年度销售总量(全行业)}}{\text{上年度销售总量(全行业)}}\times 100\%$$

对于不同情形下的战略业务单位,企业要采取不同的战略对策,依据波士顿咨询集团的矩阵分析结果,对于4种不同情形下的战略业务,采取的对策也有区别。归纳起来主要包括以下4个方面。

第一,增长策略。增长策略的目标是增加业务单位的市场份额,有时为了达到这一目标甚至会牺牲企业的短期利润。增长策略最适合问题型的战略业务单位,通过发展,将问题型业务单位发展为明星型的战略业务单位。

第二,保持策略。保持策略是指企业要保持业务单位的市场占有率。它适合于金牛型的业务单位,力求使这类业务单位为企业带来源源不断的资金支持。

第三,收割策略。收割策略的目标是提高业务单位的现金流量,而不问长期利益的大小。收割的方式往往要缩减费用开支,包括减少研究与开发费用、广告促销费用等。这一方式适合在力量较弱的金牛型业务单位中采用,也可以用于问题型和狗类业务单位。

第四,放弃策略。放弃策略的目标是卖掉或消除该类业务单位,以便使资金得以有效的利用。它适合问题型和狗类业务单位,因为这类业务单位会消耗企业的利润或制约企业获得利润。

二、通用电气公司模型

通用电气公司模型是在波士顿矩阵的基础上增加一些因素而形成的,矩阵中包括了两类因素,一是行业吸引力,在矩阵中居于垂直方向;二是企业的业务实力,在矩阵中居于水平方向。最高的得分是 5 分,矩阵可以划分为 9 个区域(见图 6－4)。

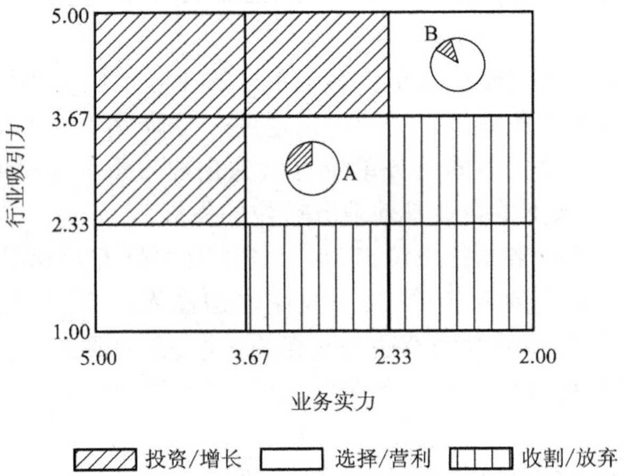

图 6－4　通用电气公司模型矩阵图

对企业的各战略业务单位依据市场吸引力和企业实力两项指标进行评价,在 1～5 之间得出具体的分数,由此确定每个战略业务单位在矩阵中的位置。每一项战略业务单位的评价依据或指标见表 6－2。

在矩阵中,依据评价指标找到相应的位置点之后,用圆圈的形式表示行业的规模和企业的业务单位在行业中所占的比例。圆圈的大小代表行业的规模,圆圈中的阴影部分代表公司的业务单位在行业中的市场占有率。

表6-2 市场吸引力和业务实力评分因素表

	权数	水平(1~5)	得分
市场吸引力:			
市场的总规模	0.20	4	0.80
年市场增长率	0.20	5	1.00
历史边际利润	0.15	4	0.60
竞争的密集程度	0.15	2	0.30
技术要求	0.15	4	0.60
通货膨胀	0.05	3	0.15
能源要求	0.05	2	0.10
环境冲击力	0.05	3	0.15
	——		——
	1.0	市场吸引力总得分:	3.70
业务实力:			
市场占有率	0.10	4	0.40
市场占有率增长	0.15	2	0.30
产品质量	0.10	4	0.40
品牌信誉	0.10	5	0.50
分销网络	0.05	4	0.20
促销效果	0.05	3	0.15
生产能力	0.05	3	0.15
生产效率	0.05	2	0.10
单位成本	0.15	3	0.45
材料供应	0.05	5	0.25
研究与开发业绩	0.10	3	0.30
管理人员	0.05	4	0.20
	——		——
	1.00	业务实力总得分:	3.40

通用电气公司模型矩阵图左上角的三个方格是最佳的区域,对于处在这三个方格中的业务单位,企业应采取发展的策略,要抓住机会,对这三类业务单位追加投资,促进其发展。对角线上的三个方格,处于中等位置。针对此类业务单位,企

业主要应采取维持的策略，即维持现有的投资水平，保持不增不减。右下角的三个方格是行业吸引力和企业竞争优势都比较弱的区域，对于这个区域的战略业务单位，企业应该采取“收割”或“放弃”的策略。

三、国际市场的投资组合分析

依据波士顿咨询集团模型和通用电气公司模型的基本思路，结合企业面对的国际市场的具体情况，形成一个新的投资组合矩阵。在针对企业国际市场营销的投资组合矩阵中，两个基本的关联变量是国家吸引力和竞争优势，它们代替了一般投资组合矩阵的市场增长率和市场占有率指标。国家吸引力和竞争优势的具体内容主要有以下几个方面：在国家吸引力指标中，主要分析市场规模、市场增长、市场的季节性和波动、竞争条件、市场进入条件、政府法规、经济和政治稳定性等；在竞争优势指标中，主要分析市场占有率、产品的适合性、市场营销能力和范围、边际贡献、形象、技术含量、产品的质量、市场支持、分销商和服务质量等。依据国家吸引力和竞争优势两个指标，可以列出国家吸引力和竞争优势矩阵（见图 6 －5）。

国家吸引力	高（竞争优势）		低（竞争优势）
高	投资与增长区域	投资与增长区域	垄断、撤资区域
	投资与增长区域	不确定性区域	收割、放弃、合作或许可证区域
低	不确定性区域	收割、放弃、合作或许可证区域	收割、放弃、合作或许可证区域

竞争优势

图 6 －5　国家吸引力和竞争优势矩阵

通过以上矩阵，我们可以看出企业选择国际市场时，可以将不同的国家分为 9 个方格，4 个基本类型。

第一，投资与增长区域。投资与增长区中，要求企业首先必须具有强大的市场位置，在快速增长的市场中占据主导份额。为了达到这一目标，要求企业有足够的投资实力，同时还要注重在人力资源培训上进行投资，提高企业员工的能力和水平，从而保证企业在国际市场上具有比较大的竞争优势。在这一类型中，产品的开发和改进是适应国际市场要求的重要途径。此外，在销售和服务的设施上进行海外直接投资，也是适应国际市场激烈竞争局面的一个有效途径，只有提高销售和服务的水平才能保证企业在国际市场上有快速的反应能力，有较强的运输和服务能力。总之，企业在针对这一区域投资时，要综合考虑人员、市场反应能力和服务质量等方面的因素。

第二，收割、放弃、合作或许可证区域。在收割、放弃、合作或许可证的区域中，经常要采取收割利润或出售企业的方式。一方面，企业的资金投向都要用于保持市场份额；另一方面，为了获得利润，又会减少企业的市场份额。这样，准确地计算现金的时间价值，充分利用资金就显得非常重要。在企业的市场份额和竞争地位都很低，市场的发展前景不乐观的情况下，取得短期利润是一个最现实的选择。这要求在财务上进行经常的现金流量计算，保证能够不断弥补变动成本的开支。此外，抬高产品的价格，降低营销费用，也是企业获得收割收益的有效方式。

第三，垄断、撤资区域。在垄断、撤资区域中，存在着来自市场方面的需求，但是企业在相关的方面却表现出较弱的竞争力，不开拓这一区域就意味着企业会失去一些机会。这一区域的决策，要求企业对资金的需求和使用进行认真的分析。

第四，不确定性区域。在不确定性区域中的产品往往蕴含着较大的市场潜力，产品的销售可以为企业带来巨大的收益，但是这些国家的市场一般都是十分有限的，因此除非企业能够名列第一，否则很难保持市场份额。所以，在这一区域中，最好的方式是保证维持足够的现金流量。另一方面，如果企业在技术或其他方面占有优势，企业也可以将主要目标放在提高市场占有率方面。

实例 6－1：通用汽车公司的国家吸引力和竞争优势

下面是通用汽车公司采用投资组合矩阵分析法，分别针对欧洲市场和全球市场，将一些国家的分布区域进行的简单归类（见图 6－6）。

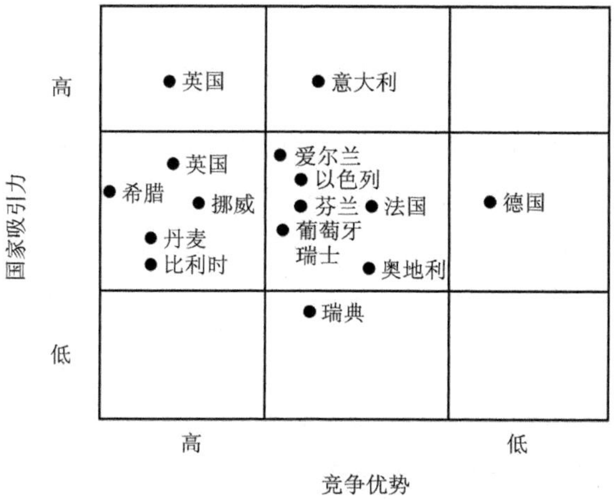

图 6－6（A） 欧洲范围

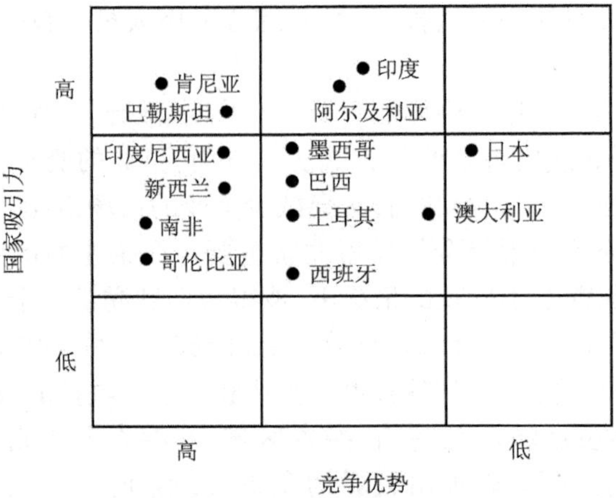

图6-6(B)　世界范围

以上的投资组合分析将企业内部的优势与弱点、国外市场的机会和威胁结合在一起进行综合考虑,在它们之间建立起了有效的内在联系,有助于企业作出正确的决策。它从不同角度,分类地分析了国际市场营销中每一个投资市场的主要作用,有的作用是产生资金支持,有的是提供增长的机会,有的是帮助提高产量,有的则可能是为了阻止竞争,等等。这样,企业在开展国际市场营销时就能够目标明确,最终达到企业针对不同国家的战略目标与企业的整体国际市场营销目标相一致的目的。但是,这一方式也存在一些问题,主要是它忽略了一些环境因素。

第四节　国际市场营销战略的实施

在企业的国际市场营销战略中,企业可以在一般环境因素分析的基础上,针对国际市场营销的现实条件,勾勒出国际市场的投资组合矩阵。在上一节的实例中通过对通用汽车公司在欧洲范围和世界范围的基于国家吸引力和竞争优势两个指标的分析,形成一个世界范围的投资组合矩阵,这种采用一些手段和工具,分析国际市场营销的环境因素,最终制定出企业战略规划的框架,就是一个国际市场营销战略的制定过程。在总体战略的框架下,企业还要制定具体的分支战略来推动战略的实施。这些分支战略主要包括国际市场细分战略、国际竞争优势战略和国际新业务战略等。国际市场细分战略是企业在分析国际市场营销环境的基础上,寻找理想目标市场的过程。国际竞争优势战略是通过建立竞争优势,实现在所选定的目标市场上创造战胜竞争对手的条件的目标。国际新业务战略是在已有市场的基础上进一步扩展的战略。总之,三个针对国际市场现实条件而制定的具体战略,是一个相互联系的整体。

一、国际市场细分战略

为了实现企业国际市场营销的总体战略，还需要制定一系列的分支战略，而选择企业的国际目标市场，是国际市场营销战略中最基础的部分。选择国际市场比一般的国内市场细分更加复杂，需要考虑的因素也更多。不仅仅要关注向国际市场提供的产品和市场的状况、产品的适应性、企业的投资组合等一系列问题，还要系统分析公司在国际市场上的吸引力和竞争地位，考虑企业产品在国际市场的占有率、产品生命周期等一系列的问题。

企业在进行国际市场的细分之前，需要对市场环境进行分析。影响企业国际市场细分的因素有许多，它们为国际市场细分提供了一个富有实践意义的分析途径。这些具体的指标主要有：地理特征、人口因素与购买力（包括总人口、性别、年龄分布、收入、财产）、文化因素（宗教、语言、习惯）、资源、行业、对外贸易的方式与合作伙伴、竞争、基础设施（包括交通、通信设施）、金融与信贷条件、市场渠道与商务风俗、政府规定和贸易条例、法律因素等。

（一）国际市场细分的原则

1. 可衡量性原则。企业在国际市场上选择的细分市场必须是能够明确衡量的，可以准确衡量的标准主要有市场的规模、收入水平、年龄构成等，它们可以从人口统计资料中得到。然而，也有一些无法准确衡量的标准，例如，文化标准就是一个难以准确衡量的标准。如果确定细分市场的标准都是这些难以衡量的标准，那么细分市场的有效性就会使人产生怀疑。

2. 可进入性原则。可进入性原则是指所选的细分市场必须是企业可以有效地到达并能够为之提供满意服务的。可进入性原则的影响因素主要表现在以下几个方面：一是在国际市场上存在一些语言沟通上的障碍；二是由于历史的原因存在民族之间的隔阂；三是国家之间在政治体制和价值观念上产生的差距等，这些都可能影响国际细分市场的可进入性。

3. 获利性原则。获利性原则决定了某一个细分市场是否有价值，是否值得进入的问题。在国际市场营销中，为了使产品适应当地市场的要求，往往需要投入大量资金进行渠道开拓、产品改进、促销信息沟通，此外还要付关税等。这就需要进行投入和收益之间的比较，要认识到进入某一个国际市场是要付出代价的，如果进入的成本太高，就要考虑放弃进入这一细分市场。例如，在使产品能够适应当地需要的过程中，国外产品的标准与国内产品的标准不同，因此必须作一些改进才能适应国际市场的需要，这都会提高产品的成本。企业要考虑产品成本提高之后，对产品国际市场竞争力的影响。

4. 可实施性原则。依靠企业的力量，通过制订计划和具体实施能够达到企业的目的，这一国际市场细分才有意义，否则，即使通过分析，细分市场具有可衡量性、可进入性和获利性的条件，但如果企业无法真正实施细分市场的战略，一切也都会失去意义。

任何一种市场细分的原则都与特定的市场环境和公司的特点相关。这里提供的仅仅是一些常见的原则,实际应用中还要依据具体情况,加以分析。

实例 6－2:广告公司的全球市场细分

某国际性广告公司将消费者在全球范围内进行了细分,这一细分是基于对5大洲的14个国家的15 000名成年人的调查分析作出的。细分的结果是从价值观、态度和实际购买方式三个方面将消费者分类,共分出了五种具体的细分市场。第一类是奋斗者,人均年龄大约在31岁。他们是积极向上的,对产品和服务能否真正满足他们的实际需要十分关心。第二类是成功者,他们年纪较轻,往往已经获得了成功。他们富有、自信,并且是社会观念和风尚的领导者,注重产品的品牌。第三类是施加压力者,往往是各个年龄阶段的妇女。她们时常感到很难控制生活的局面,生活中乐趣也很少。第四类是适应者,他们能够认识并尊重新观念,但也不希望丢掉原有的观念,他们企盼新产品来充实他们的生活。第五类是传统者,这类人保持着他们的国家和文化下的旧有价值观念,反对变化,总是消费他们已熟悉的产品。

(二)国际市场细分规划

企业在开发国际市场时,需要设计国际市场细分的思路,作出国际市场细分的规划,国际市场细分的规划是基于企业所处的位置和对国际市场审视的角度作出的。因此,可以将国际市场细分的规划分为扩张性方法和收缩性方法两个类型。

1. 扩张性方法。扩张性方法将原来的母国市场作为走向国际市场的起点,以此为核心向外扩张。这样,一个市场一个市场地向外扩散。在这一扩散的过程中,邻国市场是首选,因为邻国市场往往与本国市场在很多方面有相似性。具体的做法是:①修改产品与细分市场,以适应邻国的要求;②在产品和细分市场两个因素中,修改一个方面,以适应邻国市场的要求;③不修改产品,也不改变细分市场,开发邻国的市场。

2. 收缩性方法。收缩性方法是将整个国际市场作为一个整体,然后在分析政治、经济、语言和其他因素的基础上,对发展潜力小、前途黯淡的市场予以删除,对有希望的市场进行分析,从而找到适合开发的市场。具体的做法是:①找出基础的标准,列出总体市场的国家目录;②确定用哪个国家的标准与特征作为细分市场的标准,诸如评判风险、市场潜力、成本和国外的竞争等因素;③通过采用以上的标准进行评价之后,列出细分市场的国家顺序。

(三)国际市场细分的过程

1. 选择目标市场国。选择目标市场国就是划定企业国际市场营销的大范围,需要从地理区域、人口、经济发展水平、政治制度和市场的基础设施条件等方面进行综合考虑。在这些因素中,往往有的变化大,有的变化小,有的是现实中实际发生的变化，有的则是未来的发展趋势。在选择大的市场范围时，一个最主要的因素是经济政策的变化，一个国家经济政策的变化，必然会影响到企业的目标市场选择。实例 6 – 3 列举了国际 A 公司在国际市场营销中，依据市场吸引力、竞争优势和风险三个方面的指标进行分析，从而得出中国是最有吸引力的市场，罗马尼亚是风险性最大的市场的结论。

实例 6 – 3：A 公司的市场评价

A 公司是世界上主要生产采矿设备的企业之一，经过认真分析，该公司认为潜在市场可能在中国和 4 个东欧国家。该公司首先评估每个国家的市场吸引力，研究该国的国民生产总值、矿山劳动力、机械进口量和人口增长率等指标。然后，该公司对其本身在每个国家中的潜在竞争优势进行评定、研究，诸如以往的商业贸易情况、生产成本的高低、高级管理人员能否在该国很好地工作等。最后，它还要评定每个国家的风险程度，研究政治是否稳定，通货是否稳定和外汇汇出规定等情况。将这些数据编成指数并进行加权综合，得到表 6 – 3。中国的市场吸引力大、竞争能力强、风险小，如此看来，中国似乎可以提供最佳机会。另一方面，罗马尼亚的市场吸引力小，竞争力不大而风险较大。

表 6 – 3　对进入的目标市场国评估

竞争优势	市场吸引力			风险
	高	中	低	
高	中国			低
中		捷克		
低	德国			
高		波兰		高
中			罗马尼亚	
低				

在选择市场范围时，要依据两个要素，一个是限制性产品特性因素；另一个是限制性市场变化的因素。限制性产品特性因素主要是指地理、人口、经济发展水平、政治制度和市场的基础设施等因素，主要文化和宗教信仰等，这些因素对产品的推广和使用有影响。例如，如果要销售含有酒精的饮料和食品，就必须考虑宗教信仰，一些宗教教规是禁止它的信徒食用含有酒精的食物和饮料的。限制性市场变化的因素主要是指市场本应该是开放的，但企业在不同国家开展市场营销活动，也会存在一些阻力，这就是限制性市场因素，由于有限制性市场因素的存在，可能导致企业开拓国际市场的成本增加。限制性市场变化因素的主要内容包括禁令、联合抵制、进口配额、额外关税以及非关税壁垒等。因此，只有那些对本企业的产品或服务有需求，并且又能顺利实现企业市场营销目标的市场才是企业理想的细分市场。

2. 进一步的顾客细分。划分了大的市场范围之后，还要对顾客进行分类。对顾客的分类需要依据的是顾客数据库的有关信息。进一步的市场细分既需要数量指标也需要质量指标。顾客需求分析中，一般的消费者与集团用户的分析方法不同，一般消费者的需求分析包括消费者行为、生活方式、态度、购买的方式和决策方式等。用户的分析指标则主要集中于决策的方式、企业的组织结构和行业特点等。

为了寻找到适合企业的国际目标市场，企业不仅要分析需求一方，还要分析竞争对手的情况。在分析竞争对手时，主要应分析竞争对手、渠道的构成和采用的媒体等。竞争对手的分析主要包括竞争对手的民族、竞争的能力、竞争的方式。销售渠道中企业应分析销售渠道使用的可行性、容量和分销商的合作程度等。媒体分析中主要分析使用媒体的可行性、成本以及媒体的优势等方面的因素。

通过以上的具体分析，企业可以更准确地将自己的企业定位在一个具体的市场范围内，从而使企业更有效地开展国际市场的营销工作。

二、国际竞争优势战略

依据波特的企业竞争优势理论，企业获得竞争优势的途径主要有三个方面，即成本最低、产品差异化和集中化。

（一）成本最低战略

企业努力降低产品的生产和销售成本，从而使自己的产品成本较竞争对手更低。低成本带来的低价格可以使企业产品的销售量上升，由此为企业进一步降低成本和价格打下基础，从而使企业进一步提高产品的市场占有率。低成本战略要求企业具备工人技术熟练，资金充足，生产规模大，在产品的促销和分销方面降低成本等条件。为了达到低成本的目标，企业应在生产方面健全制度，激励员工提高生产效率。采用低成本策略的主要危险是可能导致企业产生营销近视症。企业要注意防止因过分关注降低成本，而忽视企业的技术开发，最终落后于竞争对手。

低成本战略是企业市场营销战略中的一个基本内容，降低成本为降低价格提供了可能。价格竞争目前仍是最基本、最有效的，甚至可以说，世界上没有减价不能抵消的品牌忠诚。企业在进入国际市场时，价格竞争战略往往是其应付激烈的国际市场竞争的主要应对战略。早在 20 世纪 70 年代，低成本战略就成为一种非常流行而被普遍使用的战略。目前，我国企业在进入国际市场的初期一般首选这一方法去挤占市场。这一策略要求企业通过一系列有效的方法和手段，在国际范围内取得成本领先。为了达到这一目标，关键是要提高管理效率，企业必须拥有先进的设备，并有效地提高设备利用率，提高产品合格率，加强成本与管理费用的控制等。

成本低不仅使企业取得较高利润，而且还可以使企业在与竞争者的对抗中处于有利地位。低成本使企业具有应付成本增加的灵活性。低成本还能给后来的竞争对手造成重要的进入障碍，从而增强企业的竞争地位。在竞争中，效益差的企业首先受到利润降低的威胁，而效益好的企业在竞争中可保护自己免受其害。

为了达到成本领先的目的，企业采取的主要方式有：一是利用本国优势，如发展中国家往往具有原材料价格低、劳动力成本低的优势；二是内部挖潜，采用先进设备，加强内部管理，提高效益；三是利用国家间的比较优势，如发达国家本国的劳动力成本高，采用国外加工、国外装配的手段，充分利用国外廉价的劳动力和优惠的政策达到低成本的目的。

（二）差异化战略

差异化战略是指企业不断开发出区别于竞争对手的产品和营销方案，使自己的产品较之竞争对手在产品的性能、花色等多方面显示出特点，创造出别出心裁的产品形式。差异化战略要求企业有很强的市场研究能力和营销方案的策划能力，企业的整体技术优势明显，研究与开发的实力雄厚。差异化战略的危机是如果产品的一些特色很容易为竞争对手模仿，将会降低该战略的有效性。

差异化是企业获得竞争优势的重要途径，应该从广泛的角度理解差异化。差异化不仅指产品本身的差异，还包括产品设计方案、商标、工艺、产品特色、款式、顾客服务、销售网络等各个方面的差异，企业应尽可能在其中的几个方面与同行业企业相比有其独到之处。为了保持产品的独特性，避免被竞争对手轻易模仿，企业可以通过突出一些诸如服务、可靠性和商誉等需要长期培养才能形成的特色，达到差异化的目的。当然，采用差异化战略也不能忽视各项成本的控制，如果差异化带来了成本的大幅度增长，使国际市场的购买者很难接受，就应该斟酌这种差异化是否可行。

（三）集中化战略

集中化战略是指企业采取一种集中为特定的用户群服务的策略。它使企业集中力量为一个或几个细分市场提供最有效的服务，更好地满足顾客的特殊需求。在集中化的战略设计中，企业要充分利用企业的优势，在比较窄的市场面上，发挥企业的独有特色。这种战略的目标就是为特定的较窄的目标市场提供最有效的和最好的服务。这样就使企业具有实现差异化战略的优势，从而能更好地满足特殊需要，同时又能以较低的成本取得竞争的有利地位。虽然集中战略不能从整体市场的角度取得低成本和差异化的优势，但在一个较窄的领域内却可以取得低成本和差异化的优势。

集中化战略遇到的挑战是企业在创造独特优势的过程中，有可能使企业的成本上升，竞争力下降。此外，还要防止由于消费者需求变化而产生的市场风险，一旦市场需求有了巨大变化，企业将遭受很大损失。

以上三种战略，各有其不同的特点。假设同时以低成本和差异性作为战略目标，既能体现成本领先特点，又具有差异的特点，则可以对付不同的竞争对手。另外，较少有替代品或在竞争对手实力很弱时，常采用集中化战略，这样企业可根据具体情况，发挥其优势，以求取得较高利润。由于以上三种战略各有其优点，因而要成功地运用这些战略，需要不同的资源、技术条件、过程控制和组织安排。

实例 6 - 4:针锋相对的国际竞争

英国的一些学者最新的一项研究考察了日本、美国和英国的大公司在英国的竞争状况,其中被考察的公司包括美国的惠普和 IBM、日本的佳能(Canon)和索尼(Sony),英国的 GEC 通讯和 Jaguar。研究结果显示,日本公司与其西方竞争者持有两种截然不同的战略观。英国和美国的公司最关心财务方面的业绩和效率,而日本的公司战略基点集中于市场和竞争。与其财务导向相一致,英国和美国公司强调短期利润,将近 90% 的英国经理和 80% 的美国经理将短期利润视为公司的目标,而持这种观点的日本经理则不到 1/3。

日本公司的战略核心具有相当强的进攻性,其主要目标是进入处于增长中的新兴细分市场,并通过"击败竞争者"赢得市场份额。与此相反,英国公司注重降低成本和提高效率。美国公司对这些目标的评价则介于两者,即英国与日本竞争者之间。英国的战略定位是防御性的,而日本公司比美国对手更强调进攻性,积极推动公司的增长。

至于市场渗透战略,日本公司通常先进入市场最低的一端,然后逐渐进入大众市场,最后进入高附加值的细分市场。而美国公司在英国的竞争,则倾向于选择高科技市场,强调产品宽度和先进技术。然而,美国公司始终面临着来自日本公司的压力,日本公司利用大众市场优势瓦解美国公司的市场高端差别化(high - end - differentiation)战略。英国公司集结于其市场的低端,强调其品牌优势。

(资料来源:约翰 · B. 库伦著,邱立成等译,《多国战略管理要径》,机械工业出版社,160 页。)

三、国际新业务战略

企业面临的市场是不断变化的,需要企业在广泛分析市场环境和自身力量的前提下,不断设计和调整自己的战略。在分析企业的投资组合的基础上,企业往往要淘汰掉一些不营利、没有发展前途的业务。相应地,在环境因素对企业有利的条件下,企业要抓住机会,扩展业务领域。因而,策划新增业务在规划一个企业战略时是不可缺少的内容。企业的新增业务规划主要有三个方面:密集性增长、多角化增长和一体化增长。

新增业务战略是企业整体战略的一个分支战略,因而,也要依据战略制定的一般环节进行分析和设计。具体地,要进行外部环境的分析,分析自身的优点和劣势,制定战略使命和目标,设计一套战略规划系统,并进行战略的控制和反馈等。

由于新增业务战略是涉及企业发展的关键性问题,与企业的整体战略密切相关,因而需要在是否新增业务方面进行全面的分析。企业可以在以下几个方面评价和控制新增业务规划。

第一是是否必要。企业新增业务,首先必须提出要开发新业务的原因,要达到的目的。这需要从企业的外部环境对企业的要求和企业自身条件的具备与否来回答。

第二是适应性如何。企业的战略应该适应环境的要求,与环境格格不入的战略是注定要失败的。适应性还有一个重要的方面,就是要在时间上准确确定新增业务的导入时间,能够抓住有利的时机予以开发和实施。

第三是是否给企业带来效益。企业的任何一项计划或战略都要给企业带来收益,要追求高的投资回报率,这也是企业开发新业务的根本原因所在。分析企业收益时,企业要解决长期收益与短期利润之间的矛盾,因为追求长期利润的最大化才是企业的最终目标,但往往不可避免地要出现企业为了打开市场而损失短期利益的情况。

第四是面临的风险有多大。企业的经营活动中,能够获得利润的业务,必然与高风险相伴随,企业必然会面临风险与利润的权衡。企业对待风险的态度和方法往往是与企业的经营方针、已有的经营风格以及企业的价值观念相联系的。

第五是企业在相关方面的能力如何。企业战略方向的选择是根据企业的能力范围和业务专长来设置的,市场机会有很多,但是如果超出企业的能力范围,对企业来说可望而不可即,也不能真正成为企业的业务发展方向。把握可能性的标准,就是要将环境的因素和企业的特长结合起来,真正使企业的新增业务对企业而言是可以把握的。

企业的新业务拓展方式主要包括以下几个方面。

第一,密集增长。密集增长的基本思路是开发那些潜伏在现有市场和现有产品类别中的市场机会。它又包括市场渗透、市场开发和产品开发几种方式。

市场渗透是企业通过各种方式力求在现有市场上增加现有产品的销售。具体的途径主要有:千方百计使现有顾客多购买本企业的现有产品;把竞争者的顾客吸引过来,使之购买本企业的产品;想办法在现有市场上把产品卖给从未购买过本企业产品的顾客。

市场开发是企业通过在新的区域增设商业网点,利用新的销售渠道,加强广告宣传的方式,在新市场上扩大现有产品的销售。

产品开发是企业向现有市场上提供新产品或改进的新产品。

第二,多角化增长。多角化增长是指企业尽量增加产品的种类和品种,跨行业生产和经营多种多样的产品和业务,扩大企业的生产和市场范围,保证企业在竞争激烈的市场上,有效地降低经营风险,使企业得以持续发展。多角化的方式主要有三种:同心多角化、水平多角化和集团多角化。

同心多角化是企业利用原有的技术、经验发展新产品,增加产品的种类和品种,从同一个圆心向外扩大企业的业务经营范围。这种多角化增长有利于发挥企业的特长,风险比较小。

水平多角化是指企业利用原有的市场,通过从不同的角度开发新产品,达到扩大企业的业务领域、稳固地占有市场的目的。

集团多角化是指大型企业集团通过收购和兼并其他行业中的企业,将企业的业务领域广泛地扩展到其他行业中,达到壮大企业实力,提高抵御风险能力的目的。

第三,一体化增长。一体化增长是指企业所在的基本行业有着良好的发展前途,企业若同时在产、销等方面进行开拓,能够达到提高效益、加强控制、扩大销售、增加赢利的目的。一体化增长也有三种具体的方式:后向一体化、前向一体化和水平一体化。

后向一体化是企业收购和兼并若干个上游企业,以控制原材料或供货的渠道,实现供应与生产、生产与销售的一体化。

前向一体化是企业收购和兼并若干个下游企业,控制分配系统或生产系统,实现产销或供应与生产的一体化。

水平一体化是企业收购和兼并若干家同种类型的企业,从而扩大企业生产经营的规模,使企业的实力得以增强。

本章小结

1. 企业国际市场营销战略是企业开展国际市场营销活动的整体规划,具有全局性、长期性、系统性的特点。在国际市场营销中,国际市场营销战略除了一般战略的特征外,还在国际市场的选择、国际竞争优势战略以及进入国际市场的途径等方面进行规划。

2. 企业开拓国际市场的动机主要有增长与获利动机、管理者的意愿、产品与技术优势、分散风险的动机、国外市场上存在的机会、机构的变动及其提供的机会、企业在国外营销的经验而带来的机会、季节的差异带来的机会、利用资源的动机、偶然的国外订单引发的开拓国际市场的动机;国内市场狭窄,或企业优先开拓国际市场的战略安排;国内经济衰退或生产过剩,迫使企业开拓海外市场;国内资源不足,限制了企业的发展等。

3. 国际市场的环境评价,包括环境机会矩阵分析法和环境威胁矩阵分析法。

4. 国际市场投资组合分析是运用波士顿咨询集团模型、通用电器公司法进行国际市场的投资组合分析。

5. 国际市场营销战略实施。在一般环境因素分析的基础上,针对国际市场营销的现实条件,在总体战略的框架下,企业还要制定具体的分支战略来推动战略的实施。这些分支战略主要包括国际市场细分战略、国际竞争优势战略和国际新业务战略等。

复习思考题

1. 企业开拓国际市场的动机主要有哪些?
2. 企业如何制订面对国际市场的投资组合计划?
3. 企业的国际市场营销战略主要有哪些?
4. 试运用竞争优势理论分析国际市场的竞争优势战略。

案例选编

格力争霸30年

成立于1991年的珠海格力电器股份有限公司是目前全球最大的集研发、生产、销售、服务于一体的国有控股专业化空调企业。2011年实现营业总收入835.17亿元，同比增长37.35%；净利润52.37亿元，同比增长22.48%；纳税超过53亿元；连续12年上榜美国《财富》杂志“中国上市公司100强”。2012年前三季度公司实现营业总收入771.64亿元，同比增长20.43%；净利润53.32亿元，同比增长41.34%，继续保持快速、健康的良好发展态势。格力电器旗下的“格力”空调，是中国空调业唯一的“世界名牌”产品，业务遍及全球100多个国家和地区。家用空调年产能超过6 000万台(套)，商用空调年产能550万台(套)；2005年至今，格力空调产销量连续7年全球领先。

一、从“春兰的粉丝”到领跑者

1990年，珠海特区。冠雄空调器厂长期使用的商标“海乐”被人抢注了，这让总经理朱江洪郁闷不已。公司必须为自己的产品取个新名字，于是朱江洪找来最贴己的两个同事，3个人把自己关在房间里苦思冥想。三天后，“格力(GREE)”商标诞生了。朱江洪对这个商标很满意，尽管英文中没有GREE这个词，但相近的词Great(伟大)、Green(绿色)其寓意都不错。“格力”的中文寓意也很好——格外有力，这让后来成为格力电器董事长的朱江洪得意了好一阵子。在成长的轨迹中，不仅“有力”，且同时彰显着格斗、角力元素的“格力”，与国际大牌争锋，挑战行业陋习，甚至与自己较劲——20年，格力从未停止战斗。

格力成立之初，由于自己实力较弱，朱江洪所采取的战略是“农村包围城市”，即避开“春兰”、“华宝”等著名企业占领的京、沪、穗等一线市场，转而开发二、三线城市和地区，在皖、浙、赣、湘、桂、豫、冀等省份树立品牌形象，建立巩固的市场阵地。这样的布局很明智，既规避了自己品牌的弱势，又抢占了潜在的市场，可谓一举两得。

20世纪90年代，务实的朱江洪不仅在营销策略上避实就虚，就连早期的产品开发，也采用“跟随跑”的策略。当时，春兰空调在国内市场如日中天，所以，作为春兰的粉丝，格力一直在模仿春兰。尽管格力起步之初曾以春兰为榜样，但随着企业逐渐壮大，格力在产品研发与营销策略上开始有意识地“以我为主”。这也是为什么春兰空调这个昔日中国空调行业的领军品牌，如今几乎已经被市场遗忘，而格力已连续6年领跑世界。

事实上,格力的“避实就虚”策略只持续了3年,1994年,格力的市场开发重心已发生变化,即在巩固原有市场的基础上,开始向北京、广州、南京等一线城市逼近,同时,格力的海外战略也进入实施阶段。

时间又过了4年,格力的“发力”高奏凯歌。1998年,全国主要城市各种品牌空调器的占有率中,格力35%,春兰11.2%,三菱5%,同时格力的产品出口量也位居全国同行第一。自此,格力从“跟随跑”变身“领跑者”,昔日菜鸟已然显现“行业老大”风姿。时间到了2001年,随着中国入世成功,中国的企业不得不开始面对国外同行的竞争。此时,中国空调民族品牌林立,国产品牌逐渐占领了中国市场的大半江山。

专业化,是格力决胜空调行业的底气。用朱江洪的话说,那就是“格力一直很专一,我们专心研究空调,用心构筑企业的竞争优势”。格力总裁董明珠对专业化的理解是:不仅仅“把所有鸡蛋放在同一个篮子里”,集中精神看好这只篮子,更重要的是对每一只鸡蛋要进行特殊护理,这样鸡蛋才能保存得更长久。事实证明了格力的远见。当20世纪90年代进军房地产、汽车、网络等新兴产业掘金而失败的众多家电企业最终回归主业,卖掉互联网、停掉汽车业、放弃房地产等业务时,格力电器已经在空调领域一骑绝尘,独步天下。“越是单纯的东西,越需要百倍的努力去捍卫它。”董明珠在其著作《棋行天下》中写下了这样一句内心独白。能耐得住寂寞,为单纯的理想而坚持不懈,这也许就是格力成功的秘诀之一。

二、“世界老大”是怎么炼成的

相比中国其他品牌的海外市场经历,格力走的是一条与众不同的道路。1993年,格力开始充分利用质量好、制造成本低的竞争优势,获得了松下、大金等众多国际知名品牌的代工订单,其出口量迅速飙升,并出口到家电强国日本。也就是从那时候起,格力开始进入国际主流市场,但当时格力的角色主要还是贴牌加工。1994年年底,格力拿到国内第一张欧盟CE认证①证书,从此,格力真正打开了通往欧洲的大门。

进入欧洲并没有让格力停下扩张的脚步。1998年,董明珠放下国内的“杂事”,专门去外面跑了一圈,回国后,董明珠把她在海外做的市场调查报告递交给朱江洪,并由董事会讨论后,一个大胆的计划在格力高层达成了共识——大举进军各大洲,启动完全国际化之路。当年10月,格力空调即敲开了巴西市场,并于两年后在巴西玛瑙斯自由区投资3 000万美元,建立了年产20万台空调的“格力电器(巴西)有限公司”。

对于格力而言,巴西市场是其海外战略最成功的案例。从2001年至今,格力在巴西的销售网点已经遍布24个州,拥有200多家代理商,近1 000家经销商。“在巴西,格力品牌家喻户晓,格力空调是巴西当之无愧的空调第一品牌。”提起在巴西的成功,格力电器国际市场部的工作人员颇为自豪。

① 法语Conformité Européenne的缩写,欧盟强制认证标志,凡贴此标志的产品可在欧盟各成员国内销售。

2011年6月18日，董明珠出现在美国加州的工业市。格力空调远销100多个国家和地区，对于美国，董明珠早已不再陌生，但这一次的加州之旅，对董明珠而言，却是极具意义的一次。是日上午，格力电器美国分公司（下称“格力美国”）正式在加州工业市挂牌开张。

自2007年起，格力连续在国际市场竞争中打败强大的对手脱颖而出——中标2010年南非世界杯主场馆项目；中标北京奥运会第一大单奥运媒体村项目；中标印度电信基站2 000万美金的商用空调项目，夺取中国空调史上海外第一大单；中标安哥拉“非洲杯”卢班戈主场馆项目……

从走入国际市场的第一天起，格力电器就坚持：在做OEM产品的同时，逐步在出口中力推自主品牌。目前格力拥有巴西、越南、巴基斯坦三大海外生产基地，自主品牌进入了法国、意大利、西班牙、菲律宾、澳大利亚、巴西、俄罗斯等100多个国家和地区。

在2008～2010年世界金融危机的影响下，格力的贴牌业务受到影响，但这反而给格力提供了一个可以加大自主品牌出口的机会。据董明珠介绍，2008年格力出口大约减少了20个亿，但250万台的贴牌加工产品拿掉以后，30万台的格力空调进入了美国市场，在出口总额下滑的情况下，利润反而增长了30%。

坚持扩大自主品牌出口，不仅避免了在国际市场上完全受制于人的经营风险，而且以优良的品质提升了自主品牌的竞争力。目前，格力自主品牌的销量占格力出口销量的比例达到了1/3。格力品牌进入了英、法、美等发达国家的主流销售渠道。

格力人的目标很明确，就是把格力空调打造成真正的“世界名牌”，空调业的百年老店。格力已经离这个目标越来越近：从2005年家用空调跃上世界销量第一至今，格力已经连续6年保持“世界冠军”地位；2011年，格力家用空调产能超过5 000万台，商用空调产能达550万台，继续领跑空调行业。2011年6月，格力电器美国分公司在美国加利福尼亚州工业市成立，这标志着格力自主品牌进军国际市场掀开了崭新的一页。

朱江洪认为，中国是全世界空调最大的生产和输出国，也是最大的空调消费国，全球空调业的翘楚和领导品牌，理应诞生在这块热土上。董明珠则表示：“我们最终是要让全世界的人都信赖格力空调，就像人们信赖奔驰、宝马一样。”

三、“最大的竞争对手是自己”

董明珠有着这样的性格：“我总认一个死理，别人能做的我也能做，为什么我就不能比别人好呢？这就是挑战，我们要相信自己的能力，研发研发，只要投入，你只要舍得，你就能创造出好技术。”董明珠告诉记者，格力每年的科研经费投入巨大且不设上限，已不是按“销售收入的百分之几”来预算，而是根据企业未来发展的实际需要“按需分配”。“公司建立了近300个专业实验室，拥有国内外各种专利技术4 000项，其中发明专利710多项，是拥有制冷专利技术最多的中国企业。”“而1赫兹变频技术的成功掌握并全面投入应用，正是格力在核心变频技术领域不断进取且一路领先的最佳证明。”

据介绍，日本的变频空调可以实现8赫兹低频运行，国内部分企业依靠技术引进能够实现低频10赫兹运行。而作为中国自主研发的变频技术，格力使压缩机低频稳定运行最低可达到1赫兹。董明珠说："在经营过程中，我们经常讲我们去引进外资、引进人才、引进技术，但是格力电器这么多年来坚持了一条走自主创新的道路，坚持了走专业化的道路，那么这两个坚持足以让我们要做到自我挑战，而不是和别人竞争，最大的竞争对手是我们自己，而不是别人。"

这种"和自己竞争"可以在格力的企业内部管理中看出来：公司制定"总经理12条禁令"（现为"总裁禁令"），违反一条"格杀勿论"；设立零部件筛选分厂，进厂空调零部件百分百全检；组建空调可靠性实验室，格力空调试制完成后必须经过实验室的检验才能正式出厂；投入百万巨资推行"零缺陷"工程，颁布"八严方针"，在全员中灌输"零缺陷"的质量观念。除了在采购和生产环节严格控制质量，格力人还把品质的触角延伸至研发设计领域。"不拿消费者当试验品"，产品未成熟之前，不为了抢市场而匆忙推向市场，彻底解决所有问题后，新产品才可以正式上市。在设计标准上，格力坚持以市场和消费者的需求为导向，制定出高于国家和国际标准的企业标准，使产品更加得到了消费者的喜爱和青睐。一系列"心狠手辣"的措施，稳步提升了空调质量，使格力空调的返修率大大降低。曾经有一家美国企业订购了4万台的格力空调，结果发现有问题的只有4台，也就是万分之一，这令外商惊讶不已。

2009年两会期间，胡锦涛总书记见到全国人大代表、格力电器总裁董明珠时，忍不住幽默地"批评"格力："上次我到非洲访问，当地人说格力空调做得都很好，就是有一条不好，他们说下班的时候老忘了关空调！"为什么？"因为格力空调的噪声太小了，根本没想到是开着的！"

2011年7月14日，全球首条碳氢制冷剂R290（丙烷）分体式空调示范生产线在格力电器正式竣工，并顺利通过中德两国联合专家组的现场验收。这标志着备受业界关注的R290冷媒空调将正式量产，中国企业在新冷媒技术的研究和应用上首次走在国际前列。环保部副部长李干杰在验收仪式上表示，R290冷媒空调生产线的建成，不仅将对我国乃至全球空调器行业环境友好技术的应用起到示范作用，也将对我国各行业全面履行环境国际公约、加速淘汰R22制冷剂（又称"氟利昂"）起到积极的推动作用。

格力空调，作为中国创造的崛起符号，正在让世界聆听中国的声音。

（资料来源：崔晓林、邹锡兰，《投资中国》，2011年11月。）

思考题

1. 根据案例分析格力成功的关键因素是什么？
2. 结合中国企业实际，分析战略对于打造企业核心竞争力的重要意义。

第七章

国际市场产品策略

★ 本章要点及学习要求 ★

现代企业的生存方式就是向消费者提供各种各样的产品,包括有形的商品和无形的劳务等。企业要跻身国际市场,就必须向国外目标市场上的消费者提供适销对路的产品。可见,产品是企业赖以生存和发展的关键因素,是企业的生命。国际市场产品策略是企业制定国际市场价格策略、销售渠道策略以及促销策略的基础。认真研究与制定有关的国际市场产品策略,对于企业的国际市场营销具有至关重要的现实意义。

本章在重申产品的整体观念和产品的生命周期概念后,重点介绍维农的国际产品生命周期理论,并分析国际市场上产品标准化营销与差异化营销的有关内容,提出产品进入国际市场的三种基本策略,结合我国企业的现实,分析产品在国际市场上的品牌策略、包装策略方面的几个重点问题。通过本章的学习,要求:

1. 明确产品的定义,树立整体产品观念;
2. 掌握产品生命周期和国际产品生命周期理论;
3. 理解国际市场产品标准化营销与修正化营销的有关内容;
4. 明确产品进入国际市场的基本策略;
5. 明确新产品开发的意义,分析新产品开发失败的主要原因及主要对策;
6. 掌握国际市场产品品牌策略中的品牌命名、品牌选择及品牌保护等方面的内容;
7. 分析中国企业国际品牌策略中的主要问题并提出相应的对策;
8. 了解包装的促销作用,理解国际市场产品的包装策略。

第一节　国际产品生命周期理论

一、产品与整体产品观念

（一）产品

按传统的观念，产品仅指有形的物品，但从现代市场营销观念来看，也就是从顾客的角度来看，产品则是一个更加广泛的概念。现代营销学中的产品是指能提供给市场、供使用和消费的、可满足某种欲望和需要的任何东西，包括实物、劳务、场所、组织和构思等。大部分的产品是实物产品，如汽车、彩电、服装、鞋帽、食品和书本等，但是，理发、美容、就餐、演奏会、度假等服务也是产品。许多社会团体、基金组织等非营利性组织，在很多情况下也可以被看作产品的组成部分。像社会助残基金奖券的发售，满足了人们关心、支持残疾人事业的需要；像红十字会那样的组织，也经常通过一些类似营销的活动，进行宣传，争取公众的积极支持和援助。构思，如策划、主意、解决方案等都可以出售和转让，也都成了产品的一部分。因此，市场营销人员应当认识到，现代市场营销学中的“产品”是一个复杂、多维的概念。

由于产品涵盖的面较广，因此，从消费者的购买习惯分析，消费品可分为便利品、选购品、专用产品和非寻求产品四个部分。

1. 便利品。便利品是指消费者经常和随时需用的、只需花费很少的时间和精力去购买的物品。包括牙膏、香皂等日常用品；即兴购买的报纸、杂志、冷食等；在特定情况下所急需的用品，如地图、雨具等。便利品的营销应以小型分散为主，尤其是其中的即兴商品，更应放在商店或超市最显眼的地方，以吸引消费者购买。

2. 选购品。选购品是指品种规格复杂，挑选性强，在质量、价格、款式等方面需要反复挑选和比较才能购买的物品，如服装、鞋帽等。经营该类产品应特别注意产品的特色和质量，同时应配备训练有素的推销人员，搞好信息的传递和咨询服务。

3. 专用产品。专用产品是指特定品牌或具有特色的，为特定顾客群专门购买的物品，如具有地方口味的土特产品、风味小吃等。经营这类商品，在保证特色和质量的同时，要特别注意树立良好的品牌形象。

4. 非寻求品。非寻求品是消费者不知道的，或虽然知道但在一般情况下不想购买的物品，如大型工具书、财产保险、医疗用品等。对这类产品的营销，企业要在广告和人员推销上下工夫，增进消费者对产品的了解和兴趣，诱发他们的购买欲望，以吸引更多的潜在顾客入市，扩大产品的销售量。

此外，对于产品，还可以按照其有形性和消费上的耐久性，划分为非耐用品、耐用品和劳务等。非耐用品是指消费周期很短、容易消耗的有形物品，如化妆品、食品、牙膏、洗衣粉等;耐用品指能够长期使用的、价值较高的有形物品,如彩电、冰箱、空调、电脑、家具等;劳务是无形的非耐用品,提供出售的是一种活动、利益或享受,如理发、修理、文艺演出、健身娱乐等。

对不同的产品,要有不同的营销策略。耐用品要特别注意售后服务和保证,利润率可相对较高;非耐用品因购买频繁,宜分散销售,应尽量接近消费,并大量运用广告宣传,利润率则相对较低;劳务是无形的、就地销售和就地消费的,因此,要特别强调质量管理,注重信誉。

上述关于产品分类的方法,说明产品特性对营销策略有很大影响。当然,市场营销策略还要取决于产品生命周期的阶段、竞争者的多少、市场细分的程度以及社会经济状况等因素。

(二)整体产品观念

作为产品的营销人员还应当认识到,产品是一个整体概念,它包括三个层次:核心产品、形式(有形)产品和延伸(附加)产品。

1. 核心产品。核心产品是产品最基本的层次和最主要的部分,是满足顾客需要的核心内容,即顾客真正要购买的实质性的东西。消费者购买某种产品,并不是为了占有或获得产品本身,而是为了获得能满足某种需要的效用或利益。例如,消费者购买服装的核心需求是时尚、个性、风度以及舒适等,随着社会的发展和人民生活水平的提高,对于服装的保暖需要已退居其次。同样,人们购买食品的核心需求是美味、营养,购买电脑的核心需求是方便、高效地解决问题和获取最新信息等。由此可见,核心产品就是指产品提供给顾客的基本效用和利益,也就是产品的使用价值。营销人员的任务就是要发现隐藏在产品背后的真正需要,把顾客所需要的核心利益和服务提供给顾客。美国一家化妆品公司的负责人说过:"在工厂我们制造化妆品,在商店我们销售希望。"这就是说,化妆品公司提供给顾客的是美容的希望,这是整个产品的核心。

法国的香水工业被誉为梦幻工业,在世界上享有很高的声誉。香水的生产是先构思、创意、策划——根据消费者对于他们本身的态度和感觉,以及他们和别人之间的关系来发现一个符合消费者的价值观、欲望和生活方式的有前途的新香水概念以后,再开发和测试一种香味予以配合。这就是成本不足 10 美元的 1 盎司香水,在市场上却能卖出 180 美元高价的原因所在。但是,核心产品只是一个抽象的概念,要卖给顾客还必须具备一定的具体形式。

2. 形式(有形)产品。形式(有形)产品是产品的第二个层次。企业的设计人员将核心产品转变为有形的东西,以便卖给顾客。形式产品或称有形产品是企业向市场提供的实体和服务的形象,即满足顾客需要的各种具体产品形式,也是核心产品借以实现的形式。一般说来,形式产品应具有以下 5 个方面的特征,即质量、功能、款式、品牌、包装。

3. 延伸(附加)产品。延伸(附加)产品是产品的第三个层次,指顾客在购买产品时所得到的附加服务或利益,如提供信贷、免费送货、安装、保修、保换、售后服务等。例如,美国 IBM 公司最先发现,用户购买计算机不仅是购买进行计算的工具设备,而主要是购买解决问题的服务,用户需要使用说明、软件程序、快捷简便的维修方法,等等。因此,该公司率先向用户提供一整套计算机体系,包括硬件、软件、安装、调试和传授使用与维修技术等一系列附加服务,用户一次购买就能满足计算方面的全部需要,这就产生了所谓"系统销售"(System Selling)的概念,即销售给顾客的不是单件的产品,而是产品体系。IBM 公司正是靠这种系统销售在竞争激烈的国际计算机市场上取得了巨大的成功,并占有领先地位。不仅如此,成功的实践使 IBM 进一步提出了"IBM 就是服务"的豪言壮语。这说明,现代市场竞争不仅在于生产和销售什么产品,而且在于提供什么样的附加服务和利益。过去的市场竞争主要是产品本身的竞争,现在还要加上服务的竞争。美国有些人预测,同工业社会的产品与服务并重相比,后工业社会中,服务将会处于首要地位,而产品本身反而会降到次要地位。美国著名管理学家维特曾指出:新的竞争不在于工厂里制造出来的产品,而在于工厂外能否给产品加上包装、服务、广告、咨询、融资、送货、保管或顾客认为有价值的其他东西。世界经济发展到今天,呈现出两方面的态势:一方面,企业的生产技术、管理水准和促销能力全面提高;另一方面,消费者购买能力逐步增强,选择的理性和需求趋向的变动性也相当明显。在这种态势下,服务的作用日益凸显出来。在市场营销的各个环节中,服务因素已经成为衡量一个企业或者产品的市场竞争能力的关键因素。

总之,以上三个层次结合起来,就是产品整体概念。它包括有形的与无形的、物质的与非物质的、核心的与附加的等多方面的内容,它不仅要给予顾客以生理上、物质上的满足,而且要给予心理上、精神上的满足,如优美、流行、高雅的外观所给予的美感;名牌豪华所显示的身份和地位;各种保证所给予的安全感等。

树立产品的整体观念,对指导我国企业的国际市场营销活动有着极其重要的意义和作用。一方面,产品整体观念强调产品是能够在市场上引起注意、购买、使用或消费的一切东西,并把产品由一种物质实体扩展到无形的各种劳务,这使企业更深刻地认识到,新产品的研制、开发、生产甚至销售,都要围绕消费者的核心需要而展开,伴随产品的各种售前、售中和售后服务,以及商品的包装、品牌、公司形象等都直接影响消费者的购买决策,所以,企业应首先着眼于顾客购买产品时所追求的利益,以求更完美地满足顾客的效用,从这一点出发,再去寻求利益得以实现的形式,进行产品设计。另一方面,产品的整体观念,尤其是延伸产品的内涵,使企业更清楚地认识到消费者所要购买的不仅限于产品的物质实体,而是产品提供的效用总和。随着科技的发展和人们生活水平的提高,消费者对于延伸产品内涵的需求更为强烈和重视,因此,企业间的竞争必须突破形式产品的界限,扩展到包装、商标、咨询、信贷、仓储、运输和其他服务等诸多方面,尽可能多地为消费者提供完善而周到的附加服务或利益,这有利于企业在国际市场上提高其知名度、美誉度,树立良好的企业形象,提高竞争实力。总之,产品整体概念体现了以顾客为中心的现代营销观念,只有懂得产品的整体含义,才能真正贯彻现代营销观念的要求,全面满足顾客需要,同时也才能提高企业的声誉和效益。因此,制定营销组合方案的第一步就是树立产品整体观念。

二、产品生命周期与国际产品生命周期

(一)产品生命周期

一种新产品上市后,营销者都期望它能够赚回成本并为企业营利,然而,每种产品的销售和利润都有一个由弱到强、又由盛到衰的过程,这叫作"产品生命周期"(Product Life Cycle),即一种新产品从开始上市直到被市场淘汰为止的整个时期,通常包括介绍(导入)期、成长期、成熟期、衰退期四个阶段。产品生命周期的正态分布图是理论上抽象的结果,实践中,不同行业的不同产品会有较大的变化。但总的看来,由于科学技术的进步,消费者要求的提高和市场竞争的日益激烈,市场上的产品生命周期越来越短。总之,每一种产品都有形式不同、时间不同的市场生命周期,这就迫使企业必须采取各种方式来努力延长产品的市场寿命。不同的企业可以根据市场的实际情况,选择适合自身实际的产品生命周期延长方式。具体包括:①不断提高产品的质量,不断增加产品的性能,以扩大使用范围;②开拓新的市场分割部分;③开拓新的分销渠道;④正确引导市场需求;⑤适当降低产品价格,以吸引下一层次的消费者。

此外,产品生命周期作为一种自然法则,还揭示了以下三个对于任何企业都十分重要的结论:①持续地开发新产品是企业长期生存的必要条件。②企业必须一方面从产品完整的生命周期出发考虑产品的贡献;另一方面从产品所处的不同阶段出发制定不同的营销策略。③企业在规划产品组合时必须考虑产品生命周期这一重要因素。

(二)国际产品生命周期

国际产品生命周期理论是战后最有影响的国际分工理论之一。它侧重从技术进步、技术创新、技术传播的角度,分析国际分工的基础。国际产品生命周期理论是在早期的技术差距贸易理论的基础上不断发展、完善而形成的。技术差距理论是由美国经济学家波斯纳提出来的,他认为新产品总是在工业发达国家先问世,在国内销售之后进入国际市场,创新国便获得了初期的比较利益。其他国家纷纷开始模仿生产新产品,但这需要一段时间,因为他们与发达工业国之间存在技术差距。在这段时间里,创新国仍保有该产品的技术领先地位,向其他国家大量出口这种新产品。但随着时间的推移,其他国家的模仿能力在加强,从而在这种产品上的技术差距在缩小,创新国逐渐丧失了比较优势,出口减少,最后甚至从其他国家进口廉价的该种新产品。

美国哈佛大学教授雷蒙德·维农认为,一国在经济上领先,推出新产品,由此而发展出口市场。此种技术或创新的发展,对各国来说机会并不均等。例如,美国、日本等国与其市场条件相关(自由竞争的市场机制、劳动手段、政府政策、劳动者素质等),被认为是出现新产品较多的一些国家。

实例 7-1：美国高技术公司——在哪里起家的

在过去的20年中，美国高技术公司涌现了一些惊人的成功事例，如英特尔、微软、康柏、斯科、苹果、奥拉寇、奈斯盖普和太阳微系统公司等。自20世纪80年代中期以来，这些公司经历了从企业家的思想火花到世界主要竞争者的转变过程。为什么这种奇迹会发生在美国？其中一个重要原因是，在美国可以获得风险资本。美国风险资本家提供了世界一半以上的风险资本，其中许多流向了加利福尼亚硅谷的新兴高技术公司，风险资本家与美国新兴高技术公司之间的这种密切联系为美国公司创造了竞争优势。在许多高科技领域，成为第一并且发展最快是成功的关键，而风险资本家恰恰可以加速新兴高技术公司的早期发展，因为在这一阶段成本很高，但收益很低。与美国的情况相反，欧洲高技术公司却面临着不同的环境，欧洲的风险资本趋于流向比较传统的产业。此外，欧洲情愿投资于高技术产业的投资者极少，更多的资金是来自像银行这样传统的、比较保守的来源，结果是，缺乏一个动态的高技术企业家环境。

（资料来源：约翰·B·库伦著，邱立成等译，《多国战略管理要径》，机械工业出版社，144页。）

根据美国的实际情况，维农提出了国际产品生命周期的阶段模型。但这个周期在不同的国家里，发生的时间和过程是不一样的。维农认为，在国际市场上，产品的发展需经过以下三个阶段。

1. 新产品阶段，又称产品导入期。即通过研究和开发新产品引入国内市场。由于此时产品尚未定型，技术也不完善，因此，在本国生产是最佳选择。这时，竞争对手也没有出现，产品质量、成本、价格尚未提到议事日程。当生产发展到一定的水平后，才有少量产品出口到其他发达国家。

2. 成熟产品阶段，又称产品的成长和成熟初期。此时，产品日益成熟，技术更加完善，生产规模迅速扩大，使新产品开始大量出口，同时，国际市场上开始出现越来越多的竞争者，迫使企业对外投资，设立国外子公司或分公司，以保持和扩大在国外市场的份额。

3. 标准化产品阶段，又称成熟后期。在这个阶段，生产技术和产品都已标准化，新的竞争者和同类商品大量出现，向原有生产企业的地位提出了挑战。因此，在国外的子公司必须开拓发展中国家市场，以取得规模经济效益。

类似地，小路易斯·威尔斯也提出了国际产品生命周期的五个阶段：①通过研究和开发，为国内市场发展新产品；②将国内产品出口到海外市场；③在其他工业化国家建立生产制造机构，由这些子公司或分公司将产品出口到发展中国家；④在发展中国家或地区建立子公司或分公司，例如，在韩国、新加坡以及中国台湾生产收音机和电视机；⑤从发展中国家出口商品到美国市场，如东南亚国家将电视机出口到美国。

其实，威尔斯的第一阶段即为新产品阶段；第二、三阶段类似于成熟产品阶段；

而第四、五阶段则与标准化产品阶段相仿。国际产品生命周期理论可由图 7－1 表示。

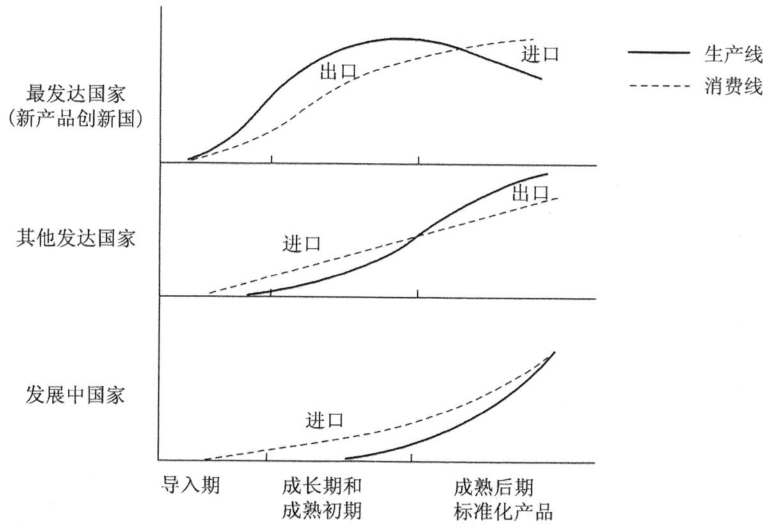

图 7－1 国际产品生命周期图

按照维农的理论，发展中国家在成熟期后才开始生产某种新产品，这使发展中国家市场上的新产品呈现出价格较低和接受创新过程简单这样两个特征，因为发展中国家引进的是已相当完善的生产设备和工艺，并且都是已受到市场肯定的新产品，根本无法与发达国家的新产品导入期相比。

此外，在国际产品生命周期的几个不同阶段中，要素的密集度也在相应地发生着变化。在创新阶段需要大量科学技术力量的投入，这时的产品是属于技术密集型的。在成长阶段，技术工艺基本定型，生产线日趋完善，大规模的批量生产需要的是资金投入，因此，这时的产品生产已转入资本密集型。当进入成熟期后，技术工艺完全成熟，对技术的要求降低，劳动可以弥补资本方面的不足，这时的产品生产已转入劳动密集型。新产品要素密集度的不断变化，使其具有不同的比较优势，所以，产品的生产才能在不同类型的国家间传播。

国际产品生命周期理论说明了国际经营的进步和国际产业结构的变化和转移。但是，这只是表明存在着这样一种趋势，并不是在任何产品、任何国家的任何时间条件下都适用。正如维农所认为的那样："它只是对世界贸易提供了部分解释，因为产品并不是必然遵循这种方式。"它无法解释发达国家向最发达国家投资，以及发展中国家也向外投资的现象；也无法解释不具备技术产品垄断优势的企业向外投资的现象。

尽管国际产品生命周期理论有其局限性，但仍具有十分重要的现实意义。首先，它能够为我们进行国际市场决策提供科学依据，有助于分析国际市场形势，及时淘汰没有销售前途的老产品，及时推出新产品，加速出口产品的升级换代。其次，利用产品在不同国家市场所处的不同阶段，调整出口产品的地区结构，将在某国市场处于下降阶段的产品，转移到尚处于上升阶段的另一个国家的市场上，这实际上等于延长了产品的生命周期。最后，了解国际产品生命周期理论还可以因势利导，及时投产由先进国淘汰或转移的产品，及时占领国内外市场。

第二节　国际市场产品进入策略

一、产品的标准化营销与修正化营销

国际营销者在产品本身方面所面临的一个首要问题是——产品是否应标准化，即在世界范围内销售标准化的产品，还是为适应每一个特殊的市场而设计修正化的产品？从国际市场营销的实践中看：一般生产能力强、单位成本低的公司赞成标准化营销；而对营销环境，尤其是文化环境较敏感的公司则主张产品应因市场而异。

（一）产品的标准化营销

赞成标准化营销的莱维特曾指出：世界正经历着一个全球化的过程，所有文化将融合成一个公共的全球文化。现在世界各国的人们应变得越来越相像。在总体上，人们的需求也变得越来越一致起来，受现代化、质量和价值的相同渴望的驱使，他们都想要低价的合格产品。因此，企业必须学会将世界看作一个大市场并在其中运作，忽略各个国家和地区在表面上的差异，在整个世界上按相同方式出售相同产品，诸如在世界各地按相同方式销售可口可乐或麦当劳的汉堡包等。实行产品标准化营销的优点很多，概括起来说，主要有以下四点：①可取得生产的规模效益，提高生产效率；②可节约研究与开发的费用；③可简化经营方式，减少市场研究和广告的费用，节省营销开支；④有利于树立统一的产品形象，扩大品牌知名度。

因此，世界上的很多企业都努力地争取实现以质量、规格同一的标准化产品行销世界各地。因为，除了可以实现和获得以上几个方面的好处外，处于世界三大经济区（西欧、北美和日本）内的消费者正变得越来越相似，也具有许多共性：以家庭为中心，绝大多数受过高等教育，有较高的收入，并在经济、政治、文化上越来越相似，这为标准化营销提供了前提条件。

实例 7－2：芭比与木兰

多年来，在日本销售的芭比娃娃与在美国的不同，她们有亚洲人的面孔，黑头发，日本人的装束。然而，三年前，美泰公司在世界范围内作了一项消费者研究，有些结果出人意料：黄头发、蓝眼睛的芭比娃娃在中国香港特别行政区与在好莱坞一样受欢迎。女孩子并不在意芭比与她们是否长得一样，而是芭比给她们带来的遐想。

全球玩具市场规模高达550亿美元。很多玩具商都在重新思考传统的信条，即不同国家的儿童需要不同的玩具。这种反思无论对儿童还是对公司都意义重大。过去，像美泰、孩之宝、乐高这样的玩具巨头都生产各种样式的玩具以适应不同国家或地区的要求，现在，它们越来越多地在世界范围内设计和营销同一种玩具。许多公司以强大的声势在全球同时推出一样的玩具娃娃、玩具车、玩具器械。例如，美泰公司的长发公主芭比娃娃，波浪式金发垂于粉红色的漂亮衣服上，同一天在包含美国在内的59个国家同时上市，成为该公司有史以来规模最大的一次产品上市。与此同时，美泰电视广告在世界各地用35种语言播出。美泰的芭比网站，提供长发公主的故事和游戏，有8种语言可供选择。长发公主芭比娃娃动画片在电视上播出，还制成录像带和DVD在全世界发行，并在有些国家的电影院上映。在那以后，长发公主芭比以及相关商品在全球的销售额高达2亿美元，其中几乎有一半来自海外。美泰现在不再生产亚洲人特征的芭比娃娃。

也有些玩具、游戏和动画角色因国而异。比如，德国小孩很少玩可动人形模型。根据NPD Group对玩具销售的调查，去年，在德国可动人形模型的销售额只占该国玩具市场的1%，而美国、英国分别是5%、6%。美国孩子喜欢Nascar玩具车，而欧洲小孩偏爱F1模型。Cheerleader主题的东西在美国以外没有销路。几乎没有美国公司在伊斯兰世界销售玩具。美泰这一世界最大的玩具公司也没有计划在那里销售。

“茉莉”是公主娃娃新系列中的一个，目的在于与芭比娃娃抗衡，白雪公主和木兰也是该系列中的娃娃。多样化娃娃可能会受到更广泛的顾客的欢迎。迪士尼采用粉红色包装，美泰反对这样做。迪士尼也留意到注重时尚的美泰的批评。迪士尼公主更注重头饰和魔杖，而不是手提包和高跟鞋。芭比注重模范角色，而迪士尼侧重幻想。事实上这对美泰来说太糟糕了。虽然其整合营销沟通计划非常全面，但是芭比娃娃的销售量出现了直线下降。相反，竞争对手注重种族多样化的产品则销路要好得多。

（资料来源：菲利浦·R.卡特奥拉，玛丽·C.吉利，约翰·L.格雷厄姆著，赵银德，周祖城，乔桂强等译，《国际市场营销学》，原书第14版，机械工业出版社，2010年，362页。）

（二）产品的修正化营销

由于国际市场需求复杂，环境制约因素多变，一个企业试图以统一的产品来满足国际市场上所有顾客的需要往往是不可能的，因此，许多企业不得不放弃标准化营销，而采用产品的修正化营销。也就是根据国外市场的不同需求特点，将原来的产品予以适当的修正，以适应这些市场的不同需求。概括起来说，决定产品修正化营销的主要制约因素有：

1. 使用条件差异。许多国家的电压制度不同，如美国是110伏，我国是220伏，因此，中国出口美国的一些电子、电器产品等均需作出相应的调整和改变。英联邦及曾经为英属殖民地的许多国家中，其交通规则与我国正好相反，因此，汽车等交通工具的驾驶方向盘、车门等的设计必须针对特殊的使用条件将产品的某些方面加以修正。此外,日本出口加拿大的轿车,之所以大受当地消费者的欢迎,是因为日本厂商根据加拿大特殊的气候条件,在轿车车身的喷漆配方中,加入了防盐抗锈的成分。因为,加拿大气候寒冷,冬季多雪,为尽快恢复交通,需在雪后的公路上撒盐,以融化冰雪,清扫道路,这使轿车的车身较多地受到盐水的腐蚀,容易出现车身锈蚀斑斑的情况。

2. 文化倾向差异。在一个信息和传播全球化的时代,人们的生活方式越统一,人们对内心深处的价值观——宗教、语言、艺术和文化等的执着也就越坚定。因为,人们所处的外部世界正变得更相似,所以,才会更加重视其自身内部孕育的传统习惯。由于各国在语言、宗教、态度、价值观念、风俗习惯等诸多方面均存在明显的差异,因此,使产品的标准化受到很大的制约。在大多数国家,标签上的内容必须使用官方语言。在像加拿大、比利时、瑞典这样的国家,就需要使用多种语言。此外,在全球化浪潮中,世界各国人民的种族意识也正变得越来越强烈。坚守自己的本土文化,拒绝来自不同国家和文化的移民同化,要求恢复本地人权利的行动,甚至想脱离联邦,建立自己的种族国家等思潮,使许多外来企业和产品必须加以修正,以适应当地的文化倾向。

3. 收入水平差异。世界各国由于经济发展水平不同,使各国人均收入水平差别很大,这种差别直接影响着一国消费品市场的规模大小,而且影响企业进入商品的品种、数量、质量、档次、包装等方方面面。辛格公司在非洲销售的缝纫机简单而便宜,是一种手动式的。通用汽车公司在贫困国家不是销售其标准的卡迪拉克牌汽车,甚至不出售标准的雪佛莱牌汽车,而是为这些市场研制开发了一种“基本运输工具”,其特点是价格低廉、容易操作和维修。

4. 政府政策的影响。几乎每一个国家都有相应的保护其消费者和产品的机构或组织,如食品和药品管理局、环境保护局、健康管理局、进出口商品检验检疫局等,它们都对产品的规定有发言权,如汽车的排放标准、里程要求、防撞力、安全气囊,机动车的噪声标准,食品中的染料和添加剂,洗衣粉中的磷酸盐,等等。一般经济发达国家的这些标准或要求明显高于发展中国家。以本国政府有关的政策、法律法规等为依据,有些国家可以禁止某些产品的进口,有些国家对某些产品的进口提出种种严格要求和限制,这些都对企业的国际营销带来极大的影响。1992 年,新加坡环境部宣布禁令:禁止进口、生产或销售口香糖。其中,进口口香糖将被罚款 10 000 新加坡元和处以一年监禁,零售商经销走私口香糖将被罚款 2 000 新加坡元。美国政府为了保护环境,减少污染,规定进口汽油的含铅量一年比一年低,到 1988 年规定进口汽油无铅化。这一政府政策的影响,使得有关的国际经营企业不能进行产品的标准化营销,而只能实施产品的修正化营销,如大连石油化学工业总公司长期以来,一直针对美国政府的这一规定,专门按美国的 ASTM 标准进行生产,通过修正化的产品长期出口美国市场。1988 年后,该公司在国内首创了芳烃无铅汽油新工艺,从而继续保持对美国的产品出口,并不断提高其市场占有率。

(三)选择标准化与修正化营销应考虑的因素

标准化与差异化的矛盾,可以通过市场营销分析和对两种做法的可行性研究来解决,并结合不同产品的具体特性和不同国外市场的需求状况综合决策。选择标准化营销还是修正化营销,主要应基于以下几个影响因素。

1. 产品的原产地。通常发达国家在国际上的经济地位与影响均较高,其所生产的产品在其他国家销售,尤其是在落后国家销售时的征服力较强,因而,有实行标准化营销的有利条件,可倾向于选择标准化;反之,落后国生产的产品要想出口进入其他国家,尤其是发达国家时,由于国家的国际形象、国际地位等方面的影响,使出口产品的品牌影响力、竞争力相对较弱,往往需要按进口国的有关市场需求特点或政府以有关规定去修正自己的产品,因而较多的情况是只能实行产品修正化营销。

2. 产品的目标市场国。若目标市场国顾客的民族意识强烈,文化传统独特,消费者的观念、行为等与产品出口国的差别大,则产品必须趋向于修正化营销;反之,则可更多地实行标准化营销。

3. 产品本身的特性。生产资料中的原材料、初级产品部分;机械设备中的通用设备、标准件等;消费品中顾客需求趋同的商品等多采用标准化营销;反之,则需要更多地实行修正化营销。

4. 企业的国际经营目标。若企业的生产能力不大,对国际市场占有的欲望较适度,只是想将与国内相近的国外市场纳入企业的目标市场范围,则可采取标准化营销;反之,若企业想最大限度地开拓国际市场,包括与企业原来的目标市场差异较大的一切可能进入的国外市场,那么,企业就必须考虑采用修正化营销。

标准化和修正化是相对而言的,即只是标准化的程度高低问题。事实上,绝对标准化营销的适用范围是极其有限的。此外,在国际市场的产品营销方面,标准化与修正化的争论始终在进行,而且将继续进行下去。从国际市场的营销实践上看,产品的标准化和修正化各有其成功的范例。一般地,美国、韩国、西欧等一些国家的大型跨国企业多实行产品的标准化营销;而日本由于很好地实行了"灵活生产体系",能够根据市场需求,在同一生产线上生产出小批量、多品种的"系列产品家族",所以,可视为是产品修正化营销的成功范例。此外,我国台湾的中小型企业在国际市场营销中也较多地采用产品的修正化营销,同样也取得了较大的成功。

二、产品进入国际市场的策略

每一个企业的国际市场营销计划中,都包含着这样一个问题:我们应该向国际市场销售什么样的产品?对于许多企业来说,答案差不多总是相同的:"销售那些我们正在国内(本国)销售的产品。"对此,有些人认为这是一个行之有效的生产方针;而另一些人则认为,这一方针导致人们从事不恰当的国际市场营销工作,错误地选择目标市场,销售不对路的产品,最终得不偿失。从实践中看,随着企业在国外市场营销活动复杂性的日益增加,国际营销企业间竞争的日益加剧,各国消费者需求变化的速度加快,因此,"销售那些我们正在本国销售的产品"的方针已变得越来越不适应了。

产品计划是企业市场营销计划和战略的基础和依据，产品计划是不断开发产品和产品系列，以满足消费者不断变化的需求，是一种连续性的工作。对于任何一个国际市场营销企业而言，在产品进入国际市场的策略方面，至少有三种可行的方案供选择：一是销售目前在国内或其他国家（地区）正在销售的产品；二是通过改良，赋予产品以新的特征、特性，以适应不同国外市场的独特需求；三是为国际市场开发全新的产品。

（一）产品延伸策略

产品延伸策略就是将现有产品只作地域上的延伸。这是一种最简单、投入也较少的产品进入国际市场的策略。实施这一策略时，应注意以下两个方面。

1. 从产品本身方面说，这种策略主要适用于具有独特风格和国际市场上通用的产品。具有独特风格的产品主要是指依据特殊的生产条件、技术工艺和原材料生产的产品，它往往被看作一个国家特有的产品，因此，一般有较高的国际声誉，早已为国外消费者所仰慕，比如：中国的茅台酒、清凉油、景泰蓝等；法国的香水、白兰地、葡萄酒；美国的香烟、可口可乐、百事可乐；瑞士的雀巢咖啡等。这些产品经常与一国的形象联系在一起，而且，国家的形象有助于这些产品在国际市场上的行销。通用产品是指那些用途、规格、使用方法等在各国基本相同，市场对其的需求也相似的产品，如瑞士手表、派克金笔、吉列刀片等，或是一些通用机械、标准件、工具、矿产品、农产品等基础原料。

2. 从目标市场国的情况看，只要目标市场国的需求与本国有较大的相似之处，就可以采取产品延伸的策略，把国内正在销售的现有产品，直接销往目标市场国。如我国家电企业、纺织企业、机电企业等对东南亚市场相邻国家或地区的出口。所以，采用这种策略的基本前提是现有产品即可满足国际市场上各国消费者的共同需要，或可满足一些国家消费者的共同需求。

（二）产品改良策略

由于世界各国在经济、政治、文化及法律等众多方面存在着巨大的差别，所以，使企业的产品延伸策略在实施中难以达到预期的目标。为此，许多企业不得不采取产品改良策略。

产品改良的方面很多，其工作也有简有繁。不同的影响因素决定不同的产品改良内容或方面，常见的影响因素及产品相应的改良内容有：①使用条件差异，如不同的电压制度、交通规则等，就需要产品设计上的相应变化；②技术水平差异，需要产品在简化和复杂之间作出相应的调整；③人工费用水平差异，需要产品在自动化和手工操作程度上作出相应的调整；④文化程度差异，需要对产品说明的方式、简化与复杂等方面作出相应的调整；⑤收入水平差异，需要对产品的质量、性能以及价格方面作出适当的调整；⑥所需维修保养的程度不同，需要对产品的耐用性进行调整；⑦气候差异，需要对产品的适用性进行改进。

以上提出的这些改变，主要是从产品物理的、机械的性质和价格等方面出发考虑的，是有关产品实体上的一些适应性变化，除此之外，企业还应对产品进行文化上的适应性改变，包括对产品的外观、造型、款式、颜色、图案、商标、品牌等各方面的更改，以便突出产品的特色，增强吸引力，更符合当地消费者的偏好、风俗习惯、宗教信仰等。

实例7－3：吉列与联合利华的品牌差异化策略

吉列公司在200多个国家销售800种产品。吉列的公司形象始终如一，都是一个雄赳赳、运动型的公司，但是其产品的形象却并不一致。吉列的剃刀、刀片和化妆品有很多名称。在美国被称为Trac II的刀片在世界上更多的地方被称为G－Ⅱ；Atra刀片在欧洲和亚洲被称为Contour；Silkience护发素在法国叫作Soyance，在意大利叫作Sienel，在德国叫作Silkience。吉列现有的许多产品是否会采用某个国际品牌难以预料。不过，吉列目前的全球化公司哲学为所有男性化妆品广告提供了统一的口号，即“吉列，男人最好的产品”，希望能够提供某种一致的形象。

联合利华的情形与此类似。它销售一种洗洁精，在瑞士叫作Vif，在德国叫作Viss，在英国和希腊叫作Jif，在法国则叫作Cif。这是由于联合利华针对每一个国家采取不同的营销策略的结果。现在，很难让吉列和联合利华将其品牌标准化，因为每一个品牌在各自的市场都已经很有名。

（资料来源：菲利浦·R.卡特奥拉，玛丽·C.吉利，约翰·L.格雷厄姆著，赵银德，周祖城，乔桂强等译，《国际市场营销学》，原书第14版，机械工业出版社，2010年，368页。）

总之，产品方面的改良主要包括实体上的适应性变化和文化上的适应性变化两个方面。深入调查并仔细观察产品的使用方式、经济、文化和其他有关的因素，尤其是针对预期目标市场进行的研究和分析，就能为企业产品的改良提供科学依据。

产品改良需要付出成本，而这个成本需要同未来的利润相匹配，也就是说，对于产品改良的投资要求带来相应的收益。但是，经验证明，为了真正赢得消费者，即使多花费一些成本也值得，特别是当这种投资能够使企业区别于竞争对手的时候。

追求产品改良的过程应当是持续进行、永不间断的。在这方面，日本的一些企业可以说是典范。日本对产品的审查从产品一投放市场就开始了，并且连续不断地对产品进行改良，而我国的一些企业在产品问世后就大松一口气，认为已经大功告成，有的甚至从此任其自生自灭、不闻不问。

（三）产品创新策略

随着技术的不断改进及竞争的不断加剧，任何一个企业都不可能单纯地依赖现有产品来占领市场，而是必须不断地向市场推出新的产品。产品创新策略，即企业宁愿投资开发全新的产品，而不是只改变或修正现有的产品。特别是随着企业转入差异很大的营销市场或营销地区，并对这些市场、地区进行较大的经济渗透时，现有产品往往不能适应国外某些市场的需要，实现企业国际市场开拓的预期目的,此种情况下,企业只能放弃原有产品而开发新产品。

产品创新策略是一种致力于开发新产品,力求在国际市场上占据主动的抢先策略。在当今世界,谁能在某一行业或某一产品领域中,率先推出新产品,开发出新的技术,谁就能领导世界的新潮流,抢占世界市场。汤森路透2015年11月12日发布2015全球百强创新机构榜单。全球各国入围数量为:日本40家;美国35家;法国10家入围;德国4家;瑞士3家;韩国3家;瑞士、加拿大、比利时、荷兰以及中国台湾地区各1家,可见,日本和美国是创新的热点。中国内地在上一年的评选中曾有华为首次上榜,今年再度缺失。台湾则有联发科一家入围。化学、半导体、电子零部件和汽车等行业的创新最多。亚马逊首次进入榜单,而AT&T、IBM、西门子和施乐等27家公司今年未能继续上榜。汤森路透2015年全球百强创新机构榜单是由汤森路透知识产权与科技事业部分析编制而成,评定标准包括专利总量、专利授权成功率、专利组合的全球覆盖率,以及基于引用的专利影响力。这份研究报告揭示了重大行业和地区的转变,表明各大公司正在纷纷扩展其专利组合,从以前的"专者生存"已转变为现在的"广者生存"。例如,拜耳(Bayer Pharmaceuticals)是在2011年涉足农作物领域之后才首次出现在该榜单中。另外一个行业转变出现在化工领域——小分子材料和技术正逐渐以全新的方式应用到化妆品、食品化学和调味品中。"在当今竞争激烈的全球市场环境下,要开展创新,仅凭伟大的创意是远远不够的。全球的机构只有充分利用知识产权、具备商业洞察力,将创意转变为现实,才能实现真正的创新。"

发展新产品是科学技术进步的必然结果,也是为了满足瞬息万变的国际市场需求,应对日益激烈的国际市场竞争的手段,它可以更有效地利用企业的资源、设备、技术和劳动力等生产要素,增强企业抵御市场风险的能力。早在20世纪80年代,西方就有人提出"Innovation or Die"(非创新,即死亡)。创新的目的就是为企业创造市场、创造需求、创造顾客。

一般而言,企业可以通过以下两种方式来获得新产品。一种是兼并收买式。即通过并购某个企业或购买对方的专利及许可证,达到生产新产品的目的;第二种方式是依靠自己的力量来研究开发新产品,这有利于提升企业的核心竞争力,但是,需要企业必须具备以下三个基本条件。

第一,企业必须具有很强的市场调研和预见、预测能力,能够准确地分析世界经济、科学等方面的发展规律,科学地把握本行业未来的发展趋势,及时了解消费者新的以及未来的、不断变化的需求特点,以此作为确定企业研究开发方向的科学依据。

实例7-4:耐克公司的成功秘密

创办于1964年的美国耐克公司,是目前世界上最大的运动鞋供应商。"贵在实干"不仅是耐克公司的广告词,而且,被视为公司的稀有珍宝和灵魂。公司董事长奈特认为,在运动鞋商业中,每6个月就是一次新的生命周期,所以,耐克公司组织了解剖学、工程力学和生物工程学等20多个学科的数百名专家设计新型的运动鞋。他们将数千人的脚的不同部位的96个尺寸输入电脑，以制造出与解剖形状相吻合的鞋。当20世纪70年代美国及世界风行跑步之前，耐克就研制出了黄色的轻型跑鞋。当人们寻求缓慢的健身运动时，耐克公司又推出了轻便舒适的散步鞋。当散步兴起时，散步者穿的几乎都是耐克的产品。随着体育健身运动的迅速发展，耐克公司从高性能的跑鞋、散步鞋，扩展到足球、篮球、网球鞋等；扩大了使用者，如慢跑者、非运动员和少年儿童；扩展了其他产品系列，如便鞋、运动服装等。

此外，耐克公司对产品的推销是多样化的，公司每年的广告费高达2亿多美元。耐克公司参加美国每年举办的全国体育用品展览会的目的，除了促进销售，争取订单外，更主要的是把公司今天的规模和明天的发展远景以模型展现在观众面前，向顾客传播耐克公司是世界头号运动鞋和服装公司，使更多的零售商看到耐克公司今后的发展蓝图。聘请世界著名运动员来推销产品是耐克公司的重要推销方法。

第二，企业还必须有雄厚的资金实力。任何一个企业在开发新产品时都会或多或少地遇到高投入、高风险的问题，因此，企业必须有雄厚的资金实力，一方面，能够为新产品的研发提供充足的资金支持，另一方面，能够承担新产品研发失败的各种风险。世界著名跨国公司成功的一个共性因素，就是通过巨额的研发费用投入，推动技术创新，获取核心技术，不断提高产品的技术含量，达到稳固占领世界市场的目的。

表7－1　2014－2015财年全球研发支出最多的20家公司　单位：亿美元

排名	企业名称	国家	研发投入	排名	企业名称	国家	研发投入
1	大众	德国	131.2	11	通用汽车	美国	61.0
2	三星	韩国	121.9	12	默克美国	美国	60.6
3	微软	美国	99.2	13	福特	美国	56.8
4	英特尔	美国	95.0	14	戴姆勒	德国	56.5
5	诺华	瑞士	82.2	15	华为	中国	54.4
6	谷歌	美国	81.0	16	思科	美国	51.1
7	罗氏	瑞士	74.2	17	博世	德国	50.4
8	强生	美国	70.0	18	苹果	美国	49.8
9	丰田	日本	68.6	19	赛诺菲	法国	48.1
10	辉瑞	美国	68.4	20	本田	日本	45.8

数据来源：欧盟委员会下属调研机构IRI

第三，企业必须拥有自己的科研机构和一大批科技人才。经济竞争决定于科技竞争，科技竞争的关键在于人才竞争。在国际商战的大潮中，企业间的竞争归根到底还是人才的竞争，所以，人才争夺始终处于最激烈的旋涡之中，如1989年荷兰一家电子公司出200万美元年薪，企图挖走美国“硅谷”一位集成电路专家，在协商不成的情况下，该公司竟出资3 000万美元，索性把这位人才所在的企业整个吞下。瑞士雀巢公司不仅每年投资4亿美元以上用于新产品的开发，而且分别在瑞士、美国、英国、法国、德国、新加坡等11个国家建立了自己的研究中心。美国宝洁公司共有8 300多名科学家在全球范围内的28个研究中心专门从事基础研究、产品开发、工艺设计、工程与设备等工作。进入中国后，在北京成立了一个大型的技术研究中心，专门为中国服务，以研究出更适合中国人用的产品。

新产品开发失败存在着两种不同的程度：一种是彻底性失败，即企业的新产品开发、销售、生产等所有成本费用都无法收回；另一种是企业能够从新开发的产品中获取一定的利润，但没能达到预期的利润或市场占有份额目标的有限度失败。导致新产品开发失败的原因是多方面的，就产品而言，主要是由于新产品的性能与消费者需求之间存在差距；就企业而言，则是没能很好地运用促销、包装等手段，没能掌握好新产品的推出时机，定价过高或过低，缺少配件，售后服务跟不上，等等。归根到底，是企业没能充分认识到开发新产品对于满足消费者需求的重要性。

此外，企业在开发新产品时，还会遇到其他一些风险，如成本继续上升；竞争加剧，尤其是来自国际市场上竞争对手的竞争进一步加剧；新产品开发步伐赶不上新技术的开发速度；市场趋于分散，从而迫使企业面向范围更小的目标市场有针对性地推出新产品；利率、汇率变动使得投资风险进一步增加，等等。虽然在开发新产品时，企业要面对各种不利因素及风险，但为了得以继续生存下去，企业就必须不断推出新的产品，这是企业维系其生存的唯一途径。

降低新产品失败的风险，最重要的一条是保证新产品的开发只是为了弥补市场需求的不足。具体地说，无论哪个企业，开发新产品时，都应注意做到以下几点：①向市场推出质优、独特的新产品，避免开发没有竞争优势的高价格产品；②企业应了解国际市场并能熟练地运用销售技巧；③了解并熟练地应用技术与生产的协同作用；④立足于范围大、需求增长快的市场；⑤避免开拓消费者已达到较高满意度的产品市场；⑥避免开发企业不熟悉的新产品。

第三节　国际市场产品品牌与包装策略

一、国际市场产品品牌策略

（一）国际市场产品的品牌命名

产品通常应具有两类名称。一类是根据产品的使用价值而确定的名称，如电视机、轿车、皮鞋等，这类名称具有通用性，与生产者、销售者的身份无关，也与商品的质量、档次无关；另一类是根据产品的生产者和销售者的安排而确定的名称，例如，长虹电视机、夏利轿车、森达皮鞋等，这类个性化的产品具有专用性，并且能反映一定商品的质量、档次。后者就是品牌。所以，品牌(Brand)是用来识别某一个或某些生产、销售者的产品或劳务，并用以和其他竞争者的产品或劳务相区别的专用的个性化名称，是企业为了彰显其所生产、制造、加工、销售的产品而使用的名称、词句、标志、符号、图案、设计或上述各项的组合。品牌是一个总称，一般由可发声的品牌名称和不可发声的品牌标志两部分组成。

品牌名称和品牌标志是品牌个性的直接体现。消费者对品牌的认同并不需要经过一番痛苦的分析，而是以其对品牌的速记能力来作出购买决定。如果提供太复杂的信息或信息前后不统一，消费者可能反而不会考虑这个产品，因为，许多消费者不愿为此而大伤脑筋，多费心力地加以分析，而只是选其易记或记得住的品牌作为选购的依据。所以，企业在为销往国际市场的产品命名的时候，必须认真考察该产品的核心利益、目标市场和所要采取的策略等，注意突出以下几个特点：立意高、本意好、顺口、响亮、气派、具有现代意识和时代感，并能吸引消费者，让人们产生具体的印象，留下难忘的回味和值得记忆的好感。同时，还要避免与国外产品品牌重复，注意当地市场某些文化、宗教、习俗等方面的禁忌。

品牌标志设计也并非易事，它需要遵循统一的原理和规则。具体包括以下三点：一是要富有个性，即与众不同；二是要突出创意，即要新颖、含蓄；三是简练明朗。因为标志是一种视觉语言，要求产生瞬间效应，因此，品牌标志设计应简练、醒目，切忌图案过分复杂。此外，要使其设计应用统一化、标准化，以便在消费者的心目中留下具有视觉冲击力的形象标志，让企业的产品能够从众多的竞争性品牌中脱颖而出，自我凸显。

目前，国内一些企业在品牌命名上缺乏民族自尊心和自信心，为了迎合某些消费者崇洋媚外的心理，将国产商品取个不伦不类的洋名。国家工商总局的统计资料显示，全国新登记的注册商标取洋名的达到36%，而且呈逐日上升趋势。而与之相反的是，进入中国市场的国外强势品牌，为迎合中国人的文化心理，在品牌命名时，却要起一些中国味很浓的名字，如潘婷、高露洁、宝马、雪碧等。国货品牌日益“洋化”与洋货品牌日益“汉化”已形成了鲜明的对比。美国从事社会调查的格洛斯曼公司的一项关于“品牌名称与销售效果相关研究”的结果表明：有36%的品牌名称生硬、枯燥，对销售构成严重伤害；有52%的品牌名称平平淡淡，对销售没有多大帮助；只有12%的品牌名称令人一见倾心，大大促进了销售。中国企业要创造世界名牌，首先应该获得国人的认同，扩大国内市场占有份额，奠定一个坚实的基础。

总之，品牌不是一个简单的名称或标记，而是代表着一种档次，一种潮流。企业应该有意识地通过一切设计来传达新品牌的优点和特性，要将整个设计系统建立在企业长期的经营战略的基础上，力争将企业的经营理念、企业文化甚至民族文化等深刻内涵融入品牌名称和品牌标志中。品牌的一半是文化，只有赋予品牌一定的文化内涵与灵魂，才能提高品牌的品位，建立起长久的竞争优势。品牌一经确定,应马上注册予以保护。

实例 7-5:宝洁公司——准确命名树立品牌

宝洁公司对品牌的命名非常讲究,他们深谙一个贴切而绝妙的品牌命名,能大大地减小产品被消费者认知的阻力,能激发顾客美好的联想,增进顾客对产品的亲和力和信赖感,并可大大节省产品推广的费用。宝洁公司通过对英文名字(单词)的精确选择或组合来给产品品牌命名,使中文名字与英文能在意义和发音上很协调贴切地配合,准确地体现了产品的特点和要塑造的品牌形象以及消费定位,提升了品牌的形象,如宝洁旗下最主要的香水品牌 Gucci(古驰)、Anna Sui(安娜苏)、Hugo Boss(波士)、Dunhill(登喜路)、Dolce&Gabbana(杜嘉班纳)、Escada(艾斯卡达)、LACOSTE(来格仕)、MONT BLANC(万宝龙)等。此外,在营销过程中宝洁还为品牌打造一系列的概念。如"海飞丝"(Head - Shoulders)的个性在于去头屑;"潘婷"(Pantene)的个性在于对头发的营养保健;而"飘柔"(Rejoice)的个性则是使头发光滑柔顺;"沙宣"(Sassoon)则定位于调节水分与营养;"佳洁士"(Crest)推广"根部防蛀"的防牙、护牙理念;"舒肤佳"(Safeguard)推广"健康、杀菌、护肤"的理念。由此可见,宝洁公司通过准确的市场细分与定位,准确的命名,尤其是为许多产品都结合产品特点取了相对应的中文名称,为消费者对产品的记忆提供了方便,有效地阻击了竞争对手的进入,增强了品牌的核心价值。

(二)提高商标的法律保护意识

品牌一经法律注册即成为商标。商标(Trademark)是品牌名称的形象化设计,具有重要的商业价值和竞争意义。商标同时也成为法律用语,注册商标(Registered Trademark)通常可在商标符号旁加上"®"标记,明确表示该商品的商标已登记注册,受法律保护。国际市场营销中的品牌通常就是指商标。商标的法律保护问题也是国际市场营销中的一个棘手问题,它包括打击假冒伪劣产品和防止商标被不法分子抢注两个最重要的方面。

首先,假冒名牌商标不仅在国内时有发生,而且在世界各国都不同程度地存在,有的甚至十分猖獗。特别是国内著名品牌或国际性品牌,由于它们既是优质产品的代表,又是进入国际市场的通行证和占领市场的有力武器,因此,一些不法商人为了扩大自己产品的销售,牟取高额利润便疯狂地冒用外国名牌商品的品牌,尤其是在一些发展中国家,因为生产技术相对落后,本国的商品难以与发达国家的同类商品竞争,再加上一些发展中国家或地区的法制不够健全,更使这种行为肆无忌惮。据估计,假冒商标在全世界每年大约使商标拥有者损失上千亿美元的销售额,同时,假冒名牌的伪劣商品也严重毁坏了一些国际、国内名牌产品的声誉。

其次,世界各国品牌的法律管理分为两大类型。其中英美法系国家采用"使用在先原则",即某一品牌谁先使用,其使用权就归谁。在这些国家中商标也需要注册登记,但在发生所有权争议时,法律的规定是使用者优先。而大陆法系国家遵循

"注册在先原则",在这些国家中,首先注册商标者在此商标的使用权上有可以压倒任何其他人的权利,包括首先使用者但未及时登记注册的人。这就给少数投机者造成了可乘之机。他们蓄意抢先在一些国家或地区登记注册本国或他国的产品品牌,然后向该品牌的创立者或拥有者出售以牟取暴利。因为,当被抢注者向国际市场推销商品时就会发现,在一些国家自己产品的品牌已经被别人抢先注册了,企业要继续使用该品牌,就不得不向抢注者,即该品牌的法定所有人购买使用权或买回所有权。否则,企业如果仍使用这种商标,则会有"假冒、盗用"之嫌,很可能成为"不法者"而被起诉,并成为被告。企业如果放弃原品牌而重新为产品命名,那么由于新品牌的知名度、美誉度、可信度都很低,会直接影响消费者的购买选择,因此,进入他国市场几乎就是不可能的了。最典型的商标盗用案发生在 20 世纪 60 年代中期,一个名叫 Robert Aries 的人在摩纳哥注册了 30 个商标,其中包括许多著名的商标,如 Bendix、Boeing、BBC、DoPout、Chase、Morgan、Harpers、Mitusubishi、The New Yorker、Sears 和 Texaco 等,使这些商标的创立者蒙受了巨大的经济损失。

实例 7 - 6:中国企业著名商标被海外非法抢注的情况

21 世纪网调查发现,中国自从与世界商业有了更多互动以后,国内许多著名企业商标被国外商家所抢注,其中,百年老字号商标被国外抢注的几率远高于一般品牌。如"同仁堂"商标从 20 世纪 80 年代末开始,先后被日本、美国、韩国、荷兰、挪威、瑞典等多个国家的企业抢注,"狗不理"包子也早在 24 年前就被日本抢注。

据中国品牌研究院调研结果显示,中国知名企业商标被海外经销商抢注呈上升趋势。如"志高""玉林"的商标分别被自己在印尼的经销商抢注,"牡丹""PEONY"商标被自己在荷兰的代理商于荷兰、瑞典、挪威、比利时、卢森堡 5 国抢注。另外,一个公司抢注多个中国商标也呈现上升趋势。如"龙井茶""碧螺春""大红袍""信阳毛尖"等多个茶叶名称在韩国被同一茶商注册为商标,"冠生园""六必居""桂发祥十八街"麻花等中华老字号商标被同一家加拿大公司抢注,"红塔山""阿诗玛""云烟""红梅"等香烟商标被同一菲律宾商人抢注。一个商标在多个国家被抢注同样数不胜数。如"红星二锅头"在瑞典、爱尔兰、新西兰、英国等国家被同一家英国公司抢注,"大白兔"商标在日本、菲律宾、印度尼西亚、美国和英国被抢注,还有"大宝""萤火虫""宗申"等商标也被在多个国家抢注。

中国商标专利事务所对全球五大洲的 11 个国家和地区进行了调查,结果显示,除中国香港外,其他国家和地区都在抢注"少林"或"少林寺"商标,共发现 117 项、164 个商标品牌,平均每个国家和地区 10 余项。在欧洲,奥地利、匈牙利都有"少林寺",仅美国西海岸就有 3 所,而这些"少林寺"跟嵩山少林寺无任何"血缘"关系。因此,少林武僧在国外表演"少林功夫"被认为是侵权的尴尬已经不可避免。

上海"英雄牌"金笔深受日本消费者的欢迎,但其商标被日本商人抢先在日本注册，从而要求我方按“英雄牌”金笔在日本的销售量向他支付5%的佣金，致使我方在日本的代销商因无利可图而停止代销，我方为此付出巨大的代价。

中国商家应该认识到，中国企业的商标在国内完成注册受到中国法律的保护，并不意味着在其他国家也受到保护。即使中国国内的驰名商标，也不会因其在国内的驰名，而在其他国家当然受到保护。商标一旦在海外某国或某区域注册成功，被抢注商标的中国企业就不得在该国或该区域内使用此商标，否则即构成商标侵权。

（资料来源：雷顺莉，21世纪网，21世纪经济报道，2012年02月29日。）

对于国际商品品牌进行有效法律保护时，企业应注意以下几点。

1. 企业应聘请法律专家专门负责企业有关商标的法律事务。有时可以考虑在主要的目标市场国中聘请当地的律师做这方面的法律顾问。因为世界各国的法律各不相同，当地的律师对本国法律法规的熟悉程度最高，了解最深。

2. 企业应根据有关商标的国际法律法规对自己的商标进行国际注册。我国已经是许多国际工业产权保护组织及有关公约、协定的成员国，如世界知识产权组织、《建立世界知识产权组织公约》、《保护工业产权的巴黎公约》、《商标国际注册的马德里协定》等，因此，企业可以以最经济的方式实现在最大范围的法律保护。

一般而言，品牌越著名，越应重视法律保护。因为，越是著名的品牌，越容易遭假冒或抢注，同时，越是著名的品牌，其价值和效益与注册成本相比差距越大。因此，越需要加强对其的法律保护。事实上，许多著名的世界级品牌，如可口可乐、IBM、飞利浦、柯达、富士、福特、丰田、索尼等都在世界各地实行所有权保护。

（三）国际市场产品的品牌所有者选择

从品牌和企业的关系来看，可以按品牌所有者的不同而把品牌分为生产者品牌和销售者品牌。生产者品牌是指生产者赋予其产品的特有品牌，这对于生产者创名牌，扩大企业影响力具有重大意义。销售者品牌是指生产者不给其产品加上自己的品牌，而是使用销售商的品牌，这在生产者比较弱小或生产者缺乏国际市场销售渠道，或掌握国际市场行情相当困难时是有帮助的。在使用生产者品牌时，若生产者生产能力有限，产品质量一般化，其品牌就缺乏号召力。在使用销售者品牌时，可借助销售者的影响力，即所谓的“大树底下好乘凉”；但难以提高生产者在顾客中的声誉，易沦至“为他人作嫁衣裳”的地步。从实际情况看，采用生产者品牌对经销企业有以下几个好处。

第一，生产企业为了能够大量地销售其产品，往往会花费大量的资金进行广告宣传，这有利于经销企业扩大销售，吸引顾客。

第二，名牌产品可以不断吸引新的消费者且可以提高经销企业的信誉。

第三，大多数生产企业都能迅速地向经销企业提供货源，而这又可避免经销企业准备大量库存，从而使销售成本得以降低。

第四,即使是经销企业销售了生产企业的劣质产品,消费者也只是不再购买该品牌的产品,而无损于经销企业。

尽管采用生产者品牌有以上四种好处,但以下三个因素也是经销企业决定采用自己品牌的原因。

第一,生产企业付给经销企业的毛利过低,而经销企业在采用自己的品牌进行销售之后则可弥补这个不足。

第二,如采用生产者品牌,生产企业随时都会单方面决定取消品牌或更换经销企业。

第三,采用自己的品牌可以密切消费者与经销企业的关系,如购买劳力士手表必须到劳力士手表专卖店去购买。

占有市场是企业国际市场开拓的首要目标,是国际营销企业生存发展的关键,而国际市场的竞争是高层次、全方位的企业综合实力的竞争,其内涵是名牌竞技。名牌加上需求就是市场。市场的占有主要取决于消费者对产品的认可。对于消费者而言,品牌名称形同产品质量,而且消费者指名购买某一品牌的产品,还可以提高采购效率,减少采购风险,这导致消费者只忠实于品牌,而非生产者本身。因此,凡是具有一定知名度、美誉度的良好品牌都能使企业吸引一批忠诚度高,且能使企业获利的消费者。而且,品牌一旦被消费者偏爱,提升为“名牌”,那就成为企业的无价之宝,不仅具有较高的附加价值,同时也使企业拥有了进入市场的“通行证”和跨出国门的“金护照”。所以,创名牌成为众多企业不懈追求的目标。

知名品牌咨询机构 Interbrand 于 2015 年 10 月 8 日发布了 2015 年全球品牌价值排行榜。在 Interbrand 列出了 100 家公司,科技公司占据了 28 家,且苹果和谷歌连续三年占据排行榜前两位。从榜单排行来看,互联网科技公司进一步崛起,其在品牌产品或服务的财务业绩、对于消费者购买决定的影响力等方面表现优异。然而,榜单中上榜的中国大陆企业从原来华为公司一枝独秀,新增了联想公司。参见表 7 -2。

表 7 -2 2015 年全球品牌价值排行榜前 20 位 单位:亿美元

排名	品牌名称	品牌价值	价值变化	行业
1	苹果	1702.7	+43%	科技
2	谷歌	1203.1	+12%	科技
3	可口可乐	784.2	-4%	饮料
4	微软	676.7	+11%	科技
5	IBM	650.9	-10%	商业服务
6	丰田	490.4	+16%	汽车
7	三星	452.9	0%	科技

续表

排名	品牌名称	品牌价值	价值变化	行业
8	通用电气	422.6	-7%	多元化
9	麦当劳	398.0	-6%	餐厅
10	亚马逊	379.4	+29%	零售
11	宝马	372.1	+9%	汽车
12	梅赛德斯奔驰	367.1	+7%	汽车
13	迪士尼	365.1	+13%	媒体
14	英特尔	351.4	+4%	科技
15	思科	298.5	-3%	科技
16	甲骨文	272.8	+5%	科技
17	耐克	230.7	+16%	体育用品
18	惠普	230.5	-3%	科技
19	本田	229.7	+6%	汽车
20	路易威登	222.5	-1%	奢侈品

资料来源:搜狐首页,http://mt.sohu.com,2015年10月10日。

二、国际市场产品包装策略

(一)包装的促销意义

包装就是盛放产品使其在运输、销售等过程中不会受损的一种方式。最初的包装仅仅起到保护产品不会破损的作用。而今天,包装不但可以达到保护商品的目的,还具有重要的促销作用。据统计,75%的消费品配有包装,而且包装费用约占消费支出的7%。从企业角度来看,包装是销售策略的一个重要组成部分,有些企业用于产品包装的费用甚至要高于广告费用。

一种产品如果有良好的包装,不仅会由此增加消费者对产品的满意程度,而且还可以促使更多的消费者前来购买。美观、典雅的包装不但可以象征着产品的内在质量,还有助于使消费者透过包装来了解该产品是否为名牌。由此可见,包装既可以保护产品,而且还是促销环节中的重要一环。诚然,精美的包装会使产品成本上升,企业支出增加,但若产品包装得当,不但可以消化这部分费用,而且还可以为企业带来更多的利润。近年来,一些新型包装材料不断问世,包装材料价格越来越低,这就为企业以最少的产品包装成本去争取更多的消费者,获得更多的利润提供了机会。

在当今"自我服务"的商业时代,包装成了连接企业与潜在消费者之间的最后纽带。从购买的角度来讲,包装是"不说话的推销员"。美好的包装既可沟通企业与消费者之间的关系,还可以对购买者产生影响,甚至能够让购买者过目不忘,这不仅可以扩大销售，还可以减少广告费用。根据美国康柏尔公司的统计，平均每个消费者每年目睹产品标签76次，这个数字相当于在电视中广告出现次数的2倍，而且可以节约3 000多万美元的广告费用。

在国际市场营销中，产品包装的颜色也极为重要。它可以使消费者通过包装的颜色就知道产品的种类。据调查，包装上的绿色代表着产品的种类为蔬菜；黄色为罐头水果；红色和粉红色为经过加工的肉类食品；而白色和蓝色则为面包和黄油制品等。不仅如此，颜色还可以起到吸引消费者的注意力，突出产品档次和差异，进一步促进销售的作用。此外，包装的颜色、图案在世界不同国家还有一些禁忌：如法国忌用墨绿色；埃及忌用蓝色；捷克忌用红三角；日本忌用荷花；英国忌用象和山羊；北非国家忌用狗；意大利忌用黑桃；伊斯兰教国家忌用猪的图案，等等。

包装不仅要好，而且还要实用并适宜于目标市场的需求，否则，也就失去其意义了。企业在选择包装时应特别注意包装的规格大小一定要与市场需求相适应，即适应国外消费者的购买习惯，这样才能通过包装来达到扩大市场份额、增加利润的目的。

（二）国际市场产品的包装策略

在国际市场营销中，可供企业选择的包装策略主要有以下几种。

1. 中性包装策略，指企业在商品包装上不注明商品的原产地、国别、厂名、原品牌或商标等基本信息的一种包装。主要适合于一些初涉国际市场、知名度不高，为外商定牌加工生产的国内中小企业。

2. 类似包装策略，指企业所有出口的产品都采用相同或相似的包装。这既有利于节省包装费用，也有利于在国际市场上树立企业的整体形象。

3. 等级包装，指企业将产品分为几个等级，对高档优质产品采取华丽、精美的高档包装；对普通产品采取一般包装，使包装装潢与产品内在质量相符，便于不同阶层消费者的选购。

4. 配套包装，指企业将多种相互关联的产品组合在一起装入一个容器内一起销售。这适用于具有连带性的商品，可以方便顾客购买，扩大销售。

5. 再使用包装策略，指包装内的产品用完后，包装容器可以移作他用。这有利于激发消费者的购买兴趣，从而扩大销售。

6. 附赠品包装策略，指包装内附有奖券、实物等赠品，以诱使顾客购买。

总之，企业应考虑不同产品、不同销售渠道、不同目标市场国等方面的具体特点，从满足消费者的要求、方便消费者的购买出发，运用现代科学技术，选择合理、恰当的包装策略，以最终实现在国际市场上树立良好形象、扩大市场占有率的目的。

实例7－7：罗林洛克啤酒的包装策略

随着竞争的加剧和消费的下降，美国的啤酒行业变得越来越残酷。像安豪斯·布希公司和米勒公司这样的啤酒业巨人正在占据越来越大的市场份额，同时，把一些小的地区性啤酒商排挤出了市场。出产于宾夕法尼亚州西部小镇的罗林洛克啤酒在20世纪80年代后期，勇敢地进行了反击。营销专家约翰·夏佩尔通过他神奇的经营活动使罗林洛克啤酒摆脱了困境，走上了飞速发展之路。而在夏佩尔的营销策略中，包装策略则发挥了关键性的作用。

包装在重新树立罗林洛克啤酒的形象时，扮演了重要角色。夏佩尔为了克服广告预算的不足，决定让包装发挥更大的作用。他解释道："我们不得不把包装变成牌子的广告。"

该公司为罗林洛克啤酒设计了一种绿色长颈瓶，并附有显眼的艺术装饰，使包装在众多啤酒中很引人注目。夏佩尔说："有些人以为瓶子是手绘的，它跟别的牌子都不一样，独特而有趣。人们愿意把它摆在桌子上。"事实上，许多消费者都坚持认为装在这种瓶子里的啤酒会更好喝。

公司也重新设计了啤酒的包装箱。"我们想突出它的绿色长颈瓶，与罗林洛克啤酒是用山区泉水酿制的这个事实。"夏佩尔解释道："包装上印有放在山泉里的这些绿瓶子。照片的质量很高，色彩鲜艳、图像清晰。消费者很容易从30英尺外认出罗林洛克啤酒。"

夏佩尔很喜欢用魅力这个词来形容罗林洛克啤酒的新形象。"魅力，这意味着什么呢？我们认为瓶子和包装造成了这种讨人喜欢的感觉。看上去它不像大众化的产品，而且有一种高贵的品质，这种形象在很大程度上也适合啤酒本身。"

包装对增加罗林洛克啤酒的销量有多大作用呢？夏佩尔说："极为重要。那个绿瓶子是确立我们竞争优势的关键。"

此外，近年来，随着环保日益受到重视，包装成为环保运动中一个被特别关注的对象。因为，包装材料一直被认为是"垃圾废料"的主要来源。据称美国40%的垃圾是废弃包装物，而垃圾处理已成为一个很大的社会问题。因此，商品包装精美固然重要，但是环境保护也不容忽视。使用可以循环再造材料来包装商品已成为美国、加拿大产品包装的新潮流。美国、加拿大等国家提出了"3R"口号，即减少(Reduce)、再造(Recycle)及再用(Reuse)，这将成为一种必然趋势，在世界各国广泛推广。由此可见，环保运动的发展，必然会影响出口商品的包装策略选择。它不仅导致产品的成本上升，而且，还会涉及包装是否构成环境污染以及能否顺利出口等一系列重大问题。世界上许多国家已经或正在通过立法要求产品必须以循环再造材料做包装，很多构成环境污染的材料将会受到严格管制。因此，企业必须对不同出口国环境保护的具体状况、相关的法律、法规等进行深入的调查了解，以便采取相应的对策，如寻求其他替代包装材料，避免因为使用不当的包装材料而失去出口市场，造成巨大的经济损失。

本章小结

1. 产品是企业赖以生存和发展的关键因素，是企业的生命。现代营销学对产品的定义是：产品是指能提供给市场、供使用和消费的、可满足某种欲望和需要的任何东西，包括实物、劳务、场所、组织和构思等。从消费者的购买习惯分析，消费品可分为便利品、选购品、专用产品和非寻求产品四个部分，此外，还可分为耐用消费品、非耐用消费品及劳务三大类。

2. 产品是一个整体概念，它包括三个层次：核心产品、形式（有形）产品和延伸（附加）产品。核心产品是产品最基本的层次和最主要的部分，是满足顾客需要的核心内容。形式产品或称有形产品是企业向市场提供的实体和服务的形象，即满足顾客需要的各种具体产品形式。延伸（附加）产品是顾客在购买产品时所得到的附加服务或利益。制订营销组合方案的第一步就是要牢固树立产品整体观念。

3. 产品生命周期是指一种新产品从开始上市，直到被市场淘汰为止的整个时期，通常包括介绍（导入）期、成长期、成熟期、衰退期四个阶段，但是，并非所有产品的生命周期都是如此。产品生命周期是一种自然法则，任何产品都有形式不同、时间不同的市场生命周期，这就迫使企业必须采取各种方式努力延长产品的市场寿命，并且要持续地开发新产品，这是企业长期生存的必要条件。

4. 国际产品生命周期理论是战后最有影响的国际分工理论之一。它侧重从技术进步、技术创新、技术传播的角度，分析国际分工的基础。美国学者维农和威尔斯将市场学的产品生命周期与国际分工理论结合起来，使比较利益学说从静态发展为动态，并根据美国的实际情况，提出了国际产品生命周期的阶段模型。

5. 维农认为产品在国际市场上的发展需要经过三个阶段：新产品阶段、成熟产品阶段和标准化产品阶段。而国际企业的出口及对外直接投资均与产品的国际生命周期有关。在新产品阶段，本国生产是最佳选择。成熟产品阶段是产品的大量出口阶段，也是企业实行对外投资、建立海外分公司或子公司的阶段。

6. 按维农的理论，发展中国家在产品成熟期后才开始生产某种新产品，这使发展中国家市场上的新产品呈现出价格较低和接受创新过程简单这样两个特征。此外，在国际产品生命周期的不同阶段中，要素的密集度也在相应地发生着变化。在创新阶段属于技术密集型；在成长阶段转入资本密集型；当进入成熟期后就变成劳动密集型了。新产品要素密集度的不断变化，使其具有不同的比较优势，所以，产品的生产才能在不同类型的国家间传播。

7. 维农提出的“国际产品生命周期”理论，是对一般产品的市场生命周期理论的补充和完善，它分析、解释了对外直接投资现象，说明了国际经营的进步和国际产业结构的变化和转移过程。但是，这只是表明存在着这样一种趋势，并不是任何产品、任何国家的任何时间条件下都适用。

8. 产品进入国际市场产品阶段时，首先面临着产品标准化营销与产品修正化营销的选择。标准化和修正化是相对而言的，即只是标准化的程度高低问题。此外，在国际市场的产品营销方面，标准化与修正化的争论始终在进行，而且将继续进行下去。从国际市场的营销实践上看，产品的标准化和修正化各有其成功的范例。

9. 产品进入国际市场有三种最基本的策略：产品延伸策略、产品改良策略和产品创新策略。产品延伸策略是最简单、投入也较少的策略，但是，只适用于国际市场上大量需要的独具特色的产品或通用型产品。对大多数产品而言，需要根据不同国家营销环境的差异进行适当的产品改良，使产品在实体上和文化上都能够很好地适应国外市场的不同需求。如果企业想在国际市场上占据主动，有志于领导世界新潮流，则必须采用产品创新策略，培育和提高自身的核心竞争力。

10. 国际市场产品品牌策略包括品牌的命名、品牌的法律保护和品牌的所有者选择等几个方面。国际市场产品包装策略除了中性包装、类似包装、等级包装、配套包装、再使用包装及赠品包装策略以外，还应特别注意绿色包装问题，因为随着环保日益受到重视，包装已成为环保运动中一个被重视的对象。

复习思考题

1. 试述维农的国际产品生命周期理论的主要内容及其现实意义。
2. 试分析产品标准化营销的优点及其适用条件。
3. 试分析产品修正化营销的影响因素。
4. 试述产品进入国际市场的策略。
5. 中国企业应如何尽快创立自己的国际名牌？

海尔：以全球资源应对全球需求

相继在北美、欧洲、南亚、东盟等16个国家和地区建立三位一体的本土化模式，已经使海尔冰箱具备发挥全球资源整合的能力。发生在2007年8月的印度工厂订单交付的过程就是最好例证：该订单将美国研发中心的风冷技术、中国设计总部的Vc保鲜技术、印度工厂当地的成本优势等资源充分整合后，转化出的产品又要运送到远在中东的客户手中。这种“以全球资源应对全球需求”的战略被IBM公司CEO彭明盛誉为“全球资源整合企业”的标志。

经济全球化使市场已经没有了国界。早在2000年，海尔集团首席执行官张瑞敏就曾说过：国际化是目前中国企业生存壮大的根本。随着世界经济发展的全球化，在同一产业内，无论在国内市场还是在国际市场，目前遇到的竞争对手基本是相同的，国门对于企业竞技市场来说几乎不再存在，因此企业必须立足于国际化，把眼光放在国际市场这一大舞台上。海尔冰箱也是从那个时候就开始了全球化品牌道路的探索与实践。

一、法式对开门冰箱的高端未来

全球高端冰箱市场上的第一品牌——美国通用电气(GE)公司在2007年11月份推出了一款四门对开门冰箱。一位细心的消费者在百思买(Bestbuy)网站上看到它时,惊奇地发现,这款冰箱与7个月前海尔在全球同步上市的法式对开门冰箱有惊人的相似之处:其冰箱的外观设计、冷冻室的比例分配如出一辙。唯一有明显区别的是,GE四门冰箱的外取冷饮的设计方向与海尔的产品相反。对于长期被视为只会追随和模仿西方工业设计和制造的中国品牌来说,这是第一次被西方主流品牌克隆和模仿。也暗示着,类似海尔这样的中国品牌已经有能力在全球市场扮演领导者的角色。

法式对开门冰箱为海尔独创,是海尔集中了中、欧、美、日150名专家花费2年时间研发的成果,是这家中国最大的家电厂商为进入全球主流和高端冰箱市场所进行的第一次尝试,也是比其他竞争对手领先了7个月推出的这款产品。其进入全球任何一个卖场销售,都相当于是海尔冰箱最独特的广告,因此,把这款冰箱卖到消费者家中已经成为海尔人最崇高的使命。

不过,被GE冰箱克隆的只是海尔法式对开门冰箱的第一代产品。据悉,其他竞争对手也正在酝酿于明年推出更多"追随型"的类似产品。现在,海尔已经推出法式对开门冰箱的第二代"升级版",其最大特色是,考虑到美国消费者较多使用制冰机,而通常制冰机设计在冰箱的下层使得消费者取用不太方便,最新的海尔冰箱突破性地将之设计在上层的冷藏区内。在海尔看来,这一领先优势正是其布阵高端、整合区域化制造基地、实现倍速增长这一策略所产生的效应。这一全球年轻的冰箱品牌正雄心勃勃地整合、分配全球优势资源,并为消费者创造美好的生活体验而不遗余力。

(一)高端之战

能够在全球高端市场销售自己的高端产品无疑是每一个全球化企业的最高目标,但这并不意味着每一个全球化企业都具备发动一场全球高端冰箱之战的实力,而海尔冰箱显然已经作好了充分的准备。就产品而言,海尔于2007年4月在全球同步上市法式对开门冰箱,已经使其成为全球唯一能同时生产欧、亚、美三种风格高端冰箱的品牌,这是其通过不断的战略转型在全球整合资源的结果。从内部管理看,海尔冰箱已经给每一个海外营销团队搭建出了保障平台,并制定了明确的赏罚机制。

海尔冰箱的遍布全球的营销网络为其提供了如此之快的速度。截至2007年11月底,海尔法式对开门冰箱已成功进入欧、美、亚全球65个市场。一款全新的产品从上市、向客户推介、获取订单、技术准备、组织生产、装箱发运,一直到最后进入全球卖场销售,只经历了半年时间。海尔冰箱在内部实施的信息化管理可迅速对市场需求作出最快的反应。但尽管如此,海尔法式对开门冰箱仍然面临被对手模仿的挑战。因此,加速法式对开门冰箱在全球的销售速度已经成为海尔当前的一项重要任务。

(二)速度之争

真正解读出“布阵高端,整合区域化制造基地,实现倍速增长”的内涵,还需要从遍布全球的海外制造基地切入。的确,能够在全球16个国家和地区拥有三位一体的本土化运营模式,这在全球的冰箱品牌中都极为罕见。而海尔冰箱要在以法式对开门冰箱为代表的高端市场进行竞争,其核心武器就是发挥各区域制造基地的优势,以期迅速对欧、亚、美客户的需求作出反应。譬如,意大利工厂可以辐射欧洲;泰国工厂在满足东盟市场的同时,还可以远征中东,以及非洲地区;印度工厂则在当地销售的同时,也已获取到欧洲客户的订单……靠在不同市场的制造基地,海尔冰箱可以迅速完成对全球资源的整合与利用,加速以法式对开门冰箱为代表的高端之争。

海尔法式对开门冰箱已当之无愧地成为全球高端冰箱的代言产品。只要你在baidu上输入“全球高端冰箱”这几个关键词,超过73万个的弹出网页同时显示一个名字:海尔法式对开门。这足以见证海尔整合欧、亚、美的150多名专家团队所作出的不懈努力已经被广泛传播。同时,其庞大的行销网络都无一例外地说明,这家年轻的世界级冰箱品牌正以“全球资源应对全球市场”,并加速在全球市场进行品牌圈地运动。

尽管海尔已经将研发、行销的速度提升到世界水平,但仍然被对手模仿。可见在透明的市场竞争中,再好的产品都会被对手模仿跟进,这意味着海尔必须以更快的速度发展,否则,一旦被像GE这样的冰箱品牌模仿,将直接威胁到海尔冰箱全球第二大品牌的位置。但这丝毫不影响海尔冰箱对全球市场的战略目标定位。为了创造全球市场,这家年轻的冰箱品牌正在内部不断地进行战略转型,其目的恰好就是对全球优势资源进行充分整合与再分配。而所有的这一切,都是为给全球消费者创造一种美好体验而不断作出的探索与尝试,就如海尔法式对开门为欧美消费者带来那种“不再分割大火鸡、做饭不再跑地下室或者车库”的全新生活体验一样。因为在海尔看来,并不满足于推出一款什么样的差异化产品,也不是创新出何种管理模式,而是追求能给全球消费者带来那种美好的体验与永恒的回忆。毕竟,创新的产品与先进的管理等这些有型的东西都会被模仿、复制,或者超越,唯有被用户充分体验与认可的品牌才能永恒,并被口口相传,而海尔法式对开门冰箱恰恰就承载着如此的使命。

二、六门冰箱的“中国战略”

(一)市场表现

海尔六门冰箱作为一款高端产品成为中国市场最畅销型号充分说明:越来越多的消费者在购买产品时,更看重自己选择何种生活方式。从中怡康发布的2007年9月冰箱市场销售数据可清晰地看到,在多门冰箱市场最畅销型号中,海尔六门冰箱单型号竞争力第一。2007年10月,从国内著名连锁渠道获悉,海尔六门冰箱以绝对优势成为高端冰箱最畅销型号第一名。其实,有关海尔六门冰箱不俗的市场表现早已被熟知。就在上市之初,这款产品被北京大中电器一次性下了1 000台的大订单。此后,凭借其卓越的性能、前卫的设计不断被消费者认可。

一款高端冰箱凭什么能进入最畅销型号第一名?发生在2007年9月网友晒冰箱的论坛帖子已经给出了最佳答案:传统的双门冰箱已经成为消费者追求健康与营养生活品质的束缚,越来越多的消费者开始重视多温区冰箱在温度、分区储存上给消费者带来的美好体验。中国消费者协会有关负责人对此表示:"晒冰箱"的帖子不仅晒出了冰箱使用过程中存在的漏洞,同时也晒出了食品因为储存温度、时间等差异所引起的营养流失、变质、串味,以及食用后会引起中毒后果的问题。晒冰箱,其实也"晒"出了中国冰箱行业未来的替代趋势。海尔六门冰箱的卓越表现也恰好说明了这一点。

(二)研发结晶

事实上,海尔六门冰箱卓越的市场表现背后,有其强大的全球研发体系作支撑。这款被中国中产阶级充分认可的产品原型来自日本,是海尔和日本三洋合作后,在其成熟的产品平台上加入中国元素后的结晶。这款产品由日本与中国的研发团队共同完成,它不仅继承了日本家电精湛的工艺、人性化的设计、时尚的外观,还充分考虑了中国消费者的需求。的确,加入中国元素后的海尔六门冰箱能够完全适合中国市场。譬如,直接采购冷冻好的肉类食品使日本消费者不需要六门冰箱具备很大的冷冻能力,而中国消费者则是购买新鲜的肉类食品,因此需要冷冻能力大的冰箱。中方研发人员将这些差异化需求改进后使其完全本土化,从而保证更适合中国消费者的生活方式。中日研发团队在产品设计、功能模块等资源的充分整合,最终使海尔六门冰箱超越了其原型设计,并同时具备中日元素,因此上市后便有如此不俗的市场表现。

(三)海尔冰箱的"中国战略"转移

在全球范围探索品牌之路让海尔冰箱正在深度拓展市场,其产品的中国战略也正发生改变:由过去"以中国应对中国"转变为"以全球应对中国"。中国作为海尔冰箱的母国,此前一直靠在中国研发、生产、销售满足本土需求。但现在,随着海尔冰箱全球化品牌战略的步履加速,使其已经具备将全球资源整合到一起的能力,并能在中国销售全球化的产品,这被海尔方面看作新"中国战略"。其"中国战略"的转移同时也意味着:选择海尔冰箱的中国消费者,将由此率先享受世界最新的研发成果与新技术。

海尔六门冰箱是全球资源整合的结果,随后上市的海尔法式对开门冰箱更将海尔的全球资源整合能力发挥到淋漓尽致。前者是通过收购的方式,直接将日本三洋最先进的研发资源与成果拿到中国市场销售,而后者则是通过三位一体的本土化运营,将欧、亚、美的最新研发、制造等优势资源进行重新优化与配置,其目的是将优势资源的作用发挥到最大化,而这种整合可为全球消费者不断地创造新生活。譬如,在欧美市场,海尔依靠全球资源推出的变温对开门冰箱、法式对开门冰箱的大空间，为当地消费者解决了做饭时频繁跑地下室或者车库取放冷冻肉食的烦恼。而在中国，海尔六门冰箱为中国消费者创造了“食品分区存放，生活新鲜健康”的新方式。

所有这一切毫无疑问地表明，已经开始实施全球化品牌战略的海尔冰箱正在为包括中国在内的全球消费者创造一种其需要且全新的生活方式。

（资料来源：孙明法，环球企业家网站，2007 年 11 月 13 日，2007 年 12 月 3 日。）

思考题

1. 结合本案例，分析新产品创新对提升企业国际竞争力的重要意义。
2. 结合本案例，分析海尔国际化成功的主要经验及对中国企业的启示。

第八章

国际市场价格策略

★ **本章要点及学习要求** ★

价格是营销组合中产生收入的唯一因素,是企业资金的主要来源之一。在企业营销决策的各主要领域中,价格是一种灵活运用的战略工具。此外,由于价格是一种重要的经济信息,所以,价格又是与消费者沟通的一种方式,它为消费者的购买决策提供一种判断产品吸引力的依据。总之,价格是市场营销组合中一个非常重要的因素,也是影响消费者购买的一个主要因素。价格不仅直接影响企业商品的市场销售量及企业获得利润的多少,而且还制约着企业市场营销组合中其他策略的决策和实施。因此,产品的定价问题是一切营销管理人员所面临的主要问题之一,国际市场营销中的企业定价更是如此。

本章从国际市场价格的构成入手,全面分析决定和影响国际市场价格形成和变动的各种因素,重点介绍了国际市场定价的不同策略及具体方法,探讨了国际市场定价中的四个特殊问题。通过本章的学习,要求:

1. 掌握国际市场价格的概念,了解其种类;
2. 分析国际市场价格的构成及其特点;
3. 分析决定和影响国际市场价格的主要因素;
4. 了解企业国际市场定价的一般目标,掌握国际市场定价的基本方法和定价策略;
5. 全面了解和分析国际市场定价中的几个特殊问题。

第一节　国际市场价格的形成

一、国际市场价格的构成

（一）国际市场价格的概念和种类

国际市场价格，亦称世界市场价格，是商品国际价值的货币表现。通常是指某种商品在国际市场上，一定时期内客观形成的具有代表性的实际成交价格。主要有：各种大宗商品交易中心和集散地的价格；大量进口或大量出口某种商品的国家（地区）的进出口价格；某些重要商品的国际拍卖价格或开标价格等。

在国际市场上，有许多大宗商品（主要是初级产品）都已形成了具有一定代表性的国际市场价格。比如，以输出国为中心的集散地销售价格有：纽约交易所的棉花价格，芝加哥交易所的小麦和大豆价格，沙特阿拉伯的原油价格，新加坡的橡胶价格，加拿大铝的出口价格，瑞士木材的出口价格，等等。以进口国为中心的集散地价格有：伦敦市场的有色金属价格，鹿特丹的桐油价格，伦敦市场的茶叶价格，等等。它们是国际市场中应用最广泛、成交额最大的主要价格形式，具有很大的代表性和参考性。实际成交价格可分为现货价格和期货价格两种。具体包括交易所价格、拍卖价格、开标价格、合同价格、协定价格等。

1. 交易所价格。交易所价格是通过公开的价格竞争所形成的，能够反映市场供求变动趋势的一种具有代表性的国际市场价格，是企业制定初级产品国际市场价格的主要依据。各类商品交易所是历史上形成的国际贸易中心，目前，在交易所进行交易的商品有50多种，其商品成交额占世界出口贸易额的15%～20%。一般在交易所经营的商品主要是品质单一、规格标准的工业原料、矿产品和农产品。交易所价格在一天之内有开盘价、最高价、最低价、收盘价之分，在进出口贸易中习惯按收盘价格成交。

2. 拍卖价格。拍卖是国际上出售商品的一种方式，拍卖价格一般是通过公开竞争形成的。世界性的产地拍卖市场有印度、东非的茶叶拍卖市场、澳大利亚的羊毛拍卖市场等，世界性的销地拍卖市场有伦敦的茶叶和猪鬃等拍卖市场。

3. 开标价格。开标价格是以招标方式进行交易的成交价格。某些国家或大企业在购进大批物资，或购进价值较高的商品和机械设备时，以及拟建某些大型工程时，往往以公告方式向世界承包商招标。由于参加投标者众多，竞争性强，因而使开标价格往往低于一般成交价格。

4. 协定价格。协定价格是政府间供应一定商品和劳务所签订的协定中确定的价格。一般情况下，由于协定中规定了特殊的交货条件和支付条件，因此，协定中所规定的价格不同于国际市场价格，如在洛美协定的食糖议定书中规定：18 个发展中国家按固定数量向欧洲经济共同体出售食糖，其价格高于国际市场价格。

5. 合同价格。合同价格是根据交易双方签订的购销合同所确定的价格。由于交易方式和支付手段不同，合同价格和种类也不同。合同价格一般不对外公布，它可以反映一定条件下的市场供求情况，但还与具体的成交商品的质量优劣、成交额的大小、支付条件、买主与卖主间的业务关系等因素直接有关，即具体的成交价格高低通常与商品质量的好坏成正比，与成交额的大小、业务关系的长短成反比。因此，合同价格不能作为世界市场价格信息或情报的重要来源。

（二）国际市场价格的构成

国际市场价格仍然是由生产成本、流通费用、利润和税金构成的。但是，由于受国际商品或劳务的交换特点所决定，其构成相对要复杂一些。除包括国内市场价格的各个要素外，还包括国际的运费、装卸费用及储存费用、保险费、关税、国外中间商的加成等。因此，流通费用、利润、税金这三个要素在价格构成中所占的比重远远大于生产成本。这是国际市场价格在构成方面的一个特点。

1. 生产成本。成本是国际市场价格的首要组成部分，而且是出口商品定价的最低数量界限。在一般情况下，商品的售价总是要收回其全部制造费用。这些费用包括全部固定费用和变动费用。由于许多商品的国际市场竞争异常激烈，因此，一些企业在国际市场定价中仅仅考虑销往海外市场产品的边际成本或称增量成本，运用可变成本定价，以利于在国际市场上进行最有潜力的竞争。但是，由于产品是不完全成本定价，很可能受到倾销的指控，被征收反倾销税，使产品的竞争优势完全丧失。

2. 流通费用。由于国际市场营销中的买卖双方一般相距遥远，进出口货物自卖方所在地运交买方所在地时，往往需要经过长途运输和多次装卸及储存，期间需要办理洽租运输工具、装货、卸货、货运保险、申请进口或出口许可证、报关纳税等手续，相应地需要支付运费、装卸费、仓储费、保险费、银行手续费及其他各项费用。因此，与国内销售相比，其各项费用的支出明显增加，流通费用所占的比重相应地要高一些。

3. 利润。一般消费品的国际销售往往需要经过出口中间商、进口中间商、国外批发商和零售商等多个流转环节，才能最终到达国外消费者手中。由于国际产品销售的时间长、环节多、风险大，因此，中间商的加成比相对也较大。此外，在国际市场上，各进口国分销渠道的长短与营销方式差异很大，中间商的加成没有统一标准，从而，使出口商品价格构成中中间商的毛利常常超过了制造商的毛利。

4. 税金。国际市场价格中的税金主要由关税及一般流转税组成。关税是一种特殊形式的税，是对从一国进入另一国的商品所收的费，其作用是为了保护本国市场或增加政府收入。关税的征收分从量税、从价税或综合税。从量税是对进口货物按实际单位量收税；从价税是对进口货物按其价值的一定百分比征税；综合税既包括从量税又包括从价税。一般流转税除了包括国内的增值税、消费税外，还包括出口商品在目标市场国缴纳的进货税、消费税、增值税、零售税、营业税等，这些税收使得商品价格大幅度提高。

总之，国际市场商品的最终价格虽然还是由生产成本、流通费用、利润、税金等要素构成，但是，由于受运输距离远、分销渠道长、中间人活动范围大，特别是税收和外汇变动等因素的影响，其价格远远高于其国内价格，出现价格升级现象。价格升级现象可以通过表 8－1 直接反映出来。在国际市场上，价格升级现象比比皆是，它是引起国际市场营销人员烦恼的主要定价障碍之一。

表 8－1　价格升级图示

	国内例	国外例 1	国外例 2
出　厂　价	￥5.00	￥5.00	￥5.00
运　　费(CIF)	/	1.10	1.10
关　　税	/	1.22	1.22
进口商付款	/	7.32	7.32
进口商卖给批发商的成本加成(折扣 20%)	/	1.83	1.83
批发商付出的到岸成本	5.00	9.15	9.88(＋0.73)
批发商的成本加成(顺加 33.33%)	1.67	3.05	3.29
零售商付款	6.67	12.20	14.16(＋0.99)
零售商的成本加成(顺加 50%)	3.34	6.10	8.50
零　售　价	￥10.01	￥18.30	￥22.60

注：国外例 2 附加 10% 累计营业税。

二、决定和影响国际市场价格的因素

为商品制定一个既能为国外市场消费者接受，又符合公司利益的价格，其实并非易事。需要企业站在全球市场的角度，充分考虑各方面的影响因素，拟出一个具有竞争力并为各方所接受的适当价格。

（一）国际价值

根据马克思的劳动价值学说，商品的价值是由生产该商品所花费的社会平均必要劳动时间所决定的。当商品超出国家的地域范围，进入国际市场时，其价格的形成基础是国际价值。因为，组成国际市场的各个国家的劳动生产率不同，由各国的社会必要劳动时间所形成的价值也就不同，有的高些，有的低些，在国际市场上，表现为国别价值。国别价值只能在本国范围内得到承认，如果商品进入国际市场，则国别价值就成为世界市场上的"个别价值"。只有把国别价值转化为国际价值，才能作为国际商品交换的尺度。由此可以看出，凡是进入国际市场上的商品，都要经过国内价值和国际价值的两次比较和衡量，都存在着两种价值尺度的矛盾。同时，某种商品的国际价格总是由出口量最大，从而在国际市场上起支配作用的国家（地区）的产品所决定。因此在国际市场营销活动中，发达国家总会处于优势，常常可以从国际商品交换中取得较多的经济利益。

国际价值是国际价格形成的基础，但具体于某一种商品，由于受多种因素的影响，国际价格并不直接是国际价值的货币表现，而是在供求规律的作用下，围绕国际价值上下波动，有时高于国际价值，有时低于国际价值，但不管它如何偏离价值，最终绝不会离开国际价值这个轴心，国际价格总和仍应等于国际价值总和。

（二）汇率与货币价值

汇率是两种货币之间的兑换比价，也称汇价。在纸币流通的情况下，汇率取决于各国在同一时期实际购买力的对比和外汇供求关系。第二次世界大战以后，西方世界实行以美元为中心的固定汇率制，20 世纪 70 年代由于石油危机等原因，美元宣布与黄金脱钩，世界固定汇率制崩溃，各国纷纷改为浮动汇率制。目前，各国一般都实行浮动汇率，即本国货币对外国货币的比价根据外汇市场上的供求关系自由波动。一般情况下，在外汇市场上，当一国货币供过于求时，汇率下浮；当供不应求时，汇率上浮。汇率波动幅度没有官方上下线的范围，但事实上，各国在一定程度上都会对外汇市场进行必要的干预活动。

货币贬值即降低本国货币对外国货币的汇价，从而使本国货币价值减少。一个国家的货币贬值，在一定时期内，可以使出口商品价格下降，进口商品价格上涨，从而起到扩大出口和限制进口的作用。当一国面临通货膨胀、物价上涨、外贸逆差剧增、国际收支恶化、黄金储备下降的困境时，往往会采取货币贬值的办法改善其国际收支状况。但是，应该看到，一个国家的货币贬值，对于出口的作用是暂时的。因为，货币贬值使进口原料的价格上涨，使本国商品的生产成本上升，从而带动国内价格上涨，这不仅会削弱出口商品在国际市场上的竞争能力，而且影响国内市场价格的稳定，使货币贬值所带来的某些有利条件逐渐消失。所以，实行货币贬值的国家，在一定时期内可以扩大出口和改善国际收支，但其最终结果是加剧国内的通货膨胀，引起物价上涨。

货币升值即提高本国货币对外国货币的汇价，从而使本国货币价值增加。货币升值表明这种货币信用坚挺，该国国际收支状况良好，国内经济比较稳定。因此，货币升值可以提高该国的国际地位，使该国银行吸收到更多的存款。但是，货币升值也会带来一些不利的影响。它一方面表现在，货币升值会使出口商品价格上升，进口商品价格下降，从而使进口增加，出口减少；另一方面，某国货币升值使该国的外汇储备和从国外汇回的资产在折算成本国货币时会相应减少，从而造成一定的损失。

实例 8－1：人民币进入 6 时代

1994 年前，中国实行官方汇率与调剂市场汇率并存的汇率制度。1994 年 1 月 1 日起，两种汇率实行并轨，取消官方汇率，实行"以市场供求为基础单一的有管理浮动汇率"。当时调剂市场汇率为 8.72 元合 1 美元，比官方汇率 5.7 元贬值 33%。2005 年 7 月 21 日，中国人民银行正式宣布开始实行浮动汇率制；2007 年 1 月11 日，人民币汇率 13 年来首次超过港币；2007 年 5 月 21 日，人民币兑美元汇率的日波动幅度从 ±0.3% 扩大到 ±0.5%。

从 1995 年到 2001 年，人民币对美元升值 5%，以后人民币兑 1 美元保持在 8.27～8.28元，汇率基本钉住了美元。2007 年 10 月 24 日，G7 会议举行后，人民币兑美元汇率中间价突破 7.50；2008 年 4 月 10 日，人民币兑美元汇率中间价突破 7.00，至此，人民币进入 6 时代。

2007 年全年人民币的升值幅度接近 6.8%；2008 年首季累计升值超过 4.1%，不仅刷新了上年四季度刚刚创下的季升幅 2.77% 的纪录，同时也是 1994 年中国外汇市场建立以来人民币升值幅度最大的一个季度。

自 2005 年 7 月汇改以来，至 2010 年年末，人民币对美元汇率累计升值 25%，对欧元汇率累计升值 14%。根据国际清算银行的数据测算，至 2010 年年末，人民币名义有效汇率升值 14.8%，实际有效汇率升值 22.6%。有专家认为，人民币升值将使中国以美元为主的外汇储备损失严重，"中国失血，骑虎难下"。升值可能为中国经济的持续发展埋下隐患，20 世纪七八十年代日元兑美元持续大幅升值后，日本经历了 10 多年的大萧条。

瑞士银行前亚洲经济的负责人乔纳森认为，这将可能是"中国的制造业绝对主宰地位的终结"。据测算，人民币每升值 1%，将造成家电出口 4% 的利润损失，影响家电工业总产值增速下降 1.5 个百分点，全行业赢利水平下滑。

（三）供求和竞争

供求关系是决定和影响国际市场价格的又一基本因素。当国际市场上某种商品的供给小于需求，价格就会呈上涨趋势，若供给大于需求，价格就会呈下降趋势。而价格的上涨和下降，又反过来调节需求。在国际市场上，由供求关系所反映的国际生产和国际需求之间的矛盾运动，主要是通过市场上的竞争得以实现的。

在当代，由于国际市场竞争异常激烈，以及垄断、国家垄断和超国家经济组织的存在和发展，国际市场已经分化为四个领域并产生四类不同的国际市场价格：一是以跨国公司的国际经营为代表的国际垄断领域，形成了垄断价格与划拨价格；二是以国家与国家之间或国家与外国私营公司之间的长期合同和以国营对外贸易为代表的国家垄断调节领域，形成了国家垄断价格或管理价格；三是以进口和出口贸易的国际计划分配为原则的经互会国家的国际计划贸易领域,形成了国际计划价格;四是以现货市场和期货市场为代表的世界自由市场领域,形成了世界自由市场价格。除了世界市场的竞争状况以外,企业制定出口商品价格时,还应考虑具体目标市场国的竞争状况。

实例 8 -2:iPhone5 内地定价高于全球其他主要市场

苹果公司公布的 iPhone5 中国内地上市价格显示,16GB 版售价 5 288 元、32GB 版售价 6 088 元、64GB 版售价 6 888 元,与之前 iPhone4、iPhone4S 上市价格相比明显贵了不少。iPhone4 在内地上市时 16GB 版价格为 4 999 元,而 iPhone4S 的 16GB 版价格为 4 988 元,分别比 16GB 版 iPhone5 低 289 元和 300 元。在中国内地上市的 iPhone5 不光是比前代产品要贵,和其他大多数国家和地区相比也要贵。如 16GB 版 iPhone5 在美国的售价约合 4 037 元人民币,比中国内地低了 1200 多元;香港 iPhone5 售价约合 4 500 元人民币,也明显低于内地的定价。除了 iPhone5,苹果此次公布将在中国内地上市的其他产品价格也明显高于其他国家和地区。例如,wifi 版 16GB 的 iPadmini,中国内地上市价格要比美国贵 400 多元;wifi 版 16GB 的 iPad4,美国价格要比中国内地便宜 500 元左右。以上这些产品的价格差别让很多有意购买 iPhone5 的消费者大为失望。有消费者表示:"与 iPhone4S 相比,iPhone5 有两大意外,一是产品升级少得令人意外,二是价格高得令人意外。"苹果公司在中国内地市场如此定价的主要依据还是苹果强大的议价能力,使得它敢于在中国内地市场开出这样的价格。

(资料来源:中国网,www. china. com. cn,2012 年 12 月 4 日。有删改。)

(四)价格管制因素

价格管制是影响国际市场价格的又一重要因素。来自于国际市场上的价格管制主要有两个方面:一是目标市场国政府的管制;二是其他工商集团组织的管制。由于进入国际市场的各国家,其经济发展水平、竞争能力、国内资源情况各不相同,许多国家的政府都需要在一定程度上对价格实行管制。其手段主要有规定毛利、规定限价、限制价格变动、利用市场调节、实行补贴、由政府集中控制及政府规定贸易形式等。此外,在国际市场营销领域,一些获得垄断地位的工商集团出于保护本集团利益的目的,总是要设法控制价格。其方法主要有定价协议、价格安排、共谋、共同利益集团利润联合体、专利权特许协议、卡特尔、贸易协会、领头定价、习惯定价,等等。由于各国法律对垄断的定义和限制方法并不一致,再加上历史等多种原因,形形色色的工商集团使用了各种不同的价格控制方法。他们对于价格控制的程度,取决于他们对市场的垄断程度。

总之,由于影响国际市场价格的因素复杂多样,既有经济的,又有政治的,而且变动频繁,难以及时准确地进行调查、分析和预测。因此,使国际市场定价成为各国国际经营企业面对的最复杂的决策问题之一。

第二节 国际市场的定价方法

一、国际市场的定价目标

国际市场上企业的定价目标多种多样,归纳起来主要包括以下几个方面。

(一)开拓国外市场

自20世纪90年代以来,世界经济格局发生了很大变化,国际经济区域化、集团化、一体化的进程逐步加快,席卷全球的国际交换和国际竞争,使全世界许多国家和地区都在不同程度上加入了国际市场,并不断增大它们同别国的经济联系。这既推动了世界经济全球化的历史进程,同时也使国际经济技术贸易越来越成为各国经济增长的重要组成部分和发展动力。在我国对外开放的实践中,我国已分享了国际分工和国际交换的利益,促进了我国的现代化建设,我国经济走向国际市场已经不可逆转,国内价格的国际化进程也已不可逆转。当前,众多的跨国公司已经在中国市场上展开了前所未有的激烈的市场争夺战。在这种情况下,国内企业不但要立足于国内市场,而且要着眼于国际市场,在巩固原有市场的基础上,还必须积极地、不断地开拓国外市场,提高企业或产品的国际知名度,增强竞争实力,获得满意的利润。因此,商品的国际市场价格的制定,要有利于开拓国外市场,有利于促进销售。

(二)争取最大化利润

追求最大限度的营销利润或者投资收益,几乎是所有企业的共同期望。利润最大化并不意味着企业奉行高价政策。如果企业处于垄断地位,则有可能提高价格,但是,过高的价格会导致市场需求减少,替代产品出现、消费者不满或政府的干预等。因此,争取利润最大化的含义是在长时期内,企业整个国际市场营销的总利润最大化。一般而言,企业在开拓国际市场的初期或新产品上市的时候,可能出现亏损,或者出现不同国别市场之间盈亏不等的情况。有时,企业还可能宁愿牺牲一些眼前利益,通过适度的低价来争取顾客,抢占市场,以最终获取长期利润的最大化。

实现一定的投资收益也是一种注意长期利润的定价目标。收益指标大体可分为三种。

第一,目标销售收益。如,企业可以在几年内以占销售额15%的利润为定价目标。

第二,投资预期收益。如以占投资额的20%的利润作为目标。

第三,定额收益。如果一个企业一年收益需达500万元才能收支平衡,那么就可以500万元的收益作为定价目标。

（三）扩大市场占有率

扩大市场占有率是很多企业的主要定价目标之一。在价格相同的情况下，市场占有率的提高无疑意味着利润的增加，即使价格降低，市场占有率的提高也可能增加利润。选择扩大市场占有率的定价目标，主要考虑的是企业在市场上要不断提高竞争优势。在某些经济发展水平相对较低，对价格比较敏感的国家（地区），较低的价格可以吸引更多的购买者。从短期看，这可能会损失一些利润，但从长期看，最终因扩大了市场占有率而使企业的总利润有所增加。目前，我国企业产品在国际市场上的占有率普遍较低。通过出口商品国际市场价格的合理制定，配合其他营销策略或手段，提高商品在国际市场上的竞争力，扩大市场占有率已是我国企业的当务之急。

（四）应付或避免竞争

国际市场的竞争十分激烈，而价格竞争是企业间竞争的一种传统手段，也是现代企业竞争的重要方法，它处于企业竞争的最表层，是企业竞争实力的直接表现，因而它又成为企业竞争的核心。为了在竞争中占有主动，不被竞争者挤垮，企业常常以应付或避免竞争作为定价目标之一。实现这一定价目标的方式有两种：一种是被动的跟随型定价，一般适用于中小企业，主要采用比竞争对手的价格稍低，也可比竞争对手的价格稍高或持平的定价方法，但在销售方式等方面却施展多种手法，完善周到，以避免与其他同业者进行针锋相对的竞争；另一种是主动的进攻型定价。一般适用于具有较强的经济实力或产品优势明显的企业，它们制定的竞争型价格往往具有较强的攻击性，以龙头价格面目出现。

（五）保持价格稳定

价格的相对稳定，是企业获取长期利润和一定的投资收益的重要途径。一些在国际同行中能左右市场价格的大企业，为了长期有效地经营某种商品，避免因竞争引起价格波动带来不可预料的后果，并稳定地占领目标市场，往往希望价格保持一定的相对稳定性。特别是在供求经常发生波动的产业中，尤其如此。因此，保持市场价格稳定便成为这些大企业的定价目标之一。由于稳定价格是由行业中的领导者制定的，故稳定价格也称为领导者价格，或称价格领袖制。大企业左右市场销售价格，并不意味着其他企业都要向它看齐，而是说其他企业的价格，总要与它的价格有所衔接，保持一定的比例，不能相差悬殊。

此外，还有提高企业和产品形象、保持同渠道成员的良好关系等定价目标。总之，企业的定价目标是多种多样的。目标选定的合理与否，关系到能否给企业带来最大的效益。由于企业经营效益受多种因素的影响，所以，实践中许多企业都选择两个或多个定价目标。

表 8－2 美国 10 家公司的定价目标

公司名称	定价主要目标	定价相关目标
阿尔卡公司	投资报酬率（税前）为 20%；新产品稍高（税后投资报酬率约为 10%）	对新产品另行制定促销策略；要求价格稳定
美国制罐公司	保持市场占有率	应付竞争（以替代产品成本决定价格）；保持价格稳定
两洋公司	保持价格稳定	全面促销（低利润率政策）
杜邦公司	目标投资报酬率	保持长期的交易；根据产品生命周期对新产品定价
埃克森公司	合理投资报酬率目标	保持市场占有率；追求价格稳定
通用电气公司	投资报酬率（税后）20%；销售利润率（税后）7%	新产品促销策略；保持全国广告；追求产品的价格稳定
通用食品公司	毛利率 33.3%（1/3 制造，1/3 销售，1/3 利润）；只希望新产品完全实现目标	保持市场占有率
通用汽车公司	投资报酬率（税后）20%	保持市场占有率
固特异公司	应付竞争	保持地位；保持价格稳定
海湾公司	根据各地最主要的同业市场价格	保持市场占有率；追求价格稳定

二、企业国际市场的定价方法

企业在确定了定价目标以后，就要进一步选择产品进入国际市场的定价方法。企业国际市场的定价方法也可分为成本导向定价法、需求导向定价法和竞争导向定价法三种。但国际市场与国内市场性质不同，价格的构成也不同，影响价格的因素更复杂，因而，企业必须注意对基本定价方法的灵活掌握和运用。

（一）成本导向定价法

成本导向定价法是指企业在定价时主要以成本为依据，同时适当考虑企业的经营目标、政府法令、市场需求、竞争格局等影响因素的一种定价方法。

1. 成本加成定价法。成本加成定价法是指在总成本的基础上，加上一定的利润，来制定产品的价格。这种定价方法的特点是计算简单，资料容易取得。企业定价人员只需根据企业内部的会计记录就能定价。许多刚从事出口业务的企业，因为对国际市场的需求、竞争等因素了解较少，所以，只能采取这种方法。只要企业能够保本经营，能够把产品卖出去，就达到目的了。其基本计算公式是：

$$价格 = 单位产品总成本 \times (1 + 成本利润率)$$

其中：

$$单位产品总成本 = \frac{(固定成本 + 变动成本 \times 总产量)}{总产量}$$

$$成本利润率=\frac{总利润额}{总成本}\times 100\%$$

这一定价方法的主要缺点是忽视了目标市场上的各种因素,有时会出现大部分利润被中间商赚走的情况,有时则因定价低于市场流行价格,使购买者认为企业产品质量低,从而影响企业和产品的形象。

2. 损益平衡定价法。损益平衡定价法,又称保本定价法。它是按照生产某种产品的总收入与总支出维持平衡的原则,来制定产品的价格。同时,应用此种方法,可以计算出不同价格水平上的保本产量。这种方法虽然只能做到不赔不赚,没有利润可言,但在国际市场不景气的暂时情况下,保本经营总比停业的损失小得多,而且企业有灵活的回旋余地。其基本计算公式是:

$$保本价格=\frac{固定成本+变动成本\times保本产量}{保本产量}$$

$$保本产量=\frac{固定成本}{保本价格-变动成本}$$

3. 边际成本定价法。边际成本定价法,又称变动成本定价法。它是以变动成本为基础,不计算固定成本的定价方法。这种方法是在产品供过于求,卖方竞争异常激烈等情况下采取的临时性办法。同时,它也适用于企业将价格作为主要市场竞争手段,打击或排斥竞争对手的情况。由于是不计固定成本的不完全成本定价,故售价较低,一时可以增强产品的市场竞争能力。在企业出口销售时,出口商经常采用这种方法定价,待产品打入目标市场国,并占领一定的份额后,再逐步提高价格以期获得更多的利润。其基本计算公式是:

$$价格=边际成本+边际贡献$$

其中:边际成本是指每增加或减少一单位产品所产生的成本变化量;边际贡献是指每增加或减少一单位产品销售所带来的收益。

只要边际贡献大于零,企业就有利可图,此时的产品定价临界点是变动成本。此外,边际贡献是对固定成本的补偿和利润的增加所作出的贡献。当所有产品销售后所得的贡献总和超过了企业的固定成本总额时,超出的部分就是利润。

(二)市场导向定价法

市场导向定价法是一种根据消费者对商品价值的认识和需求的强度即消费者的价值观来决定价格的方法。这种定价方法的基础是市场可以接受的销售价格水平。具体包括倒推定价法、认知价值定价法和差别定价法三种。

1. 倒推定价法。这种定价方法的主要依据是国外市场的需求,即顾客可以接受的价格,而不是产品的成本。即使产品成本一样,只要需求强度不一样,就可以制定不同的价格。倒推定价法主要是为了兼顾企业应获得的收益以及产品在国际市场上的竞争力。按照这种定价法,企业要先分析国外市场上的供求关系,估算出企业产品在目标市场上的销售价格,然后从这一估算价格中减去中间商的利润、关税、运费等,反推出产品的出厂价格即 FOB 价。假设企业估计了国际市场零售价为 40 美元,从中扣除国外零售商、批发商的加成,再扣除关税、运费、保险费等后,就是企业该产品的出厂价格,如表 8 - 3 所示。

表 8 - 3 倒推定价法 单位:美元

1	国外市场零售价	40.00
2	减零售商加成 40%	-16.00
3	零售商成本	24.00
4	减批发商加成 15%	-3.13
5	批发商成本	20.87
6	减增值税 12%	-2.24
7	CIF 加关税	18.63
8	减关税 9%	-1.54
9	CIF 价	17.09
10	减运费、保险费	-2.09
11	FOB 价	15.00

在反推出了企业的 FOB 价格后,企业可以对出口机会进行评估。如上述假设中的 FOB 价为 15 美元,它高于在国内的售价,则出口对企业有利,如果低于国内售价,企业就要综合分析各种因素,决定是否出口。面临这种情况,企业一般有以下几种选择。

(1)国内市场尚有较好的销售机会,可以放弃这一出口机会;

(2)如果除供应国内市场外,企业还有剩余的生产能力,可以考虑按边际成本定价法为出口产品定价,即企业仍然要出口;

(3)企业设法缩短分销渠道,以减少中间商加成,降低营销费用;

(4)对出口产品进行修正,使产品成本有所降低;

(5)改变进入国际市场的方式,如可将国内生产、国外销售,改为国外就地生产、就地销售,以减少运费、关税等费用支出。

2. 认知价值定价法。这种定价方法就是根据消费者的价值观念及其对商品价值的理解来定价。消费者认为这种产品有多大的"价值",企业就定多高的价格。越来越多的企业认为,企业定价的关键是顾客的认知,而不是销售者的成本。这种定价方法的关键是通过市场调查,对消费者的认知价值要有正确的估计和判断,并要充分运用市场营销组合等因素,特别是非价格因素,如产品形象、销售促进等来影响消费者,并在消费者心目中确立有利于企业的认知价值。

预测顾客认知价值的方法主要有三种:一是直接价格评比法,即直接让消费者或用户对不同厂家生产的同一种产品估测价格;二是直接理解价值评比法,即让消费者或用户对不同厂家生产的同一种产品价值作出比较,划分出优、中、劣,或给出不同的评比分数;三是诊断法,即请消费者或用户根据一系列特征来对产品进行评比。对有关产品的每一特征,按照其重要程度赋予不同的权重,将消费者或用户评分与重要性权数相乘，即可得到不同厂家生产的同种产品的顾客理解价值。

认知价值定价与产品定位的思想非常相符。企业针对某一特定的目标市场开发出一个产品概念，并计划好产品的质量和价格，然后管理部门要估计该价格下所能销售的产品数量。根据这一销量再决定企业的生产能力、投资额和单位成本。接着，管理部门要计算出在此价格和成本下能够获得的利润。如能获得满意利润，就继续开发新产品，否则，企业就要放弃这一产品概念。

3. 差别定价法。差别定价法又叫需求定价法。这种定价法主要是指对同一产品或劳务，根据不同的市场、不同的顾客、不同的时间、不同的地点分别制定不同的价格。差别定价有如下几种形式。

(1)顾客细分定价，指企业以不同的价格把同种产品卖给需求迫切程度或行业内行程度不同的顾客。一般而言，对于那种需求较为迫切、内行程度低的行业、用户，应制定较高的价格；相反情况下，则可适当降低价格。

(2)产品形式定价，指对不同型号或形式的产品制定不同的价格，但并不与它们各自的成本成比例。

(3)形象定价。有些企业根据形象差别，对同一产品制定不同的价格。例如，香水生产商可以将香水装入一只普通的瓶中，赋予其相应的品牌和形象，每瓶售价为 30 元人民币；也可以将同样的香水装入更华丽的瓶中，赋予其另外一个品牌和形象，然后定价为每瓶 300 元人民币，甚至更高。

(4)地点定价。即使向不同的地点提供成本相同的产品，也可以根据地点不同而制定不同的价格。例如，影院、体育场等根据观众对不同位置的偏好制定不同的座位价格。

(5)时间定价。由于时间、季节的不同，使消费者对同一产品的需求程度产生差异，因此，要求价格随季节、日期甚至钟点的变化而变化。比如旺季来临时，可将价格定得相对高一些，而进入淡季后，则应适当调低价格。

企业采取差别定价法必须具备以下条件：①市场必须是可以细分的，各个细分市场表现出不同的需求程度；②以较低价格购买某种产品的顾客不会以较高价格倒卖给别人；③竞争对手没有可能在企业以较高价格销售商品的市场上以低价竞销；④细分市场和控制市场的成本不得超过实行差别定价所得的额外收入；⑤差别价格不会引起顾客的厌恶和不满。

(三)竞争导向定价法

竞争导向定价法要求企业依据竞争对手的产品价格来确定自己产品的价格。当然，按这种方法定价也必须考虑产品的成本、需求等因素，但主要的依据还是竞争产品的价格。这种定价方法主要适用于以下几种情况。

1. 企业在一定时期的某一市场上，以击败某一或某些竞争对手为主要目标。在这种情况下，企业定价时可以以竞争对手的价格为主要依据，使价格低于或等于竞争价格，并随着竞争产品价格的变动而调整，直到击败竞争对手为止。

2. 企业初涉某一市场，对需求、渠道等因素知之甚少，此时的一个简便的定价方法就是模仿竞争产品的价格，待对市场情况进一步了解后，再对价格适当调整。

3. 某些大宗商品，如小麦、茶叶、咖啡、石油等，其世界市场价格是众所周知的，基本上是流行价格。这类价格是众多买主和卖主通过多次交易达成的，企业在一般情况下只需随行就市，没有必要使自己的价格高于或低于这种流行价格。当然，随行就市并不意味着与流行价格分毫不差，企业应根据当时、当地的具体情况适当调整。

竞争导向定价主要有两种类型。

第一，通行价格定价法，又称随行就市定价法，是指在少数制造商已控制了国际市场价格的行业中，商品的国际市场价格基本相同的一种定价方法。采用通行价格定价法时，企业在很大程度上是以竞争对手的价格为定价基础，而不太注重自己产品的成本和需求，企业的定价可以等于、高于或低于主要竞争对手的价格。在钢材、造纸、化肥等寡头垄断的行业中，企业通常制定相同的价格，小企业追随市场领导者。当市场领导者变动价格时，他们会随之变动，并不管自己的需求或成本是否发生了变化。

第二，密封投标定价法。这种方法是指企业与众多同行竞争者组成一个卖方集团，对同一买主的公开招标进行竞争投标，密封报价，再由买方从中选择价格低、质量高、信誉好的投标者签订合同。这种方法一般适用于基建工程或成套设备的购置及政府等集团的采购。在确定投标报价时，企业必须充分预测竞争对手的报价，并根据竞争者可能的报价，制定一套既能中标，又有利可图的最佳报价方案。这里关键是要掌握好中标概率与报价的关系。必须在报价与中标概率的大小之间确定最优报价。最优报价一般是依据预期利润的计算来进行的，预期利润是报价的实际利润与报价的中标概率的乘积。

第三节　国际市场的定价策略

一、国际市场的定价策略

在国际市场营销中，企业常用的定价策略仍然是阶段定价策略、折扣定价策略和心理定价策略等。但是，在此需要特别指出的是，根据各个出口国家的实力，出口定价策略还可以分为两大类。

（一）发达国家的出口定价策略

发达国家的企业出口定价一般较多地采用高价厚利的策略。因为发达国家的企业出口的产品以加工制成品为主，其中新产品或高技术产品占很大的比重，而且出口产品大都进入进口国收入水平较高的家庭，因此，即使维持较高的价格水平，也不会降低国际营销企业的竞争力和市场占有率。

（二）发展中国家的出口定价策略

发展中国家的企业出口定价一般较多地采用低价薄利的策略。发展中国家的企业出口的产品以基础原材料、农副产品和劳动密集型产品为主，综合质量较低，因此，它们大都以成本为定价的主要依据，国内价格是重要的经济参数。此外，许多发展中国家的企业出口是以创汇为目的，是为了购买外国的先进技术和设备，提高劳动生产率和经济效益；也有许多企业是为了通过出口，积累国际市场营销的经验，拓宽生产经营的视野，提高素质，培养人才，因此，发展中国家的企业有时主动采取低价的定价策略，即使企业微利或亏损，也尽量争取出口。

定价策略的选择，直接关系到企业的经济效益。从总体上说，企业在进行出口定价决策时，应重点考虑以下几点。

第一，按照国际市场供求状况选择定价策略。一般情况下，如果国际市场上该种商品卖主少、销量大、市场面广、供不应求，则应采取高价策略；如果该种商品卖主多、销量小、市场面窄、供过于求，则应采取降价或低价的策略。

第二，按照国际市场竞争格局选择定价策略。在国际市场竞争激烈的买方市场上，企业要对竞争对手进行全面分析，一般只是模仿竞争商品的价格，而不采用高价的策略；如果在卖方市场条件下或本企业较竞争对手有明显优势的情况下，一般可采用高价策略。某些大宗商品（如小麦、茶叶、咖啡、石油等）的国际市场价格是众多的买主和卖主通过多次交易达成的，企业在一般情况下，只需随行就市，没有必要使自己的价格高于或低于这种均衡价格。

第三，按照出口商品的价格弹性选择定价策略。如果出口商品价格弹性大，则可以考虑采用低价策略。如果出口商品价格弹性小，则应在维持原有价格水平的基础上，配合其他非价格竞争手段，来促进商品的国际销售。

第四，适当考虑国家友好情况和贸易关系的长短选择定价策略。如果商品向友好国家或具有长期贸易关系的国家出口，可以选择低价或降价的策略；反之，可以采用提价或高价的策略。

在国际市场上，顾客的需求和竞争者的策略总是经常发生变化的，因此，要求企业在制定了产品的出口价格以后，还要顺应市场发展，随时准备提价或降价。

（三）国际市场上的提价策略

在国际市场上，企业之所以要采用提价策略，主要是为了适应以下三种情况的变化：①成本上升，降低了出口创汇的水平及利润水平；②预计将发生进一步的通货膨胀或国外政府将实施价格管制；③商品在国际市场上供不应求。

善于把握提价的时机，成功地实施提价策略是企业国际市场营销成功的关键。虽然一般情况下，提价总是会引起国外中间商、销售者甚至企业销售人员的不满，但是只要企业能够稳定或进一步提高商品质量，并辅之以其他的促销手段或方法，积极地向客户做好宣传解释工作，就能够取得提价的成功。

（四）国际市场上的降价策略

在国际市场上，企业主动调低价格，可能会影响整个行业市场的原有结构，也可能会导致一场价格竞争战。因此,众多企业在国际市场价格的制定上,都是以供求关系为基础,依据竞争对手的商品价格来确定自己商品的价格。一般情况下,应使本企业商品的价格水平等于或略低于竞争商品的价格水平,并随着竞争性商品价格的变动而调整。但在下列情况下,企业不得不主动采取降价策略:①面临强有力的价格竞争,市场占有份额逐渐下降;②生产过剩或生产成本大幅度下降,企业试图拓宽市场;③商品已进入成熟后期或衰退期,或商品在市场上供过于求,而其他促销手段又收效甚微。

企业采取降价策略,关键是要掌握好降价的时机和降价的幅度,同时要使客户感到价格降低并非商品质量的问题。

二、国际市场定价中的几个特殊问题

(一)统一价格与差别价格

许多企业在国际市场营销活动中,在价格方面常常会遇到这样一个问题:究竟同一种产品的价格应该在世界各国市场上保持一致,还是针对各国的不同情况,分别制定不同的价格?从众多企业的营销实践上看,大多数都采用差别定价决策。因为受历史、文化、经济发展水平、国内资源、政府政策等因素的影响,各国的生产成本、竞争价格、分销渠道及其分销成本、产品生命周期以及税收等都不一样,企业应根据这些方面的差别制定不同的价格。但是,也有少数企业认为,在国际市场上保持统一的价格,有利于公司和产品在各国市场上形成一致的形象,而且统一的市场定价策略有利于节约营销成本,同时便于公司总部对整个营销活动的控制。由此可见,不同的企业有不同的选择。

(二)公司总部定价与子公司定价

许多规模较大的企业在国际营销的价格管理方面,面临这样一个问题:由总公司统一制定商品在世界各地的价格,还是由在各国的子公司独立地定价?对这个问题的回答有三个:其一是由公司总部定价;其二是由子公司单独定价;其三是由公司总部与子公司共同定价。由于各国的生产、市场和竞争等条件都有所不同,因此,由总公司为各国的子公司统一定价的情况还不多见。比较常见的方法是由总公司和子公司联合定价,其具体做法是:由总公司确定一个基价和浮动幅度,子公司可以根据所在国的具体情况,在总公司规定的浮动范围以内,灵活地制定本地区的商品价格。这样,既能使总公司对子公司的定价保持一定的控制,又能使子公司有一定的自主权,使价格适应当地市场的具体情况。

(三)本国货币与外国货币

企业在出口商品时,是使用本国货币还是使用外国货币?这是摆在每一个企业面前的又一个重要问题。商品在国际市场上的成交价格,一般都选择可兑换的货币和较为稳定的货币。可兑换货币一般是指在国际外汇市场上可自由进行买卖的货币。目前,国际货币基金组织承认为可兑换货币的主要有:美元、欧元、加拿大元、日元等。由于各国汇率不同,而且汇率波动幅度很大,所以,出口商品价格选择什么样的货币就显得十分重要。用本国货币报价的优点是易于管理，便于计算。但是，对于本国货币不能自由兑换的国家的企业来说，就只能采用外币报价。无论使用何种货币报价，都难以避免货币币值波动的风险。因为，自1973年实行浮动汇率制以来，世界主要货币的币值经常地处于波动之中。

企业选择进出口商品的报价货币时，要特别考虑外汇汇率波动的情况，以采用对自己有利的货币来报价。为此，企业应及时了解影响外币汇率变动的因素，如相对汇率、相对通货膨胀率、国际贸易状况等，从而把握外币汇率的变动趋势，正确地选择商品报价货币。一般来说，企业在进口商品时，应选择汇价有下浮趋势的货币，即所谓"软货币"；在出口商品时，应选择汇价有上升趋势的货币，即所谓"硬货币"。在我国60%以上的商品采用美元计价结算，同时，有些商品也采用日元、英镑、欧元等其他货币结算。美元是国际贸易中的"硬货币"，近些年来，国际金融市场动荡不定，因此，我国企业在进行出口贸易时，货币的选择应实行"全方位化"，即应选择多种货币，以便将风险分摊到各种货币上，最大限度地减少损失的可能性。

计价货币的最终选择，主要靠买卖双方共同协商。企业应从实际出发，在不影响出口或急需物资进口的前提下，从购买意图、市场竞争状况等诸因素出发，全盘考虑、灵活掌握。每个企业受自身条件的限制，一般很难准确、及时地把握国际金融市场的动态，因此，在选择计价货币时，尤其在选择出口报价的货币时，应及时向国内外的有关机构如金融等部门进行咨询。

（四）倾销与反倾销

近年来，随着经济全球化趋势的逐渐加快和国际市场竞争的激化，倾销与反倾销已成为国际市场营销的焦点之一。所谓倾销，是指某一组织机构以低于国内市场的价格，甚至低于商品生产成本的价格向国外大量抛售商品，以期达到打垮竞争对手、垄断整个市场的目的。一般说来，倾销可分为以下几种。

1. 偶然性倾销。这种倾销也称"短期性倾销"。往往是将过时的产品或在本国市场已经无销路的商品以低于生产成本的价格向国外抛售。这类倾销对进口国的同类生产企业在短时间内会有不利影响，但对进口国消费者来说，却带来了价廉物美的商品，所以进口国政府通常对此类倾销不予干预。

2. 间歇性倾销。这种倾销的主要做法是，以低于国内价格甚至低于成本的价格手段向国外大量抛售商品，其目的就是为了打垮国外竞争对手，垄断市场，然后再提高商品的价格，以获得更丰厚的利润。这种倾销的危害极大，它打击了进口国的民族工业，阻碍了进口国同类企业的生存和发展，同时，也将最终损害进口国消费者的利益。因此，许多国家的政府对此类倾销均通过征收反倾销税等方法进行抵制。

3. 持续性倾销。这类倾销也称"长期性倾销"，是指长期以低于国内市场的价格向国外市场抛售商品。它最显著的特点就是具有长期性。为避免长期亏损，其出口价格至少要高于边际成本，同时，倾销者还通过规模经济的做法扩大生产，以降低单位成本。当然，在打垮竞争对手、完全占领市场以后，倾销者会再次提高价格，以赚取超额利润。

所谓反倾销，是指进口国政府为了维护正常的国际贸易秩序，通过立法以及对倾销产品征收高额反倾销税等措施来遏制倾销的一种手段，以此保护本国工业的发展。《世界贸易组织规则》规定：如果因倾销而使进口国领土内已建立的某项工业遭受实质性损害或产生实质性威胁，或者对某一国内工业的新建产生实质性阻碍，这种倾销应该受到谴责，并应对倾销产品征收数量不超过这一产品的倾销差额的反倾销税；若不能断定倾销或补贴的后果会对国内某项已建的工业造成实质性损害或产生实质性威胁，或者实质性阻碍国内某一工业的新建，则不得征收反倾销税或反补贴税。由此可见，要认定倾销必须符合三个条件：一是产品出口价格低于正常价值；二是产品对进口国确实造成了实质性的损害、威胁或阻碍；三是倾销与实质性损害、威胁或阻碍存在着无法分割的因果关系。其中，价格低于正常价值是三个条件中的关键。出口价格低于其正常价值的判别依据，一是低于相同产品在出口国用于国内消费时，在正常情况下的可比价格；如果没有这种国内价格，低于相同产品在正常贸易情况下，向第三国出口的最高可比价格；或者产品在原产国的生产成本加合理的推销费用和利润，但对具体销售的条件差异、税负差异以及影响价格可比的其他差异，必须予以适当考虑。但是，我们也应该看到，近些年来，西方各国经济不景气，贸易保护主义势力抬头，加之反倾销是保护本国同类工业有效而便利的手段，所以，各国自行其是，直接将反倾销作为贸易战的一种杀手锏。

实例 8－3：反倾销给中国带来的巨大影响

随着中国的崛起与发展，在成为全球第二大经济体，第一大出口国的同时，中国也成为全球贸易摩擦的重灾区，已连续 17 年成为全球遭受反倾销调查最多的国家。据 WTO 统计，2001～2010 年，中国共遭受 574 起反倾销，占世界反倾销总数的 27%，其中，美国对中国发起 101 起反倾销，欧盟 96 起，而印度则以 137 起列为对中国反倾销最多的国家，阿根廷为 82 起。受到贸易救济调查共 692 起，涉及总额约 400 亿美元。

2011 年中国出口产品遭遇了近 100 项贸易保护措施，涉案金额约 60 亿美元。17 起美国 337 调查，涉案总金额约 7 亿美元。2012 年前三季度，中国出口产品遭遇国外贸易救济调查 55 起，增长 38%，涉案金额 243 亿美元。此外，不少国家还制定和实施产品环保标准、产品质量安全标准等技术性贸易措施及国内税费等措施，我国出口产品面临的贸易壁垒形势严峻。据英国智库“经济政策研究中心”的“世界贸易预警”项目监测，2008 年国际金融危机爆发以来，全球 40% 的贸易保护主义措施针对中国。

另外，美国国际贸易委员会 2012 年 11 月 7 日作出终裁，认定从中国进口的晶体硅光伏电池及组件实质性损害了美国相关产业，因此将对中国产晶体硅光伏电池及组件征收 18.32%～249.96% 的反倾销税，以及 14.78%～15.97% 的反补贴税。同时，根据美国国际贸易委员会的另一个裁决，针对此类产品的“双反”关税令不适用追溯原则，因此反补贴关税从 2013 年 3 月 20 日起征收，反倾销关税从 2013 年 5 月 17 日起征收。商务部部长陈德铭对此表示，美国对中国太阳能电池等光伏产品双反的做法是不可理喻的，中国光伏产品价格下降一是因为技术进步，二是因为进口原材料价格大幅下降。中国光伏产业从各国进口原材料，光从美国进口设备就达到 400 多亿元，美国的做法一定会伤到自己。而且，中国正在进行工业化和城市化，对光伏产品的需求量会增加，美国这样做会失去巨大的市场。

另据《二十国集团(G20)经济热点分析报告(2016－2017)》显示，2015 年，全球共有 23 个经济体对华启动了 98 起贸易救济调查，涉及 13 个行业，尤其以钢铁及其制品行业最为集中，达到 46 起，占比 46.9%，比 2014 年增加 19 起。在 98 起贸易救济调查中，反倾销 72 起，反补贴 9 起，保障措施 17 起。

（资料来源：中国新闻网，http://finance.chinanews.com，2012 年 4 月 17 日；2016 年 8 月 26 日；新华网，www.news.cn，2012 年 11 月 8 日。有删改。）

作为世界上反倾销最大的受害国，中国于 1997 年 3 月 25 日终于有了自己的反倾销法律——《中华人民共和国反倾销和反补贴条例》。这样，中国企业彻底改变了自己在反倾销中始终处于被告地位的局面，即在反倾销诉讼中，中国企业也有了当原告的机会。从 1995 年起，来自美国、加拿大、韩国的新闻纸大量低价向中国倾销。进口新闻纸的价格平均比国产价格低 1 000～1 500 元/吨，导致进口新闻纸的数量不断增加，进口量已占国内市场年需求量的 40%。1997 年 10 月，中国 9 家新闻纸企业联合提出反倾销调查申请，指责进口新闻纸以低于国外市场价格近 40% 向中国倾销。这一指控开了国内企业在反倾销诉讼中充当原告的先河。国家外经贸部于 1998 年 7 月 9 日发布公告：对加拿大、韩国、美国三国的进口新闻纸倾销案作出肯定性初裁，确认了上述三国对我国的新闻纸倾销存在和对国内产业造成实质性损害的存在。初裁倾销幅度为 17.11%～78.83%。依《中华人民共和国反倾销和反补贴条例》的规定，决定从 1998 年 7 月 10 日起，对上述三国的对华进口新闻纸实施临时性反倾销措施，由进口商向海关提供与倾销幅度相应的现金保证金。这是中国第一例反倾销案，首开中国产业运用反倾销法律手段维护自身合法权益的先河，对于中国产业如何学会和运用国际竞争规则具有榜样的作用和意义。至 2011 年 12 月 31 日，我国累计对进口产品发起反倾销立案共 67 起，平均每年立案 4.47 个。

（五）国际转移定价

国际转移定价是指在一个公司体系内部处于不同主权国家中的分支机构之间，或分支机构与总公司之间有关商品、劳务或技术交易时所采用的价格。转移定价的根本目标是获取公司整体长期利润的最大化。它可分为两个方面：对于公司内部管理，是为了实现公司资源配置的最优化，同时是为了给公司内部各分支机构经营业绩的评估提供一个衡量标准；在国际营销方面，是为了提高市场竞争力，灵活调动资金，减轻税负和克服政府管制，从而获得最大利润。

转移价格不受市场机制的调节,它主要取决于以下一些影响因素:东道国的所得税税率;母国的所得税税率;东道国的关税税率;东道国对外汇的控制状况;东道国对企业利润汇出的具体规定;母国的贸易政策;母国总公司的信用情况;东道国子公司的信用状况;东道国对外资企业的政策;总公司的市场营销战略等。

随着跨国公司的发展和世界市场竞争的日益激烈,许多新问题、新现象层出不穷,转移价格就是其中之一。转移定价是分权管理的必然产物,反映了公司集团内部专业分工和协作的需要。由于跨国公司不仅要向集团以外的顾客出售产品,而且还要协调母公司与子公司之间以及子公司相互之间的交易。因此,必须对其内部相互转让的产品与服务制定相应的价格,这种价格可以称为转移价格,也可称作划拨价格、转账价格、结算价格等。通常企业一旦选择了更为直接地进入国际市场的方式,如对外直接投资,在国外设立分公司和子公司等分支机构,它就会面临国际转移定价的问题。跨国公司制定转移价格主要有两种情况:一是比市价低;二是比市价高。此外,跨国公司根据具体目标的差异,可以对内部贸易时的有形资产和无形资产制定符合其利益的转移价格。

1. 转移价格比市价低。转移价格比市价低是指跨国公司以低于市场通行的价格,将产品调拨给其在不同主权国家的分支机构或子公司。企业在母国的总公司采取低转移价格的定价目标,一是为了提高子公司的市场竞争能力。总公司从全局利益出发,可能认为某子公司的目标市场最有发展前途,扩大子公司的市场占有率是整个公司赢利增加的最佳途径。因此,总公司制定低于市场的转移价格,可以帮助该子公司获得竞争优势,提高其市场占有率。二是为了减少高关税税率对整个公司赢利的影响。总公司在向处于较高关税地区的子公司提供商品或服务时,通常会降低这些商品或服务的价格,以便相应地减少应缴纳的关税数额,而后子公司再将从中获得的“额外利润”汇回总公司。三是为了充分利用某些目标市场国公司所得税税率低的特点。总公司比较各子公司所在东道国的公司所得税税率,从中选择税率最低的子公司,以低于市场通行价的价格调拨产品和服务,从而使整个公司所缴纳的所得税金额最低化。因为,东道国税率低,在东道国纳税就意味着在母国不再纳税,所以,总公司可从中获得好处,使公司收入增加。

2. 转移价格比市价高。转移价格比市价高是指跨国公司在母国的总公司以高于市场的价格,将产品调拨给其在不同主权国家的分支机构或子公司。总公司采取高转移价格的定价目标,一是为了避免东道国较高的公司所得税。总公司在向高所得税地区的子公司转移商品或服务时,如果将调拨价格定得较高,在高税率国家的子公司的赢利就会下降,而实际通过价格手段,利润已被转移到低税率的总公司。二是为了应付东道国对子公司将利润汇回总公司的限制。东道国由于外汇短缺,需要将其用在进口必需品方面,所以,就会不同程度地限制子公司将其利润汇回母国。总公司为了躲避限制,通常采用高转移定价的方式将利润转移回总公司。三是为了对付东道国的恶性通货膨胀。总公司为了避免外汇风险,利用高转移定价,将子公司的利润尽可能地降低,甚至使其为零利润,从而免受东道国高通货膨胀或汇率下跌的影响。四是为了把利润转移到竞争程度低的生产阶段。实行纵向一体化的企业,为了对付现有和潜在的竞争对手,将利润集中到竞争对手最难进入的生产阶段,使竞争对手容易进入的其他生产阶段利润率不高,以此来遏止竞争对手。如石油生产的三个阶段——开采、炼油、分销中,开采阶段投资最大,一般企业很难进入这一领域,而其他两个领域却很容易进入。国际石油企业为了阻止其他企业的进入,将原油的调拨价格定得很高,使其他两个阶段利润下降,从而可以阻止某些企业进入石油行业。

3. 有形资产的转移定价。有形资产包括机器设备、原材料、半成品、零部件等。对有形资产的内部定价,主要存在两种定价体系,即以内部成本为基础定价体系和以外部市场价格为基础的定价体系。

(1)内部成本定价法。以成本作为定价基础的转移价格,一般采用标准成本的资料。标准成本为事先确定,有比较科学的依据,优于实际成本。但在没有标准成本资料时,也可用实际成本作为定价基础。通常的做法是在这个成本数额上加上一定百分比的利润。这种定价方法的优点是成本资料容易获得,确定转移价格比较容易,也有利于减少关联企业之间的矛盾。并且,这种定价方法具有一定的灵活性。但总的来看,以成本为基础定价对市场竞争条件和供求情况缺乏考虑。

(2)外部市场价格定价法。市场价格定价法倾向于以一种近似于正常交易的、讨价还价的、公开的市场价格为基础。这种定价方法能最大限度地反映作为独立经营实体的经营效益,有利于母公司对子公司的业绩评价。市场价格定价法比较公平合理,受到了一定的欢迎。但在具体实务中,内部转让有很大一部分是半成品、零部件和劳务,尤其是在垂直一体化的跨国公司中,很多半成品和零部件都是特定的,很难有公开的市场价格作为依据,所以,这部分中间产品的内部交易一般采用成本加成的计算方法作为定价基础。

4. 无形资产的转移定价。无形资产包括专利技术、管理费、贷款利息、商标等。在无形资产中采用转移定价的最大部分是技术内部转让,即技术使用费的确定。技术是跨国公司赖以不断增长、取得竞争优势的关键。为了保持自己的领先地位,跨国公司偏好于技术在公司内部关联企业之间转让。尽管国际技术贸易发展很快,但其中的80%是在发达国家之间进行的;在技术贸易总额中,50% ~75%又是在跨国公司之间进行的。由于世界技术市场相当不完全,相对来说,很少能够通过公开渠道得到技术价格的信息,加上技术本身的特点,使技术价格本身及其成本具有很大的不确定性,客观上比一般商品难以计价。在技术转让中,技术的价格主要是由技术转让所形成的直接费用、研究和开发费用的补偿、市场机会损失的补偿、需要获得的高额利润、技术所处不同成熟阶段,以及技术市场的垄断性等因素决定的。目前很少有公开的国际市场价格,也缺乏相应的外部价格。技术价格的这些定价特点,为跨国公司操纵技术转移价格提供了特殊方便。

本章小结

1. 理解国际市场价格,又称世界市场价格,是商品国际价值的货币表现。通常是指某种商品在国际市场上,一定时期内客观形成的具有代表性的实际成交价格。主要有:各种大宗商品交易中心和集散地的价格;大量进口或大量出口某种商品的国家(地区)的进出口价格;某些重要商品的国际拍卖价格或开标价格等。

2. 国际市场价格仍然是由生产成本、流通费用、利润和税金构成的。但是由于受国际商品或劳务的交换特点所决定,其构成相对要复杂一些。除包括国内价格的各个要素外,还包括国际的运费、装卸费用及储存费用、保险费、关税、国外中间商的加成等。因此,流通费用、利润、税金这三个要素在价格构成中所占的比重远远大于生产成本。这是国际市场价格在构成方面的一个特点。此外,国际市场价格由于受运距远、分销渠道长、中间人活动范围大、特别是税收和外汇变动等因素的影响而远远高于其国内价格,出现一种价格升级现象。

3. 决定和影响国际市场价格的因素主要有:商品的国际价值大小、汇率与货币价值变动、国际市场及目标市场国的供求和竞争状况、来自于有关国家政府和其他组织的价格管制因素等,从而使国际市场定价成为各个国际经营企业面对的最复杂的决策之一。

4. 企业国际市场的定价目标主要包括开拓国外市场、争取最大化利润、扩大市场占有率和增加出口创汇等几个方面。追求最大限度的营销利润或者投资收益,几乎是所有企业的共同期望。在价格相同的情况下,市场占有率的提高无疑意味着利润的增加,即使在价格有所降低的时候,市场占有率的提高也可能增加总利润。外汇是企业国际市场营销不可缺少的工具。

5. 企业国际市场的定价方法也可分为成本导向定价法、需求导向定价法和竞争导向定价法三种。其中成本加成定价法是一种由内向外的定价方法,而市场导向定价法和竞争导向定价法是一种由外向内的定价方法。

6. 在国际市场营销中,企业常用的定价策略仍然是阶段定价策略、折扣定价策略和心理定价策略等。但是,在此需要特别指出的是,由于发达国家的企业出口的产品以加工制成品为主,其中的新产品或高技术产品占很大的比重,而且出口产品大都进入进口国收入水平较高的家庭,因此,发达国家的企业出口定价一般较多地采用高价厚利的策略。而发展中国家的企业出口定价一般较多地采用低价薄利的策略。因为,发展中国家的企业出口的产品以基础原材料、农副产品和劳动密集型产品为主,综合质量和附加价值都较低。

7. 在国际市场定价中,还有几个特殊问题,如统一价格与差别价格、公司总部定价与子公司定价、本国货币与外国货币、倾销与反倾销以及国际转移定价等,需要企业进行深入分析,慎重对待。

复习思考题

1. 试述国际市场价格的含义及其种类。
2. 试全面分析影响国际市场价格的主要因素。
3. 国际市场定价的主要方法和策略有哪些?
4. 国际企业转移定价的根本目标及其影响因素是什么?
5. 国际市场定价中企业应注意的几个特殊问题是什么?

案例选编

奢侈品全球定价策略

从2012年年初开始,各大奢侈品品牌就陆续地筹划上调产品价格,其中,一线品牌CHANEL、DIOR和CELINE等奢侈品的涨幅较为明显。在CELINE专柜,大号普通皮质“笑脸包”售价为2万元,与涨价前约1.7万元的价格相比提高了3 000元,涨幅约18%;CHANEL的“CLASSIC系列”双包盖大号皮包涨价前约3.75万元,涨价后的价格为4.12万元,涨幅约一成;DIOR经典款“LADYDIOR”大号羊皮包售价为3.25万元,与涨价前的2.9万元相比提高了3500元,涨了12%。尽管部分奢侈品牌的工作人员将此番涨价的原因解释为原材料上涨和销量增加,但在业内人士看来,涨价已经成为奢侈品牌的一种促进销售的营销策略,世界奢侈品协会中国代表处助理执行官凯琳(Katerina)告诉记者,奢侈品牌在中国的利润保有率是最高的。世界奢侈品协会就此发布奢侈品牌全球定价公式,以皮具、服饰、箱包等快消品为例(不包括珠宝、名表、化妆品和香水),不同国家和地区其构成比例平均值如下。

在中国市场,世界奢侈品协会全球奢侈品牌价格构成公式为:原材料5% + 加工成本10%(含设计、成品加工、运输) + 利润保有率45%(品牌定价与年度价格涨幅) + 广告与公关活动成本8%(年度) + 专卖店年度拓展成本6%(含商业便利条件) + 人力资源团队成本10%(年度) + 进口关税、消费税部分增值税等综合税率平均值16% = 中国市场零售价格。

在北美市场,世界奢侈品协会全球奢侈品牌价格构成公式为:原材料5% + 加工成本10%(含设计、成品加工、运输) + 利润保有率30%(品牌定价与年度价格涨幅）+广告与公关活动成本12%（年度）+专卖店年度拓展成本15%（不含商业便利条件）+人力资源团队成本18%（年度）+进口关税、消费税部分增值税等综合税率平均值10% =北美市场零售价格。

在欧洲市场，世界奢侈品协会全球奢侈品牌价格构成公式为：原材料5% +加工成本7%（含设计、成品加工、运输）+利润保有率20%（品牌定价与年度价格涨幅）+广告与公关活动成本12%（年度）+专卖店年度拓展成本20%（不含商业便利条件）+人力资源团队成本30%（年度）+第三国部分进口商品税率6% =欧洲市场零售价格。

针对目前各国奢侈品牌不断涨价的现象，世界奢侈品协会中国首席代表欧阳坤分析认为，品牌连番涨价应是一个全球化行为，但是涨幅比例根据每个国家的消费力不同会有差异，在中国尤为明显。奢侈品牌在新品上市之初会进行每年1~2次的涨价周期，涨幅根据品类不同一般在10%~30%，个别限量版商品将会更高，还会根据国家地区门店销售情况、市场需求量变化进行调价，在这些不同的区域，品牌制定的价格基数就差异挺大，在奢侈品牌多为原产地的欧洲，奢侈品价格基数为100的话，对于纽约来说，品牌通常会设定稍高于原产地的基数，比如110或者120，而美洲其他区域的国家在纽约的这一参考价基础之上，根据各个国家不同的税率、营运成本、消费者承受能力等不同要素制定最后的价格指数，属于区域性定价。品牌基于所在国家的消费能力进行局部调控是奢侈品在中国价格昂贵的最主要因素，而这一调控正是基于中国市场消费者的购买力，因为中国市场很大，购买力也很大，加上中国消费者买涨不买跌的心理，以及对国外奢侈品的追逐热情较高，中国市场的定价策略就肯定比其他国家都要高。

要从根本上改变洋品牌奢侈品在中国定价过高的现实，要改变目前消费者对国外品牌的偏好，一方面要培育健康的消费心理与习惯，另外要增强国内企业的竞争力。企业要着眼提供高质量的产品和服务，培育高端消费者对国内品牌的认同度。

（资料来源：东方今报，http://www.jinbw.com.cn，2012年7月31日。有删改。）

思考题

1. 试分析奢侈品的营销特点及影响其定价策略选择的主要因素。
2. 结合案例分析国际奢侈品在中国定价最高的原因。

第九章

国际市场销售渠道策略

★ 本章要点及学习要求 ★

国际市场销售渠道是指产品由一个国家的生产者流向国外最终消费者和用户所经历的路径，是企业国际市场营销整体策略的一个重要组成部分，它涉及的范围很广，不但包括母国的销售渠道，还包括目标市场国的销售渠道，是由所有参与企业国际市场营销的各类中间机构和各种组织构成的。因此，国际市场销售渠道的设计要考虑国内外的社会制度、经济法律、政治文化等各方面因素的影响，在明确国际中间商的种类和特点的基础上，全面掌握中间商管理方面的系统知识，了解国际市场营销中的实体分配问题，慎重地选择好国际中间商，排除国际市场销售渠道建设中的各种障碍。通过本章的学习，要求：

1. 掌握国际销售渠道的基本概念和国际销售渠道设计的基本知识，了解国际市场销售渠道的线路、经历的环节、影响因素和如何实施有效的控制等方面的问题；
2. 掌握国际中间商的分类情况，明确国内中间商、国外中间商的类型；
3. 掌握选择理想的国际中间商的方法；
4. 掌握国际中间商管理中涉及的激励、评估、调整、销售渠道冲突及加强渠道合作等一系列问题；
5. 了解国际市场营销中，实体分配的基本目标、订货环节、发货环节、建立生产与仓储的合理关系和有效的运输系统等方面的知识。

第一节　国际市场销售渠道设计

国际销售渠道的设计是企业国际市场营销的一项重要活动，要设计一个有效的国际产品分销网络，涉及销售的线路、经历的环节、影响因素和如何实施有效的控制等一系列问题。渠道设计的最终目的是实现产品从国内生产者到国外最终消费者或用户的有效转移。国际销售渠道是一个一端是国内生产者,另一端是国外消费者或用户构成的综合系统,它跨越国界,是企业开展国际市场营销所依赖的通路。国际销售渠道设计是站在生产者的角度规划企业跨越国界的分销网络。

一、国际销售渠道设计的基本目标

国际销售渠道设计要遵循一定的目标,这些目标与企业的总体战略目标相联系,即销售渠道的目标要与企业国际市场营销的内外环境相结合,要与企业的赢利前景相一致。因而,国际销售渠道设计应遵循的基本目标主要有:经济目标、控制目标、适应目标和声誉目标等。

(一)经济目标

经济目标是企业国际市场销售渠道设计的基本目标,它与企业的战略目标紧密联系。销售渠道的经济目标是以最小的投入获得最大的效益。企业依靠自身的力量建立销售渠道队伍与委托专门的销售代理公司相比较,在成本和效益上有很大的区别。大量的实践证明,企业在规模较小、力量有限时,适合采用委托代理的形式。因为,在国际销售渠道网络自建的初期,一般需要较大的资金和人员投入,只有实力强大的企业才能够做到。此外,自建销售渠道还与企业控制销售渠道的愿望有关,具有强烈的渠道控制愿望的企业,适合采用自行建立销售队伍的方式。它们的关系可以通过图9－1明确地表示出来。

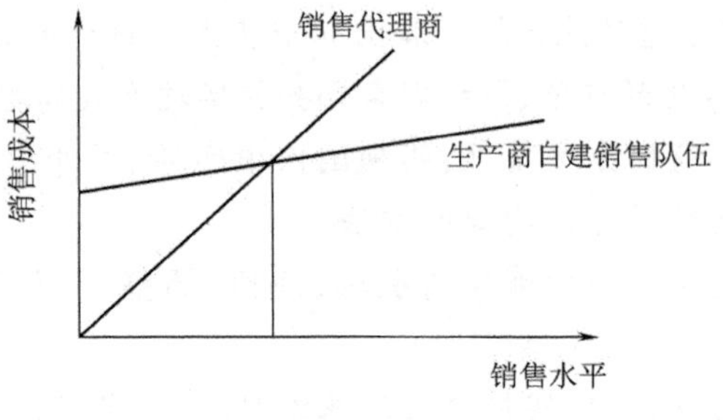

图9－1　生产商自建销售队伍和利用销售代理商的关系

(二)控制目标

采用不同的销售渠道所达到的控制效果不尽相同。一般而言,公司对自己的销售队伍易于控制,容易及时向消费者和用户传达企业的最新意图,有利于形成良好的企业形象,还可以灵活安排和调整渠道计划,依据企业的整体战略,在不同时期突出不同的重点。例如,为了配合新产品的上市,企业可以要求销售人员积极开展新产品的销售宣传工作,而不考虑新产品是否营利。相反,如果采用销售代理的方式,生产企业往往会在控制性方面显得力不从心。企业的国际市场营销中,能否达到控制渠道的目标还与对中间商的选择有关。对那些不能有效地配合企业整体战略、自行其是的中间商，企业就要慎重选择，或及时予以优化。

（三）适应目标

企业面临的国际营销环境是不断变化的，因而企业市场营销活动的设计就要与环境变化的趋势相吻合。在销售渠道的设计上，也要本着适应环境变化和符合企业总体发展规划要求的方针，具有灵活变动的特征。例如，在与销售代理机构签订销售代理合同时，合同的有效执行年限不能过长，以便为企业灵活变动销售渠道留有余地。

（四）声誉目标

企业的国际市场声誉直接影响企业对国际市场销售渠道的选择，同时，企业在设计销售渠道时，要将提高企业的国际市场声誉作为一个目标来进行规划。为了达到提高企业国际市场声誉的目的，企业首先要精心选择中间商，拒绝与资信状况欠佳、形象和声誉较差的国际中间商建立业务关系。同时，要适当激励在渠道建设方面对企业有较大贡献的国际中间商。

二、国际销售渠道结构

由于社会分工的存在，产品在由国内生产者向国外最终消费者或用户转移的过程中要经过各种各样的中间环节。产品的特性、企业的指导思想等方面的差异，决定了产品的国际销售渠道不同。设计销售渠道的结构，要从其长度、宽度和渠道成员的权利和义务等方面入手。在国际市场营销的销售渠道结构中，不仅包括出口国的销售渠道，而且还包括进口国的销售渠道。综合起来，一个完整的国际销售渠道系统主要由三个环节构成：第一个环节是出口国国内的销售渠道，由生产者和国内的批发商组成；第二个环节是出口国的出口商和进口国的进口商之间的销售渠道；第三个环节是进口国国内的销售渠道，由进口国的批发商和零售商组成（如图 9－2 所示）。

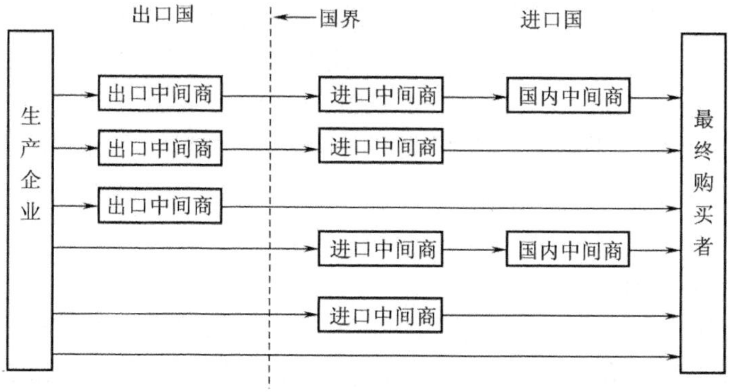

图 9－2　国际销售渠道结构

三、选择国际市场销售渠道应该考虑的因素

选择国际市场销售渠道，要求企业对各种不同的环境因素进行综合的分析，包括顾客因素、产品性质、中间商因素、竞争因素、企业因素、宏观环境因素和渠道成员彼此的权利和义务等方面。

（一）顾客因素

顾客因素是一个复杂的系统，需要对顾客的性质、规模和地理分布等多方面的环境因素加以分析，也需要对顾客的需求偏好和购买习惯等个性因素进行分析。归纳起来主要包括顾客的性质、顾客的数量、顾客的地理分布和顾客的购买习惯等四个方面的因素。

1. 顾客的性质。如果顾客购买的次数多、一次购买的数量少，则适合采用间接销售渠道或较宽的销售渠道；如果产业用户购买的次数少、一次购买的数量大，就适合采用直接销售渠道或较窄的销售渠道。

2. 顾客的数量。如果潜在的顾客数量少、规模小，则适合采用直接的或较窄的销售渠道；如果顾客的数量多、市场大，则适合采用间接或较宽的销售渠道。

3. 顾客的地理分布。如果产品的最终消费者和用户分散在广大的地区，则适合采用间接或较宽的销售渠道，将产品有效地分销出去；如果产品的最终消费者和用户地理分布比较集中，则适合采用直接或较窄的销售渠道。市场越专业，越集中，销售渠道越窄。

4. 顾客的购买习惯。顾客在购买一些价值低而又经常消费和使用的商品时，一般注重方便性，企业应该通过较长而广泛的销售渠道将产品分销出去，保证及时供应；顾客在购买单位价值高又有鲜明特点和品牌形象的产品时，注重挑选和比较，对这类产品，一般要采用较短而集中的销售渠道。

（二）产品性质

产品在用途、技术含量、单位价值等方面的性质决定了企业对国际销售渠道成员的经销能力有不同的要求，所以直接影响企业的国际销售渠道选择。有的产品在技术上处于领先的地位，如果中间商对技术的发展动态和前景一无所知，对产品的保存和维护方法不了解，那么，最好的方式就是跳过中间商，由企业直接经营；如果产品的时尚性强，也要尽量缩短销售渠道，减少环节以适应及时销售的要求；有些鲜活商品、速冻食品等对仓储和运输条件有特殊的要求，因此，需要企业对中间商的经销能力与设施条件进行深入考察。产品因素对国际销售渠道选择的影响见表9－1。

（三）中间商因素

企业选择国际销售渠道还要受国内和国外已有的销售渠道结构的影响。如果市场上没有理想的中介机构，或者现有的中间商已经经营了竞争性的产品，那么企业就要采用直接的销售渠道。如果中间商能够较好地与生产商配合，并广泛地联系客户，生产商就可以将很多销售职能交给中间商，采用较长的销售渠道。

表9-1　产品特性影响销售渠道的选择比较表

相关因素	产品特点:高或低(大或小)	渠道特点:长或短
单　　价	高	短
	低	长
易腐易毁性	高	短
	低	长
重　　量	大	短
	小	长
技术复杂性	高	短
	低	长
时　尚　性	高	短
	低	长

(四)竞争因素

企业设计销售渠道还要考虑竞争者的渠道情况。依据公司的指导思想,可以有两种截然不同的选择:采用与竞争者不同的销售渠道和采用与竞争者相同的销售渠道。前者有利于避开强大的竞争对手,独辟蹊径,获得渠道优势;后者则要求企业的产品及其资金实力足以与竞争对手抗衡,从而有利于顾客进行全面的比较。

(五)企业因素

生产商的实力及其控制渠道的能力也会影响销售渠道的选择,如果生产商的实力雄厚,产品类别广泛,又有着强烈的渠道控制欲望,可以采用较短的、直接的销售渠道。这样,一方面企业有力量满足渠道建设与发展的要求;另一方面也可以较好地控制渠道的运作。相反,如果企业的力量有限、控制渠道的愿望较低,就可以采用间接的、较长的销售渠道,这样有利于企业集中资源于生产。

(六)宏观环境因素

宏观环境状况会影响企业国际销售渠道的选择,例如,经济状况萧条时,生产者一般希望采用最经济的方式将产品送到国外目标市场上,采用直接和较短的销售渠道可以免除一些不必要的费用,降低成本支出。政策法律也是一项重要的宏观环境因素,各国政府在销售渠道方面的不同政策,直接影响企业的国际销售渠道设计和选择。

(七)渠道成员彼此的权利和义务

选择了国际销售渠道的模式和具体的中间商之后,还要明确渠道中各个成员彼此间的权利和义务,这样才能更好地处理利益关系,加强渠道成员的合作。渠道成员彼此间的权利和义务是围绕着利益这个核心确定的,具体包括价格政策、买卖条件、中间商的地区权利、各方提供的特定服务内容等。

在价格政策上,制造商要制定一个价格目录,明确规定对不同类型的中间商或对不同的购货数量所给予的不同折扣或价格优惠。

在买卖条件上，对于提早付款或按时付款的中间商，企业应该根据其付款的时间给予不同的折扣，这样既可以刺激中间商的积极性，同时又有利于生产商的货款回收，加快资金的周转速度。

在中间商的地区权利上，生产商对中间商在地区划分、覆盖范围、权利和责任方面应该进行明确的规定。例如，特许经营权的发放范围、管辖区域及其责任和报酬都应该在特许经营协议中明确地予以规定。这样做一方面可以努力减少不必要的争执和冲突；另一方面，还可以最大限度地调动中间商的积极性。

在双方应提供的特定服务上，生产商和中间商在广告宣传、资金投入、人员培训等方面可能存在利益上的争执，因而最好的形式就是用协议或合同的方式加以明确规定。例如，订立一个协议，规定如果中间商为产品提供广告宣传，生产商可以让利5%，并在货源紧俏的时候，优先供应提供广告服务的中间商，这样就起到了鼓励中间商承担其他职能的作用。

实例 9－1：微系统公司的海外营销机构

在过去的经营过程中，美国微系统公司不断开展国际市场营销的业务活动，该公司拥有50个国际中间商和6个海外分支机构，这些分支机构分别设在英国、法国、德国、瑞士、西班牙等国。它在德国的法兰克福设有办事机构，以协调整个欧洲、中东和非洲的业务。它还在新加坡设立了一个办事机构，负责亚洲和太平洋地区的事务。现在，微系统公司28%的产品出口。为了在国外市场服务得更好，微系统公司雇用了许多当地人来提供优质、满意的服务，因为当地人了解当地的文化，他们对微系统公司在当地的发展起到了很大的推动作用。

第二节　国际中间商

从商品在国际市场营销中的流通顺序来看，国际中间商可分为国内中间商和国外中间商两大类。由于国际中间商在企业的国际市场营销中起着关键的桥梁和连接作用，因而企业既要将中间商看成顾客，又要将其看成是战略协作伙伴。企业上下都要形成一个共识，也就是中间商是服务于企业最终顾客的执行者，可以帮助企业建立起顾客对企业的信任和忠诚。

一、国际中间商的任务

（一）产品实体移动

分散的生产商和消费者与用户都希望能够迅速地运输和转移产品，因而产品实体移动是中间商的一项重要任务。在产品实体移动中，基本的指导思想是以最快的速度、最短的时间、最合理的路线，将产品进行空间转移，并实现其价值。

（二）调节生产与消费的矛盾

由于供需双方在地域、时间、信息沟通、价值评估及对商品的所有权上存在着许多矛盾，使供需双方之间的交易存在许多困难。这些矛盾的存在，客观上要求在生产商、消费者和用户之间建立某种营销中介，中间商在生产和消费之间起着桥梁和纽带的作用。

（三）减少交易次数，降低交易成本

中间商的介入可以减少直接交易的次数，大大降低交易成本。如图9－3和图9－4所示，在没有中间商介入的情况下，生产者直接面对消费者，交易十分复杂，每一个生产商都要与每个消费者进行交易。如果中间商参与其中，则整个交易过程和活动都得到了简化，不仅降低了成本，而且提高了效率。

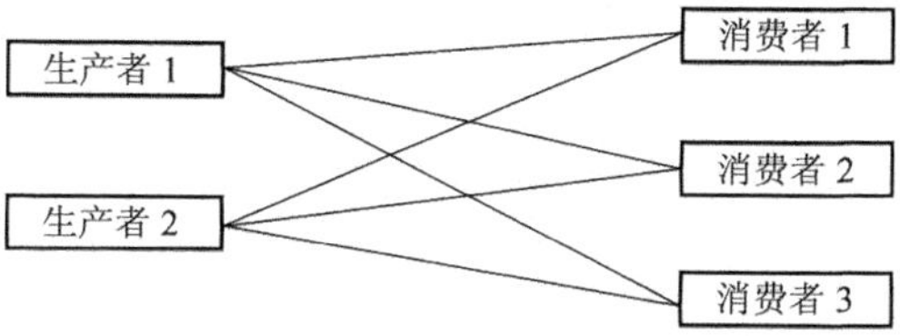

图9－3 无中间商的渠道模式

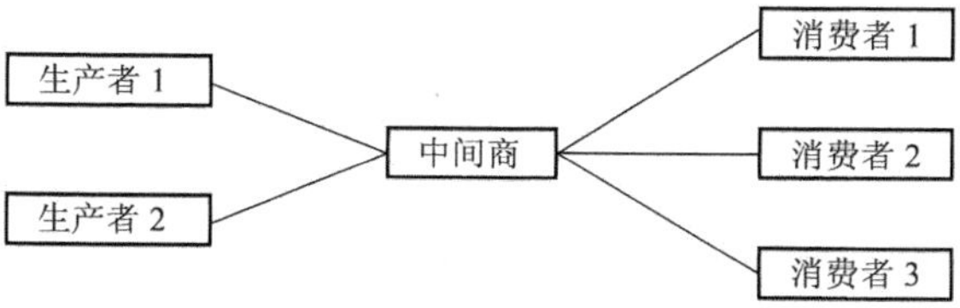

图9－4 存在中间商的渠道模式

（四）资金融通

国际中间商要利用自身的信誉和能力，向生产商提供金融服务。例如，帮助生产商融通资金，提供商业信贷，代替生产商催收货款等，从而为生产企业节省人力、物力和财力。

（五）分担风险

生产商在产品研制过程中已经进行了巨大的投入，中间商的加入可以帮助生产商开拓市场，降低经营的风险。这种作用主要体现在以下几个方面：第一，中间商要根据市场和产品的要求，在流通环节中对产品进行一些加工、整理和分装，从而使生产商的产品能够更方便地提供给国外最终消费者和用户；第二，生产商在开发新市场时，往往会遇到缺乏经验和不了解市场情况的障碍，中间商可以利用其贴近市场、了解市场行情、市场营销经验丰富的优势，在生产商开发市场的过程中发挥作用；第三，生产商向市场推出新产品时往往会由于缺乏营销经验、缺乏财力支持等原因而影响新产品的推广，甚至贻误市场的时机，中间商则可以利用营销的经验、已有的市场营销网络，帮助生产商推销新产品，从而使新产品的成功概率大大提高。

（六）信息反馈

中间商最了解市场情况，知道哪些商品在哪些市场畅销，哪些商品在哪些市场滞销，中间商要利用这一优势，及时将市场信息反馈给生产商，使其能够根据市场情况组织生产，避免生产中的盲目性。

二、国际中间商的类型

在企业的国际市场营销过程中，国际中间商承担了重要的中介和桥梁的作用，因而需要进一步将中间商进行分类，以便掌握不同类型中间商的特点，充分发挥各类中间商在国际销售渠道中的作用。

（一）出口中间商

出口中间商是指设在生产企业本国的中间商，在生产企业不具备直接与国外客户交易的情况下，可以利用国内出口商的国际市场营销知识和经验，为生产企业服务。以出口中间商是否拥有商品所有权为标准，它可以分为出口经销商和出口代理商两大类。出口经销商拥有对商品的所有权；出口代理商只是接受委托，以委托人的名义买卖货物，收取佣金，不拥有商品的所有权。

1. 出口经销商。出口经销商主要包括出口公司、出口直运批发商、出口转卖商、外国进口商和国际贸易公司五种类型。

(1)出口公司。在本国市场上买进商品再转卖给国外买主，专门经营出口业务的企业称为出口公司。出口公司实质上是在国外市场开展业务的本国批发商，其基本职能与本国的一般批发商相同，主要区别是其经营的对象是国外买主。出口公司从众多的生产企业手中购买商品，然后将商品运至国外，独立开展国际经营活动，并对其销售负全部责任。一些大出口公司往往还能给国外买主资金上的融通，并能在海外市场进行商品宣传。出口公司有专业化的发展趋势，一般来说，它们都趋向于专门在一个方面经营，并能向国内生产企业提供大量的、与本行业有关的国际市场信息。

从生产企业的角度来看，利用出口公司可以获得以下几个方面的好处：一是可以及时地回收货款，提高资金的利用效率；二是可以利用出口公司的对外销售专业知识、经验及海外关系网络，扩大企业的国外市场范围。总之，利用出口公司的销售渠道，可以节省营销费用，降低经营的风险，迅速扩大企业的市场范围。但利用出口公司，也存在着生产企业对出口公司过分依赖的问题。生产企业往往长期处于被动地位，国际市场信息反馈滞后、甚至失真，对国外市场难以进行有效的控制。

(2)出口直运批发商。出口直运批发商主要经营大宗商品和原材料，与出口商在业务方式上有所不同,他们一般只根据国外客户订单所指定的商品品种、规格和数量向国内生产企业采购。当采购数量达到订单数量时,就直接运给国外客户,自己并不保有存货。

(3)出口转卖商。出口转卖商是一种专门经营低价低档商品的中间商。他们努力寻找降价求售的商品、生产过剩的商品、过时商品或其他廉价商品,然后转卖到需要这些产品的国外市场上去。

(4)外国进口商。外国进口商实际上是国外购买者设在出口国的常驻采购商。他们所采购的货物一般都是该进口国所需的。对于出口国的生产企业来说,只需要在本国与外国进口商联系、洽谈和成交,整个销售过程实质上是在出口国国内进行的。商品的运输和在国外市场上的销售由外国进口商全面负责。对于那些希望涉足国际市场但又缺乏在国外实际销售经验与能力的生产企业来说,利用国外进口商也是一种可行的分销途径。

(5)国际贸易公司。国际贸易公司是国际贸易发展的重要中介。相对于专业的出口公司,国际贸易公司往往既从事国际贸易,又从事国内贸易,甚至还有一些生产、金融方面的业务。它对生产企业的服务是全方位的,既包括销售渠道服务,又承担提供信息、甚至为生产企业采购原材料等职能。

2. 出口代理商。出口代理商与出口商的区别是不以自己的名义向本国卖主购买商品,而只是接受卖主的委托,以委托人的名义,在规定的条件下代表委托人开展出口业务。出口代理商本身并不拥有商品所有权,只是在交易成功后,由委托人付给一定的佣金。在国际市场上,出口代理商主要有销售代理商、厂商出口代理商、国际经纪人和出口佣金商等。这些代理商既可以是一个组织机构,也可以是一个自然人。

(1)销售代理商。销售代理商与生产企业是委托代理关系,它不拥有商品的所有权,所以无决策权,一切业务活动由生产企业决定,但它通常又可以控制出口产品的价格、销售渠道和促销方式,因此,可视为生产企业的销售经营部门,负责生产企业的全部销售业务。销售代理商比其他的出口商提供更多的服务,如负责在国际市场上的全部广告宣传,派员开展推销活动,设置商品陈列处,召开订货会、展销会和参加国际展销会,开展国际市场调研,提供咨询和产品售前、售后服务等。

销售代理商接受生产企业的委托经营出口业务,生产企业一般按销售额付给销售代理商一定比例的佣金作为报酬。这些报酬一般是在销售代理商向生产企业汇付货款时从中扣除。在国际市场上,纺织品、煤炭等竞争性的行业中使用销售代理较为普遍。出口企业刚刚开始涉足国际市场,缺乏经验和销售力量时,可以采用销售代理的方式在国际市场上销售产品。

(2)厂商出口代理商。厂商出口代理商是接受生产企业的委托,从事商品出口经营业务的代理商,相当于执行生产企业出口部的职能。在国际市场上,中小企业多使用厂商出口代理商。此外,大企业在开拓新市场、推销新产品或面对的市场潜力不大时,也通常使用厂商出口代理商。使用厂商出口代理商的缺点是市场活动范围有限，影响了生产企业开发国际市场的进度。

(3)出口国际经纪人。出口国际经纪人指经营出口业务的经纪人。这种代理商只负责给买卖双方寻找客户，不持有存货，也不办理商品进出口的具体业务，它与进出口双方一般没有长期的固定关系，其职能是联系买卖双方达成交易。国际经纪人可同时充当出口商的国外销售代理人和进口商的国外采购代理人。出口国际经纪人可以专营一种或几种商品，甚至专营一个国家的产品。

适合采用国际经纪人的条件可以归纳为以下几点：一些缺乏国际市场营销经验的中小企业；经营的产品季节性强；需要开拓国外新市场，而自己又不能设立国外销售机构的企业；不值得设立销售机构；目标市场遥远、市场分散、人口稀少等。

(4)出口佣金商。出口佣金商，指接受生产企业委托，代办出口业务，从中收取佣金的代理商。出口佣金商的业务，主要是代国外买主采购佣金商所在国的商品，有时也代国内厂商向国外销售产品。

出口佣金商代国外买主办理委托业务时，是根据买主的订单或委托购货书(代购订单)进行的，一旦达成协议，买主不能变更其委托，佣金商也必须按照购货书内规定的条件进行采购，运送到指定地点，由买主付给佣金，并且一切风险和费用均由买主承担。

出口佣金商代国内厂商办理委托出口业务，主要用两种方式：一是寄售，厂商先将商品交给佣金商，委托寄售，由佣金商在国际市场上寻找买主；二是佣金商先在国际市场上寻找顾客订货，然后由厂商供应货物，在这种情况下，出口佣金商的地位和职能相当于厂商出口代理。出口佣金商不拥有商品所有权，但在委托方授权的范围内，可与对方就价格、支付手段和其他交易条件进行谈判。另外，出口佣金商一般事先需垫付一部分资金，用于商品的实体交接，有的还备有仓库，但出口过程中的一切费用和垫付资金的利息，均由委托方负担。

(二)进口中间商

进口中间商指从事进口业务的中间商和销售进口商品的中间商，主要有进口经销商和国外进口代理商两种。

1. 进口经销商。凡直接从国外购买商品，向国内市场销售的贸易企业，均可称为进口经销商。进口经销商拥有商品所有权，通过进口业务来赚取利润。当然，它要承担由商品进口到卖出的一切风险。进口经销商的职能与国内批发商相似，不同之处在于进口经销商的进货对象是国外企业。进口经销商的经营方式主要有两种：一种是根据国内市场要求先进口商品，然后再转售给国内的批发商、零售商或工业用户；另一种是先根据样品与国内买主成交，然后再向国外进货，负责办理一切运输、保险及报关等事务。进口经销商经营的商品多种多样，但往往倾向于经营利润大、周转快的商品。不少进口商除了自己经营进口业务以外，也附带接受国外出口商的委托作为他们在当地市场上的代理商。

(1)进口公司。进口公司是一种既拥有商品的所有权，又持有实际商品的独立中间商。他们同出口国的制造商有着密切的合作关系，是出口国生产企业的固定客户。他们从国外购进商品，再转售给批发商、零售商等中间商，或直接出售给消费者与工业用户，自负盈亏，经营方式灵活。进口公司在主要的供货国家设立购买中心有利于提高效率，特别适合所采购的对象是一些较小的、不成熟的生产企业。西尔斯公司是美国采用进口公司形式的代表，它在国外设有许多采购中心。

在国际市场营销中，进口公司为出口国的生产企业推销商品均需签订经销协议。经销协议的内容主要包括进口公司的委任、经销权的授予和双方的关系、对等条件、经销商品、地区和期限、最低的购买额、个别买卖合同及其与经销协议的关系、宣传推广和其他条款等内容。经销协议的签订，使双方既能相互协作，又能相互制约，有利于双方在平等互利的基础上同舟共济、共同发展。

(2)进口批发商。进口批发商是一种既拥有商品所有权，又持有实际商品的独立批发商。按照其经营的商品范围来划分，一般分为普通商品批发商、单一种类商品批发商和专业批发商。普通商品批发商经营普通商品，如食品、化妆品、药品、家具、电器等，品种繁多，范围广泛，其客户主要是普通商店、电器商店、药房等。单一种类商品批发商经营的商品仅限于某一类商品，且品种、规格、花色齐全。在消费品市场上，单一种类商品批发商的客户主要是食品杂货、药品、小五金等行业的独立零售商；在工业品市场上，这种批发商的客户包括大、中、小工业用户。专业批发商的专业化程度较高，专门经营某一类商品中的某种商品，如食品行业中的专业批发商专门经营罐头食品，这种批发商的主要客户是专业商店。

(3)国外零售商。国外零售商是国际销售渠道的最后一个环节，直接面对用户或消费者。国外零售商形式多种多样，如专业商店、百货商店、超级市场、廉价商店、连锁商店、特许经营商店、方便商店、超级市场、邮购商店等。从国际销售渠道的角度来说，小型零售商较多地从进口商、批发商那里进货。现代大型零售商如百货公司、超级市场、邮购商店、连锁商店、购物中心等，则较多地从国外制造商那里直接进货。

实例 9－2：本田公司在美国的销售渠道

日本的本田摩托车成功地进入美国摩托车市场得益于其正确的销售渠道决策。本田摩托车以不断创新的精神进入美国市场，慎重选择在美国的经销商场，即零售商。以往，大多数摩托车市场常常是设在使穿黑皮夹克的牛仔倍感舒适的市郊，那里肮脏不堪，嘈杂喧闹。本田公司独辟蹊径，将其经销商场大都设在市中心。例如，它曾经一度在纽约市的麦迪逊大街设立过经销商场，这里距中心火车站和班车集中地仅三个街区。最高峰时，本田在美国各州设立了 1 500 多家经销商场，确保产品供应及时、方便。

本田公司除了销售摩托车并提供相应的服务外，还积极向经销商提供另一种服务，即开发新市场、发现新主顾。比如，为那些开始不想买而想租摩托车的人提供租车服务。年租金收入达 4 000 万美元左右。这不仅增加了额外收入，还使不少顾客由租用转为购买。出租为试用新型交通工具提供了一种有效途径，通过出租业务，可使供应商了解到摩托车的使用是否方便、是否经济实用等。

2. 进口代理商。进口代理商一般是接受本国以外卖主的委托代办进口，在规定的条件下负责在本国市场安排销售，提供服务，收取佣金，但不承担信用、汇兑和市场风险，不拥有对商品的所有权。其职能主要有三个方面：一是代国内买主办理进口；二是代国外出口商销售寄售的商品；三是以代表身份代理国外制造商或出口商销售商品。进口代理商的主要类型有国外进口代理商、进口佣金商、进口国际经纪人、融资经纪商等。

(1) 国外进口代理商。凡进口国的企业接受出口国制造商的委托，双方签订代理合同，为出口国制造商推销商品并收取佣金的，称为国外进口代理商。这种代理商因身居当地市场，熟悉当地市场情况，能利用各种机会，针对不同对象进行销售，同时能向生产企业提供市场信息，提出改进产品、提高质量等方面的有益建议，使产品能不断适应进口国市场的需要。

国外进口代理商用出口国生产企业的名义与国内买主签订合同，自己只收取佣金，它一般只接受一个委托人的委托，不同时承担具有竞争关系的委托人的代理业务。国外进口代理商一般由专门从事这种业务的企业担任，有时进口国的进口经销商和大批发商也兼营这种代理业务。

(2) 进口佣金商。进口佣金商的主要任务是代理国内买主办理进口，收取佣金。进口佣金商可以同时接受多个委托人的委托，它还可以同时兼作互有竞争的委托人的代理，有时也可以代国外卖主销售商品，但主要是代表国内买主办理进口，这是进口佣金商与国外进口代理商的区别所在。进口佣金商的业务，有不少是由进口经销商兼营的。他们利用与国内客户的联系和熟悉国外市场的优势，也从事一部分代理业务。因此，进口经销商与进口佣金商之间也存在着矛盾与竞争。

(3) 进口国际经纪人。进口国际经纪人是进口国的国际经纪人，其职能与出口国的国际经纪人基本相同。他们代办的主要是进口国的大宗商品，经营额很大。由于他们对国内、国外市场都比较熟悉，与客户能保持良好持久的关系，能以较低的成本使商品迅速地渗透到整个目标市场，因而出口国的制造商或出口商也利用进口国际经纪人来推销商品。对于出口国的制造商或出口商来说，要想利用进口国际经纪人来达到推销商品的目的，就必须寻找、选择一个能够全面覆盖出口企业目标市场的国际经纪人。

(4) 融资经纪商。融资经纪商突出国际市场营销中信用的重要地位，这种代理商除具有一般经纪商的全部职能外，还为销售交易筹措资金，在产品制造、再加工或组装的各个阶段承担筹措资金的责任，可以使交易双方免遭信用风险，承担特殊的融资保障功能。

从国际市场营销的角度来分析，国际销售渠道中的中间商，不仅包括以上所述的出口中间商和进口中间商，还包括一些其他类型的中间商。此外，出口国制造商自设出口机构和设在国外的销售机构，也应属于国际销售渠道的一部分。

三、国际中间商的选择

生产商在进行国际销售渠道设计时，只有准确选择了理想的国际中间商，才能为今后的渠道建设工作打下坚实的基础。中间商选择得是否合适直接关系着生产企业在国际市场上的经营效果。国际中间商的选择应建立在对国外市场的详细考察和充分了解的基础上。例如，某公司在向国外销售其自动计量的产品时，采取直接到国外销售的方式，它鼓励其公司的销售人员积极到海外市场考察，以达到消除文化和语言障碍的目的。该公司在进入中国市场之前，其总裁曾多次到中国考察了解中国人的特点和经商方式，以及对于计量产品的一般要求等，为其产品顺利地进入中国市场，采用合适的销售渠道和选择理想的国际中间商提供了充足的依据。

选择国际中间商要着眼于长远的规划，不能简单地考虑中间商的知名度、经营实力等常用和静态的指标。国际中间商的选择标准一般包括目标市场的状况、所处的地理位置、经营条件、业务能力、信誉、合作态度等。

（一）目标市场的状况

企业选择中间商的目的就是要把自己的产品打入国外目标市场，让那些需要企业产品的国外最终用户或消费者能够就近、方便地购买或消费。因此，企业在选择销售渠道时，应当注意所选择的中间商是否在目标市场拥有自己需要的销售通路，如是否有分店、子公司、会员单位或忠诚的二级分销商；是否在那里拥有销售场所，如店铺、营业机构。国际中间商应对自己的实力和特长有清醒的了解，有固定的服务对象，应与目标市场的顾客建立起良好的关系，国际中间商的销售对象应该与企业的目标市场相一致，这样生产企业才能够利用国际中间商的这一优势，建立高效率的营销服务网络。

（二）地理位置

国际中间商要有地理区位优势，所处的地理位置应该与生产商的产品、服务和覆盖地区一致。具体地说，如果是批发商，其所处的地理位置要交通便利，便于产品的仓储、运输；如果是零售商则应该具有较大的客流量，消费者比较集中，道路交通网络完备，交通工具快捷等特点。

（三）经营条件

国际中间商应具备良好的经营条件，包括营业场所、营业设备等。例如，零售商营业场所的灯光设施、柜台等设施应齐全，才能有效地支撑零售商的业务经营。

（四）经营能力与特点

国际中间商的业务能力是决定销售成功与否的关键因素。需要对中间商的经营特点及能够承担的销售功能进行全面考察。一般来说，专业性的连锁销售公司对于那些价值高、技术性强、品牌吸引力大、售后服务较多的商品具有较强的分销能力。各种中小百货商店、杂货商店在经营便利品、中低档次的选购品方面力量很强。只有那些在经营方向和专业能力方面符合所建分销渠道要求的中间商，才能承担相应的分销功能，组成一条完整的销售渠道通路。在考察中间商的业务能力时,有以下几个方面的具体指标。

1. 经营历史。国际中间商应有较长的经营历史,在顾客中树立了良好的形象。

2. 员工素质。国际中间商的员工应具备较高的素质,具有较高的运用各种促销方式和促销手段的能力,并愿意积极地直接促进产品的销售。员工要具备丰富的产品知识,对相关产品的销售有丰富的经验和技巧。要具备较高的服务技能,随时解答顾客的疑问,并为顾客提供诸如安装、维修等服务。

3. 经营业绩。国际中间商要有良好的经营业绩,在经营收入、回款速度、利润水平等方面都有完善的规章制度和良好的效果。

(五)信誉

国际中间商还应该有较高的声望和良好的信誉,能够赢得顾客的信任,能与顾客建立长期稳定的业务关系。具有较高声望和信誉的中间商,往往是目标消费者或二级分销商愿意光顾甚至愿意在那里出较高价格购买商品的中间商,这样的中间商不但在消费者的心目中具有较好的形象,还能够烘托并帮助生产商树立品牌形象。

(六)合作态度

生产企业在选择中间商时,要注意分析有关分销商分销合作的意愿、与其他渠道成员的合作关系,以便选择到良好的合作者。分销渠道作为一个整体,每个成员的利益来自于成员之间的彼此合作和共同的利益创造活动,从这个角度讲,生产企业要求中间商要共同承担分销商品的任务,通过分销把彼此之间的利益"捆绑"在一起。只有所有成员具有共同愿望、共同抱负,具有合作精神,才有可能真正建立一个有效运转的销售渠道。因此,生产商所选择的中间商应当在经营方向和专业能力方面符合所建立的销售渠道功能的要求,愿意与生产商合作,共同担负一些营销职能,如共同促销等。生产商与中间商良好的合作关系,不单是对生产厂家、对消费者有利,对中间商也有利。

实例 9-3:我国某烟厂在日本选择具有合作精神的中间商

某烟厂是我国一家大烟厂。近几年来,它一直试图扩大其在日本的销售市场,但遇到了很大困难。日本烟业市场由日本的一家烟业公司所控制,它掌握和控制着外国同行在日本市场上的竞争。凡是外国新品牌的香烟要进入日本市场,都要经过该日本公司的安排,先在日本 60 个试销市场上进行试销,每年只试销一次,试销期为 10 天,每次的试销量都要超过一定的标准,才能获准在日本市场上进行正式销售。

该日本烟业公司还控制着整个日本烟品的分销渠道,规定对外国烟品必须提前几个星期预定和付款,而且每月只运输一次,而日本公司自己的烟品则每周发给批发商或零售商一次,因此,造成我国某烟厂在日本市场上最畅销的一个牌号的香烟经常脱销。该日本公司还经常通过调整我国香烟的价格来打击经营该产品的零售商。虽然我国的烟厂与该日本公司进行过多次交涉,但仍未能扩大在日本的销售量。这样,我国的烟厂决定改变营销策略,变主动进攻为迂回深入。该厂认为销量上不去的原因不在产品,不在价格,而主要在于日本这家公司的阻挠。于是我国的烟厂通过多方了解后,同日本的另一家公司取得了联系。经过多次友好的协商,双方决定进行合资生产,并在合同中规定合资厂50%的产品由日方负责销往日本市场。这样一来,该烟厂轻而易举地绕过阻碍,扩大了日本市场。合资3年来,中日双方都感到很满意,日方认为可以利用中方的原材料、廉价劳动力以及该厂产品在日本市场上已有的声誉,而中方亦可以利用日方资金更新设备,利用日方的分销渠道,扩大合资产品在日本市场的销售。

从上面的例子可以看出,选择一个具有合作态度的中间商,对企业开拓国际市场是十分重要的。

第三节　国际销售渠道管理

国际市场营销中的国际销售渠道复杂多变,对国际销售渠道的管理就成为一个重要课题。由于国际销售渠道主要由中间商构成,因而支持中间商的工作,对他们的业绩进行有效的评估,减少渠道成员之间的冲突,促进渠道成员的合作,从而提高渠道经营的效果,就成为渠道管理中的主要内容。

一、支持国际中间商

生产企业往往在国际市场的营销目标、产品组合、促销活动、销售报酬以及服务顾客等方面与国际中间商存在意见和分歧,抱怨中间商不能很好地与生产企业保持一致,不能积极主动地配合生产企业的统一发展战略。为了建立通畅的国际销售渠道,生产企业要认真分析分歧产生的原因,并采取有效的措施激发国际中间商的积极性。

对中间商予以支持、调动中间商的积极性是国际销售渠道管理的一个重要方面。对国际中间商的主要支持措施有如下几个。

(一)开展促销活动

生产企业应主动承担广告宣传、商品陈列、产品展览和操作表演、举办新产品信息发布会等促销职能,这样能够调动中间商的积极性,促进国际销售渠道的顺利运转。在开展促销支持方面,苹果电脑公司做得非常成功。

实例9－4:苹果电脑公司的销售渠道策略

苹果电脑公司的销售渠道与销售战略在进入专业人员和企业用户市场中起了重要作用。该公司与750～800家独立零售商建立了密切的联系,并通过向用户提供免费软件热线、月报杂志等，向用户介绍电脑的应用。此外，公司还与经销商开展合作广告活动，根据经销商购买金额的多少，给予其购买金额30%的广告补贴。苹果电脑公司还规定，电脑的销售必须借助经过严格训练的直接推销队伍，只有这样才能牢牢地抓住用户。

依靠这种分销方式，苹果电脑公司得以保持很高的利润收入和较低的直接销售成本。苹果电脑公司还通过自己的区域辅助中心，直接向零售商销售，从而减少了中间环节，其目标是实施更有效的存货控制，使公司产品更接近最终用户。公司通过举办题为"苹果意味着经营"的销售研讨班，对经销商进行直接培训，向他们提供结构说明，便于教育最终用户。此外，公司还向经销商提供必要的条件，使之能及时向用户提供维修和免费换件服务。

（二）资金支持

生产企业可以给予国际中间商在付款上的优惠措施，以弥补中间商资金的不足，如允许国际中间商分期付款、延期付款等。但是，国际市场风云变幻，采用分期付款、延期付款的支持措施，一方面可以提高中间商的积极性，达到激励的目的，但也加大了生产商的风险，因此生产商应该对国际中间商的信用情况有详细的了解，只有确信可以收回货款时，才可以采用资金支持的方式。

（三）管理支持

生产企业可以协助国际中间商进行经营管理，培训营销人员，提高营销的效果。管理支持对一些需要技术支持的机械设备产品、高科技产品和一些需要规范和标准化的服务行业尤其重要。

（四）提供情报

生产商将市场情报及时传递给国际中间商，将生产与营销的规划及时向国际中间商通报，为他们合理安排销售计划提供依据。

二、评估国际中间商

生产商还必须定期评估国际中间商的业绩，了解他们的活动是否符合生产企业的分销目标，是否符合生产企业的利润计划。

（一）评估步骤

1. 制订计划。即确定企业的分销规划，包括分销政策、中间商的选择标准、目标市场战略等。

2. 明确评估的标准与方法。与国际中间商签订销售协议，明确他们的权利与义务，明确对国际中间商评估的程序、评估的标准和评估的方法。

3. 实施评估。根据评估的标准和方法对中间商实施评估，归纳出销售渠道中存在的问题，并作出这些问题对企业影响程度的准确判断等。

4. 奖惩措施。制定一个奖惩条例，对执行协议好的国际中间商予以奖励，对不能完成销售任务的国际中间商给予惩罚，并对个别业绩差的中间商作出放弃或更换的决定。

（二）评估标准

在以上对国际中间商的评估步骤中，明确阐明评估的标准是十分必要的，具体地说，国际中间商的评估标准主要有以下几个方面。

1. 销售量或销售额：是否完成了规定的销售量或销售额；销售量或销售额的构成中新旧业务的比例。

2. 市场目标：是否具有市场开拓能力；市场占有率提高情况。

3. 存货控制：存货水平及管理存货的能力。

4. 货款回收：交回货款的及时程度；拖欠货款的时间及数量。

5. 促销：对生产商促销活动的合作程度；主动开展促销活动的热情与能力。

6. 服务：提供给客户的服务项目及服务水平。

7. 其他：对特殊事件的处理能力，对破损遗失货物的处理能力等。

（三）评估方法

明确了评估的标准之后，就需要采用一定的方法对国际中间商进行评估。对国际中间商评估的方法通常有横向比较法和纵向比较法两种。

1. 横向比较法。以整体的绩效上升比率为标准，比较每个国际中间商是高于平均水平还是低于平均水平。对销售绩效高于平均水平的国际中间商，要采取奖励措施，鼓励他们继续提高业绩；对低于平均水平的国际中间商，要全面分析主客观原因，提出改进和努力的方向；对个别不负责任的国际中间商，要采取适当的惩罚手段。

2. 纵向比较法。将每一个国际中间商的销售绩效与上一期的绩效相比较，看各个中间商完成的销售绩效的升降情况。对于绩效上升幅度居于领先地位的国际中间商要进行奖励，对于销售上升比率低甚至下降的中间商分析原因，甚至进行惩罚。

三、调整国际销售渠道

国际中间商的调整涉及两个层面，第一个层面调整幅度较小，即不改变分销渠道的整体构成，仅仅是增加或减少个别中间商，即去掉某些业绩低于某种控制线的销售渠道成员，而对于有发展潜力的新市场，吸纳新的国际中间商作为销售渠道成员；第二个层面是调整销售渠道的整体构成，形成新的销售渠道，这需要大幅度地调整中间商及其职责。

（一）增减渠道中的个别国际中间商

增减个别国际中间商是指根据企业的整体战略规划和对国际中间商的评估指标。一方面，对那些不能完成生产商的分销定额，不积极合作，影响生产企业市场形象的个别国际中间商，终止与他们的购销关系；另一方面，通过认真的评估，吸收有积极性、业绩良好、形象信誉卓著的国际中间商。有时，生产商在对分销渠道进行评估的基础上，要将那些低于一定控制线的国际中间商从渠道中删除，从而提高销售渠道的业绩水平。例如,水泥的体积大、重量高、产品的单位价值比较低,生产企业对所有年销售量低于一定规模的国际中间商,不再提供货源,原因是如果保留它们,国际中间商的销售批量达不到经济规模,就意味着生产企业会提高供货的成本。一般而言,像水泥这种单位价值低、体积大的产品,只有采用铁路或货轮运输才经济合理,而如果国际中间商的年销售量不能达到一定规模,就必须采用卡车运输,卡车运输的成本高,从而削弱了市场竞争力,因此,生产商必须将这样的国际中间商从渠道中删除,以提高中间商的总体经销水平。

(二)调整渠道结构

随着市场环境的变化,原有的销售渠道会在很多方面表现出不适应,所以生产商要对渠道的结构进行调整,以提高产品的竞争力。销售渠道有多种模式,而仅仅增减个别的渠道成员有时不能解决问题,在这种情况下,往往需要对渠道结构进行大幅度调整,增加一些新的渠道,或减掉一些老的、不适应形势要求的渠道。

调整渠道结构是企业市场营销组合和市场政策的重大变革,因此要十分谨慎。例如,汽车的制造商为了加强对渠道的控制,将原来的独立代理商制度,变更为自己直接设立销售分支机构。这种调整渠道结构的方式要求企业投入巨额的资金,要有一支国际化的销售人员队伍,生产商要在衡量是否具有自建销售网络的能力之后,再作出决策。

四、消除渠道冲突

国际销售渠道是由生产企业和各种类型的国际中间商组成的,由于所持观点和各自利益的不同,再加上跨越国界,客观上存在社会文化、政治法律等方面的差异,所以必然会产生一些冲突。例如,生产商希望中间商只销售自己的产品,而国际中间商只要有销路,经营哪一个生产商的产品都可以。再比如,生产商希望中间商多做广告,而国际中间商则要求生产商承担部分或全部费用。显然彼此在利益和目标等方面均是不同的。由于国际市场营销的环境复杂,产生冲突的概率也就相应加大了。

(一)冲突的类型

冲突的产生主要是由于生产企业和国际中间商之间彼此的不满意造成的。生产企业对国际中间商的不满主要有以下几个方面:中间商提供的服务不到位;中间商与生产商之间的信息交流不畅通;中间商越权管理,形成混乱局面;中间商付款不及时,彼此之间产生回扣和付款争议;产品在运输的过程中损失和损坏严重;广告费用争议;中间商的市场渗透不利;中间商不执行生产企业的销售政策等。

国际中间商对生产商的不满主要有以下几个方面:产品缺货;新产品开发存在时滞;为解决问题进行的交流无效;产品存在质量问题或产品有缺陷;错误的销售预测;包装问题造成的产品损坏;淡季财务负担等。

(二)销售渠道冲突的解决途径

只有保障销售渠道的和谐畅通,才能为所有渠道成员带来好处,因而企业要及时解决销售渠道存在的矛盾。首先,从思想观念上充分认识合作对各方的重要战略意义。生产企业和国际中间商都必须认识到渠道是一个体系,只有共同努力,将渠道体系建设流畅才能给每一个渠道成员都带来利益。其次,企业还要分析冲突产生的原因,强化服务意识,改善供应或服务的方式与方法。第三,通过协商的方式建立一套渠道运行的制度,使各方在今后的活动中有章可循。

第四节 国际市场营销的实体分配

实体分配是指商品的实物流通,包括订货、仓储和运输等不同的环节,它反映的是商品在时间和空间上的变化。在激烈的市场竞争中,实体分配问题越来越引起人们的重视,日益成为企业降低成本、扩大销售、提高竞争力的关键性环节。在国际市场上,最终产品价格的高低受到实体分配合理与否的直接影响,因为,储存、运输都需要企业的投入,都会增加产品的成本。

一、实体分配的基本目标

实体分配的最理想目标是"以最低的成本,将适当的产品,在适当的时间,运送至适当的地点"。然而,在现实生活中,往往很难达到这一目标。例如,一个销售渠道系统不可能同时达到顾客服务的最优化和分销成本的最低化,因为顾客服务最优化意味着公司必须大量存货、快速运送、建立较多的仓储地点等,而要使分销成本最小化,企业又必须采用较便宜的运输方式、适当降低存货的数量、适当减少仓储地点。因而,对于实体分配企业应分别设立投入和产出目标,要经过分析和权衡,在投入和产出目标之间寻找到一个最佳的组合点。

(一)产出目标

企业实体分配的产出目标是指通过各种途径努力提高对顾客的服务水平。具体要达到以下几个方面的目标。

1. 为顾客提供可靠的服务,主要表现在保证商品的品种齐全,便于顾客挑选;接到顾客订单后,要能够按照顾客要求的内容、时间将货物准时送达顾客指定的地点。

2. 低缺货的比率,主要表现在保持适量的存货,以降低缺货的百分比。

3. 缩短订货周期,主要表现在降低从顾客发出订单到最终收到货物的时间间隔。

4. 为顾客提供选择运输工具和运输形式的便利,主要表现在如果条件允许,由顾客选择运输工具和运输形式。

5. 提供特殊服务项目。主要表现在根据顾客的要求提供一些诸如紧急发货、小批量发货、增加发货次数等服务项目。

6. 提供免费服务和费用优惠服务。

(二)投入目标

国际市场营销中,实体分配的投入是指实体分配的成本和费用,降低成本和费用是实体分配投入的根本目标。实体分配的投入目标主要包括以下几个方面。

1. 降低运输费用,主要表现在缩短运输里程,合理搭配运输工具。

2. 降低仓储费用,主要表现在合理利用仓储空间,选择合适的仓库类型,根据产品特性决定是选择专用仓库还是普通仓库。

3. 减少延误费用,主要表现在降低由于运输延误而造成的销售额损失。

二、实体分配中的订货环节

(一)订单的处理程序

国际市场营销中,订单的处理过程包括以下环节:①销售人员及时将订单传送给负责订单处理的部门或人员;②接受订货并查验顾客的资信情况;③检查产品是否有存货及存放的地点,如果需要生产,下达生产通知单;④发出装运通知;⑤将客户的应付款项列入账上,并修正存货记录。

(二)订单处理的要求

订单处理的基本要求是及时、准确。及时是指要尽量缩短订单处理的时间,避免不必要的耽搁;准确是要对订单的产品品类、数量、交货地点、付款方式、交货期限等内容进行准确把握,做到准确无误。

三、实体分配的发货环节

(一)发货环节的步骤

国际市场营销中,实体分配的发货环节一般经历以下几个步骤,如图9-5所示。

1. 销售。这一环节的主要活动包括进口商从潜在顾客那里获得需求信息;进口商发出产品目录和价格清单;进口商索要产品样品;出口商开出发货票;进口商

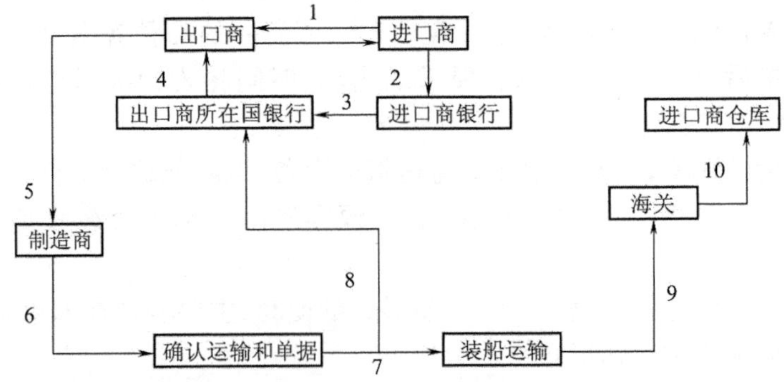

图9-5 发货环节

索要发货票；出口商获得购买订单等活动。

2. 进口商通过银行安排交付货款事宜。

3. 进口商的银行开出信用证明。

4. 出口商的银行确认已收到信用证明。

5. 出口商组织货源。

6. 出口商安排装运事宜。

7. 出口商负责将商品运送至进口商处。

8. 出口商向银行出具交运证明，支取货款。

9. 进口商办理报关手续。

10. 进口商将商品运至自己的仓库。

（二）货运单据的管理

要使发货的各个环节实现有效运转，关键是要对货运单据的类型进行确认，进而才能实现有效的管理。货运单据是国际市场营销中，由承运人签发给收货人的收货或装载证明，它反映货运关系人，包括发货人、承运人和收货人三方的责任与权利，是货物交接、结汇及索赔的主要凭据。企业开展国际营销要了解货运单据的主要类型，从而为国际营销管理打下坚实的基础。货运单据的主要类型包括托运单、装货单、收货单、提单、出口装货清单、出口载货装运清单和货物积载图等。

企业在国际市场营销中涉及复杂的流通程序和周转环节，货运单据的类型也多种多样，企业对于每一项单据都必须进行认真的清点和归档，做到有据可查，资料保存完备。如果企业是发出销售货物的单据，那么订单的填写一定要工整，要符合商业订单的一般格式要求，此外，往来信函的措辞要符合礼仪要求，这样才更有利于实现企业的国际市场营销目的。如果是企业寻求货源，寻货订单的信函要简明扼要。

另一方面，企业要有回应国际订单的系统，对于订单的回复同样要符合礼仪要求并符合商业订单的基本格式，也要尽量详细地列出商品的目录、价格，并尽量清楚、简明地介绍产品的特性、交货条件、货运方式等内容。

订货是实体分配过程的开始，对订单的处理要求准确、及时，尽量缩短订单处理的时间，及时向客户发货，提高为客户服务的水平。

四、确定生产与仓储的合理关系

国际市场营销是跨越国界的市场营销活动，企业的生产有国内和国外的区别，商品的存储，也有国内和国外的区别。它们之间的组合需要进行认真的研究。商品储存与运输是紧密相关的，储运的类型与储运成本之间也有必然的联系，例如，储存地点遍布很多国家和地区，虽然能够准确及时地将产品运往目标市场，很好地满足用户的消费需求，但由于储存地点多，运输途径分布广泛，再加上由于地理环境不同，多种运输工具并用，必然使储运成本上升。因此，在储运货物的地区和国家的数目、时间、储存量与用户需求水平、实体分销成本之间应寻求一个最佳的平衡点，进行系统化的科学管理。在国际市场商品实体分配中，生产与仓储之间搭配的方式主要有以下几种。

（一）国内生产，国内储存

“国内生产，国内储存”是将商品存货仓库设在本国国内，仓库可以是制造商自有的，也可以是出口中间商设立的。使用出口商的仓库，生产企业投入较少的资金就可以把产品运销到国际目标市场，自己不需庞大的仓储设施和雇员的开支与管理，国际上常采用此种实体分配形式，但企业仍需投入一定资金建立稳固的运输销售体系。

（二）国内生产，国外储存

“国内生产，国外储存”有几种具体方式，如在一般的销售市场储存、在国外经济特区储存或利用物流分拨中心等。

1. 国内生产，国外销售市场储存。这种形式是在国内生产，再将商品存货仓库设置于国外的一般销售市场。仓库可以是生产厂商自设的，也可以是出口代理商在国外销售市场设置的仓库。这种方式有利于将待销售的产品就近分销和出售，比较适宜于一般消费品。工业品一般应按订单生产，进行计划管理，以防大量储存造成资金积压，产品成本升高。有时这种形式还借助于存货代理商，即由存货代理商专门进行产品储存，提供仓库和装卸设施，但代理商并不拥有产品的所有权，只收取佣金和装卸费用，有的存货代理商还备有零部件和其他服务设施。

2. 国内生产，在国外经济特区储存。国外经济特区一般包括自由贸易区、出口加工区、自由港、保税仓库等。为了促进国际贸易，避免各种进口限制，一些国家建立了经济特区，外国商品进入后可先在经济特区内进行储存或进一步加工，只要商品不进入本国关境，则免征关税。这样出口生产企业或出口中间商就可以在经济特区储存或加工大量商品，然后再按具体订货分批运往其他地区。在国外经济特区储存的优点是：第一，没有关税负担，有利于实现成批运输，只有当这些商品从经济特区中运出，进入目标市场国关境时，才需缴纳关税；第二，有利于制造商以较低的成本储存商品；第三，有利于节约加工、装配和包装等费用。此外，在劳动力成本相差悬殊的国家，如对于许多美国和欧洲的公司，国外的人工成本比国内便宜，利用国外经济特区储存的方式大大降低了成本，提高了产品的国际竞争力。在整个国际实体分配系统中，国外经济特区储存常常被企业视为该系统的一个重要组成部分。企业应根据产品和公司的具体情况，有计划地利用经济特区的特殊优势。

3. 国内生产，国外物流分拨中心储存。在一些经济发达国家，人口集中，大量商品涌入市场，就必然引起运输规模的急剧扩大，造成运输和储存的困难，因此许多国家设有物流分拨中心。物流分拨中心是一个综合性商品集散中心，可以由国家或地方投资建立，也可由企业合股经营或跨国联营。物流分拨中心的主要任务是：第一，为外销企业进入与调出产品组织验收、分类、加工、保管、分仓等，并代办商品运输、装卸、配送业务；第二，通过租赁手段，为使用单位提供现代化验收、仓储、冷藏、运输工具、搬运器械和工具，如集装箱、托盘等；第三，为有关业务单位提供样品展览室、商务洽谈场所、计算机及网络等信息服务，并代办广告、咨询、结算、保险等服务业务；第四，为用户提供住宿、膳食、银行、医疗设施等。

由于物流分拨中心承担上述种种任务，所以，它在企业的国际商品实体分配中具有重要作用。

第一，使国际产品实体分配科学化。物流分拨中心可以把各类商品进行统筹安排，统一分装、配送，有利于减少费用、节约资金，降低销售成本。

第二，加速国际产品实体流通现代化进程。物流分拨中心是综合性的分销机构，它可以把分散的储运业务集中起来，有条件采用现代化的科学技术装备及实物流通设施，并有条件选择合理的运输形式和运输路线。

第三，有利于合理运输。物流分拨中心是组织商品实体转移的专业化企业，它可以把各个用户零星分散的商品集中起来，选择最经济合理的运输路线和运输工具进行大宗整批发运，使商品经过最短的路程、花费最少的时间抵达目标市场。

第四，有利于降低物流成本。物流分拨中心有条件根据商品的类别和自然属性，把同类商品集中起来保管、配送，从而可以合理地使用仓库和运输工具，节约储运成本。

第五，有利于减少仓库占地面积。许多中间商不设置仓库，把商品实体流通与有关业务手续区分开来，商品的实体流通专门由物流分拨中心去执行，减少中间商设立许多分散仓库的土地占用，减少重复运输。

（三）国外生产

国外生产是指公司在目标市场国投资建厂，其具体操作方式可以是现有生产设施的国外延伸，也可能是在国外建立新的生产设施，其目的是为了进入国外市场。企业决定在国外生产，应注意以下几个问题：①国内生产与国外生产进行利益比较；②在国外生产时，在哪个国家建厂最有利；③是进行全面的生产活动还是只建立一个装配分厂；④是独立生产，还是与当地合伙者建立合资经营的企业；⑤是建立一个新工厂，还是兼并一个已经存在的企业。

五、运输系统

（一）运输工具的选择

国际市场营销中，运输主要有五种方式：公路运输、铁路运输、水路运输、管道运输和航空运输。每一种运输方式都有优点和缺点。选择不同的运输方式或对多种运输方式进行最佳组合，要考虑以下几个方面的因素。

1. 速度。五种运输方式中，航空运输最快，其次是公路运输。

2. 方便性。公路运输最方便，可以深入到广泛的区域；其次是火车运输；水运、航空运输和管道运输都需要特殊的条件和设施。

3. 重量和体积。例如，重量大、体积大的商品，适合采用水路运输，因为水路运输的运价相对较低，而航空运输的空间有限、成本高，就不适合这类商品的运输。

各种运输工具的上述关系可以见表 9－2。

表 9－2　不同运输方式在商品特点、运输要求方面的对比

运输方式	速度快	方便到达	重量和体积
铁路	3	2	3
水路	4	4	1
公路	2	1	4
管道	5	5	2
航空运输	1	3	5

注:其中 1 表示最高;5 表示最低;其余 2,3,4 依次为由高到低。

（二）整车与零担

在运输决策上,企业还要作出整车与零担的决策。在整车运输和零担运输之间,选择的标准是费用水平。运输费用的计算公式是:

运输成本 = 单位运价 × 运输数量

整车运输的单位运输成本一般低于零担运输的单位成本,但整车运输也要相应地支付一些储存方面的费用,因而需要在二者之间进行比较。

（三）运输路线的选择

运输线路的选择标准是运输的里程应该最短,要尽量减少迂回和倒流,提高运输的效率。

六、实体分配的总体协调

实体分配是企业国际市场营销工作的一项重要内容,需要进行系统化的协调。企业应建立实体分配的专门机构,由专人负责,并且制定一套系统的规划。

（一）建立组织

为了达到协调实体分配各项工作的目的,建立一个专门负责实体分配的组织机构十分必要,它是控制实体分配成本及其各项活动的有效保障因素。实体分配部门应隶属于市场营销部门,其主要任务就是保障市场营销目标的实现。但实体分配部门又有其特殊性,它要与企业的后勤保障部门发生密切联系,因此要对实体分配部门的权限、汇报关系进行明确的规定,以便各部门的协调和高效运转,如图 9－6 所示。

（二）制订计划

实体分配的计划包括以下几个方面的内容。

1. 分析企业的内外环境。

2. 制定实体分配的目标。

3. 确定实体分配的程序,其一般程序是:第一,接到订单。第二,分析订单。第三,确定运输方式,包括确定运输的批量,是整车还是零担;确定运输的工具,即在航空、铁路、公路、管道、水路五种主要运输工具中选择一种适宜的工具,或选择两

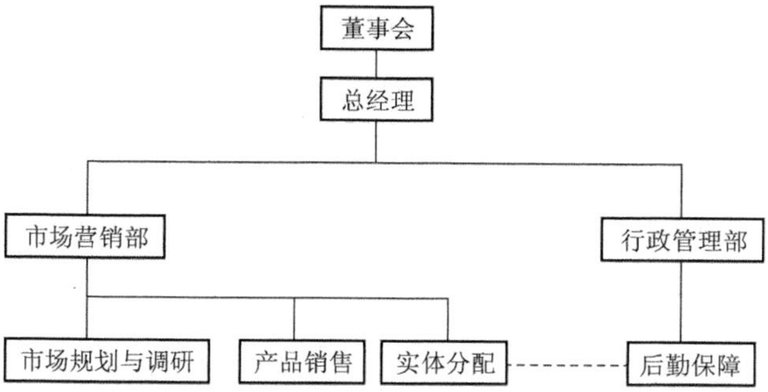

图 9－6　产品的实体分配与企业后勤保障部门的联系

个以上的工具加以组合；确定运输的路线。第四，仓储分析及补充新货源。

4. 实体分配效果分析。

5. 反馈信息及改进措施。

（三）定期研究

实体分配直接影响到企业的市场营销效果和企业的市场形象，因而要经常召开有关的会议，研究前一阶段的实体分配效果和今后的发展思路，做到有的放矢。

（四）经理责任制

实体分配是属于客户服务的内容，要指派专人负责，从处理订单、确定运输方式，到确定存货水平和订购商品补充货源都必须一丝不苟。至于实体分配的重要环节，像仓库的位置、数量多少等问题更需要经理人员作出决策。

本章小结

1. 国际销售渠道策略是企业国际市场营销整体策略的一个重要组成部分，它涉及的范围很广，不但包括母国的销售网络，还包括目标市场国的销售渠道。因而，国际销售渠道由所有参与企业国际营销的中间机构和组织构成。在渠道的设计中要考虑国内外的社会制度、经济、法律、文化等多方面因素的影响。

2. 国际销售渠道设计是企业国际市场营销的一个核心活动，要设计一个有效的国际产品分销网络，涉及销售的线路、经历的环节、影响因素和如何实施有效控制等一系列问题。最终目的是实现产品有效地从国内生产者转移到国外的消费者或用户，是一个一端是国内生产者，另一端是国外消费者或用户构成的综合系统，是一个总渠道的概念。

3. 销售渠道设计是站在生产者的角度规划企业的分销网络。它应实现的基本目标主要有：经济目标、控制目标、适应目标和声誉目标等几个方面。

4. 国际市场销售渠道不仅包括出口国的销售渠道，而且还包括进口国的销售渠道。综合起来，主要由出口国国内的销售渠道、出口国的出口商和进口国的进口商之间的销售渠道、进口国国内的销售渠道所构成。

5. 选择国际市场销售渠道应该考虑的因素包括顾客因素、产品性质、中间商因素、竞争因素、企业因素、环境因素和渠道成员彼此的权利和义务等方面。

6. 国际中间商是服务于企业最终顾客的执行者，承担着产品实体移动、调节生产与消费的矛盾、资金融通、分担经营风险、信息反馈和促销等重要职责。因此，企业要既将中间商看成顾客，又看成是战略协作伙伴，企业的上上下下都要形成一个共识，即中间商有利于帮助企业建立顾客对企业的信任和忠诚。

7. 企业选择国际中间商可以从目标市场、地理位置、经营条件、业务能力、信誉、合作态度等几个方面来进行，并通过开展促销活动、提供资金、管理和情报等予以激励。此外，应定期对国际中间商按一定标准进行评估，根据评估的结果，及时予以调整，尽量避免渠道冲突的发生，加强渠道成员间的合作。

8. 国际市场营销的实体分配是指商品的实物流通，包括订货、仓储和运输等不同的环节，它反映的是商品在时间和空间上的变化。在激烈的市场竞争中，实体分配环节已越来越引起人们的重视，日益成为企业降低成本、扩大销售、提高竞争力的关键性环节。实体分配的最理想目标是“以最低的成本，将适当的产品，在适当的时间，运送至适当的地点”。

复习思考题

1. 影响企业国际销售渠道设计的因素有哪些？
2. 如何协调渠道成员间的关系？
3. 国际中间商的类型有哪些？企业如何选择理想的国际中间商？
4. 在国际市场营销的实体分配中，如何有效地控制订货和发货环节？

案例选编

佰草集出海：渠道为王

对如今的大多数中国化妆品来说，巴黎市场是一个遥远的梦。但在将近100年前，国货在海外曾经有过精彩的表现。1898年，年轻的企业家冯富田在香港创立了美容品公司，取名广生行。1915年，广生行生产的双妹“粉嫩膏”在旧金山巴拿马世博会上获得金奖。对化妆品极为苛刻的巴黎时尚界当时用“VIVE”（极致）

一词来盛赞双妹的完美。在以“东方巴黎”著称的上海，取材中国古代贵族养颜秘方的双妹压倒了其他国际品牌，一时间在上海滩风头无两。80 年后，源自广生行的上海家化重拾中国古代的养颜精髓，于 1998 年推出以中草药添加剂为特色的化妆品品牌——“佰草集”。在国际著名化妆品公司高管关于上海家化“打造不出自己的品牌，也很难把产品成功卖到其他国家”的断言之下，佰草集首先在国内与国际大牌化妆品展开竞争，接着成功登陆对化妆品最为挑剔的法国市场。

2008 年 9 月，在位于法国巴黎香榭丽舍大街的丝芙兰旗舰店内，佰草集的一款售价 49 欧元的太极泥面膜上市不到一个月便脱销，在包括迪奥、香奈尔在内的 2 300 多个护肤产品中位列前五，全部 11 个产品的销售额在香榭丽舍丝芙兰店87 个护肤品品牌中名列前十。接下来的 3 年间，佰草集从巴黎丝芙兰店的一个小小的货柜起步，不仅在法国扎下了根，还在意大利、西班牙、波兰、土耳其等地站稳了脚，欧洲市场的销售额以每年 80% 的速度增长。93 年后，上海家化再次续写了巴拿马世博会的辉煌。

一个高端品牌的养成是一场持久战。出海国外市场不仅是雄心，更是国内市场成功经验的延续。之前在香港试水后的惨痛经验再一次提醒佰草集，在欧洲市场如果没有好的渠道合作伙伴，单凭自己的力量发展，其成本和代价将难以预估。进入丝芙兰，成为佰草集出海欧洲的第一个重要目标。

一、准国际化的尝试初败

2001 年 7 月，佰草集尝试进军香港市场，作为国际化的第一步尝试。当时管理层的想法是，既然进入国际市场，就要用国际化的标准和眼光来看待产品。但当时所认为的国际化只在一个比较粗浅的层面，认为把包装和品牌改成英文、减少中国元素便是国际化的象征，中草药的元素只出现在了产品说明书中。

在渠道建设方面，佰草集依然沿用在国内市场自建渠道的办法，在香港黄金地段旺角和铜锣湾开出两家专卖店，从内地派管理人员常驻香港，高薪聘请终端销售员。

在市场和广告方面，佰草集也没有借助香港当地的经销公司、调研公司来研究进入香港市场的综合方案，仅用了一家广告公司来执行总部拟定的广告方案。

在亲力亲为的思路之下，佰草集在当地既没有合作伙伴的帮助，也不了解当地市场消费者的需求。高昂的租金、惨淡的业绩让佰草集的第一次香港之行难以为继，2003 年，佰草集不得不黯然退出。

之后管理层对这次出海演练进行了深刻的反思，究其原因是不自信，在定位上举棋不定，掩盖了“中体”，全部“西用”，从而陷入了与西方品牌同质化的竞争。在抹去“佰草集”这三个中文字的同时，其实也是抹去了品牌的差异化，让消费者无从识别产品的理念，最后给消费者的感觉是，这是一个西方的二三流品牌。管理层深刻地意识到，如果要走入国际市场，必须立足于中国文化，这是品牌的内涵，也是根本。如果把产品所赖以表达的精髓隐匿在文字间，或是自己都缺乏自信，不敢以中国文化自居，消费者是根本不会认可的。4 年之后的 2007 年，佰草集再次尝试进入香港市场。这次佰草集与香港大型护理超市万宁连锁店合作。放弃“自我代理”的模式，先在万宁几百家店铺中选择5～10家上柜，试探市场的接受程度，在终端陈列中也大胆采用中国元素与香港消费者沟通。这次改变收到了成效，佰草集的销售业绩逐渐提升，为其进入欧洲市场积累了经验。

二、为什么一定要进丝芙兰

正所谓成也渠道，败也渠道。进军法国市场一直是佰草集的夙愿，但是怎么进、哪些产品进、在哪个渠道进，这些问题一直萦绕在佰草集管理者的心头。当法国LVMH集团旗下知名化妆品连锁专卖店丝芙兰筹划进入中国市场时，上海家化一眼看中了化妆品专业超市这一新兴的业态模式，很想在未来把丝芙兰作为一个出海的快速通道。而丝芙兰刚进入中国时的想法则是需要一家熟悉中国消费者，并且在这一领域有经验的公司作为合作伙伴。双方各有所图，为合作开启了一扇机会之门。

在谈判中，双方同意在中国组建合资公司，开设丝芙兰连锁超市。起初，上海家化想把旗下的两个化妆品品牌——佰草集和清妃一同放入丝芙兰的中国门店。这时谈判开始变得艰难起来。丝芙兰的产品都是国际主流的一二线品牌和有独特价值的产品，到哪里都遵守这样的准则，而佰草集和清妃在法国人的心中名不见经传。上海家化向丝芙兰详细阐述这两个品牌的理念，带领他们参观研发中心，并且做了产品展示，结果佰草集独特的中草药理念吸引了丝芙兰的注意力，同意让佰草集进场，但是对清妃却始终不松口。佰草集在丝芙兰上海门店上架一个月之后，在全场50多个国际品牌中，佰草集的月销售量位列前五，其中一款单品在单品排行榜中位列前十。丝芙兰与国际大牌在国内战场同台竞争的胜出更加坚定了佰草集出海的决心。

法国是佰草集出海的首选之地。就像在美国比科技，在德国比工艺，在意大利比设计，在法国巴黎这个时尚重地，任何一个时尚品牌都会面临或一夜成名或一夜消失的命运。众多世界知名大牌的创始人，像Gabrielle Chanel、Christian Dior等无一不是在巴黎白手起家。法国人对时尚的骄傲和品味造就了全世界最挑剔的时尚媒体和专家型的时尚消费者。因此，佰草集在丝芙兰中国的成功，并不能说服丝芙兰将产品引入欧洲特别是法国巴黎的市场。2005年，上海家化向丝芙兰提出让佰草集进入法国门店，尽管当时上海家化已持有丝芙兰中国19%的股份，但是法方并未就此给予特殊待遇，对他们的要求不置可否。2006年9月，上海家化再次派人前往巴黎谈判，丝芙兰只派了一个采购经理出来接待，给出的回复是能否在法国上市，内部正在讨论。

之前在香港试水后的惨痛经验再一次提醒佰草集，在欧洲市场没有好的渠道合作伙伴，单凭自己的力量发展，其成本和代价将难以预估。2006年，丝芙兰在全球拥有742家门店，1万名美容顾问。全球每年有1亿游客前往欧洲旅游，而游客到法国后必买化妆品，在化妆品购买的渠道中丝芙兰又是第一流的品牌，在丝芙兰的香榭丽舍店，仅人流量每年就有600万人次。丝芙兰的诱惑是如此之大，谁都知道，搭上这条顺风船，对生产商来说就可以减少欧洲消费者对陌生品牌的抵触心理，减少网络布局的高额费用，减少与当地媒体的沟通成本。但是进入丝芙兰的难度也是如此之高。相比丝芙兰携国际大牌进入中国市场时的易如反掌，佰草集想进入欧洲市场，其艰难不啻由山脚往山顶负重而行，虽是合作伙伴，但是双方的实力和话语权并不对等。

三、以“软”击石的谈判策略

经过一年多的沟通，2007 年年初，丝芙兰终于同意佰草集进入其法国门店，但仅限于五款手足护理产品，在无足轻重的细分市场中用来补足丝芙兰自身产品线的空缺。对此上海家化有自己的原则：第一个原则是，面部护理产品对化妆品品质的要求最高，因此登陆法国市场的产品一定要从面部护理开始，否则将来手足部护理的细分市场很难向面部护理的主流市场转化，对品牌的国际化没有太大的意义，与其这样不如不出海；第二个原则是，佰草集的目标不是在海外镀金，而是要实现真正的营利。要向法国人证明佰草集能够在法国——特别是巴黎市场生存下来并不是一件容易的事。

谈判之初，佰草集用的策略是“推”，即向丝芙兰展示自己的产品有多出色，其心热，其情切。但是渐渐的，佰草集发现这种“剃头挑子一头热”的谈判策略并不奏效。越是推，对方越是容易产生抵触心理，反过来对产品的评判会更为审慎。

遇阻之后，佰草集开始反思自己的谈判策略。显而易见，丝芙兰不会因与上海家化有股份合作关系而给其大开方便之门，一个成熟的商业企业只会按商业规则行事。作为零售商的丝芙兰关心的无非是三个方面：新产品能不能帮助丝芙兰成长、提升利润以及提升品牌形象。另外，从心理学角度考虑，谈判就像谈恋爱，人总是喜欢像自己或是符合自己需求的人，当出现的某个人就是自己潜意识中渴望的那个人时，会比较容易接纳对方。有了这层反思，佰草集调整了谈判策略，以更为软性的方法从对方需求出发谈合作。

适逢 2007 年岁末，丝芙兰欧洲区的采购经理和总监第一次来上海拜访。上海家化用了三天的时间带领他们参观佰草集的旗舰店和 SPA，参观上海家化的研发、供应链和工厂生产，展示佰草集请法国设计师正在做的新包装设计稿，还邀请他们在黄浦江的豪华邮艇上观赏曾经的“东方巴黎”的美景，传递上海的时尚传统和底蕴。

在让合作伙伴对自己的实力有了直观感受之后，再回到谈判桌前，佰草集明确提出自己的定位：在丝芙兰的产品线中，佰草集是个“补缺型”的品牌。

“补缺型”一说是个颇为巧妙的提法。丝芙兰不仅拥有全世界各种知名的化妆品品牌，同时每年还要吸纳一定的新品牌作为业绩增长点。“新”并不意味着产品以一个全新的名称和包装出现，而是看产品的功效对丝芙兰来说有没有附加值，达到“人无我有，人有我优”的水准。

在阐释自己“补缺型”的定位时，佰草集从三个维度加以展开。其一是产品功能的补缺。佰草集以中国中西医结合治疗的方式为譬喻，两者在中国人的生活中扮演着互为补益的角色。罹患急症时人们选用西医治疗，身处亚健康状态时采用中药调理，相得益彰，而护肤也是这一概念的延续。反观丝芙兰现有的产品线，这些化妆品清一色是现代生化科技的产物，以功能为导向，比如除斑、抗皱、防干燥等，好比西药。佰草集强调的中医理念中对“本”——身体的养护，由内而外地实现肌肤健康，正好填补了西方化妆品的空缺。这个定位在丝芙兰中是如此独树一帜，以至于在丝芙兰的渠道中，不仅没有品牌可以跟佰草集构成竞争关系，而且所有的品牌都将与佰草集互为补充，达成中西结合、内外兼修的效果。其二是丝芙兰定位的补缺。丝芙兰自身的定位是“美丽先行者”。所谓先行者，即为天下人先，挖掘富有新意的产品。发掘并且支持一个全新的、经得起考验的高品质品牌是丝芙兰的长期战略。佰草集在说服丝芙兰的过程中，就是要让对方觉得自己具有这样的身形气质，能够强化其市场定位。其三是未来增长点的补缺。随着亚洲的崛起，欧洲人对东方文化的追逐与好奇渐次成为社会风尚。2008 北京奥运会让中国元素成为热点，中国政府在海外对中国文化的宣传帮佰草集做了许多关于中国文化的免费广告。中国的影响力在上升，中国作为东方文化的代表，悠长丰富的历史文化吸引着越来越多西方人的关注。

佰草集在谈判桌上将这三点鞭辟入里地展开分析时，丝芙兰的来访者眼前一亮，为之兴奋起来。丝芙兰的确需要一个拥有全新概念的产品与它现有的产品形成互补关系，这对提升门店销量大有裨益。他们也亲眼看到，随着奥运的临近，中国元素和汉文化正在成为法国人热议的话题，中医和中草药对西方消费者来说也不再陌生。这些因素从根本上打消了丝芙兰的顾虑，彻底解决了采购驱动力的问题。

3 个月后，佰草集的管理层去法国拜访丝芙兰全球总裁及欧洲总裁时，将此前在上海说服两位法国总监的说辞浓缩为半天的推介词。这时丝芙兰的态度已经全然改变，从起初的被动接受到主动要求佰草集进入。丝芙兰甚至提出，佰草集不是一个简单的护肤品牌，而应该是一个全系列的个人护理品牌，销售对象是欧洲的富裕人群。很快双方议定先行采购 17 种产品，择定于 2008 年 9 月正式在巴黎的丝芙兰香榭丽舍旗舰店上市。热爱哲学的法国人与佰草集高层道别时，还不忘叮嘱一声，佰草集在法国推出时还要再加上一道“中国哲学”的概念。

其后的合作也验证了佰草集对借助渠道之力的正确判断。佰草集在进入欧洲市场时，丝芙兰不仅在渠道上给予了有力的支持，在产品审批上也给予了大力协助。与丝芙兰长期合作的化妆品审证机构的成员多由业内权威人士组成。这些人经验丰富，深谙各大知名品牌的特点，在技术数据整合、格式化、规范化方面有着相当丰富的工作经验。该机构帮助佰草集把相关产品理论和数据进行本土化处理，用标准数据来阐释产品的功效，最终双方在中草药这个原本存在东西方差异的事物上达成了共识。佰草集产品的审证工作前后只用了半年，比来自于其他地区的品牌至少缩短了一半的时间。

四、借渠道商铺垫好口碑

从试图打造一个国际品牌的雄心开始，上海家化为佰草集搭建了国际化管理的团队，投巨资到香港试水，修改包装设计，说服丝芙兰，转换语言系统，精心挑选产品。经过十年漫长的准备，佰草集终于在2008年9月登陆法国巴黎。

在法国，化妆品进口要经过最严格的欧盟检测认证，不仅如此，巴黎的消费者在选购时还会仔细查看产品成分表，如果广告宣传的功效与成分对不上，顾客就会找麻烦。

丝芙兰法国店的内部战场硝烟弥漫。除了国际著名的一二线化妆品品牌，丝芙兰独有的品牌还有四十余种，这些品牌从全球海选而来，往往一年引进三个新品牌之后，会有五个业绩不佳的品牌从丝芙兰的货柜上消失。丝芙兰通过寻找独特的产品来支撑新的业务增长，对于新进入的品牌来说，业绩成为悬在头顶的达摩克利斯之剑，一旦表现不好，立刻遭遇清场。

借北京奥运之机，丝芙兰给了佰草集一个非常好的欢迎礼。早在2008年6月，丝芙兰便召开了一次新品发布会，请来全法200多位媒体记者，宣布来自中国的中草药护肤品牌即将登陆法国。在新品发布会前，丝芙兰与佰草集就来访媒体作了一次深入的沟通，介绍各媒体主编的个性及沟通策略。

有丝芙兰的相助，佰草集大大减少了媒体的投放经费，这是因为法国时尚媒体的构成十分复杂，初进法国市场的小品牌如果在媒体上投放广告，是很难收到广告效果的，资金浪费更不在话下。而在丝芙兰每季一次的例行新品会上亮相，无疑是以低成本的方式借助权威渠道之力向重量级的媒体传达佰草集的信息。

在精心布置的发布会现场，精致优雅的中式庭院内，佰草集专柜陈列其中，半空高悬绿白灯笼，空气中弥漫着神秘清新的东方气息。面对法国的媒体，佰草集最深的体会是，这些媒体记者都是上了年纪的专家型记者，对各种品牌的配方了如指掌。他们在向佰草集提问时，主要围绕产品的配方提出各种专业深入的问题，这一点与中国年轻的时尚记者非常不同，也是令佰草集的高管们深感意外的。第一次登场，佰草集就明显感受到法国这一世界顶尖市场的深厚底蕴。发布会上，丝芙兰史无前例地向媒体记者赠送了佰草集的品牌手册，这一做法颇具匠心，便于让记者更好地理解太极泥先清后补、中医药吐故纳新的养生概念。果然不久之后，佰草集就作为当季的新品推荐出现在《ELLE》等当地主流时尚刊物上。

（资料来源：钱丽娜，中国经营报－中国经营网，2012年5月9日。有删改。）

思考题

1. 结合案例，分析国际中间商在企业国际市场开拓中的重要作用。
2. 结合案例，分析企业国际中间商选择的主要标准。

第十章

国际市场促销策略

★ 本章要点及学习要求 ★

在国际市场营销中，企业的市场覆盖范围广泛，服务对象的构成复杂，既有经济收入的差距，又有不同社会文化背景带来的心理、观念和思想意识方面的不同，因而选择适宜的促销沟通方式就显得尤为重要。国际市场营销中的主要促销方式和特点、在不同的国际环境下选择最佳的广告、人员推销、营业推广和公共关系促销组合是国际促销中值得重点研究的问题。

国际市场促销策略是国际市场营销的一个重要组成部分，同时它又自成体系，需要促销的各个方面的有机配合和协调。本章首先介绍国际市场促销信息沟通的过程及主要的障碍因素，之后紧密结合国际市场营销环境的巨大差异，分别详细地阐述国际市场营销中的广告促销、人员推销、营业推广以及公共关系策略等重要内容。通过本章的学习，要求：

1. 掌握国际市场营销中，信息沟通的过程和障碍因素；
2. 了解国际广告促销中涉及的国际广告促销过程；
3. 能够正确处理和协调国际市场营销中广告标准化和地域化的关系；
4. 掌握国际人员推销中推销人员的构成、推销人员的招募、培训等问题；
5. 了解国际市场营销中营业推广策略的主要内容；
6. 重视国际市场营销中公共关系策略的运用。

第一节　国际促销信息沟通

国际市场营销中的促销策略是国际市场营销的一个重要组成部分，同时它又自成体系，需要促销的各个方面的有机配合和协调。与国内市场营销不同的是，国际市场营销的促销沟通中，由于文化、社会环境的不同，会遇到很多沟通的障碍，只有有效地跨越这些障碍，才能实现促销和沟通的目标。例如，一些国家的政府禁止使用外国语言进行广告宣传，这就要求企业制作出适合目标市场国语言环境的广告脚本，以便符合要求，达到促销的目的。图 10－1 表示的是国际促销信息的沟通过程和障碍因素。

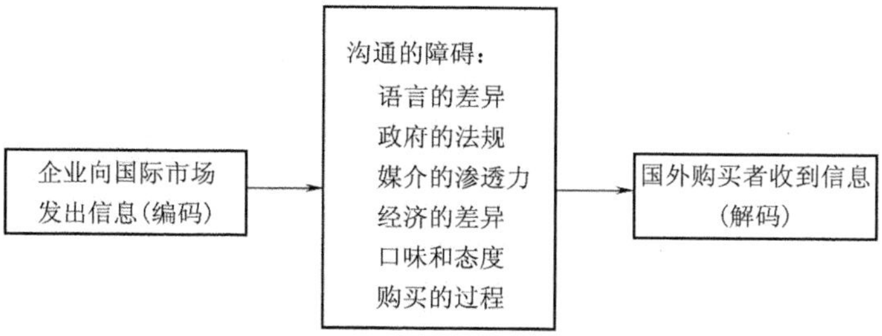

图 10－1　国际信息沟通的过程和障碍因素

在国际促销信息的沟通中，需要把握三个关键的环节。第一个环节是企业向国际市场发出有关企业及产品的信息，这是沟通的开始。企业应该对发出的信息按照国际市场的特殊要求进行编排，充分考虑目标市场国消费者的接受方式和理解水平。第二个环节是从语言的差异、政府的法规、媒介的渗透力、经济的差异、口味和态度及购买过程等多方面考察企业向国际市场发布的信息是否受到阻碍。例如，在语言的沟通方面，产生语言沟通障碍的原因可能是语言背后的风俗习惯、宗教禁忌的差异。最后一个环节是要保证信息最终为目标市场国的消费者准确理解和接受。

此外，在国际信息沟通中，由于存在距离和环境上的巨大差异，企业需要根据目标市场的特点，在投入的成本和获得的效益之间进行比较，计算投入的费用和最终产出之间的比例关系，从而提高促销投入的效果，作出正确的沟通决策。在投入与产出的关系上，要注意处理好长期效果和短期效果之间的关系，企业在开辟新的国际市场时，为了打开局面，往往要先投入，迅速提高市场占有率，为获得长期的收益打下基础。许多跨国公司在海外营销中，往往是首先依靠雄厚的资金实力，提高市场对产品和企业形象的认知度，待市场稳定之后，再考虑收益问题，从而提高国际市场营销成功的概率。

总之，开展国际市场营销时，应该对信息传播的各个环节给予高度的重视，要从以下几个方面考察信息的传播效果。首先，由于接受者不感兴趣或由于其他信息的干扰，使信息没有到达目标接受者那里，或没有被目标接受者所感知到，都应视为信息传达不到位。针对这一问题，企业在国际市场营销中，应该选择适合目标接受者的沟通方式，想方设法使信息沟通的渠道保持畅通。其次，信息发送者的意图是否被目标接受者理解。由于信息接受者缺乏有关的知识，或由于巨大的文化差异带来的理解偏差，都有可能形成信息的真正意图不能被准确理解的问题。为此，企业要深入研究目标接受者的知识结构和生活方式。通常顾客对新产品往往缺乏相关的知识，因此新产品的推广要从介绍知识入手，引导目标接受者进入正确的理解轨道。此外，要充分考察文化背景因素，所确定的沟通内容和媒体等都要适合目标接受者的生活习惯和思维方式。再次，信息传播最终达到的促销效果是否与企业预期的购买活动一致。有时企业设计的促销信息本身并没有问题，但是由于国际市场营销要跨越文化、国家等诸多障碍，国外的顾客不一定按照企业所希望的方式理解，而理解上的偏差必然影响企业促销的效果。因此，企业要详细了解目标市场国的文化背景等相关的因素，最终使促销效果与企业的预期相一致。最后，还要分析和评价信息的投入与产出效益，提高资金的利用效果。

第二节　国际广告促销策略

广告是企业促销活动的重要内容，在国际市场营销中，企业应明确广告的一般内容、广告环境分析的主要方法，以便进行更有效的广告管理。

一、国际广告促销设计与管理过程

国际广告的促销过程包括从设立广告目标到形成广告创意、选择广告媒体和编制广告预算等一系列内容。

（一）国际广告环境分析

企业开展国际广告业务时，需要对国际广告的环境进行系统、全面的分析，以便在国际广告的标准化和地域化之间作出正确的选择。

1. 经济运行体制。一般而言，市场经济的运行体制，为国际广告设置了一个基本条件，因而更有利于企业的广告促销。

2. 社会结构。在现代化的社会结构中，消费者比较喜欢通过广告寻找新的消费热点，他们的生活受企业广告促销的影响相对较大。而传统的社会结构下，人们对广告一般持排斥的态度，认为广告扰乱了他们平静的生活，而且具有一定的误导作用。

3. 文化背景。一些国家或民族对某类广告持拒绝态度，而会接受另外一些广告，这往往是与这些国家或民族的文化背景密切相关的。此外，不同国家的消费者有着不同的宗教信仰，这会直接影响人们对广告的接受程度、理解的角度和广告最终的效果。

4. 对媒体的管制程度。一些国家对媒体的管制比较严格，不仅建立了广告审查制度，还对广告的传播范围和广告内容作出了明确详细的规定，这些因素会直接影响到广告信息的送达、广告内容的选择和广告促销的成本等。例如，在多数国家的广告管理制度中，都对酒精饮料、香烟等产品的广告进行严格的限制，有的甚至禁止。还有一些国家规定了广告费用支出的最高界限,以便阻止基于逃税目的的广告支出,有的国家甚至还规定一天中电视、广播广告的最多播出次数。

(二)设定国际广告促销的目标

国际广告的设计中,首先要明确广告的目标。广告目标是企业广告促销的指导方向,它主要有三种类型:一是要激发顾客对产品的基本需求;二是要诱导购买,诱导购买的最终目标是引导顾客建立起对产品的选择性需求,排斥竞争对手的产品;三是提醒使用,加深顾客对于产品的印象,避免遗忘。此外,设定的广告目标还要符合企业的整体目标。最后,广告目标要清楚明确,具有可以测量、切实可行、能被其他部门所接受、有一定的弹性、能够分解为具体的分项目标等特性。

(三)寻求广告创意

广告创意是在广告目标的指导下,为完成该目标而设计的创作思路。广告创意的成功与否直接关系到广告目标能否最终实现。因此,广告的创意要与产品和环境密切结合,要准确定位,表达恰当,能够使目标受众很容易地理解公司的广告核心。

国际市场规模巨大,构成复杂,广告的创意应该与国际市场的客观环境相联系,充分的市场调查和研究是广告创意产生的基础,即广告创意的产生受到自然环境、政治环境、市场环境等方面的影响。例如,有些产品的销售往往直接与地理气候条件相联系,冬季来临会带来防寒用品的热销;夏季来临会引起冰淇淋、太阳伞的大量消费等,就是典型的自然气候环境影响企业开展国际市场营销的例子。广告的创意与自然环境的变化联系起来,容易给人们留下深刻的印象。政治环境主要指国际客观政治形势、经济政策、国家领导人更迭、政局变化、重要贸易协定的签订、战争、争端及国际重大体育赛事等,这些因素都可能成为影响产品销售的重要因素。利用特殊的政治事件或活动作为广告创意的背景,能够对顾客产生强烈的刺激,形成对广告内容的认同。例如,一些企业往往通过赞助国际性的体育赛事,利用赞助体育赛事所获得的独家产品提供权提高顾客对企业通过广告宣传的产品及服务的信任,提升企业的形象。因此,如何及时、充分地了解和利用这些因素,就成了广告创意不可或缺的重要内容。

(四)确定广告主题

广告主题是广告的核心所在,广告主题选择得合适才能使广告所要表达的内容产生预期的效果。国际广告主题的选择涉及方方面面的内容,是一个复杂的过程。国际广告穿越国界,环境和氛围的差异性大、变化快,有的广告需要突出母国的背景,有的广告则要与目标市场国的社会、文化、政治、法律环境相融合。

1. 强调母国国籍型广告主题。在一个企业进入国外市场的初期,国外消费者可能还不认知企业的产品,也不了解生产这种产品的企业。这时候,与其宣传产品的特性及优点等,还不如先告诉消费者这是一种刚刚进入贵国市场的外国产品,着重强调生产企业在母国所占的地位、所具有的悠久历史,以及强调这种产品在母国市场受欢迎的程度。这样的广告主题给人以实事求是的感觉,如果产品已经在母国具有良好的声誉,并且母国在该类产品的生产方面具有传统的优势,则效果更佳。

2. 强调产品特征型广告主题。产品在国外目标市场的销售经过了初始阶段以后,消费者已经逐渐认知了产品,企业在目标市场的占有率也有了提高,这时,广告主题应该脱离强调母国国籍的局限,开始着重去宣传此产品所具有的优点或特性,从正面把产品的信息传递给消费者。这时的广告宣传是为了进一步打开产品的销路,促使已认知产品的消费者迅速作出购买决策。因此,广告主题可以集中在价格低廉、有质量保证、性能可靠、使用方便及完善的售后服务等方面。

3. 巩固国外市场型广告主题。企业的产品在进入国外目标市场以后,初始阶段往往还不会引起当地企业的警觉,但是随着产品销量的不断上升,当地企业会逐渐意识到国外产品的竞争压力,它们会作出各种反应与外国产品抗衡。同时,参与同一目标市场竞争的其他外国企业也会为了保持市场占有率而加强营销活动。这样,在面临双重市场挑战的情况下,企业的广告主题也要有相应的改变。广告主题要着重放在自己的产品与当地产品的比较,以及与在目标市场上销售的其他外国产品的比较上。要向消费者证明企业的产品优于其他产品,使消费者对自己的产品产生信任感,巩固企业产品在当地市场上的已有地位。

4. 着眼全球型广告主题。如果企业的产品或服务在国际市场上已经站稳了脚跟,积累了经验,创出了声誉,消费者对企业或产品已经产生了信任并且具有较高的品牌忠诚度,这时,企业往往就会将目标指向全球的市场,广告主题也相应地调整为面向国际市场上的所有消费者,让任何一个国家的消费者都感到本企业是一个国际范围的大企业,生产的是一个具有很高国际知名度的产品。全球型广告主题配合的是全球型的市场营销战略。

国际广告主题的确定,还受很多其他因素的影响,也与相应的载体与表现手法有关。例如,广告主题可以借助生活片断、特定的氛围和情景、明星效应等不同的手法加以突出和表现。

实例 10－1:依靠创造氛围和名人效应做广告

万宝路香烟通过设计一种氛围和情景表达广告主题,通过广告产品或广告信息的内容和场面,引起人们对使用该产品所能得到的一种心理感受的认同,在脑海中形成强烈的印象,从而引起共鸣。万宝路香烟的广告始终致力于创造一种氛围——美国西部牛仔生活中辽阔的草原、巍峨的群山和奔腾的骏马,使受众将产品与西部牛仔的开拓、勇敢、潇洒结合起来,从而使万宝路以特殊的品牌形象行销世界。

社会上的著名人士会在消费者中有独特的地位,总有一部分人愿意追随他们,包括仿效他们的消费方式和选用的产品。利用社会名人的特殊传播效用来推荐商品,可以起到积极的作用。利用名人做广告,时下十分流行,超级名模辛迪·克劳馥为洗发水做广告,迈克尔·乔丹为篮球做广告都是典型的例子。企业希望将名人对人们的吸引力，转移到对产品及其品牌的注意上，希望借助这些明星的影响力提高产品的知名度。因为这些明星在世界范围内具有强大的影响力，有一大批追星族，聘请他们做广告，可以产生强烈的震撼效果。然而，选择一个名人做广告，必须是该名人对目标受众有着积极的正面影响，与广告及其产品表达的主题含义相一致。例如，影星史泰龙虽然被普遍认可，但却不适宜表达和平的广告主题。

（五）广告构成要素设计

广告的构成要素主要包括文稿、字体、色彩和构图等一些技术方面的问题。

文稿是广告的文字构成部分，它决定着广告的标题及其表达方式。广告文稿主要由广告的主题、广告的标题和正文组成。主题是广告的中心思想，是广告的主旨和立意。广告只有突出主题才能使目标受众抓住广告的中心，才能达到广告的目的。标题是表现主题的短文或题目，是对广告的命名。它既能起到提示广告主题的作用，又起到吸引消费者兴趣、美化版面的作用。标题要能够准确表达广告的主题，要生动，富于创意，要简明扼要，通俗易懂，要与广告的画面浑然一体。正文是广告的核心，说明广告的主要内容。在正文中要清楚地说明产品的特性、价格及使用方法。正文虽然要比标题内容丰富，但不同于一般的文稿，也要简明扼要、通俗易懂，切中产品的主要特性，给顾客留下深刻的印象。

广告的字体设计要与广告的内容、整个版面的风格相一致，与广告的主题配合起来，要大小得当。例如，儿童用品的广告字体最好采用活泼的不规矩字体或动物形象字体，而具有严肃性的成年人用办公用品广告的字体则最好采用标准的黑体或宋体字。广告的字体大小要选择得当，过大的字体会浪费广告的有效版面，但字体也不宜太小，尤其是以老年人为对象的广告更要注意字体的大小，不能太小而影响老年人阅读。

色彩是广告感染力的集中体现，色彩在电子技术和印刷技术高度发达的今天，在广告的设计中占有突出的位置，只有全面地认识色彩对受众心理的影响，才能更好地运用色彩。例如，彩色广告比黑白广告更容易引起受众的注意。颜色本身还代表不同的含义，因而在受众心里激起的反应也就不尽相同。但是，在不同民族、国家，同一种颜色可能有不同含义，在国际广告活动中应特别注意。

构图是标题、正文、字体、色彩、画面在一则广告中的结构。构图要进行合理的编排，使广告的整体结构显得和谐有序。

（六）广告设计与产品的生命周期阶段相适应

产品进入国际市场以后，随着知名度、销售额、市场份额的变化，其市场营销策略、广告目标和策略也必然要作相应地调整。因此，企业要准确地估计产品上市后市场变化的特点，以确定广告在国际市场营销不同阶段的重点。

1. 信息传达阶段。产品刚刚进入国际市场，知名度几乎为零。产品广告就应强调这一产品的名称和最重要的功用，把它浓缩成最简洁、最易被接受的信息。

2. 说服阶段。产品在进入国际市场并获得一定知名度以后，必然会面对众多竞争对手。这时需要企业对消费者进行有效的说服,给消费者一个非买不可的理由。因此,这时广告的重要任务就是准确把握消费者的主要需求点,突出产品最主要的优势,并以确凿的论据加以证实。

3. 提醒阶段。如果产品在国际市场上获得了较为稳定的份额,这时大规模的广告攻势就基本停止了,取而代之的应是费用较低的提醒式广告。提醒式广告的目的是不断唤起受众对于产品的记忆,它的创意多倾向于生活化、情感化,例如,可口可乐公司的"挡不住的感觉"就体现了这种特色。

(七)确定广告媒体

1. 媒体的类型及特点。广告媒体主要有报纸、杂志、广播、电视、网络、户外(标语牌、横幅、显示屏等)、交通工具、店铺和邮寄等,其中报纸、杂志、广播和电视是四大媒体。近些年又出现了互联网媒体。

报纸广告的覆盖面广、读者稳定,对信息的传递及时,能够长期保存,形成重复的传播效果,给顾客留下深刻的印象。它的主要缺陷是印刷的质量较低,报纸的读者不一定也对报纸的广告感兴趣。此外,报纸本身的发行范围和阅读对象有很大的差别。因此,要依据产品的特点和企业的市场覆盖战略规划报纸广告。报纸在不同国家的拥有量也有很大差别,例如,在日本,只有五家全国性报纸,其中最大的《朝日新闻》的发行量几乎达到700万份。估计有80%的政治家和政府官员,81%的商人,44%的大学毕业生,40%的中产阶级均阅读该报。可是要在该报登广告并非易事,没有一定关系很难买到该报的广告版面。而在仅有150万人口的黎巴嫩,却有210家日报与周报,而发行量超过1万份的只有4份,平均发行量为3 500份,这里,报纸传递信息的范围就非常有限了。在印度,由于纸张严重不足,一个广告要登上报纸,必须提前半年预订版面,失去了广告的时效性。

杂志广告印刷精致,有明确的宣传对象,善于表达产品的质地,还可以长期保存,提高了重复阅读率。但杂志广告一般周期长,时效性差,制作的成本比较高。

广播广告的信息传播及时、迅速,通过语言和音响效果表达广告的效果,可以给顾客一个清晰的印象。广播广告的局限性主要表现为依靠声音传播的广告信息转瞬即逝,不易保存。此外,仅仅用声音说明和介绍产品,往往缺乏直观性,容易造成曲解。

电视广告集声音、形象、色彩于一体,是当今广告媒体中最重要的一种,它的覆盖面广,影响力大,感染力强,及时迅速。它的不足之处是传播的信息转瞬即逝,不易保留,广告的针对性差,费用投入高。由于有较大的娱乐价值,电视广告已在大多数国家成为主要的交流媒介。大多数人口稠密地区都有电视广播设施,如在我国,电视广告拥有大量的观众。然而在一些电视机拥有量少,电视发射技术落后的国家,电视广告的传播效果就会大打折扣。

随着信息技术的发展,出现了新的以互联网为媒体的广告,有人称互联网是广告的第五大媒体。电子商务是指买卖双方利用现代开放的互联网络,按照一定的标准所进行的各类商业活动,主要包括电子商情广告、电子选购和交易以及电子交易凭证的交换、电子支付与结算、网上售后服务等。互联网广告是现代电子商务的一个重要组成部分。通过互联网开展广告宣传的一般程序是，企业先在互联网上建立自己的网站，再通过网站介绍自己的产品和服务，发布各种商业信息。客户可以借助网上的检索工具，迅速地找到所需的信息。它可以向全球范围发布广告等宣传信息，与其他媒体的广告相比，互联网的广告成本低廉，而提供的信息却可以十分丰富。企业在国际市场营销中面对的是全球的消费者和用户，网上广告能够给企业带来更多的机会。有人断言，不上网，就别想作好国际市场营销。互联网广告将成为企业进入国际市场和巩固其在国际上的地位的一个重要条件。

此外，还有其他一些广告媒体。户外广告可以恢宏的气势表现出产品或企业的形象，其特点是展示时间长，表现手段灵活，费用相对较低。但是，户外广告受到地点的限制，而且除液晶显示广告外，一旦发布，修改的难度较大，时效性差。交通广告是指交通工具内外壁上的广告，它的制作简单，费用低廉。由于交通工具的流动性，决定了该广告媒体的宣传面较为广泛。但是这类广告一定要醒目，文字说明力求简洁，突出主题。店铺广告是商品销售网点的广告，它包括商品销售网点门前及四围的广告和商店内的广告两类。销售网点的广告可以引起顾客即时的消费欲望，烘托销售网点的气氛。但是如果一个销售网点的各类产品的广告太多，就会产生混乱的感觉，降低宣传的效果。邮寄广告是通过邮寄的方式发放产品的说明书、价目表等，它可以根据产品和目标市场的特点，准确地选择广告对象，可以深入地介绍某种产品的特点，而且制作费用低廉，它的不足之处是市场的范围有限。

2. 媒体的组合。将各种广告媒体进行系统的、有效的组合可以提高广告的效益，例如，报纸媒体的感染力要低于电视媒体，但是依据广告的具体内容，将报纸与电视进行结合，就可以收到良好的效果。在产品刚刚投放市场的时候，采用报纸媒体详细介绍产品的优点和用途，介绍性广告持续一段时间之后，再导入简短的电视广告，用以加深顾客的印象，树立产品的形象。

（1）不同媒体之间的搭配。不同广告媒体的作用不同，为了充分发挥不同广告媒体的作用、节省企业的广告支出，要在不同的广告媒体之间进行科学的搭配。

（2）不同媒体的时间搭配。依据广告的内容，将不同媒体的广告在时间上进行合理的搭配。如果要求轰动式的广告效果，希望广告的受众在很短的时间迅速认识和接受广告，那么就需要不同的广告媒体安排在同一时间发布广告；如果要让受众在一个较长的时间内接受广告，并且降低费用，就需要将不同的广告媒体安排在不同的时间阶段内，如上所述，报纸和电视媒体的配合就需要安排在不同的时间阶段，这样既能使广告持续发挥作用，又能节约广告费用。

（3）广告媒体在地域上的搭配。广告媒体的作用地域不尽相同，在不同国家发挥作用的程度也不相同，需要在广告的搭配上考虑地域的因素。例如，在经济发达国家，上网的人数较多，通过互联网做广告会起到良好的效果，而在欠发达国家，互联网的覆盖率很低，如果采用互联网广告，则难以达到预期的目的。

（八）编制广告预算

广告是一项付费相对较高的促销手段，但是并非投入越多，广告受众的印象就越深，效果就越好，无节制地加大广告的投入会浪费企业的资源，因而做好广告预算对企业的意义重大。广告预算可以达到控制和提高广告效益的目的。企业的资金有限，进行任何一项投入，都应该对其价值和效益进行评价，最后才能决定投入的方向和投入数量。作为一项制度，企业每年都要进行广告预算，通过系统的广告预算，合理地安排资金的分配，保证费用支出的计划性和合理性，为企业有效地控制预算提供积极的帮助。广告预算还可以明确资金的投向，为广告效果评价提供依据。每一项具体的广告投入，都要在预算之内，并有投入的记录，只有对每一项投入的界限分明，才能分别考察每一项广告支出的效益，以便为今后更科学地制订广告计划提供依据。企业的费用支出有限，如何使有限的资金发挥更大的效果，是每一个市场营销管理人员都关心的问题。

影响广告预算制定的因素有很多，包括产品生命周期、目标市场的范围及其潜力、市场竞争状况、销售目标、企业的资金来源等。广告预算制定的方法主要有四种。

1. 销售额百分比法。销售额百分比法是依据企业的销售额来制定广告预算的方法，它是从销售额中提取固定比例的广告费用。这种方法的优点是简便易行，能够在产品定价时就将固定比例的广告费用均摊在单位产品中。销售额百分比法的最大缺点是将销售的结果作为制定广告预算的依据，而实际上，广告投入的高低是决定销售额大小的一个重要因素。有时企业的销售额不能达到预期的水平，可能恰恰是由于广告投入不足所致。有时候产品销售额低时，企业往往应该加大广告的投入，以提高人们对产品的认知水平，从而最终提高产品的销售水平。

2. 目标任务法。目标任务法是依据广告计划的目标和任务来决定广告的预算，是一种最有效的广告预算方式。目标任务法的前提是先建立目标，然后再依据目标的要求，分别确定达成目标的各项广告途径和费用，再将各项费用加起来，就是广告的总预算。这种方法将资金投入和计划目标的实现结合在了一起，目标明确，方向清楚，避免了因果颠倒和盲目性的弊端。如果能够找到原因和结果之间的关系，准确度量广告预算投入和效果之间的关系，这种方法就更为科学有效了。

3. 竞争平衡法。在激烈的市场竞争中，企业制定促销活动规划时要时刻关注竞争对手的情况，竞争平衡法就是依据竞争对手的广告预算水平来确定本企业的广告预算。这种方法对保持企业在广告方面的竞争实力有明显的效果，但是单纯依据竞争对手的广告预算作为本企业广告预算的制定依据，有时不能与企业的整体战略协调起来，不能反映企业的真实情况，而且容易引起盲目攀比，加剧广告竞争。

4. 量入为出法。支付广告费用要考虑企业的能力，用企业财务可能提供的广告支出来决定广告的预算，称为量入为出法。这种方法简便易行，但也有反果为因的问题，因为往往企业财务支出困难是由于产品销售不畅引起的，产品销售不畅时,企业往往更要通过加大广告的支出预算来扭转局面。

广告预算科学合理才能提高广告的效益,因此企业不但要确定广告的预算方式,还要将广告预算进行科学的分配,这涉及媒体间的搭配、广告预算在同一个媒体内的分配,以及根据地域、时间等不同指标进行预算分配等许多方面的问题。

二、国际广告的标准化和地域化

国际广告促销决策中面临的一个重大问题就是广告的标准化和地域化程度,国际广告的国际化程度高,将提高在国际市场上的适应性;国际广告的地域化程度高,带有明显的地域特色,就会增加国际广告的针对性。对此问题有两种极端的观点,一是绝对的国际化,即标准化,全球范围内所做的广告均是一样的;二是绝对的地域化,针对不同的国家或地区采用不同的广告。尽管两观点各有其道理,但是通常绝对地采取一种方法是不适用的。国际市场营销专家卡特内认为,最为有效的战略原则应该是计划的国际化加行动的地域化。人们对于一种产品的需求在于其能够提供某种满足人们需要的基本功能,无论对哪一个国家的人来讲,某种产品的这种基本功能是一致的。例如,照相机能够照相、手表可以计时、汽车是一种代步工具,等等。但是,文化等差异又会使不同国家的人对同一种产品具有不同的需求特征。比如,对照相机的需求,美国人注重照相效果的同时,还要求操作的简便性,因此在美国"傻瓜相机"的市场很大;在德国和日本,除了照相效果之外人们还注重照相机外形的艺术性;在非洲,只有少数的家庭拥有照相机,因此照相的概念还有待普及。基于上述原因,计划的国际化加行动的地方化应该是最佳的选择,要在综合分析各种国际营销环境的基础上,将标准化和地域化进行有机的结合。

实例 10－2:国际广告的地域化

卡夫公司为自己的奶酪产品在不同的国家设计了不同的广告,这完全是基于该公司的一些发现:在波多黎各有将近 95% 的家庭主妇把奶酪用在各种食品上;在加拿大 65% 的人把奶酪用在早餐的吐司上;在美国有 35% 的人将奶酪用在零食上。

雷诺公司也在不同的国家设计了不同的广告。在法国,广告将雷诺描绘成带有一点"超级车"的形象,在高速公路和城市中驾驶很有趣;在德国,雷诺广告侧重于宣传安全、实在的工程技术和内部舒适性;在意大利,雷诺广告强调公路驾驶性能良好和便于加速;在芬兰,雷诺广告突出坚固完整的结构和可靠性。

根据国际广告的标准化和地域化程度的差别,国际广告可以分全球广告、区域广告和细分广告三种类型。

(一)全球广告

全球广告是指实行全球一致化的广告策略,在全球范围运用相同的品牌、相同的设计和相同的市场开拓手段。全球广告的最大优势就是可以形成国际名牌,例如,可口可乐、百事可乐、麦当劳等即是如此。全球广告是一种标准化程度最高的广告促销方式。

(二)区域广告

区域广告是指对世界某一区域推行相同的广告战略,运用同样的广告促销方式。例如,“泛欧广告”就是一种典型的区域广告。由于统一欧洲市场正在形成,许多企业将欧洲各国视为同一市场,推行同样的品牌和广告促销战略。IBM 正在逐步推行其泛欧广告促销战略,并且已从中获益。它的一则个人计算机泛欧广告与针对各个国家制作广告相比可节省约 200 万美元。据预测实现完全的、一致的泛欧广告将会使 IBM 对欧洲的广告预算减少 15% ~20%。区域广告实际上是在标准化的基础上,考虑了不同区域的特点,将几个在特点上相类似的国家当作一个整体来看待。

(三)细分广告

细分广告是指在对全球市场进行有效细分的基础上,针对不同的细分市场制定不同的广告策略。细分市场可以是以国别划分,也可以包括不同的国家,主要取决于同一细分市场内消费者的需求、欲望和消费行为方面的共性或相似性程度。例如,宝洁公司就是一个运用大量细分广告战略的企业,它对不同的细分市场设计了不同的品牌及不同的广告概念。在中国台湾其洗发香波定位为“Pro - V 维他命滋润您的秀发,令其生辉”;在拉丁美洲的几个国家则对广告中的头发类型和语言等进行了相应的调整。

第三节　国际人员推销策略

国际市场营销中的人员推销是指由企业派出专职或兼职推销人员直接与国外消费者和用户接触、洽谈,宣传、介绍商品和劳务,以实现销售目的的活动过程。这种推销方式虽然比较古老,但在目前国际市场营销中,尤其是工业用品的出口中仍然是一种有效的促销手段,因为在现代市场营销中,大多数最终达成的交易都是依靠推销人员与用户面对面的接触实现的。

推销人员是企业与消费者或用户之间的独特桥梁,它是实现促销目标的关键,是人员推销活动中的主要角色。推销人员素质的优劣,对于实现促销目标、扩大销售、开拓国际市场具有举足轻重的作用。在国际市场营销中,推销人员应具有果断的决策能力,要有调研才能,要有文化适应能力,还必须具有娴熟的推销技能和良好的道德修养。

国际市场营销中人员推销的根本任务可以归结为三个方面:一是促成实际交易行为的发生和实现,达到市场营销的基本目标,实现市场营销的业绩;二是建立与顾客的良好关系,长期的顾客联系就是企业赢利的源泉,在突出关系营销的时代,企业国际市场营销中的这种关系尤为重要,它是企业形象的体现,是企业赖以生存的基础;三是国际推销工作本身还包含着收集国际市场信息,可为企业进一步的市场营销规划提供科学依据。

一、国际市场营销中人员推销的特点

人员推销同其他促销方式相比,有其特有的优势。

(一)人员推销形式最直接、最灵活,效果显著

人员推销可当场对产品进行示范性使用,增加购买者对产品规格、性能、用途、语言文字等方面的了解,消除由于社会文化、思想观念、审美观、风俗习惯的差异而产生的各种疑虑。人员推销对了解顾客的购买动机,诱导购买者的好奇心、消除其陌生感和恐惧感等都具有直接而明显的效果。

(二)双向沟通,信息反馈快

推销人员一方面可将企业、产品或服务的信息直接、准确地传递给购买者或潜在购买者,增进购买者的了解;另一方面又可以当面听到购买者和潜在购买者的意见和要求,以及其他有关信息,并将这些有价值的意见及时反馈给企业的决策者。决策者根据信息的反馈情况,对企业的经营方案作出必要的补充和修改。

(三)较强的选择功能和较强的伸缩性

推销人员可以根据自己的知识、经验和对市场的调查研究,判断选择具有较大购买可能的对象进行推销,这样推销人员可以在很短的时间内促成购买,提高效率;推销人员通过人员促销的选择功能,在掌握了潜在顾客的购买意愿以后,还可以针对不同顾客的特点,作出有针对性的说明,及时调整推销方式,促成交易。

(四)增进友谊,建立长期的业务关系

通过推销人员的长期登门服务和采取各种灵活的推销技巧,使推销员与购买者、潜在购买者之间建立良好的关系和深厚的友谊,从而有利于巩固和争取更多的购买者,建立起长期、稳定的业务关系。

此外,人员推销自身的特点决定了这种促销方式也有它的不足之处。首先,推销人员不可能遍布整个目标市场,往往只能进行有选择的试点性推销。其次,人员推销费用较高,增加了销售成本,使商品价格上升,不利于企业在市场上开展竞争。最后,国际市场营销中,推销人员必须在不同国家不同的文化背景下工作,对推销人员的综合素质和个人能力要求很高,企业很难找到合适的国际推销人员。

二、国际市场营销中推销人员的构成

国际市场营销企业要建立起完善的人员推销网络,需要在国际推销人员的构成上进行科学的规划。国际市场营销中推销人员的构成主要分为三类,即母国推销人员、目标市场国的当地推销人员和第三国推销人员。就某个企业而言,也许三种类型的人都包括,也许只有其中的一两种类型,企业对外销人员构成进行决策的主要依据是企业的要求、推销人员的可获性以及合格性等方面的条件。随着国际

经济全球化步伐的加快和企业国际化程度的加深,推销人员的构成也在发生着变化,母国推销人员在推销人员中所占的比例在下降,而目标市场国的本地推销人员所占的比例在上升。

(一)母国的推销人员

当推销的产品属于高科技产品,或销售产品需要丰富的相关信息时,选择母国的推销人员作为国际推销人员仍然是最佳的决策。本国人作为国际推销人员具有的主要优势是:更好的技术训练,更了解公司以及产品生产线,更强的独立工作能力和更高的工作效率,有时在外国消费者心目中更具有权威性。当然,母国人做国际推销人员也存在某些劣势,主要是存在文化和法律等方面的障碍,愿意到海外长期生活的人较少,尤其是能力强的人更是缺乏。

(二)目标市场国的推销人员

雇用当地人做推销人员有许多优势。当地人跨越了文化和法律的障碍,对当地客户或消费者更加了解,更有利于企业与当地消费者建立起良好的关系。此外,从费用角度而言,节省了旅费、补贴及其他相关费用。实际上,企业雇用当地人的趋势非常明显,一项研究表明,美国人在海外子公司担任管理和技术职务的人员比例已经从超过85%降低到45%左右,更多的公司在依赖当地人才。

(三)第三国的推销人员

企业的国际化使第三国人员担当推销人员的情况也越来越多。通常第三国人员的国籍与为哪个国家的企业工作以及到哪个国家去工作关系不大。例如,一位德国人在阿根廷为美国企业工作。过去本国人员和第三国人员到外国长期工作是很少见的,但是现在却出现了一批“全球经理”。这种现象的出现不仅反映了企业国际化的趋势,而且同时表明了人才并不属于某一个国家。雇用第三国人员的优势在于,他们通晓多种语言,对某一行业或某一国家非常熟悉。越来越多的企业开始认为应该以才选人而不是护照或国籍。

三、国际市场营销中推销人员的招募

经营的国际化使企业对海外推销人员的需求不断增加。与此同时,由于海外推销人员的素质和积极性直接影响到促销的效果,影响到企业的声誉,因此国际推销人员的选拔和招聘是一个非常关键的环节。

(一)国际市场营销中推销人员的基本素质要求

一个合格的国际推销人员必须具备一些基本的素质条件,主要包括以下几个方面。

1. 机敏干练,善于应对。推销人员一般是独立工作,所以要具有很强的应变能力,不仅能够筹划推销中的各种活动,善于应对环境的差异和变化,应付各种意外情况,而且能够和各种人打交道,有较强的沟通和说服能力,勇于积极地创造销售机会。

2. 态度友善,仪表修养好。在业务交往中,推销人员的仪表和态度会对顾客产生极大的心理影响,并在很大程度上反映了企业的风貌。因此,国际推销人员必须态度友善,真诚待客,以消除顾客的偏见,推动成交。

3. 语言能力强。掌握一门或多门外语,特别是要掌握推销所在国的当地语言,要能够用当地语言熟练地与推销对象交流和沟通。如果是目标市场国当地的推销人员,也要掌握外语,以便于与公司的其他外籍员工交流,这对国际推销的成功至关重要。

4. 有进取心,有坚忍不拔的毅力。推销人员必须具有一定要超过别人、不达目的誓不罢休的成功欲望;必须具有果断、坚毅、忍辱负重、不畏困难和挫折的良好心理素质;要有一种强烈的内在驱动力,去挑战和完成各项推销任务,这一点在国际市场营销中显得十分重要,因为国际推销人员远离家乡和亲人,必须具有战胜困难和挫折的勇气和信心。

5. 对企业和工作忠心耿耿。国际市场营销中,推销人员的流动性很大,特别是来自母国的推销人员,要跨越国界,企业很难直接控制他们,而且许多企业的业务关系都是靠推销人员维系的,一旦他们背叛了企业,就会给企业带来很大损失。因此,推销人员必须忠诚,积极负责,能主动地与整个企业的经营工作相配合,保持企业与顾客的牢固联系。

6. 善于收集和分析情报。一个优秀的国际推销人员应当对国际市场机会有敏锐的嗅觉,善于收集和分析各种情报,并及时提出建议。

7. 有较为广泛的对外关系。在其他条件相同的情况下,人际关系在业务往来中起着重要的作用。良好的人际关系能够沟通信息,融洽气氛,促进交易。因此,在选拔推销人员时,应当了解他们的对外关系,最好选拔那些对外联系较广的人员。

8. 遵纪守法。一个合格的推销人员首先必须是一个好职工和好公民,能维护国家、企业和顾客的利益,能遵守各项法律法规。国际市场营销中,各国的法律存在很大的差异,推销人员要熟悉当地的法律法规,以保证推销工作顺利进行。

9. 具备一定的业务知识和推销技巧。虽然一个熟练的推销人员必须经过培训和锻炼,但在选拔时,应当优先考虑那些已经具备一定业务知识和推销技巧的人员。

10. 要有广博的知识。善于和不同国家的顾客及其他人员交流,掌握当地的风俗习惯、宗教禁忌方面的知识。如果是当地人员做国际推销员,就必须对公司的历史、特色、产品等有充分的了解,能够准确地向推销对象介绍产品及其企业。

实例 10-3:推销中掌握日本人的行为特点

在国际市场营销中,推销人员的语言与举止是否得体是一个十分重要的因素。国际销售人员应当努力使用东道国的语言,这样可以使国外客户产生亲切感。国际销售人员还应当重视自己和国外客户打交道的“无声语言”,即行为举止,如面部表情、身体姿势、手势、眼神和握手的力度等,要注意自己的言行举止不能使对方产生不当的印象或错误的理解。例如,国际推销人员与日本商人打交道时,在双方举止上应注意这样一些问题:①日本人点头往往表示"我了解你的意思",但并不表示"我同意",如果将点头理解为后者,就很可能产生误解;②日本人在被迫回答他们不愿回答的问题时,可能会抿着嘴笑,表示"这很困难";③日本人不愿意用眼睛直视人,这只是一种习惯,并不是不尊重对方;④在日本人面前,不要手背朝上或用食指召唤人;⑤不要同日本人勾肩搭背,那样会使他们很不自在;⑥与日本人握手不能过重,等等。

实践证明,虽然国际推销人员之间的性格、表达能力、仪表风度、教育程度等存在着很大的差异,但他们都可以通过不同方式取得成功,这说明推销的成功是多种因素综合作用的结果,并不存在一个固定的模式。各企业都应当根据自己的具体情况建立合适的选拔标准。

(二)国际市场营销中推销人员招聘的途径

1. 教育机构。大中专院校等教育机构是招收应届毕业人才的主要途径。各类大中专院校能提供中高级专门人才,职业技工学校提供初级技术人才。企业可以有选择地去学校物色人才,派人分别到各有关学校召开招聘洽谈会。为了让学生增进对企业的了解,鼓励学生毕业后到本企业去工作,征募主持人应当向学生详细介绍企业情况及工作性质与要求,最好印发介绍公司的小册子或制成录像带、VCD光盘等。

2. 人才交流会。企业可以花一定的费用在人才交流会上设置摊位,以便应征者前来咨询应聘。这种途径的特点是时间短、见效快。

3. 职业介绍机构。许多企业利用职业介绍所来获得所需的销售人员,但是招聘之前,企业应该编制详细的工作说明。让介绍所的专业顾问帮助筛选使招募工作简单化,针对性强。

4. 各种媒体广告。最普遍的招聘广告大都利用报纸媒体,因为这一渠道费用低,又有可保存性,且发行量较大,故可吸引众多的应征者,但合格者所占的比例一般较低。如果详细限定申请人的资格,则申请人数会大大减少,合格者的比例会提高,进而可节省征募费用。另一种广告是刊登在各类专门杂志上的,因其专业性强,指向性好,一般能取得较好的效果,能招聘到较高级的销售人员。此外,还有广播广告、店头广告、传单广告或口碑广告等,不少企业根据自己的实际,对各种渠道进行组合,也可以取得较好的效果。

5. 企业内部员工。内部员工既可自行申请适当职位,又可推荐其他候选人。员工的情绪可以由此改善,同时也可降低招募成本。但是内部来源如处理不当,容易引起各种纠纷,所以招募时一定要有相对固定且严格的标准,以免招募主持人徇私舞弊、送人情或受制于人。许多规模较大、员工众多的公司都可以定期让内部职员动员自己的亲属、朋友、同学、熟人介绍别人加入公司推销人员的行列。利用这种途径有许多优点,比如,由于被介绍者已对工作及公司的性质有相当的了解,工作时可以减少因生疏而带来的不安和恐惧，从而降低了流动的比率。特别是有时因录用者与大家比较熟悉，彼此有责任要把工作做好，相互容易沟通，提高了推销人员之间的凝聚力。但是这一途径招聘的推销人员关系复杂，如果利用不好，可能引发诸多矛盾。

6. 行业协会。行业组织对行业情况比较了解，可以通过行业协会获得信息，找到合适的人才。

7. 业务接触。公司在开展业务的过程中，会接触到顾客、供应商、非竞争同行及其他各类人员，这些都是销售人员的可能来源。

四、国际市场营销中推销人员的培训

国际推销人员的培训内容因培训对象不同而有区别。对于来自公司母国的推销人员，由于他们对目标市场国的文化背景和语言习惯等方面缺乏了解，就需要着重进行语言、目标市场国的文化背景和在海外工作可能遇到的问题等方面的培训。对于来自目标市场国当地的推销人员，则应该将培训的重点放在对企业、产品的了解，以及推销技巧的传授和企业文化的认同上。在具体的培训方式上可以灵活机动、有效配合。

（一）国际营销中推销人员培训的内容

1. 语言能力。这主要是针对来自国外的推销人员。为了适应人员推销直接与顾客接触的工作要求，国际推销人员不仅仅要能够流利地说当地语言，而且还要提高语言的表达技巧，增强沟通能力，为推销工作打下坚实的基础。

2. 文化风俗差异。国际市场营销中，不同目标市场国的文化和风俗有很大的差异，只有了解和掌握这些差异才能提高推销的成功概率。例如，一个美国公司的推销人员在日本推销产品，就会发现向日本人推销产品和在美国本土推销产品的差异很大，日本人在沟通过程中一般很少直接表达自己的看法，更多的是沉默。这与美国人的直抒己见、喜欢用争论表达自己看法的方式就截然不同。

3. 企业知识。要使推销人员了解企业的历史、公司使命或战略展望、企业文化、生产过程、技术能力、组织结构、产品方向、规章制度等，掌握企业的总体情况。

4. 产品和技术知识。这是一个熟练的推销人员所必须具备的最重要条件，他们应当掌握产品的品种、用途、价格、包装、使用方法、操作维修、制造过程等各种知识。

5. 市场知识。推销人员应当对市场行情、竞争程度、需求分布、国家政策、地区特点等有较深入的了解，并能预见未来的变化趋势。

6. 顾客知识。了解顾客的购买动机、购买习惯、需求情况、采购系统、所属部门、管理机构等，使之能够抓住推销的关键。

7. 推销技巧。一个推销人员的熟练程度取决于推销技巧，这包括：如何发现顾客并主动地接近他们；如何处理好人际关系，与顾客打交道；如何克服心理和技术障碍，顺利达成交易；如何与顾客保持联系，巩固产销关系等。

8. 业务程序和职责。要使推销人员掌握制订计划、安排时间、洽谈、订立合同、结算方法、开销范围、旅行等各方面的知识，以便节约费用，避免损失，增加销售。

（二）国际营销中推销人员的培训方式

合理的培训方式是提高培训效率的决定性因素。

1. 短期集中培训。短期集中培训是指在专门的时间内对推销人员进行培训，培训中采取讲授、模拟示范现场操作等方式，系统介绍企业的历史、产品的构成及特点、业务操作的过程等内容。短期集中培训时间集中，针对性强，可以迅速提高推销人员的业务水平。

2. 专项实习。专项实习是针对推销人员的工作特点，进行特殊知识的专门培训，目的是提高推销人员在某一个方面的专门技能。这种培训方式特别适用于让推销人员了解产品的性能时采用，如安排推销人员通过跟班操作了解产品的生产过程，进而深入地了解产品的性能。

3. 委托培训。委托培训是由委托企业提出培训的要求，将推销人员的培训工作交付专门的机构完成。委托培训可以让推销人员得到系统的推销知识，提高推销人员的整体水平。

第四节　国际营业推广策略

国际市场营销中的营业推广对于企业迅速打入国际市场，促进产品的销售有着重要的意义。国际营销中的营业推广方式主要有国外产品目录、样品展示、机构或公司出版物、交易会和博览会、各种奖券和优待券等。

一、国外产品目录

国外产品目录是一种可以长期保存的、能够准确介绍和宣传企业和产品的国际促销途径。这种方式适用于国外消费者居住十分分散或不会经常光顾商店的情况，它给消费者提供了一个仔细研究和选择商品的机会。企业在制作国外产品目录时，应该着重突出以下几个方面的特点：第一，能够引起顾客的兴趣，激发其阅读的热情。要运用颜色的感染力和精美的印刷让消费者产生非读不可的欲望。第二，体现厂商的特性。要介绍厂商的历史、荣誉、相关的产品系列，给顾客以信赖感。当然，这种介绍也要突出吸引力，进行精心的设计和安排。第三，要提供购买的信息，便于购买。要在目录中明确产品规格、联系方式等具体事项，保证顾客一旦产生购买的要求，就能够方便地实现购买。第四，要让顾客产生拥有的欲望，要突出产品的价值，安排应用的场合和使用的程序，让顾客产生拥有的欲望。第五，明确的联络方式，以便于与顾客的沟通，让顾客有提建议、提意见的便利渠道。

此外，国外产品的目录在产品名称和制作上要考虑适合国外市场的文化和风俗习惯等问题，特别是一些专有名词、新词汇等都要考虑当地顾客的接受能力、理解力和思维模式等。

二、样品

样品宣传带给人们的是有关产品的真实感觉，这是任何其他方式所无法达到的。赠送样品已经成为一些国际知名公司开拓海外市场的重要方式。通过赠送样品，免费使用，能有效地宣传新产品，加快新产品被国际市场接受的速度。

三、机构或公司的出版物

这些出版物的散发范围很广泛，可以是消费者，也可以是分销商或其他代理机构，公司的出版物可以宣传产品，更可以宣传企业，发布有关企业的最新信息。公司出版物可以在公司所在国出版，但对于大型的跨国公司而言，业务和市场范围涉及许多国家时，结合当地的具体环境，也可以在目标市场国出版和发行，这样能够提高出版物被目标顾客接受的程度。

四、交易会和展览（博览会）

国际性的交易会和展览（又称博览会），是国际营业推广的一种良好方式，它聚集了众多的出口商，提供了推销产品的机会。博览会的方式有很多，按产品划分有综合性展销会和专业性展销会；按参展者国别划分有一国展销会和国际展销会（或国际博览会）；按时间划分有临时性展销会和永久性展销会；按参观对象划分有对商界开放的展销会和对社会开放的展览会，等等。例如，德国的汉诺威工业博览会是世界上最大的贸易博览会之一。2016 年，为期 5 天，以“产业集成化”为主题的汉诺威工业博览会（HANNOVER MESSE），吸引了来自世界 70 个国家和地区的 6 500 家厂商参展，接待观众达 22 万人次，其中专业观众的比例达到 96%。同时，还吸引了 40 个国家的近 3 000 名记者。有 5 000 多家展商通过展会找到了匹配的买家，被认为是联系全世界技术领域和商业领域的重要国际活动。巴黎的国际航空博览会是一个世界上最大的航空业的专业博览会。在德国每年大约要举办超过 150 场重要的国际性博览会，大约有 17 万参展商以及 14 万观众，皆堪称全球之最。在我国，著名的广交会为我国企业向国外客户展示和推销产品提供了难得的机会，在国内外享有很高的声誉。

博览会为来自世界各地的企业提供了一个交流信息达成交易的机会。在贸易博览会上，企业之间可以买卖商品，洽谈合同，因此，在企业的国际市场营销中，将它看成是一个基本的市场营销战略。通过博览会的方式，企业可以广泛结识较理想的代理商、经销商，并通过他们打入其所在国的市场。若企业有好的产品，在展览会上获奖更是可以大大地提高企业和产品的信誉，扩大其在国际上的影响，促进产品的出口。此外，博览会的方式还可以帮助企业了解本企业产品的国际市场行情，如产品质量、价格、包装及销售情况，竞争对手的产品情况，收集国际市场技术、经济等方面的信息,以便于及时调整或正确选择企业的国际市场营销策略。

五、各种奖券和优待券

奖券和优待券是企业向顾客发放的一种减价证明,持有这一证明,消费者在购买商品时可以得到优惠。奖券和优待券的发放途径很多,可以随上一次购物发放,鼓励连续购买,也可以随广告或采用其他方式赠送。国际市场营销中采用奖券和优待券的方式开展营业推广,要视不同国家的消费者对这一方式的接受程度而定,采用的方式也要有所差别。例如,在美国,奖券可以独立发放,而在加拿大则要夹在给零售商的广告中散发,在英国,奖券最常见的发放方式是随报纸和杂志赠送,而在许多欧洲国家,则较多地采用挨门挨户赠送的方式。

营业推广促销越来越引起一些国际性大公司的关注,他们投入巨额资金,希望产品尽快为顾客所接受。例如,一些著名的品牌,像联合利华、宝洁和雀巢等公司都积极地实施其营业推广计划。通常的做法是将资金投入和使用权交给当地的分支机构,由他们根据当地的客观环境制定营业推广计划,这样,可以充分地考虑和较好地适应当地消费者的品牌偏好、购买频率、使用数量、目标价位,以及市场的成熟度、对促销方式的接受程度、当地的法律法规等相关情况。有些国家的法律对营业推广手段有种种限制,比如禁止抽奖销售和赠送礼物;限制零售回扣金;在有些国家,营业推广要经批准才能进行;个别国家规定,竞争者不能用多于销售同一类产品的其他公司的费用进行营业推广。因此,在国际市场营销中采用营业推广手段进行促销时,一是要注意各国的法律限制,二是了解各国行之有效的方式,三是要加强与各国零售商的合作,这样国际营业推广才能起到良好的促销作用。

第五节　国际公共关系策略

公共关系是国际市场营销中一项重要的促销策略,它是企业为了获得公众的信赖,加深顾客的印象而采用的非付费方式的促销活动,公共关系旨在得到公众的理解和接受。近年来,人们对公共关系策略给予了高度的重视,在著名营销大师菲利普·科特勒提出的“大市场营销”的概念中,公共关系被提升为与传统的市场营销组合四因素并列的一个独立的营销组合因素,可见对公共关系的重视程度。公共关系采用非付费的新闻和宣传报道方式,建立企业和广告相关利益者的长期、稳固的关系,它不刻意追求短期利益,而是立足于长远目标和建立良好的企业形象。与其他的促销策略相比,它虽然采用非付费的方式,但往往更有效,特别是在提升公司形象,建立与顾客长期而稳定的关系方面作用更是突出。

在当今的国际促销中,公共关系发挥着越来越重要的作用,这是因为当今的国际市场商品繁多，消费者目不暇接；国际市场竞争激烈，供应商比比皆是；营销环节多，交易复杂；等等。在这样复杂的环境中从事市场营销活动，如果没有公共关系的配合与支持，就没有良好的企业形象，就很难占领市场和扩大销售。另外，目前许多西方国家的贸易保护主义盛行，公共关系也是冲破贸易保护主义、进入外国市场的有效手段。

一、国际公共关系的对象

公共关系，应该是全方位的公共关系，既包括对外的公共关系，又包括对内的公共关系，因而公共关系的对象可以分为两大类：一是企业对外的公共关系，二是企业对内的公共关系。

（一）对外的公共关系对象

企业对外的公共关系对象主要指与企业发生联系的各种类型的相关利益者，主要包括：消费者或用户、各种类型的中间商、各种媒体机构、金融机构、服务性机构、公众团体、社区公众、政府部门等。

1. 消费者或用户，包括企业在国际市场营销中面对的各种潜在的和现实的顾客，他们是企业赖以生存的市场基础，也是企业最重要的公共关系对象。只有赢得顾客的信任和喜爱，与他们建立和保持良好的客户关系，才能为企业的国际经营打下良好的基础。

2. 国际中间商，包括与企业发生业务往来的各种类型的中间商，主要有批发商、零售商、代理商、经销商、进出口商等。

3. 国际媒体机构，包括在目标市场国具有舆论宣传功能的各种报社、杂志社、广播电台、电视台等媒体机构。企业公共关系中针对媒体机构宣传面广、容易引起社会反响的特点，企业要尽力争取对自身有利的宣传和报道。

4. 国际金融机构，包括各类银行、投资公司、保险公司、证券交易所等，金融机构对企业获得资金支持关系重大，因此要保持与各类金融机构的良好关系，疏通企业的融资渠道。

5. 服务性机构，包括为企业国际市场营销活动提供服务的各种组织，如法律事务所、快递公司等。企业的业务经营往往借助于他们的活动才能顺利进行，搞好和他们的关系，有利于企业得到及时、周到的服务。

6. 国际公众团体，包括各级各类的消费者组织、环境保护组织及其他群众团体等。在西方国家，公众团体的力量很大，有时甚至能够影响政府的政策导向，企业在国际市场营销中，需要关注国际公众团体的活动，了解它们的需求和对消费需求的引导作用。

7. 社区公众，包括企业开展国际市场营销时所在社区的各种机构和个人，社区公众是企业赖以生存的环境，在社区中承担一定的责任，不因企业的行为而影响社区公众的利益是对企业的一个基本要求。得到社区公众的理解和支持，有利于企业实现长期稳定发展的目标。

8. 外国政府部门，包括国家的财政部门、税务部门、保险部门、劳动人事部门、立法部门、环保部门等，要熟悉这些政府部门的主要职责、管理权限和政策法规等。

（二）对内的公共关系对象

企业对内公共关系的主要对象是企业内部职工，主要包括公司的董事、经理、职员、工人等。这些人对企业的态度如何直接影响着企业与外部公众的关系，因此企业必须采取有效措施使他们热爱企业，忠于自己的工作。企业对内公共关系是建立对外公共关系的基础，也是企业创建有特色的企业文化，提高企业员工向心力的一个关键因素，要想赢得客户，首先必须赢得员工。

二、国际公共关系的类型

国际市场营销中，环境变化剧烈，企业应根据环境的变化特征和公共关系开展的不同程度，分别采取不同的公共关系策略。

（一）导入型公共关系

导入型公共关系是指国际市场营销活动中发生的企业和公众间关系的初始形态。这种形态一般发生在企业初建时期或新产品首次进入国外市场的时期。在这一时期，国际公关人员工作的主要任务是尽快提高企业和产品在该市场的知名度，形成目标市场国公众对企业和产品良好的第一印象。公关工作的重点在于宣传交际，向国外市场公众介绍企业及其产品和服务，使公众对新组织、新产品、新服务有所认识、引起兴趣，并努力结交朋友，尽量使更多的公众了解、理解、信任、支持企业和产品。

导入型公共关系一般借助于开业庆典、开业广告、新产品展销、新服务介绍、免费试用、免费招待参观、折价酬宾、赠送宣传品、参加社区活动等形式开展。导入型公共关系工作的关键是作好企业的整体形象定位。企业整体形象的定位包括企业的总体特征、内在特征、外在特征、CI 系统、企业文化的总体设计。此外，公共关系策略强调大力宣传企业形象和品牌形象，但要注意掌握分寸，不能脱离实际。过分注重营造公共关系气氛，而忽视企业自身建设，反而会背离公共关系的目标。

（二）稳定型公共关系

稳定型公共关系是指企业在国际市场营销活动中着重于与公众保持稳定、平衡的关系。在此关系状态下，国际公关工作的重点在于如何长期地维持这种良好关系。企业公关人员可根据公众的特点和需要，以及公共关系目标的要求，选择采取硬维系、软维系、强化维系的做法。

1. 硬维系。硬维系是指维系目的明确、主客双方都能理解意图的企业公关活动。这种做法是通过提供各种优惠服务吸引目标公众的再合作。比如，某企业宣布购买本企业产品超过一定数量者可得到企业免费赠送一定价值的礼品或服务等。这种做法适用于已经建立了购买和业务关系往来的组织和个人，通过优惠服务和感情联络来维系与公众的关系。

2. 软维系。软维系是指活动目的虽然明确,但表现形式却比较超脱的公共关系活动。它的目的是让公众不致淡忘企业。具体做法灵活多样,但要以低姿态宣传为主,如定期广告、组织报道、提供新闻图片等。这种做法是想保持企业和产品一定的提及率,使公众在不知不觉中了解企业的情况,加深对企业及其产品的印象。

3. 强化维系。强化维系是指通过进一步强化企业的良好形象来维系企业和公众间的关系。具体做法是以较高姿态的活动和宣传,如捐资办学,资助文体、公益活动等来进一步强化企业形象。

企业公关人员可以单独采用一种方法,也可以将不同方法加以合理组合。例如,通过强化维系,提高企业形象;通过软维系,向公众经常提示,使对其的关系不致被淡忘;通过硬维系,使公众得到实惠,从自身利益要求出发,去主动维持与企业的关系等。

(三)冲突型公共关系

冲突型公共关系是指在国际市场营销活动中发生在企业与环境或公众之间的摩擦和冲突状态。这种冲突可能表现为消费者的抱怨,也可能来自于竞争者的竞相压价,还可能是政府对企业某种行为的不满。

对于与公众的冲突,企业应给予足够的重视,否则就会酿成危机,陷入困境。雀巢公司在20世纪70年代就曾有过血的教训。当时,尽管雀巢公司在世界上享有很高的信誉,但对于社会上出现的雀巢食品中含有有毒物质,致使发展中国家婴儿死亡率上升的传言,雀巢公司却没有给予足够重视,听之任之,结果谣言蔓延,引发了一场世界性的抵制雀巢食品的运动。

对于与公众的冲突,企业应运用一切可以利用的手段,抓住一切有利的时机和条件,以积极主动的姿态调整自身的行为,改变处境,摆脱被动局面。具体做法有以下四种:

1. 创新。开拓新的领域,改变企业对环境的旧的依赖关系。可以采取研制新产品,开拓新市场,组建新的合作关系等方式,吸引更多的顾客群,建立新的联系。

2. 合作。主动交朋友,加入同业协会或搞协作性的交流会议,减少与竞争者的冲突、摩擦。

3. 转移。对于环境中的消极因素给企业带来的不利影响,企业可以采取迂回转移策略。比如,到企业拉赞助的人太多,企业难以承受,对此企业可以通过主动、定向地开展专项系列的公关活动,以回避其他的赞助要求。

4. 矫正。一旦发生冲突,出现危机,造成企业和产品形象受损时,应及时发现问题、纠正错误、改善不良形象。具体可以采取以下办法纠正不良形象:第一,用实际行动来矫正形象;第二,通过自我批评矫正形象;第三,借助权威来矫正形象,等等。

三、公共关系的活动方式

公共关系活动往往不是单纯而独立的活动，需要结合特定市场的营销目标加以设计。托马斯·哈雷斯曾提出了将公共关系与直接反应的市场营销策略相结合的模式。

实例 10－4：公共关系的五个方面

托马斯·哈雷斯在《营销者公共关系指南》一书中，提出了五个建议。

1. 在发布广告前，先刺激市场。新产品的发布能够为公众对产品的拥护提供一个独特的机会。因此，企业应该在新产品的广告推出之前，通过公共关系的方式传播有关新产品的知识。

2. 建立一个核心消费者资料库。由于保持一个客户比争取一个新客户的费用要小得多，因此要着力于保持顾客的忠诚。例如，通过建立俱乐部的形式，使消费者与企业之间的沟通更便利，增强顾客的忠诚度。

3. 同顾客建立直接的联系。例如，巴特鲍尔火鸡谈话网络，仅在 1992 年的 11 月到 12 月之间，就处理了 25 000 个电话，并将这些电话输入巴特鲍尔火鸡喜爱者的数据库中，企业经常与他们保持联系，使这些打电话者记住了该公司。

4. 将满意的顾客变成拥护者。

5. 影响有影响力的人物。具有影响力的人物可以是教师、医生、药剂师这样的权威人物，也可以是一些直接面对顾客的人，如售货员、美容师等服务人员。

一个企业的公共关系和企业的规模、活动范围、产品类别、产品的性质等因素密切相关，不可能有一个统一的模式。但概括起来，企业公共关系活动主要有对外的公共关系活动和对内的公共关系活动两大类。

（一）企业的对外公共关系活动

1. 赞助和支持各项公益活动。作为社会的一员，企业有义务在正常的范围内支持各项公益活动，如运动会、节日庆祝、基金捐献等等。由于这些活动为万众瞩目，各种新闻媒介会进行广泛的报道，因此企业能够从中得到特殊的利益，建立一心为大众服务的形象。但在实践中，企业应当注意自己的能力限度，以及活动的互惠性。企业进行海外市场营销时，利用公共关系的手段，赞助和支持公益事业的发展，可以增强公众的信赖感，消除抵制情绪，获得广泛的支持。例如，摩托罗拉公司为了在中国消费者中树立关心社会发展和儿童教育的形象，在贫困地区捐建希望小学，就是有效的公共关系活动。

2. 新闻宣传。国际市场营销中，公关人员的一项重要任务是发现和创造对企业及其产品或人员有利的新闻。新闻故事往往就存在于企业、人员及其活动中，如麦当劳的严格选料在一定区域、一定时间上就具有新闻性。对这类新闻，国际市场营销工作人员的主要责任在于挖掘和发现。公众总是更加相信有独立来源的客观报道，因此，企业应当争取一切机会和新闻界建立联系，及时将具有新闻价值的信息提供给报纸、电台等新闻媒介，加深顾客印象，鼓励推销人员及其他职工的工作热情。此外，争取宣传媒体采用宣传企业产品的新闻稿，也是市场营销人员的一项重要工作。另外，公共关系人员可以举办一些特定的事件或活动以创造新闻，如天津飞鸽自行车厂，为了在美国市场创品牌，借当时的美国总统老布什访华的机会，将飞鸽牌自行车作为礼物送给布什夫妇，当时国内外上百家新闻单位报道了这一新闻，起到了宣传企业及产品的作用。对于这类新闻，关键在于抓住机会，精心策划。

3. 利用大型国际活动。利用国际上有影响的重大活动开展公共关系是近年来引起企业重视的一个内容。国际的重大活动主要包括体育赛事、文艺活动和国际会议等。体育活动是一项激起人们民族精神，体现竞争意识的活动，如奥运会、世界杯足球赛等，抓住机会，通过赞助运动队、为大会提供设备和服务，可以展示企业的风采与实力。文艺活动主要包括电影节、服装节等活动，也是万众瞩目的事件，是企业开展国际公共关系活动的良好契机。利用国际会议的机会，开展企业的促销活动，也可以收到一定的效果。

4. 听取和处理公众意见。企业应当积极收集公众对经营、生产、技术、产品质量、销售等方面的意见和建议，及时将改进后的情况告知公众，并予以感谢。这样，既能满足公众要求，发扬诚实作风，又可以使顾客心满意足，密切企业与公众之间的关系。

5. 建立与各种公共关系对象的良好关系，主动向他们介绍企业的经营情况，听取他们的咨询意见，争取他们的支持。

6. 提供特种服务。企业的经营目的是在满足社会需要的基础上获得利润。为此，就应积极满足顾客的各种特殊需要，争取更大的长期利益。例如，为残疾人提供特别制作的产品和特殊的服务项目。

（二）建立企业内部的公共关系制度

企业应当关心职工的福利，鼓励他们努力工作。要开展针对职工家属等的公共关系活动，密切与社会各界的联系。企业拥有具有凝聚力和对企业负责的员工队伍，将对企业的长期发展，稳定海外市场，具有十分重要的意义。

本章小结

1. 国际促销策略是国际市场营销的一个重要组成部分，同时它又自成体系，需要促销的各个方面有机配合和协调。国际市场营销中，最值得关注的是国际市场信息沟通的过程和障碍因素。

2. 国际广告促销中涉及国际广告促销过程的内容主要有：设定国际广告促销的目标、广告创意、国际广告主题、广告构成要素要符合设计要求、广告设计与产品上市的不同阶段相联系、广告媒体、广告预算编制等。

3. 国际市场营销中还要处理好广告标准化和地域化问题，根据标准化和地域化的程度，国际广告可以分为三种类型：全球广告、区域广告和细分广告。

4. 国际人员推销策略是促销的一个重要方面，国际市场营销中推销人员的构成主要分为三类，即母国推销人员、目标市场国当地的推销人员和第三国的推销人员。

5. 国际市场营销中涉及推销人员的招募、培训等问题。

6. 国际市场营销的营业推广策略主要包括以下几个方面的内容：国外产品目录、样品展示、机构或公司出版物、交易会和展览会、各类奖券和优待券等。

7. 国际市场营销的公共关系策略在当今的国际促销中发挥着越来越重要的作用，需要企业做好对内、对外全方位的公共关系工作。

复习思考题

1. 试分析国际市场营销中信息的沟通过程和主要的障碍因素。
2. 企业如何进行国际广告规划？
3. 国际推销人员主要包括哪些类型？他们的特点是什么？
4. 国际公共关系的类型主要有哪些？

案例选编

可口可乐：品牌的国际化与本土化

风行全球100多年的可口可乐在欢乐的气泡声中继续演绎着自己的营销神话。这种冒着气泡、跟糖水差不多的产品几乎摘取了商业界的每一顶桂冠。作为全球最大的饮料公司、软饮料销售市场的领袖和先锋，可口可乐公司拥有世界最畅销汽水五大品牌中的4个——可口可乐、健怡可口可乐（Diet Coke）、芬达及雪碧。全世界共有200多个国家及地区的人正在享用这个公司提供的各种饮料，可口可乐公司产品的日饮用量超过10亿杯。可口可乐将美国文化兼容并蓄于各国不同的市场环境之中，使可口可乐成为人类进入工业化社会以来，最具有全球价值观的经典品牌。

一、让全世界的人都喝可口可乐

“让全世界的人都喝可口可乐”，“Think local，Act local”，可口可乐实现了全球化与本土化的完美结合。在一份珍贵的“可口可乐公司使命”文件中,记录着可口可乐的经营秘诀:“以可口可乐为核心,我们所拥有的是一个具有卓越品牌与服务的世界性系统。借由这一系统,我们的授权商与生意伙伴可把‘满意’与‘价值’传递给顾客与消费者。这么做,我们会强化在全球的‘品牌资产’。我们的目标很简单,就是要不断扩张我们的全球系统,以接触不断增加的消费者……让他们能时时享受我们的品牌及产品。”

20 世纪80 年代,时任可口可乐公司总裁罗伯特·戈伊苏埃塔在可口可乐公司的一份报告中指出:“展望21 世纪,我们的目标是继续赢得我们能够获得的成功。可口可乐目前似乎已经成为不少跨国公司的营销典范。我想强调这样一个道理,即我们越能让可口可乐出现在每一个角落,我们的事业就越能成功。”

《商业周刊》发表评论:“‘让全世界的人都喝可口可乐’,历任可口可乐的总裁们都把这句话视为圭臬,坚定不移地展开全球营销活动。在这一过程中,不时地闪烁出营销智慧的光芒。”

第二次世界大战结束以后,随着大批参战的美军回国,可口可乐公司在海外铺下的大摊子,原来是国防部的人力和财力作为军需生产维持的,现在要独立支撑,简直无法应付,海外市场面临着迅速萎缩的危险。在这种背景下,伍德鲁夫提出了“当地主义”政策,其主要原则是:

(1)在当地设立公司,所有员工都用当地人。

(2)由当地筹措资金,总公司原则是不出钱。

(3)除了可口可乐“秘密配方”的浓缩原汁以外,一切设备、材料、运输、销售等,都由当地人自制自办,总公司只提供技术服务。

(4)销售方针、生产技术、人员培训由总公司统一负责。

“当地主义”使可口可乐的海外市场得到了奇迹般地扩大。据统计,几十年来,可口可乐已经在全球借别人之力建起了1 200 多家装瓶厂。可口可乐公司这种既避免风险,又给人以利,共同开创事业的“当地主义”成为可口可乐的一大营销创新。

可口可乐根据不同的市场采取不同的营销方式,入乡随俗,将全球化与本土化相结合。在欧洲市场上,可口可乐公司努力使可口可乐在德国成为德国人喜爱的饮料,在法国成为法国人喜爱的饮料。在可口可乐进入英国市场时,考虑到在美国,可口可乐是典型的美国软饮料,与自由、解放和“美国梦”之间形成了强烈的品牌联想,这一市场定位当然不合保守的英国消费者的口味,因此可口可乐在英国市场上的品牌个性更多地体现为生活愉快、爱情幸福,而不刻意强调它的美国血统。在一般情况下,欧洲人通常不认为可口可乐是美国货,而视它为本国文化和生活环境的一部分。

可口可乐的本地化策略的核心是“2L 3O”,即长期(Long term)、本地化(Local)、信心(Optimism)、机会(Opportunity)、公民责任(Obligation)。以这些理念为基础,可口可乐的本土化策略获得了极大的成功。但是,可口可乐并没有死守这些原则不放,又在全球第一个提出了"Think local,Act local"的本土化思想,其要点是应本土的需要作相关的决定。可口可乐公司的230多个品牌中,绝大部分是区域性品牌。可口可乐印度分公司推出了具有本地特色的冰茶、冰咖啡、牛奶、矿泉水和一系列果汁饮品,以丰富当地市场。在促销方式上,可口可乐也逐渐改变了以往的全球统一的传统,广告、促销等活动由当地公司负责筹划实施。

在本土化的过程中,全球各公司的行动也并非完全独立,各分公司之间也可实行资源共享。可口可乐在美国、德国和日本设立了研究开发中心,进行新产品的研究开发。由于可口可乐内部实现了充分的"资源共享",世界各地开发成功的产品都可以互相引进,并根据当地市场需求和消费者习惯进行调整,从而使系统内成功的好产品与全世界的消费者共同分享,这把国际品牌本土化反了过来,可口可乐公司把它叫作"本土品牌国际化"。

二、国际品牌中国化

可口可乐一度希望全球化,但今天,其一改"给世界一罐可口可乐"的风格,在全球力推"本地思维化,本地化营销"的市场策略,调动运用全球不同的资源,使可口可乐品牌散发多元化的活力,并根据不同国家人们的口味"量身定做"饮料。可以说,今天的可口可乐变得越来越"土",这样的做法是否有损可口可乐"国际一流品牌"的形象呢?从其在中国市场的运作看,可口可乐的"本土化"进程的确是"因地制宜"的,也是非常成功的。

(一)泥娃娃阿福拜年,十二生肖贺岁

2001年春节期间,人们在电视上看到了可口可乐的新广告:一个富有中国特色的北方小农村覆盖着新年的冬雪,泥娃娃造型的一家人准备迎接新年。一对可爱的小兄妹正在贴对联,可是门太高了,他们使劲也够不着,雪团掉下来砸在他们的小脸上……爸爸妈妈听到了门外的声音,走出来鼓励小兄妹加油。美味怡神的可口可乐终于令他们想出了解决办法,最后全家人一起在新年的鞭炮声中欢庆新年。春节市场上,人们在选择经济实惠的大瓶可口可乐时,发现包装已换为一款乡土味很重的画面:电视广告上贴对联的小兄妹泥娃娃"阿福"不再抱大鱼,而是抱着可口可乐给大家拜年。金童玉女,笑容可掬,在新春热闹的市场上显得亲切醒目。可口可乐中国有限公司总裁可安先生介绍,可口可乐这次推出"阿福"新年特别包装之前,曾就若干不同中国新年主题进行了广泛的调查,结果发现喜气洋洋的泥娃娃"阿福"形象深受中国消费者的喜爱和推崇。因此,可口可乐新年期间推出"阿福"特别包装,正是取其"年庆有余,岁岁添欢乐"的寓意,将可口可乐与中国文化相结合,希望以新年吉祥的本土形象达到与消费者进一步沟通的效果。据了解,可口可乐的"阿福"使用至2月中旬即告"退休",而次年春节还会有新的中国化形象。

在泥娃娃"阿福"新年特别大瓶包装上市不久,可口可乐公司又推出一款12生肖新包装——在一套12听装的可口可乐包装上印制"魔术蛇""正义狗""柔道虎"

等具有个性的12生肖形象。此次是可口可乐公司首次在全球应用中国文化设计的纪念性包装。“大阿福”“12生肖”，可口可乐为中国新年推出的贺岁之作可谓独具匠心。

（二）特制“金罐”庆祝北京申奥成功

2001年7月13日，一个不寐之夜，当13亿中国人期盼萨马兰奇口中那个一字定乾坤的“Beijing”时，可口可乐公司的几辆送货车正衔枚疾走，潜行在北京的街道上，他们的目的地是分别坐落在北京东南西北的几座大型超市，为的是赶在第二天大清早超市开门前将一种庆祝北京申奥成功的特制“金罐”饮料摆上货架。第二天一大早，北京各主要超市的可口可乐包装全部穿上了“喜庆装”。可口可乐的这款申奥成功特别纪念金罐，以代表喜庆的金红两色作为主调，加入了长城、天坛等北京的代表性建筑以及各种运动画面，在罐身图案中央，可口可乐从古典弧形瓶口飞溅而出，与中国人民一道庆祝北京申奥成功这一历史时刻。

（三）形象代言人：华人新生代偶像闪亮登场

众所周知，可口可乐一贯采用的是无差异市场涵盖策略，目标客户显得比较广泛。近来，这一策略已经有调整，可口可乐把广告的受众集中到年轻人身上，广告画面以活力充沛的健康青年形象为主题，“活力永远是可口可乐”成为其最新的广告语。可口可乐公司在100多个国家研究发现，年轻人现在最流行的东西是酷，而酷表达出来，就是独特的、新潮的、有内涵的、有风格创意的意思。1999年，可口可乐先是起用张惠妹，这个女歌手泼辣、野性、“妹”力四射，赢得了一大批青少年的喜爱，然后由新生代偶像谢霆锋出任可口可乐数码精英总动员。2001年又推出当红偶像张柏芝，作为可口可乐夏季市场推广活动的形象代言人，紧接着就是跳水明星、三届奥运冠军得主、中国跳水皇后伏明霞与可口可乐签约，成为新世纪“雪碧”品牌在中国的第一位广告代言人。电视广告中伏明霞从千米高空的飞机上腾空跃起，落在晶莹剔透的冰雪中，暗示了雪碧的清新凉爽。据称，起用华人新生代偶像做宣传之后，可口可乐在中国的销售增长了24%。

（四）牵手国产品牌，联袂开拓市场

2000年夏天，可口可乐与在北京小食品天地雄居一方的“大家宝”薯片联袂登场，共用标识，实行“捆绑式”销售。可口可乐是微甜的饮料，“大家宝”是微咸的休闲食品，二者在口感上相互搭配，双方声称“绝妙搭配好滋味”。双方的联手已经在全国20多个大城市展开，这样大规模的合作是可口可乐在中国市场的第一次。可口可乐方面称其新的业务模式很重要的一点就是本地化，从本地出发，去想去做，因地制宜。2000年，可口可乐牵手联想，2001年，可口可乐牵手方正，先后推出“可口可乐——联想·数码精英总动员”“可口可乐——方正电脑·动感互联你我他”市场推广活动，广告轰炸，网上直播，数字化生存，互动式交流，可口可乐借此又巩固了自己在网络时代的品牌形象。

可口可乐不愧为世界第一品牌，具有长期的战略眼光。为了长期保持在中国软饮料市场的霸主地位，它的广告策略可以放弃美国思维，而主动融合中国本土观念。这种本土化策略，受到了中国民众的欢迎。据中央电视台调查咨询中心的数据，可口可乐已连续7年在市场占有率、最佳品牌认同比例和品牌知名度上名列第一，中国现在有90%的消费者认识可口可乐。可口可乐的广告本土化策略值得欲进入中国市场的外国品牌借鉴，作为本土化策略的榜样，可口可乐列为十佳广告策略排行榜第二名当之无愧。

（资料来源：1. 圣才学习网，www.100xuexi.com，2010年8月16日。
2. 靳涛，可口可乐广告　国际品牌中国化——可口可乐的本土化策略，http://yl-dg.blog.sohu.com，2007年6月23日。）

思考题

结合案例，分析可口可乐公司国际化成功的主要原因及对中国企业的启示。

第十一章

国际市场营销管理

★ 本章要点及学习要求 ★

企业开展国际市场营销活动的过程就是制定和实施市场营销战略的过程，在这一过程中，需要有效的管理。国际市场营销管理是指企业为了满足国外消费者和用户的需要，并达到获取利润的目的，而对企业与国际市场有关的各种活动进行计划、组织、指挥、协调和控制的过程。

本章主要分析企业对国际市场营销活动的管理问题，并且将侧重点放在组织、计划和控制三个方面。通过本章的学习，要求：

1. 掌握传统的国际市场营销的组织演变过程；
2. 了解新型全球性组织结构的不同类型、影响新型全球性组织结构选择的因素等方面的知识；
3. 掌握国际市场营销计划的内容和国际市场营销计划的编制程序；
4. 掌握国际市场营销控制的模式、国际市场营销控制过程和国际市场营销控制的内容等方面的知识。

第一节　国际市场营销组织

组织是指企业在合理地利用各项资源实现企业目标的过程中设置的企业内部结构。企业组织工作的根本目的就是充分利用各种资源，达到最佳的效率和效益。合理的组织有利于市场营销人员的相互协调和合作，保证企业各项战略的实施，设计合理的组织结构是有效管理的基础。

从事国际市场营销的企业，面临着国际市场营销组织的合理布局和有效管理的问题。要想在竞争激烈的国际市场上立于不败之地，就必须尽可能地适应公司所在地不同的社会、政治、经济和文化环境，同时又要建立强有力的公司总部，对全公司的经营活动进行统一的协调和控制，以最大限度地利用企业的资源。国际市场营销组织的目标是要避免企业组织机构的重复设置，使企业的资源达到最佳的配置，发挥最佳的效能。

一、国际市场营销组织结构的演变

从事国际市场营销的企业在其发展的不同阶段，国外业务的比重都在发生变化。为了适应企业国际业务发展变化的特点，市场营销组织结构也要作相应的调整与改变。传统的国际市场营销组织结构主要有出口部、海外子公司、国际业务部三种类型。

（一）出口部

当企业的产品有外国需求者时，企业初涉国际市场，通常采用将货物运往国外的简单办法，组成一个专门从事出口业务的部门，这是国际市场营销的原始组织形式。最初的出口部只有少量的业务，人员的设置也十分简单。随着出口业务的增多，出口部的规模也相应扩大，承担的职能也趋于复杂。当出口部的业务范围扩大到包括多种市场营销服务时，就要求出口部有自己的专业人员，在寻求市场方面更独立、更主动、更富进取精神，业务也更熟悉，效率更高。这时就需要设置功能较为齐全的出口部，以便于统一协调和处理企业的出口活动。出口部的结构设置（如图11－1所示），应便于经理人员积累国际营销经验，减少管理障碍，抓住有利时机，扩展业务。出口部形式的不足之处在于，它涉及的国际业务范围十分有限，如果企业在更深程度上参与国际市场营销，如在海外进行技术转让、建立合资企业或独资企业等，出口部的形式就不能适应要求了。这时应该采用其他组织形式来管理已经发展了的国际市场营销业务。

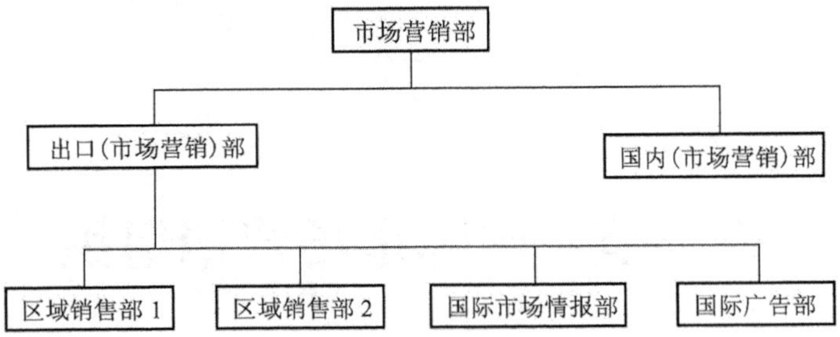

图11－1　出口部组织结构图

（二）海外子公司

随着企业在国际市场销售数额的增大和业务领域的扩展，要求出口部的规模和承担的职能相应地增加，这时只有将各种市场营销服务内容都包括在内，才能适应积极向外扩大销售的需要。如果企业已在国外拥有合资企业或已直接投资设厂，那么出口部这样的机构也就不再胜任了。当企业的国际市场营销业务由单纯的产品出口发展到在国外生产和销售之后,企业在海外设立分公司就成为发展的必然。海外子公司是公司在海外设立的分支机构,由公司总部直接在海外设立,接受垂直领导。海外子公司的组织结构中,海外子公司的生产和经营活动是独立的,公司总部的管理职能部门,如生产、营销、财务、人事等不参与国外子公司的经营决策。

1. 海外子公司的优点。其优点主要如下。

(1)可以为企业积累海外经营的经验。一些企业最初设立海外子公司时往往有偶然的成分,并没有周密的计划和整体的战略决策。借助海外子公司的窗口作用,企业的视野大大扩展,有机会接触世界上先进的经营和管理方式,积累跨国经营的经验,这就会为企业的市场拓展、实现经营上的国际化,打下良好的基础。

(2)更好地开展国际市场营销活动。企业的国外子公司作为一个独立的机构在特定环境中从事经营活动,可以迅速调整营销策略以满足国际市场的要求。国外子公司可以吸收当地资本,为当地提供就业机会,减少目标市场国的抵触情绪。所有这些都有助于企业在目标市场国开展市场营销活动。

(3)战略决策的及时性。在企业总经理与海外子公司之间不存在中间层次的情况下,总经理可以直接参与每个海外子公司的战略决策,从而使母公司与海外子公司之间在战略目标和策略方面得到较好的协调。

2. 国外子公司的缺陷。其缺陷体现在以下几方面。

子公司作出决策时往往只着眼于本公司的利益,难以认识到母公司的整体利益;由于在母公司总部无专门机构进行联系,子公司特别是较小的子公司容易被母公司忽视,不能及时了解公司总部的有关信息,并难以得到总部在资源、技术等方面的支持;此外,公司总部因无专门机构了解分析国外经营情况,往往根据国内经营状况和思维方式,作出不恰当的估计,发出不适宜的指令。

子公司的组织结构适合在母公司规模不大、海外子公司数目少且分布在邻近国家时采用,其组织结构如图 11 - 2 所示。

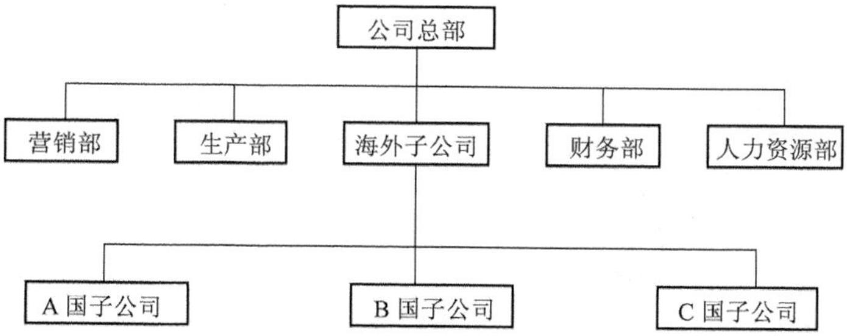

图 11 - 2 国外子公司的组织结构图

(三)国际业务部

随着企业国际业务的不断增加,企业对海外子公司的协调和指挥越来越复杂。

这时,单凭公司总经理负责国际业务已经难以适应,需要成立一个国际业务部,全面负责企业不断扩大的国际业务的要求。国际业务部由国际经营管理专家和其他相关人员组成,设有与公司总部的职能部门基本对应的职能部门,负责公司所有的国际业务。国际业务部的主要权限包括:协调企业的海外经营业务,监督海外企业的建立和经营,统辖整个企业的商品输出和劳务输出;协调和处理各子公司之间的矛盾和冲突,为各海外子公司制定全球战略和经营政策;为各子公司筹措贷款,以及提供各类技术情报和信息等。总之,国际业务部的任务就是通过综合挖掘国际市场营销中的潜力来提高整个企业的经营效益。

1. 国际业务部的优点。其优点主要如下。

(1)在企业内部建立了正规的管理和沟通国际业务的机制。国际业务部由一名副总经理或相应级别的高层领导牵头,向上对总经理负责,向下直接管理或协调本企业在海外各国的业务活动,并通过本部所设的职能机构进行深层次的沟通与联系工作,使国际业务管理走上正规化的轨道,从而避免了海外子公司结构中,个人直接控制所存在的感情用事或力不从心的缺陷。

(2)协调各海外子公司的活动。可以通过协调各海外子公司的活动,使总公司的总体业绩最优。例如,在各子公司之间存在产品和劳务转移的情况下,国际业务部可通过转移定价和引导物流的方式,减少企业的总体税负,而这在子公司组织结构中是很难做到的,因为这需要人为调整各子公司的利润。又如,在许多情况下,子公司往往倾向于用剩余生产能力生产产品出口,而不问其他子公司制造同样产品的成本是否更低。通过国际业务部的集中控制,就可以使出口产品的生产任务落到低成本的子公司头上,从而使企业总体利润水平提高,避免子公司之间的相互竞争。

(3)进行资源的综合调配。国际业务部成立之后,企业可以根据需要,在国内业务和国际业务之间进行资源的合理安排。同时,国际业务部又可以在各海外子公司之间进行资源的合理调度和使用。例如,由国际业务部统一筹措资金,比起由各海外子公司仅依靠东道国市场自行筹措资金要容易,并且可以使企业能够选择最低的利息支出水平。

(4)有利于形成统一的国际市场经营理念。从事国际市场营销的企业在国际市场营销活动中的成败,并非取决于单个产品或服务项目,而是取决于企业各类产品的合理搭配和系统控制,将力量集中于最能获利的产品项目上,形成一个整体。国际业务部能够比较敏捷地捕捉世界经济发展中的机遇,有利于形成企业对国际市场的全面看法,并制定相应的策略。

(5)有利于协调国内业务和国际业务之间的关系。在不设立国际业务部的情况下,面对许多国内业务,公司往往忽视国际业务,从而不利于国外业务的发展。另外,包括董事会在内的许多公司高层领导者,由于缺乏必要的知识和洞察力,难以对国际经营环境作出充分全面的研究和判断。设立国际业务部,授予它一定的权限,并将其负责人列入最高领导层,有利于信息的传递,加强对国际市场上各种因素的研究，这就为企业作出全局性的战略安排，更好地协调国内业务和国际业务的关系创造了条件。

2. 国际业务部的缺陷。其缺陷体现在以下几方面。

(1)国际业务部协调和支持国外经营活动的能力有限。在这种组织结构中，国内各部门依然占据主体地位，它们掌握了大量资源，国际业务部无权支配。一般情况下，国际业务部在海外生产的产品，国内某一部门也生产，如果没有国内业务部门的支持与帮助，国际业务部就会在海外失去竞争优势。

(2)容易形成国际业务部门与国内业务部门之间的冲突。在这种组织结构中，国内部门与国际部门分立，自成系统，它们的目标和利害关系互不一致。国内部门将眼光放在国内业务上，而国际业务部门则着眼于国际市场的发展，这就造成了高层管理队伍中国际和国内的分割，利益、观念的冲突等问题。两类高层管理人员的经历和教育背景不同将会进一步加剧这种冲突。

(3)机构重叠。国际业务部为了改变力量相对单薄、在许多方面仰仗于国内有关业务部门的局面，往往倾向于增设机构，扩充队伍，结果是容易造成与整个公司机构的重叠。

(4)子公司的灵活性和竞争能力受到一定程度的限制。这种组织结构由国际业务部统一制定海外经营业务的决策，限制了子公司的独立经营。又由于海外子公司经常要向国际业务部请示和汇报，情报的往返容易造成时间上的延误，不利于子公司生产效率的提高以及掌握时机采取新的行动和应变措施等，使公司遭受损失。

(5)在利润分配问题上容易产生矛盾。国际业务部介于国内产品部和国外市场之间，转移价格的高低会直接影响利润在国内和国际业务部门之间的分配。

国际业务部的组织结构如图 11－3 所示，这种组织结构比较适合开展国际性生产经营不久、产品标准化程度高、地区分布不广，市场基本特点相同以及技术变化不大的国际市场营销企业。这样的企业立足于国内的生产和经营，一旦国外的业务得以发展，市场、产品、技术等变化很大时，国际业务部就显得难以应付。

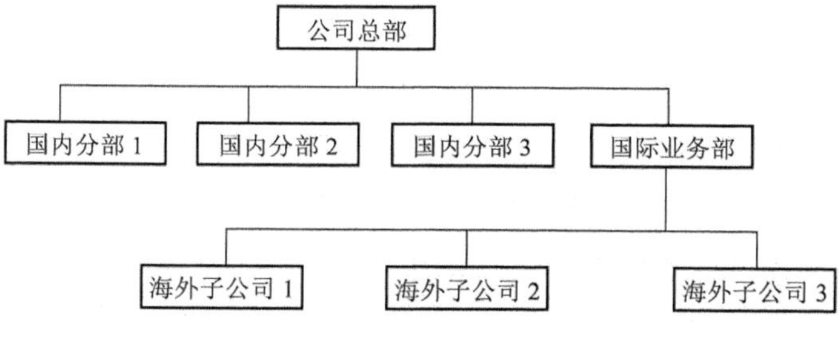

图 11－3　国际业务部组织结构图

国际业务部这种组织结构发展之后，也可以由原来的非独立核算形式，扩展成为母公司独资、具有在海外独立法人地位的子公司。

二、新型全球性组织结构

国际业务部结构的重要特点是将企业分为国内部分和海外部分，这就不免产生相互争夺资源和业务的情形。随着国外业务的扩展，两者之间的冲突越来越大，迫使企业放弃国际业务部的形式，将国内经营与国外经营融为一体，转向全球性组织结构。全球性组织结构是在传统的国际市场营销组织的基础上发展起来的，是一种基于全球眼光的组织结构方式。所谓全球性组织结构是指由总公司最高领导层来制定企业总的经营目标和战略，在各业务部门之间合理地分配资源，并建立一套有效的联络、协调和控制系统，在全球范围内组织和管理业务。公司没有必要区分国内业务和国际业务，它们都是公司全球业务的组成部分，总部密切注视世界范围政治经济发展变化的趋势，对企业整体发展起指导、协调和控制作用。

全球性组织结构与国际业务部结构相比的特点表现为把国内和国外的经营决策权都集中在总部，总部不再局限于国内经营决策，而是把国内与国外两者统一结合为一个整体，总部的任何一个部门都是从世界范围的角度设置的，既管理国内分支机构，又管理国外分支机构，这样就为国际企业实施全球战略提供了组织条件。显然，这种组织机构是与企业国际经营的全球化阶段相联系的。

全球性组织结构大体上可分为以下五种形式：全球职能型组织结构、全球地区型组织结构、全球产品型组织结构、全球混合型组织结构和全球矩阵型组织结构。

（一）全球职能型组织结构

全球职能型组织结构是欧洲的国际型企业广为采用的一种传统的组织形式。这种结构是根据各种不同的职能，在母公司总部之下设立若干分部，各分部之间相互依存度较高并由母公司总部协调相互间的关系，是一种决策权高度集中于母公司的组织形式。典型的职能型结构是按照生产、市场营销、财务等职能来划分的。这些管理部门的业务是包括国内业务在内的世界性业务。例如，市场营销部不仅负责国内市场的营销，而且对企业在国外市场上的销售公司和经销商实行直接控制。此外，市场营销部还负责与企业所属的生产部门进行销售管理方面的协调工作。生产部通常对本企业设在国内的工厂进行产品分类控制，并负责制定产品在国际市场上的标准，进行产品质量控制和新产品的开发研制以及对国外子公司进行综合生产管理等。

1. 全球职能型组织结构的优点。其优点主要如下。

(1)有利于提高职能部门工作的专业化水平。这种组织形式根据主要业务活动的要求来划分和规定工作职责，公司总部对各职能部门的控制比较严格，使各职能部门的知识和经验应用于世界范围，充分发挥专业化分工的特点，有利于增强企业在世界范围内的竞争力。

(2)有利于减少管理层次，避免机构和人员重叠。这种结构形式强调集中控制，即由专业化经理对整个公司进行直线控制，因而机构重复较少，所需配备的管理人员也相对较少。

(3)有利于加强公司的统一成本核算和利润考核。在这种组织形式下,成本的核算和利润的考核主要集中在公司上层,子公司不存在利润核算问题,因而不但不存在各个利润中心彼此冲突的问题,而且还会鼓励各子公司及其他附属机构都关心公司的整体利益。

2. 全球职能型组织机构的缺陷。其缺陷主要体现在以下几方面。

(1)不利于企业开展多种经营、拓展业务范围。全球职能型组织结构的致命弱点是不利于企业开展多种经营。这种组织形式使得企业必须对各种事务进行分项管理,把它们分散到各职能部门中,这就要求各职能部门都应具有熟悉本企业不同专业知识的管理人员。

(2)各职能部门之间缺乏横向联系和协调,容易形成多重领导的现象。全球职能型组织结构不利于部门之间的横向联系,例如,这种组织形式使得企业的生产和销售相互脱节,因此企业最高决策层不得不花费大量时间来解决设在不同国家的销售部门和生产部门之间的冲突。

(3)不利于企业经营活动的地域扩张。按职能活动划分部门,使得地区间的协调相当困难,在一个地区范围内,如果职能部门间发生矛盾,无法就地解决,只能交到上一层职能部门去解决,这样就增加了管理和协调的难度。

(4)对国际经营环境的预测缺乏一致性。每一职能部门都从本部门的角度对经营环境作出评价和分析,预测企业经营活动的前景,这样,各部门的分析和预测结果之间往往存在很大差异。

全球职能型机构如图 11 -4 所示,这种组织结构比较适合那些规模较小、业务类型结构单一、市场相对集中、销售限制较少的国际性企业。此外,还适合一些规模虽然较大,但技术特点使企业各职能部门的内部依存程度较高、要求集中管理的国际企业。

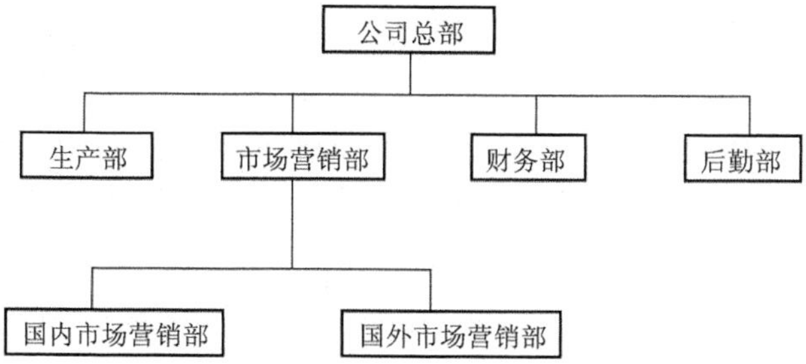

图 11 -4　全球职能型组织结构图

(二)全球地区型组织结构

全球地区型组织结构以销售机构所在地区或顾客的地理分布为标准来设置。地区经理负责该企业在世界某一地区的经营活动,总部负责全球的经营计划与控制。每一个地区性经理均有管理的所有主要职能,因而可以在该部主管的区域内负责协调销售、生产和财务等方面的工作。在组织结构上采取以地区为中心的国际性公司,其国内经营部分只是公司的许多不同的地区性分支机构中的一个。

1. 全球地区型组织结构的优点。其优点主要如下。

(1)有利于提高管理效率。全球地区型组织结构以地区为单位,强调在地区内的权力,将公司战略任务分配到各个地区,可以减轻公司上层管理者管理全球业务的压力,从而使高层领导者有更多的时间和精力处理公司重大的战略性问题,加快处理的进程。

(2)有利于地区内部各子公司之间的协调。以地区为标准规划企业的营销组织,有利于地区内部各子公司之间的协调。因为,地区性组织中每一个地区就是一个相对独立的利益共同体。

(3)有利于增强环境适应性。地区型组织结构为熟悉和掌握每一地区的经营环境提供了方便,公司可以针对地区性经营环境的变化改进产品的生产和销售方式,加强区域内各职能部门和子公司的联系和协调,从而充分利用地区内国家的丰富资源和优惠条件。

2. 全球地区型组织结构的缺陷。其缺陷主要体现在以下几方面。

(1)不利于实施整体战略。各地区分部往往从本地区的利益出发考虑问题和开展工作,不利于企业整体经营战略的实施。

(2)不利于地区之间生产要素的流动。地区之间缺乏横向联系,不利于公司产品、技术和资金等生产要素在区域间流动。例如,这种组织形式既不能协调多种产品的经营活动,把新产品设计和生产技术从一个地区转移到另一个地区,又不能高效率地把产品从生产地转移到世界各地的市场上去,因而很难适应产品的多样化发展要求。

(3)人员和机构的重叠。地区分部型结构容易造成企业内部在人员和机构上的重叠,从而大幅度增加企业的管理成本。

全球地区型的组织结构如图 11 -5 所示,这种组织结构比较适合产品品种少、技术不太复杂,以及市场销售条件、技术基础、制造方法比较接近,而地区分布较广的国际性企业。从行业上看,食品、制药及石油等国际性行业采用这种结构的较多,而高技术产品不适合采用纯粹的地区结构,因为要招募同时懂得多种高技术产

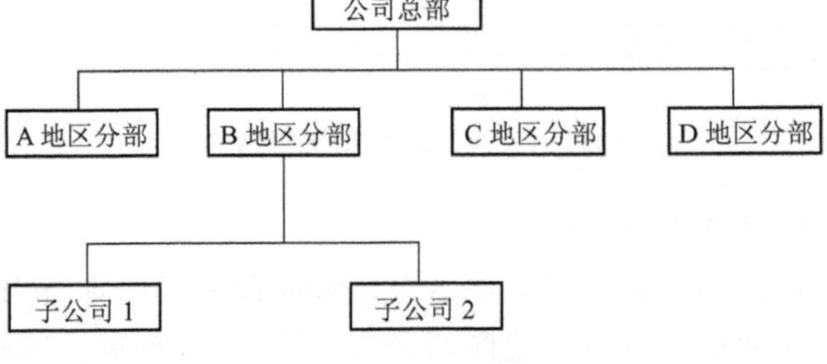

图 11 -5　全球地区型组织结构图

品技术的销售人才和技术人才是十分困难的,并且世界各国经济发展水平的差异很大,不同区域对高技术产品需求的规模也相距甚远,采用地区型结构时很难保证各区域销售额基本平衡,而这种平衡又是维持地区型结构效益所需要的。

(三)全球产品型组织结构

全球产品型组织结构如图 11 –6 所示,这种组织结构指按产品的种类或产品线设立部门。每个产品分部都负责该类产品的全球经营活动,各产品分部不但负责生产该类产品的国外各子公司,而且还要负责国内子公司。在这种组织机构下,由公司总部首先确定公司的总目标和策略,各产品部门再根据总目标制订计划。在这种组织结构中,衡量每个产品分部及经理工作的好坏,主要取决于其产品赢利的大小及其在国际市场上竞争能力的大小。

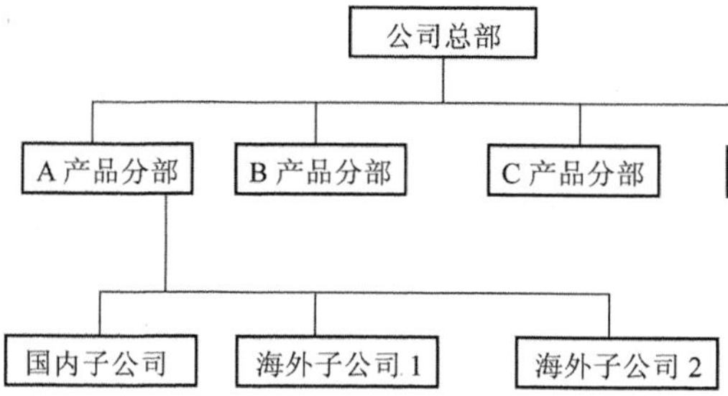

图 11 –6　全球产品型组织结构图

1. 全球产品型组织结构的优点。其优点主要如下。

(1)能够把国内业务和国际业务更紧密地结合起来。这种形式有利于将国内和国际业务统筹安排,产品部门经理关心的是整个部门的总利润,而不是利润来自国内还是国外。

(2)有利于开拓国际市场。这种组织形式把企业各部门的注意力集中于产品技术和开拓市场上,有利于促进新产品的研制和开发,充分发挥产品生产的技术优势,及时了解世界各地有关产品方面的竞争动态,共同开拓国际市场。

2. 全球产品型组织结构的缺陷。其缺陷主要体现在以下几方面。

(1)机构和人员重叠。这种组织形式意味着企业将随产品种类的不同而在各个地区建立多个相同机构,导致机构设置重叠和管理人员的浪费。

(2)不利于各部门之间的协调。在同一地区各产品部之间协调比较困难,因为在这种结构中,地区不作为利润中心,难以对该地区范围内不同产品的营销活动作出及时有效的调整。

(3)产品知识不能有效地分享。各产品分部之间缺乏联系,导致产品知识分散化,各产品部门自成体系,从而造成人财物等资源的浪费。

全球产品型组织结构适合:产品多样化、从事大量研究开发工作的国际性企业;产品的最终用户市场之间存在着较大差异的国际性企业;需要具备较高技术能力的国际性企业等。全球产品型组织结构是国际企业广泛采取的组织形式,随着国际市场营销环境的变化,企业要不断收集国际市场的信息、开展国际市场调研活动,进行有效的市场细分,并为不同的细分市场设计出符合各自特点的新产品。

（四）全球混合型组织结构

全球混合型组织结构如图 11－7 所示,这种组织结构是按产品、地区或职能中的两个或三个因素混合设立部门,分别主持协调一部分世界范围的经营活动。每个部门各由一名副总经理负责,他们分管一个方面,并直接向总经理报告。全球混合型组织机构弥补了单项组织机构中存在的不足,因此是一种综合型的组织结构。

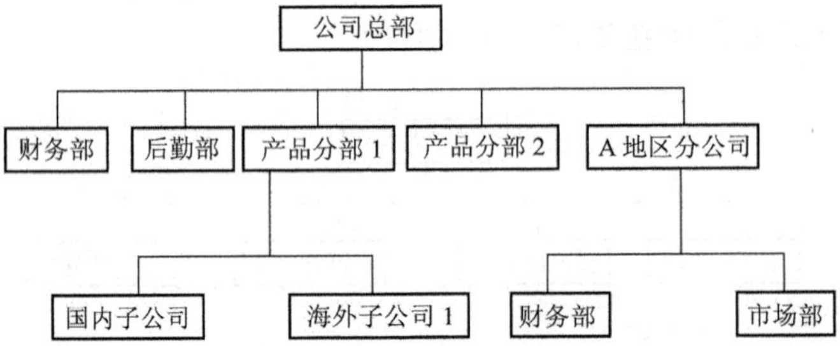

图 11－7　全球混合型组织结构图

1. 全球混合型组织结构的优点。全球混合型组织结构有利于国际性企业根据特殊的需要,选择不同要素加以组合建立机构,并且还可以根据国际经营环境的变化和业务活动的发展,及时调整组织结构。

2. 全球混合型组织结构的缺陷。这种组织结构不够规范化,有的根据职能、有的可能根据产品组成开展国际营销的部门,头绪复杂,容易造成管理上的混乱。各部门之间由于差异很大,不利于部门的合作与协调,并且这种组织机构还使企业难以树立完整的形象。因此,它较适合处于过渡、调整阶段的国际企业开展营销活动。

（五）全球矩阵型组织结构

全球矩阵型组织结构如图 11－8 所示,这是一种复杂的组织结构,在这种结构中,总公司通过职能分部、产品分部和地区分部三方面机构相互协调,来实现对国外子公司的领导和控制。全球矩阵型结构和全球混合型结构虽然都是按多项因素划分部门的,但它们的组合方式存在着明显的差别:混合结构的部门分别各自控制一部分世界范围的子公司,仍属单个指挥系统,其信息传递是通过单渠道进行的。矩阵式结构的各部门是交叉管理,共同控制国内外子公司,属于多重指挥系统,其信息传递是通过多渠道进行的。

全球矩阵型组织结构的运转程序是:国内外各子公司受两个或多个矩阵部门控制,并分别向它们汇报。两个或多个矩阵部门共同担负对子公司的领导权,分头工作,制定本部门的战略。最后,由公司的最高管理机构统一管理。

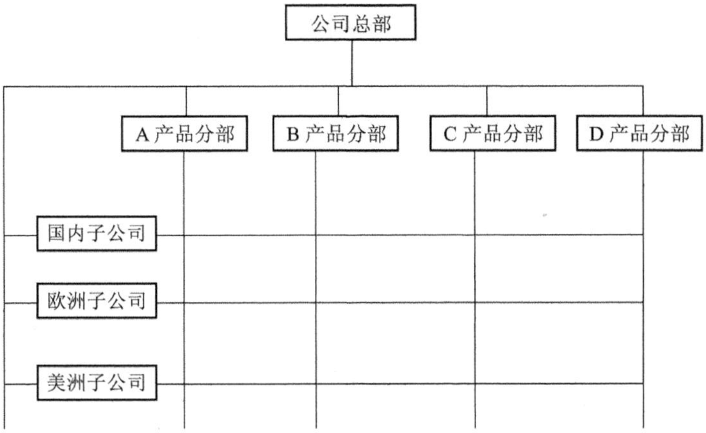

图 11-8 全球矩阵型组织结构图

1. 全球矩阵型组织结构的优点。其优点主要包括以下几个。

(1)能够灵活应变。全球矩阵型组织结构能综合处理生产经营各个环节与各国外市场特殊的经营环境中所发生的各种状况。国际企业的经营活动经常受到来自几个层面的压力,如产品竞争的压力、技术发展的压力、各国目标市场的压力、东道国政府的压力等。如果只按产品来划分部门,那么,就可能难以保持产品的竞争地位,而建立矩阵式结构则可以解决上述矛盾。全球矩阵型组织结构具有较强的应变能力,便于提高决策的质量。出现矛盾时,矩阵型组织结构能从产品、地区、国家几方面作出迅速反应。由于结构内信息是多渠道、多方向传递的,决策者可以了解产品及市场各方面的压力,得到不同部门的观点,相互印证,并进行比较和取舍,选择最佳方案,提高决策的质量。

(2)促进协调与合作。全球矩阵型组织结构能够促进各层次、各部门管理的协调与合作。在矩阵式结构下,各部门共同担负对子公司的领导权,公司的重大决策是由各个矩阵部门的专家和管理人员共同讨论作出的,可以克服企业内各部门之间的矛盾,充分调动各方面人员的积极性,从而促进各层次、各部门管理人员之间的协调与配合。

2. 全球矩阵型组织结构的缺陷。其缺陷主要有以下几方面。

(1)互相推诿责任,降低工作效率。全球矩阵型组织结构打破了传统的统一指挥原则,引入多头领导系统,若处理不当,可能会导致多头领导,互相推诿责任,从而降低工作效率。

(2)不利于协调一致。矩阵型组织结构的复杂性使得各层次、各部门的关系和利益难以完全协调一致,经理之间容易产生矛盾和分歧。若处理不当,可能造成无政府状态,影响公司战略目标的实现。

(3)机构庞大,运行的成本高。在矩阵组织中,有些经理权力欲过强,他们可能凌驾于组织之上,使组织的积极作用难以发挥出来。这种组织结构比较庞大,运行成本较高。

全球矩阵组织结构适合产品多样化、地区分散化的大型国际企业,特别是那些既受到产品竞争压力、又受到要求适应各国目标的强大压力的跨国公司。在这种双重压力下,公司业务仅按区域组织难以保持产品竞争地位,而仅按产品组织又会失去市场。就实际情况来看,尽管全球矩阵组织形式有弊端,却为许多著名的国际企业在设计其组织结构时灵活使用。

实例 11-1:美的日用家电集团整合海外营销体系

2011 年 4 月 20 日,美的集团内部宣布了旗下第二大产业集团——美的日用家电集团整合海外营销体系的方案:将旗下各大事业部的海外营销职能进行统一整合,按区域分别成立国际营销事业部及东盟事业部。同时整合部分产品线,新成立清洁健康电器事业部。

1. 整合外销,推进矩阵式管理架构。本次调整,美的日电集团对下属各产品事业部(照明电气公司除外)海外营销职能进行整合,分别成立国际营销事业部和东盟事业部。其中,国际营销事业部业务范围涵盖除东盟地区以外的全球市场;东盟事业部在原东盟公司的基础上成立,实施研、产、销一体化运作,重点发展东盟地区美的品牌业务。原微波电器事业部副总裁兼海外营销公司总经理马赤兵任国际营销事业部执行总裁,原环境电器事业部总裁江育林任东盟事业部总裁。

成立国际营销事业部及东盟事业部,将海外市场销售与各个事业部的生产制造分开,突破原来各事业部营销资源较为分散的瓶颈,进行统一管理和资源整合,加强日电集团对外销业务的统筹和支持力度,对海外市场业务进行专业化区域运作,同时在目标区域市场重点推进自有品牌业务。此次整合以客户为导向,希望借此为海外客户提供更高效的沟通渠道,提供更多、更好的产品组合及更优质的服务。

本次日电外销整合完成后,美的家电业务的组织模式已经从单一的产品事业部制管理模式转变为“产品事业部 + 区域事业部”的矩阵式管理模式,进入新的发展阶段。2010 年 7 月,日电整合各大事业部国内营销职能成立中国营销总部,推进营销组织向国内三、四级市场下沉。

2. 整合产品线,新成立清洁健康电器产品事业部。营销变革的同时,美的日电还对部分产品线进行了优化整合。在原精品电器事业部下辖的吸尘器和地面清洁护理产品,环境电器事业部下辖的空气净化器、加湿器和抽湿机等业务基础上,整合成立清洁健康电器事业部,其产品均具有非常大的发展潜力及创新空间。调整后的环境电器事业部下辖风扇、空调扇、塔扇、金属扇,电暖器、油汀、环境系统工程等两季产品,专注于夏、冬两季类产品的发展和升级。

根据美的日电“十二五”规划,将坚持差异化的产业发展战略,以家居生活类家电为基础,通过相关多元化发展策略,实现成熟产业、增长产业、种子产业梯度布局,形成可持续发展的产业格局,并逐步实现从规模优势向能力优势转型。

三、影响新型全球性组织结构选择的因素

国际性企业选择组织结构的目标是确保企业市场营销决策的顺利实施。既要考虑内部资源状况,如产品的特性、人员的素质等,又要考虑国际市场的环境状况。具体来说,影响企业在全球性组织结构中选择一种适应市场要求的组织机构的因素主要有以下几个。

第一,国际业务规模大小及国外销售额的比例。如果企业国际业务规模很小,在总销售额中占的比例不大,企业适合采用职能型结构,因为这样做可以对国际市场营销活动进行集中管理;反之,则适合采用地区型结构、产品型结构或矩阵型结构。

第二,市场的地区分布。开展国际市场营销的企业往往市场分布差异很大,市场的地区分布越集中,就越适合采取地区型结构,在每一个集中的市场,设置一个地区的分部。

第三,产品大类的数目及相互之间差异的程度。如果企业产品大类的数目多,并且相互之间的差异程度大,适合采用产品型的组织结构。而在企业产品大类的数目不多并且产品之间的相关性大时,就适合采用地区型、职能型等组织结构形式。

第四,产品的技术特性及服务要求。技术复杂程度与服务需求程度越高,越需要产品型的组织结构。

第五,企业的国际市场营销经验。刚进入国际市场的企业,一般适合采用职能型组织结构,这样机构的职责明确,既有利于分清不同部门的职责,又有利于市场营销部门中国内业务与国外业务的配合。

实例 11 - 2:西屋电气公司的国际市场营销组织结构

西屋电气公司在国外的几个子公司通过一个国际事业部松散地联系在一起。为了更好地协作,西屋电气公司建立了一个强大的国际市场营销部,并配备了地区经理和驻各国的经理。但是,该公司有几个产品群很难通过国际事业部开展工作,许多部门反映应该对企业的国际市场营销活动的计划和实施过程实行全球性管理,于是,公司解散了国际事业部,授予 125 位部门经理在全世界开展市场营销的权力。不过,结果并不尽如人意。事实表明,许多产品经理并不十分重视国际市场的机会,因为他们的大部分业务都在国内,他们缺乏国际市场营销的专门知识,并且在进行国际市场营销活动时不能互相配合。因此,为了改变这种情况,西屋电气公司组建了一个矩阵组织,专门指派一位负责国际市场营销的副总经理,管理 4 个地区的经理,后者再分别管理驻各国的经理,还有一批来自各个产品群的国际市场营销经理。这个矩阵组织使公司对地区的需求和环球

产品战略都非常敏感。但是这种矩阵型组织结构费用开支大，并且使管理人员之间的分歧也很大。

第二节　国际市场营销计划

企业与国际市场有关的活动，开始于生产之前。因为在产品生产之前，企业要对国外市场进行调查、研究和分析，以发现和挖掘该市场对企业可能提供的产品或服务的潜在需要。然后，企业要评估该市场前景和如何进入该市场。随后，企业就可根据需要和可能设计产品。待产品生产出来后，在产品试销的同时，企业还要作好价格、渠道、促销和交换等的安排。到产品全面上市时，有关产品、价格、促销、渠道等问题会纷至沓来，需要企业的各部门、各环节、各方面人员相互配合、协同作业，而且要达到一定的效益、效率标准和要求。国际市场营销管理正是达到以上各种要求的保证。除上节所述的组织之外，作好国际市场营销管理的一个关键环节就是计划。

国际市场营销计划是企业在开展国际市场营销活动时进行的系统规划，国际市场营销计划的种类有很多，有长期计划和短期计划之分，有依据其性质和职能结构的不同而进行划分的，如产品营销计划、投资计划和项目计划等。国际市场营销计划与战略的区别在于前者是一个侧重于实践的规划，是对后者的描述和具体实施；而国际市场营销战略是一个指导企业国际市场营销全局活动的行动纲领。

一、国际市场营销计划的内容

国际市场营销计划要规划的是国际市场营销中的各个关键性环节的具体内容，一般由以下几个部分构成。

（一）目的与要求

目的与要求部分要求全面、及时、简明扼要地综述计划的主要目的和要求。这部分通常包括公司总要求、国际市场营销和主要活动的总要求等。

（二）市场营销机会的分析

市场营销机会的分析部分主要是提出营销目标与任务，列举条件与环境资料对有关情况的分析判断。主要包括对国际市场的社会政治环境、法律环境、科技与文化环境的分析，竞争形势的分析以及对顾客的需求和爱好、企业状况及供应能力和营销机会的分析等。

（三）目标与任务

根据营销机会的分析，规定计划期的目标。在整个国际市场营销计划中，目标必须定得实际、合理并富有进取性，并且要用数量指标表达出来。这些指标主要有出口收汇额、出口额、成交额、换汇成本、赢利额、库存额、市场占有率、销售增长率等方面的指标,并规定为实现这些指标必须完成的任务。

（四）策略与措施

为了实现计划目标,要从以下几方面制定出具体策略和措施:市场划分与开拓、产品组合与发展、价格的制定与调整、分销渠道的设计与管理、促进销售的媒介与方式、开展竞争的手段与措施等。每项措施还要规定项目的负责人、完成日期、行动时间表。

（五）预算与控制

为了控制企业的营销活动成本,便于绩效综合评估,必须制定费用预算,严格按照预算办事,把费用缩小到最低限度。控制主要是监督计划的执行和完成情况,发现问题及时应变和解决。

二、国际市场营销计划的协调

在国际市场营销活动中,企业只有制定有效的营销计划才能实现目标,企业的人财物资源才能得到合理地运用。因此,企业在国际市场营销中,事先作好计划是非常关键的。初次从事国外市场营销的企业必须根据国际市场战略规划的要求,最有效地规划发展何种产品、进入哪个市场以及如何分配资源。对已经从事国外市场营销活动的企业而言,关键是如何将资源在国家间、产品间进行最优的配置,以及如何去开发新市场和设计新产品等。这些工作的实施要依靠正确的方针和系统的程序来进行。

国际市场营销计划的协调主要包括以下几个方面的内容:第一,初步分析与筛选,使公司的发展规划与环境的变化相协调;第二,使企业的市场营销组合计划适应在国际市场上目标市场的要求;第三,制定国际市场营销计划;第四,修订国际市场营销计划。

第三节　国际市场营销控制

企业要实现在国际市场的营销目标,需要一整套的手段和程序来影响组织成员的行为和表现。有了计划还不够,要让市场营销活动真正依据计划进行,就需要一套控制的手段,控制就是使行动符合计划的要求。在组织内部,控制是一种集中化的机制。控制的目的是为了减少不确定性,增加可预测性以及保证组织各个分离的部分在行动上协调一致,并在自然、心理以及其他各种暂时的差异存在下仍然能够支持共同的组织目标。大部分组织具有管理上的灵活性,表现为管理指令的执行、公司目标或评价系统上的差异,但是应当区分开哪些差异是计划内的,哪些是自发的。前者是管理决策的结果,后者则是由不断出现的偏离指导中心的新做法而产生的。为了监督和指导市场营销策略的实施过程,保证市场营销目标的实现,控制是十分必要的。只有计划,而没有必要的控制,就难免在计划的执行过程中出现偏差,甚至导致市场营销目标的落空。可见,市场营销控制是指对市场营销计划执行过程的监督和评估,从而纠正计划执行过程中的偏差,保证既定市场营销目标实现的整个活动过程。市场营销控制是市场营销管理的一个重要组成部分。

在国际市场营销中,控制的必要性取决于企业分权管理的程度。如果企业采取的是高度集权化的管理方法,则公司总部就有必要而且有可能对各国子公司的市场营销活动进行严密的控制。当然,这并不意味着子公司本身应放松对下属市场营销活动的控制。反之,如果企业采取了高度分权化的管理方法,那么公司总部对各国子公司进行严格控制的必要性就不大,但各子公司本身对其下属的控制就变得比较重要了。

一、国际市场营销控制的模式

在企业的国际市场营销中,不仅需要适时调整公司组织结构,而且需要根据组织结构变化相应调整母公司对子公司的监控管理模式。国际市场营销控制的模式主要包括以下几类。

(一)集权型控制模式

集权型控制模式是公司总部对公司的国内及海外分部实行集中型控制,这是最传统的跨国公司管理模式。集权型控制模式主要表现在海外业务规划和控制两个方面,其特征是:子公司经营决策权掌握在母公司手中;子公司职员工作业绩用母公司标准衡量;不管子公司能否消化,母公司都向子公司单向传达指令和信息;子公司虽然身在目标市场国,但母公司仍按母公司的标准对子公司控制,不考虑当地的具体情况;子公司高级职员一般优先选用母公司现有人员,子公司当地人才的发展机会较少;子公司内当地雇员有自卑感,而母公司派往子公司工作的雇员有优越感。

集权型控制模式的优点是母公司便于发挥统一调配的作用,这是该种模式能够存在的重要基础。但这种控制模式过分忽略母公司的社会人情及雇员利益,容易引起当地社会的不满,从而产生种种干扰,产生当地雇员抵制行为和排外情绪。一旦矛盾尖锐化,可能导致当地政府出面干涉。

(二)分权型管理模式

在企业的国际市场营销中,集权型控制模式日益背离子公司经营环境及发展战略的需要,产生了许多问题。经过多年演变和发展,控制模式开始从集权型和以本民族为中心转向分权型和多民族为中心。分权型控制模式得以产生的背景是:世界各地子公司同母公司在社会、政治、经济、文化等方面的环境差异和能力差异越来越明显,所以由母公司集权控制子公司的方式越来越难以继续下去,分权型多中心控制模式因更适应环境的要求而产生。

分权型控制模式的主要特征是:子公司经营决策权掌握在子公司经理手中,母公司只承担子公司早期投资决策及高级管理人员深造的决策；子公司职员工作业绩用子公司所在地通用标准衡量；子公司奖励水平与母公司不发生直接联系，各个子公司之间可以有较大差异；母公司与子公司以及子公司之间意见和信息交流很少；子公司按照目标市场国当地的要求规划行动方案；子公司主要从所在地选用人才；子公司外籍和本地员工之间不存在等级观念。

总之，在多中心分权型管理模式下，外国子公司实际上等于是本地公司。因此，该种管理模式不会使子公司的雇员产生被压迫或被剥削的感觉。不过从母公司的立场来看，这种管理模式不能发挥统一调配资源的优势。分权型结构中，各地子公司可以自谋发展机会，但也相应地失去了集中利用国际市场和世界资源的机会，所以，这种管理模式也有弊端。

（三）分析与集权控制相结合的模式

随着社会生产力的发展，国际的经济合作更为广泛和深入，跨国公司的业务遍及全球，原来的以母公司本民族为中心的集权型控制模式和多中心的分权型控制模式均已不能满足实际需要。因而产生了一种新的控制模式，即分权与集权控制相结合的模式。

分权有利于更好地考虑世界各地市场的实际情况，集权可以从公司的整体利益出发开展工作，以满足公司整体利益，当然也包括子公司的利益。这种控制模式以全球为中心，既不偏爱本民族和母公司，也不偏爱其他民族和子公司，子公司根据公司整体战略目标自己制定经营方针和经营计划。母公司有权对子公司进行监督，如果子公司不努力执行计划或偏离计划，母公司可采取纠正行动。为了便于母公司实行集权控制，子公司必须按期向母公司报告计划执行情况，而母公司也经常派人到子公司进行视察。将分权与集权相结合，实际上是充分兼顾了公司的整体利益与目标市场国当地市场环境的差异性。

分权与集权控制相结合模式的特征是：母公司把经营决策权按照实际需要授予子公司，子公司在决策时考虑母公司提供的各种参数和标准；子公司员工及其工作业绩衡量标准依据平均效率和客观情况而定，既不太高，也不太低，要适合各国市场实情并合乎情理；子公司发放报酬时，依照目标和任务完成情况而定，既不偏爱母公司的人，也不偏爱子公司的人；意见和信息以双向方式交流于母公司与子公司之间以及各个子公司之间，母公司被视为公司经营集团的成员；子公司员工既不袒护母公司国家的利益，也不妨碍东道国国家的利益；子公司任用和培养人才以世界范围最佳人员为对象，排除任人唯亲现象，子公司所在地人才也能被派往其他国家公司或母公司去任职；所有子公司的员工，虽然有国籍不同的差别，但他们彼此间是平等的。

二、国际市场营销控制过程

控制是国际市场营销管理的重要职能。由于国际市场营销活动中涉及的环境不可控因素较多，经常发生意外事件。意外事件的发生直接影响了国际市场营销计划的执行。因此国际市场营销部门对国际市场营销活动的控制经常是与国际市场营销计划相联系的,通过控制使企业市场营销活动符合计划的要求。具体来说,它是明确标准、评估工作绩效和纠正偏差的过程。

(一)明确标准

明确标准是向有关的国际市场营销部门或个人明确对其工作进行衡量和评估的标准。一般来说,国际市场营销的各种活动都有相应的计划加以预先安排,国际市场营销工作的好坏能在有关的计划目标完成情况中得到综合反映。因此,国际市场营销控制主要是国际市场营销计划控制,而计划目标常被认作控制标准。

(二)评估工作绩效

评估工作绩效就是根据已明确的控制标准对国际市场营销部门和人员的工作进行检查、评估和分析,以找出实际工作绩效与控制标准的差距,并分析研究产生差距的原因,以便于为下一步纠正偏差提供可靠依据。国际市场营销管理者往往无法亲临各国外市场,必须间接通过信息系统来获取所需资料。企业总部为了分析和比较的方便,一般给子公司的报告设计了标准。在反馈系统中要注意的是子公司报告的性质和次数,并且这些报告必须涵盖所有母公司想控制的因素。报告必须是经常性的,这样管理者可以随时发现问题。从母公司的角度来说,内部报告系统中最常见的问题是无用的信息太多,有用的信息被淹没在众多无用信息之中。从子公司的角度来说,子公司总觉得母公司要求汇报的东西太多了,报告太多容易导致过度干涉和授权不足,繁杂的报告常常使子公司与母公司间产生埋怨和冲突。因此,虽然国际企业某种程度的集中是必然的,但在具体行动中,要注意将报告的范围限制在那些与整体行动有关的重要内容上。

除了内部报告系统外,绩效评估还可采用外部的市场营销审计。市场营销审计通常由公司外部的专家来进行,这种审计一般每隔数年就对每个市场作一次。审计可以增加管理者对国外营销活动的了解,因为外部专家的评估结果不受公司内主观意见的影响,较为客观和公正。

(三)找出偏差产生的原因

在企业将真实绩效与计划内的绩效相互比较后,下一步就是判定出主要的差异,并且找出差异产生的原因。绩效偏差是一种表面现象,对企业来说更重要的是找出绩效偏差产生的原因。产生问题的原因主要集中在以下几个方面:管理人员素质落后,不能跟上时代的发展要求;环境的制约、企业的目标和采取的策略等因素也会影响企业营销目标的真正实现。

(四)纠正偏差

纠正偏差就是对出现的工作绩效与控制标准的差距采取相应措施,以消除差距的存在。纠正偏差有两种情况:一种是改进国际市场营销工作,以提高绩效来消除差距;另一种是偏差产生的原因是控制标准本身不合理,这时,就要通过重新确认标准来消除偏差。

三、国际市场营销控制的内容

国际营销经理可以从销售额和利润、价格、产品、促销、渠道、市场营销人员等方面实施有效的控制。

（一）销售额和利润控制

销售额控制是最方便的控制手段之一，我们可以很容易地将每周、每月或者每季度的销售额数字汇总起来，与预期指标进行比较，从而使管理部门能够定期地检查各子公司的业务进展情况以及各大类产品的销售情况。利润也和销售额一样，可以与预期指标对比，进行控制。

（二）价格控制

价格是一个敏感的因素，定价过高或过低都会危及企业的市场地位，企业的管理部门应定期检查实际成交价格，以避免各子公司或中间商在价格方面互相竞争。各子公司或中间商之间的价格竞争虽对获胜者有利，但却有损企业整体利益。特别需要注意的是，有些客户是跨国企业，它们往往了解国际性企业各子公司的价格，因而有可能选择最低的价格成交。为了防止价格上发生混乱现象，国际企业还应该制定相应的跨区域销售政策。

此外，由于关税、运输费用等条件的不同，不同国家的实际价格会有一些差异，但母公司主管部门在任何时候都应当对各地的价格保持控制。而另一方面，为了保持竞争的灵活性，母公司可对国外市场规定一个价格变动幅度。这样做既减少了以超出价格范围成交情况的发生，又给子公司以一定的定价自主权。此外，无论国际性企业中的哪一个管理层次，都需要实行价格信息的随时上报制度，只有这样才能保证母公司对价格的有效控制。

（三）产品控制

一种产品形象的好坏与顾客使用该产品的经验直接相关。顾客使用一种产品后假如觉得不满意，往往会认为这家公司所有的产品都不好。因此，产品的质量控制是至关重要的。例如，20 世纪 50 年代，在欧美消费者心目中，日本产品多为劣质产品。但随着日本经济的飞速发展，特别是日本政府对出口产品强制实施严格的政府标准后，人们对日本产品的印象已大为改观。除了质量以外，产品的服务控制也很重要，如售前、售后服务等。当企业通过对外合作的方式在国外生产产品时，企业更需加强对产品的控制。只有这样才能使产品在当地市场保持良好的形象。

国际企业的产品控制，还需要建立在快速反馈的机制下。没有一个有效的反馈系统，企业就无法弄清楚是什么原因引起国外顾客不满，国外顾客的需求到底是什么。因此，国际企业应建立一套系统，及时为市场营销人员提供其所需的产品信息。

（四）促销控制

国际市场营销中的各项促销活动应置于母公司控制之下，在一个统一的系统下开展工作。在子市场进行的广告和人员推销不可能由母公司直接指挥，但它们应当受到控制。一次广告宣传的成功与否可能主要取决于对此次活动的控制是否得法，是否能将企业要表达的信息准确地传播出去。母公司必须确保它与各市场沟通顺畅，及时掌握各子公司促销活动的情况，确保这些活动都遵循公司的统一目标。

（五）渠道控制

评估中间商工作绩效的主要标准是它从企业订货的数量。中间商不会像企业子公司那样向母公司进行全面汇报，企业必须不断地对用户进行调查，以便掌握中间商在推销、供货和售后服务等方面的工作情况。

与国内相比，企业对国外营销渠道的管理和控制要困难得多，决策自由度也小得多。例如，如果企业在长期的国内业务中已习惯于与自己熟悉的少数中间商打交道，而要对国外众多的中间商实行监督和控制，就必须有一套完全不同于国内的控制系统。

（六）市场营销人员控制

国际性企业的管理部门应当时刻关心各子公司市场营销人员的工作和生活，同时，企业也应定期检查各子公司市场营销人员的工作表现，借以发现国际市场营销管理中存在的问题。虽然对市场营销人员进行严格控制常遭到各地经理们的抵制，但实践证明这样做是有必要的。

本章小结

1. 企业开展国际市场营销活动的过程就是制定和实施市场营销战略的过程，在这一过程中，需要有效的组织和管理。国际营销管理是指企业为了满足国外消费者和用户的需要，并取得满意的利润，而对企业与国际市场有关的各种活动进行计划、组织、指挥、协调和控制的过程。

2. 组织就是指企业合理地利用企业的各项资源，在实现企业目标的过程中，而设置的企业内部结构。从事国际化经营的企业，也面临国际市场营销组织的合理布局和有效管理的问题，要想在竞争激烈的国际市场上立于不败之地，就必须尽可能地适应公司所在地不同的社会、政治、经济和文化环境，同时又必须建立强有力的公司总部，对全公司的经营活动进行统一的协调和控制，以最大限度地利用企业的资源。

3. 国际市场营销的组织形式有出口部、国外子公司和国际业务部三种形式。

4. 新型的全球性组织机构包括五种形式：全球职能型结构、全球地区型结构、全球产品型结构、全球混合型结构和全球矩阵型结构。影响新型全球性组织机构选择的因素有国际业务规模大小及国外销售额的比例、市场的地区分布、产品组合的数目及相互之间差异的程度、产品的技术特性及服务要求、企业的国际营销经验等。

5. 国际市场营销计划是企业在开展国际市场营销活动中进行的系统规划，一般由以下几个部分构成:目的与要求、市场营销机会的分析、目标与任务、策略与措施、预算与控制。国际市场营销计划的编制程序主要包括:初步分析与筛选;使企业的市场营销组合计划适应国际市场上目标市场的要求;制定、执行与控制国际市场营销计划。

6. 国际市场营销控制的模式有集权型管理模式、分权型管理模式、分权计划与集权控制结合型管理模式。

7. 国际市场营销控制过程也就是明确标准、评估工作绩效、找出偏差产生的原因和纠正偏差的过程。

8. 国际市场营销控制的内容包括:销售额和利润控制、价格控制、产品控制、促销控制、渠道控制、市场营销人员控制等。

复习思考题

1. 国际市场营销的组织结构有哪些?对比不同组织结构的优缺点。
2. 国际市场营销计划包括哪些内容?
3. 国际市场营销控制的模式主要有哪些?

案例选编

新全球化:没有总部的全球公司

许多跨国公司的商业模式都已不再有效。聪明的公司纷纷开始采用"枢纽"战略,整合"定制"、"能力"和"套利"这三大要素,以此构建更加适用的组织形式。

一、新模式:打破权衡的纠结

大多数公司的经营组织还停留在市场主要依靠美国、欧洲和日本的旧工业世界时的状态,这往往让公司在制定全球战略时,仍会考虑过去常面临的权衡和限制。其中最为普遍也最为致命的,就是中心导向经营模式和去中心化的本地响应经营模式之间的平衡取舍。大多数公司往往默认这样一个假设,即想要获得规模经济的好处,想要在全球范围内统一价值观、质量标准和品牌标识,就必须将智力和创新能力集中在本国。公司必须让其在世界各地的产品和服务都符合公司的统一理念去满足新兴市场的需求,而不是去尝试满足每一个新兴市场之间多态细微的差异。然而,如果公司想在当地布局分销系统,想要构建快速响应的供应链并降低新兴市场的管理成本，就必须下放权力，同时将贴牌生产和产品线交付给外围企业，接受各种可能截然不同的商业利益取舍：更多变的成本结构、更低的规模经济效益、更多样和更不相关的产品线，以及更不一致的产品质量标准。

一些公司试图采用严格的成本控制来管理这些权衡取舍。它们构建起接受中央监督的去中心化经营模式，并通常以外包的方式来强化落实。但这只是权宜之计，并不是所谓的全球战略，效果往往不甚理想。那些明显取舍不当的跨国企业不知道是该继续服务于本土的现有消费者，还是转战服务于新兴国家的新消费者；是去努力满足富裕国家消费者所要求的质量标准，还是去为贫穷国家的消费者提供其买得起的“已经足够好”的产品；是采取溢价策略还是折价策略；怎样吸引并留住资源和人才；在从战略角度上使用资源时，遵循典型的西方模式（即减少劳动力、积累资本），还是听取来自新兴市场的见解（新兴市场中的劳动力价格低廉，但资本积累困难，因此值得投资组织大量的劳动力来寻求增长）。怎样建立一个能够兼顾发达国家既有优势和新兴市场机遇的新型商业模式，而不再疲于在去中心化和中心导向之间进行权衡取舍。

我们曾提出一个概念——没有总部的全球公司结构。取消原有的单一中心模式，在全球20个门户国家设立核心“枢纽”。这20个门户国家包括10个发达工业国家，即澳大利亚、加拿大、法国、德国、意大利、日本、荷兰、西班牙、英国和美国，以及10个新兴市场国家，即巴西、中国、印度、印度尼西亚、墨西哥、俄罗斯、南非、韩国、泰国和土耳其。这种枢纽战略能够让公司的产品和服务遍及全球各地，但它本身并不能解决全球化的平衡取舍问题。要想让问题得以彻底解决，必须采用更全面的商业模式，包括：①在世界各地的枢纽提供定制产品和服务；②围绕专有知识平台和公司能力建设来联合各业务单元；③开展经营模式套利，以获得成本效益、生产力和效率。

二、新全球商业模式三大支柱

一些公司已经按照上述三大要素采取了相应的实践行动，比如丰田汽车、万豪国际酒店、麦当劳、GE医疗集团以及几个全球性的移动电话公司。在新的商业模式下，公司不再需要苦苦纠结于究竟是构建中心导向的公司结构还是去中心化的公司结构，是服务当前客户还是未来客户，是采取基于发达工业经济体的战略还是基于新兴市场的战略等问题。我们以GE医疗集团、麦当劳以及中国和印度的移动电话行业经验，分别对定制、能力和套利这三大新商业模式要素进行阐述。有一点很重要，所有这些案例中的企业都成功地整合了这三大要素。只有在这种完整的商业模式下，公司才不需作出任何妥协就可以享有去中心化、中心导向以及外包所带来的好处。

（一）以定制参与本土竞争

以定制参与本土竞争即以本土化竞争的方式来提供产品和服务。这意味着，公司必须考虑到不同地区客户的特点、支付能力和文化亲和力，满足不同客户的多样化需求。采用中央集权结构的公司往往很难实现“满足多样化需求”的目标，即便能,代价也是非常巨大的。是否有一种简单、连贯的方法可以用来为遍布全球五大洲的200多个国家的消费者提供定制化服务呢?答案是肯定的,那就是构建枢纽系统,公司仅需在最多20个门户国家进行定制就可以解决这一难题。只需有限的投资,就可以为来自世界各地、位于收入金字塔每一个层级的消费者提供服务。这20个国家本身就拥有足够的市场规模来提供必要的经济增长潜力,同时也拥有比较齐全的技能资源:产品制造商不仅可以物色到自己所需的、遵循可靠质量标准的供应商和员工,还可以在本地找到现成的创新和研发设施。大多数门户国家的物流发达,公共基础设施完善,并融身于国际规则和贸易。每一个门户国家的跨国公司都能独立开展商业活动,当它们相互联系起来时,就构成了一个非常强大的网络。

当然,很多公司所布局的枢纽并没有达到20个,不同的行业对于门户国家的选择也不尽相同。对于大型跨国公司来说,减少枢纽布局的复杂性能够大幅减少管理费用。例如,通过最大限度地削减管理层而只保留门户国家所需要的管理层,管理费用就可以得到大幅减少。来看看GE医疗集团的地域扩张发展史。GE医疗集团以一套采用尖端技术的优质产品群逐渐成为行业领导者,产品主要销给西方富裕国家的大型医院。20世纪90年代,尽管中国和印度对医疗的需求非常旺盛,但GE医疗集团在这两个市场上的销量却很小。分布于各个小城镇和村庄中资金匮乏、技术含量低的医院和诊所根本无力购买和维护精密、昂贵的成像仪器,它们需要的是能够提供基本功能并易于使用的低价成像仪器,还要便于携带,方便医疗工作者提供上门医疗服务。

从2002年开始,GE医疗集团付出巨大努力来解决这一问题。集团几年前就实施了一项政策——对集团在新兴市场中的公司进行重组,形成独立财务核算的半自主式"本地研发成长小组"(Local Growth Teams)。这意味着,GE医疗可以开展针对中国市场特殊需求和优势的本地化业务,利用当地人才,将产品开发、原料采购、生产制造和市场营销集中在一个业务单元内完成。在西方国家,传统的超声波仪器价格在10至35万美元之间,而GE医疗集团为中国研发的第一款便携式超声波仪器仅售3万美元,2007年上市的新款产品价格更低至1.5万美元。这样,GE医疗集团在中国的产品销售额快速上升,随后打入其他新兴门户国家市场。很快,这些定制化产品在其他地方也找到了用武之地,并出现在富裕国家的事故现场、诊所和急诊室,销售额在5年内从零上升到超过3亿美元。2009年,GE公司宣布:"在接下来的6年里,公司将投资30亿美元来开展至少100项医疗创新,以大幅降低成本,增加功能和提高质量。"

(二)以能力打造强大平台

此举措意味着公司上下要始终把握共同的核心目标、世界一流的专有知识体系以及能够让自己明显区别于其他企业的能力。公司的职能部门及各地机构都必须对公司的核心目标同等了解。每个人都应当知道公司的战略方针。这一战略方针应在全球范围内保持一致,又可根据各地实际情况灵活执行。例如,沃尔玛公司的核心目标是提供“天天低价”的商品，这一目标保持不变，执行渠道则千差万别。在印度，沃尔玛经营的是合资批发业务，在墨西哥，沃尔玛经营大型超级市场、餐馆和银行。这个能力平台的核心应包括专有技术和知识产权。这些可以让自己公司区别于其他企业的独特知识和秘诀，并不是应用程序或技术，而是公司自己创造并独有的知识标准和平台，包括制造工艺、供应链和物流系统、洞察消费者需求并收集信息的流程、分销和接入系统等。它们可以应用于世界各地的经营活动，用来定制产品及开展采购和成本套利。

麦当劳采用中心导向的模式已经很多年，包括品牌标识、产品目录、封装系统、特许经营权安排以及店堂设计在内的方方面面都已经在全球范围内实现了标准化。所有这些都遵从于公司的一本专有手册，其严格、刻板的标准化模式曾帮助麦当劳实现了繁荣发展，但2001 年前后，这种标准化遇到了发展瓶颈。消费者对食物的偏好发生了明显转变，开始喜欢更健康、更有营养的食物。在美国，快餐店尤其是麦当劳，因肥胖人群特别是肥胖儿童的日益增多而备受指责。消费者开始流向其他餐馆。在除美国以外的地方，麦当劳则被认为是美国口味的象征，不能很好地满足非美国消费者的需求。麦当劳管理层当机立断，创建了一个新平台，并围绕它形成了统一的经营理念：标准化并不重要，重要的是提供新鲜的食物、更加健康的菜单和符合不同文化要求的定制食品。食品供应不再是集中式的，不同地区的麦当劳餐厅菜单也变得大相径庭。同时，麦当劳牢固保留着应该保留的东西，例如品牌、技术和业务流程等，正是它们让麦当劳始终保持着独有的差异性、低成本和高生产力。麦当劳餐厅的品牌标识、色彩方案和店堂布局，在全球范围内都保持一致；采购和配送系统实行中心导向管理，以确保货物能够准时送达超过 3.2 万家餐厅。世界各地的麦当劳店员，每天都要按照统一的规定接受结构化训练。自成立以来，麦当劳公司的专有知识就一直实行集中管理并受到严格控制。

（三）以套利削减成本

最后一个要素是套利，即寻找更便宜的原料、制造工艺、物流系统、资金来源或基础设施来削减成本，增加效用。大多数公司都曾在战术层面上实践过它，例如对后台办公实施离岸管理，或者将生产转移到劳动力成本较低的地方。通常，这些只是防御性或应对举措，并不是经过深思熟虑的战略。

套利活动更具有系统性，需要从整体上来观察生产流程和经过分解后的成本链，寻找优化采购、销售转化和市场推广的方法。套利活动往往将原材料、工厂位置及人员当作整个系统的重要组成部分，并全面考虑最重要的枢纽以及枢纽之间的工艺和流程。移动电话在中国和印度的发展史，提供了一个诠释套利的极佳案例。21 世纪初期，中国和印度只有几家电话公司投资新的通信网络基础设施。要想构建能实现营利的电话通信系统，唯一的途径就是创造“网络价值”：连接足够多的人员和机构，让整个系统不可或缺。这意味着要向成千上万的潜在客户提供电话。这些潜在客户根本没有多余的钱来购买电话，更没有可以作为签订长期电信服务合约信用依据的银行账户和信用卡。印度一家全国性大型企业集团——信实工业有限公司(Reliance Industries Ltd.),不仅以10美元的低价销售诺基亚和摩托罗拉手机,还将话费降低到2美分每分钟,并出售预付费卡来让客户支付话费、控制话费。这样的价格,需要手机制造商和网络运营商开展灵活协作实现套利。于是,手机制造商如诺基亚、摩托罗拉和三星提供低价手机及产品知识和研发能力,而网络运营商,例如沃丰达、中国移动和印度电信巨头Airtel公司则投资配置手机基站和交换器等初期回报极低的设备设施。随后,印度Airtel公司迈出了伟大的创新步伐——引进爱立信、西门子、诺基亚和IBM等公司作为网络设备和IT供应商,并说服它们放弃原有的收费结构,换成以使用率和收入为基础的收费模式。这样一来,印度Airtel公司成功将固定基础设施成本转化成了可变成本,提升了为消费者提供低价服务的能力。

另一种套利活动是建立成本最低廉的分销渠道,这也是构建大众移动电话市场的一个重要因素。将服务覆盖到中国或印度偏远村庄的消费者是巨大的挑战。那里出售香烟、火柴、肥皂的小型杂货店,尽管设在临时搭建的建筑里,但往往是当地消费者购买产品和服务的唯一渠道。电信公司并没有选择新设专营电信网点,而是与这些杂货店建立合作伙伴关系,由它们代售预付费手机卡。如果电信公司遵循的是旧定价和销售模式,现在的繁荣市场永远也不会出现。

(资料来源:C. K. 普拉哈拉德,中欧商业评论,2011年12月23日。)

思考题

结合案例,分析国际市场营销管理发展的新问题与新趋势。

参考文献

[1]李海洋,牛海鹏.服务营销[M].北京:企业管理出版社,1996.
[2]沈波,胡廷峰.企业跨国经营——原理、实务、案例[M].北京:经济科学出版社,1997.
[3]菲利浦·卡特奥拉.国际市场营销[M].钟达关,尹茂苑,译.北京:中国财政经济出版社,1987.
[4]菲利浦·科特勒,加里·阿姆斯特朗.营销学原理[M].上海译文出版社,1997.
[5]菲利浦·科特勒.营销管理——分析、计划、执行和控制[M].第9版.梅汝和,梅清豪,译.上海:上海人民出版社,1999.
[6]亚瑟·汤姆森,斯迪克兰迪.战略管理:概念与案例[M].段盛华,王智慧,译.北京:北京大学出版社,科文(香港)出版有限公司,2000.
[7]秦斌.一体化国际经营——关于跨国公司行为的分析[M].北京:中国发展出版社,1999.
[8]梁能.跨国经营概论[M].上海:上海人民出版社,1995.
[9]陈祝平.国际营销理论与实务[M].上海:立信会计出版社,1997.
[10]陈同仇,薛荣久.国际贸易[M].北京:中国对外经济贸易出版社,1998.
[11]陈家勤.国际贸易论[M].北京:经济科学出版社,1998.
[12]杨宇光.经济全球化中的跨国公司[M].上海:上海远东出版社,1999.
[13]胡其辉.市场营销策划[M].大连:东北财经大学出版社,1999.
[14]夏正荣,俞明德.跨国经营概论[M].上海:上海世界图书出版公司,1998.
[15]李景泰.国际市场学[M].天津:南开大学出版社,1994.
[16]吴世经,曾国安.国际市场营销学[M].北京:中国人民大学出版社,1995.
[17]梁世彬,朱辉煌.国际营销[M].北京:中国对外经济贸易出版社,1997.
[18]张景智.国际营销学教程[M].北京:对外经济贸易大学出版社,1990.
[19]郭国庆,张轶凡.国际营销学[M].北京:中国财政经济出版社,1996.
[20]崔新健,孙国辉.国际市场营销学(管理类)[M].北京:经济科学出版社,1998.
[21]陈信康,邓永成.国际市场营销教程[M].上海:上海财经大学出版社,1999.
[22]殷勤凡.当代国际营销学[M].上海:立信会计出版社,1995.
[23]金润圭,倪峻,白露.国际市场营销战略与过程[M].上海:华东师范大学出版社,1991.
[24]甘碧群,黄沛,王慧农.国际市场营销学[M].武汉:武汉大学出版社,1990.
[25]赵承壁.国际贸易统一法[M].北京:法律出版社,1998.
[26]陈建.国际经济合作教程[M].北京:中国人民大学出版社,1998.
[27]何宝善,李怀斌.新编国际市场营销学教程[M].大连:东北财经大学出版

社,1998.
[28]罗农,刘健秋.国际市场营销[M].第1版.北京:中国金融出版社,1998.
[29]张景智.国际营销学教程[M].北京:对外经济贸易大学出版社,1997.
[30]王晓东.国际市场营销[M].第1版.北京:中国人民大学出版社,1998.
[31] Gerald Albaum, Jesper Strandskov, Edwin Duerr, Laurence Down. International Marketing and Export Management [M]. Addison-Wesley Publishing Company, Inc. ,1994.
[32] Philip Kotler. Marketing Managememt-Analysis, Planning, Implementation, and Control[M]. Prentice Hall International, Inc, 1997.
[33]世界银行.2000/2001 世界发展报告——与贫困作斗争[R].北京:中国财政经济出版社,2001.
[34]汤定娜,万厚芬.零售业国际化营销[M].北京:清华大学出版社,2004.
[35]罗杰·A.凯琳,罗伯特·A.彼得森.战略营销教程与案例[M].范秀成,译.大连:东北财经大学出版社,2000.
[36]承耀.中国企业——经营与管理案例[M].北京:经济管理出版社,2000.
[37]李颖生.跨国公司的中国市场谋略[M].南昌:江西人民出版社,2005.
[38]菲利普·R.凯特奥拉,约翰·L.格雷厄姆.国际市场营销学[M].周祖城,赵银德,张璘,译.第12版.北京:机械工业出版社,2005.
[39]罗杰·贝内特,吉姆·布莱斯.国际营销[M].刘勃,译.第3版.北京:华夏出版社,2005.
[40]迈克尔·津科特,伊尔卡·郎凯恩.国际市场营销学[M].陈祝平,译.北京:电子工业出版社,2004.

后　记

随着我国加入 WTO，我国的经济与世界经济的联系越来越紧密。积极开拓国际市场，加入国际经济大循环是时代的要求，也是企业开拓市场、增强竞争力的必由之路。由于国际市场营销相对于国内市场营销具有明显的差异，因此在我国企业开拓国际市场时，不可避免地要遇到许多新的营销问题，而这本《国际市场营销学》正是在介绍一般的市场营销原理的基础上，结合国际市场发展的一般规律和最新动态，广泛吸收和借鉴国内外研究成果，力求全面、深入、系统地对企业在参与国际市场竞争时的环境分析方法、市场调研方式和方法、市场营销战略、市场营销组合等内容进行介绍，达到丰富国际市场营销的学科体系及对我国企业开展国际市场营销实践提供指导的目的。为了便于读者掌握国际市场营销的知识，本书在每章的开头都提示了该章的要点和学习目的，每章的最后都附有案例、该章的小结和复习思考题。

本书由寇小萱教授和王永萍副教授共同编写，她们均是天津商学院管理学院的教师，多年从事市场营销学、国际市场营销学的教学工作。编写的具体分工是：第一、五、六、九、十、十一章由寇小萱编写；第二、三、四、七、八章由王永萍编写。

本书的出版得到了天津商学院教材处徐金岭处长的热情帮助，首都经济贸易大学出版社的鼎力支持，在此对他们表示衷心的感谢！

由于作者水平有限，加之时间仓促，难免有纰漏和错误之处，欢迎读者批评指正。

作　者

2002 年 7 月于天津

高等院校经济与管理核心课
经典系列教材

■ 市场营销专业

现代市场营销学

营销管理

营销战略

国际市场营销学

消费者行为学

现代推销学

服务营销与管理

营销渠道决策与管理

现代市场调查与预测

现代物流概论

电子商务基础教程

品牌营销

销售管理